Lars Jonsson

Die Vögel Europas
und des Mittelmeerraumes

Bearbeitet von Peter H. Barthel

Franckh-Kosmos

Vorwort zur deutschen Ausgabe

Menschen sind, wie Vögel, vorwiegend optisch orientierte Lebewesen. So ist es selbstverständlich, daß ein Bestimmungsbuch hauptsächlich an der Genauigkeit seiner Abbildungen gemessen wird. Wenn diese zusätzlich noch lebendig und ansprechend gestaltet sind und von einem informativen Text begleitet werden, hat man eine seltene Kombination vor sich. Lars Jonsson ist dieses Meisterwerk geglückt. Dem Künstler verbietet es seine Bescheidenheit, auf die Vorzüge seiner Zeichnungen hinzuweisen, dem deutschen Textbearbeiter mag es dagegen nicht nur erlaubt sein, er muß es sogar tun, damit der Benutzer den Informationsgehalt des Buches voll ausschöpfen kann.

Frühere Bücher beschränkten sich meist darauf, Vogelarten in ein oder höchstens zwei Kleidern abzubilden, möglichst in identischer Haltung und mit mehr oder weniger korrekter Farbverteilung. Das ist nicht verwunderlich, denn als Vorlage dienten meist alte Museumsbälge, die von der Schönheit eines Vogels und seiner typischen Gestalt nur noch wenig zeigen. Erstaunlich ist vielleicht nur, daß sich Pirol, Gimpel, Stieglitz und Bachstelze selbst mit den unglücklichsten Darstellungen noch bestimmen lassen. Bei vielen einander ähnlich gefärbten Arten stößt man aber schnell an Grenzen, die nur mit Hilfe einer moderneren Bestimmungstechnik überschritten werden können.

Heute spielen einerseits Gestalt und charakteristischer Gesamteindruck eines Vogels, andererseits Feinheiten der Struktur eine wichtige Rolle. Beides einzufangen ist Lars Jonsson trefflich gelungen. Bis in die jüngste Zeit achtete niemand darauf, ob die Schirmfedern bis zur Flügelspitze reichen, ob zwei oder fünf Handschwingenspitzen sichtbar sind und welchen Abstand sie zueinander haben, ob ein Schnabel etwas länger oder kürzer als der Lauf, sein First gerade oder leicht konkav ist. Nun sind es oft gerade diese Merkmale, die bei schwierigen Bestimmungsproblemen weiterhelfen, und hier sind sie in Zeichnungen, auf die man sich verlassen kann, exakt dargestellt. So war es oft überflüssig, sie im Text noch einmal zu wiederholen. Daher empfiehlt es sich, die Tafeln nicht nur zu genießen, sondern vor allem genau zu studieren.

Lars Jonsson gilt nicht nur als einer der besten Vogelzeichner, er ist auch einer der führenden Bestimmungsexperten Europas, war lange Mitglied des schwedischen Seltenheitenausschusses und hat seit seiner frühesten Kindheit und auf zahllosen Reisen die von ihm gezeichneten Vögel eingehend im Freiland studiert und skizziert. Seine Tafeln werden die wachsende Zahl begeisterter Vogelbeobachter sicher ebenso überzeugen wie mich.

Für seine Hilfe bei der Übersetzung des schwedischen Textes danke ich Reno Lottmann, für ihre Mühe, das Manuskript für den Druck vorzubereiten, meiner Frau Christine. Schließlich besten Dank an Lars, der es bis zur Drucklegung schaffte, mich mit immer neuen Abbildungen und Ergänzungen zu überraschen.

Peter H. Barthel
Northeim, im Juni 1992

Mit über 2600 farbigen Einzeldarstellungen und ca. 590 Verbreitungskarten.

Die Verbreitungskarten wurden von Magnus Ullman erstellt.
Umschlag von Kaselow Design, München, unter Verwendung eines Aquarells von Lars Jonsson (Rotfußfalken-Paar)

Die Originalausgabe erscheint 1993 unter dem Titel "Lars Jonssons Fåglar. En fälthandbok" bei Wahlström & Widstrand, Stockholm, unter ISBN 91-46-15371-3.
© Lars Jonsson 1992

Für die deutschsprachige Ausgabe:
© 1992 Franckh-Kosmos Verlags-GmbH & Co., Stuttgart
Alle Rechte vorbehalten
ISBN 3-440-06357-7

Die Deutsche Bibliothek - CIP-Einheitsaufnahme
Jonsson, Lars:
Die Vögel Europas und des Mittelmeerraumes / Lars Jonsson. Bearb. von Peter H. Barthel. - Stuttgart : Franckh-Kosmos, 1992
 (Kosmos-Naturführer)
 Einheitssacht.: Lars Jonssons Fåglar <dt.>
 ISBN 3-440-06357-7
NE: Barthel, Peter H. [Bearb.]; HST

Herstellung und Computersatz: Limicola Verlag, Northeim
Deutsche Bearbeitung: Peter H. Barthel
Lektorat: Christine Barthel, Rainer Gerstle

Gestaltung: Calidris AB, Stockholm
Textfilmbelichtung: Druckerei Münch, Göttingen
Farbrepros: Roland Repro, Stockholm
Druck und Bindung: Brepols n.v., Turnhout
Printed in Belgium / Imprimé en Belgique

Inhalt

Vorwort des Bearbeiters 2
Vorwort 4

Einleitung
Vogelbestimmung mit diesem Buch 5
Federn 6
Topographie 7
Strukturelle Merkmale 8
Silhouette, Bewegung und Gestalt 12
Mauser, Kleider und Altersbezeichnungen 14
Farbvariationen 18
Lichteinflüsse 19
Vogelstimmen 20
Verhalten 21
Verbreitung, Zug und Ausnahmeerscheinungen 22
Systematik 25
Übersicht der Vogelfamilien Europas 26

Beschreibungen der Vogelarten
Seetaucher bis Flamingos 32
Entenvögel 76
Greifvögel und Falken 120
Hühnervögel bis Trappen 168
Watvögel 194
Raubmöwen bis Alke 256
Flughühner bis Spechte 300
Lerchen bis Braunellen 350
Drosseln 384
Zweigsänger 420
Fliegenschnäpper bis Bülbüls 456
Würger bis Stare 478
Sperlinge bis Ammern 496
Amerikanische Sperlingsvögel 542

Weiterführende Literatur 546
Ornithologische Zeitschriften 547
Vogelstimmen-Aufnahmen und Anschriften 548
Register der Vogelnamen 550
Verzeichnis der Abkürzungen 559

Vorwort

Die Entstehungsgeschichte dieses Buches reicht bis in den Herbst 1973 zurück. Damals begann ich, an den zwischen 1976 und 1980 unter dem Titel "Fåglar i naturen" erschienenen fünf nach Lebensräumen und geographischen Regionen gegliederten Bestimmungsbüchern für die Vögel Europas und der Mittelmeerländer zu arbeiten. Aus der in den achtziger Jahren entstandenen Idee, die fünf kleinen Bände zu einem Werk zusammenzufassen, entwickelte sich über zahlreiche Metamorphosen schließlich doch ein ganz anderes Buch. Etwa die Hälfte der Tafeln wurden neu angefertigt, 40 ältere wurden überarbeitet, mehr als die Hälfte der kleinen Illustrationen auf den Textseiten sind neu, auf der Grundlage aktueller Kartierungen wurden andere Verbreitungskarten erstellt, der Text ist erweitert und um zusätzliche Arten ergänzt worden.

Das Interesse an der Vogelbestimmung ist in den letzten 15 Jahren stark gewachsen, und viele neue Erkenntnisse wurden in Spezialwerken und Fachzeitschriften veröffentlicht. Heute ist das Wissen der Beobachter und Birder sehr viel breiter als noch vor 20 Jahren. Als ich Mitte der siebziger Jahre "Die Vögel der Meeresküste" illustrierte, gab es in den gängigen Bestimmungsbüchern noch keine Abbildungen von Watvögeln im Jugendkleid, was mich erstaunte, da die Hälfte aller von mit beobachteten Limikolen gerade dieses Kleid trug. Heutzutage kann man sich dagegen kaum noch ein Bestimmungsbuch ohne exakte Darstellungen juveniler Alpen- oder Zwergstrandläufer vorstellen.

Vögel sind lebendige Wesen, deren Aussehen sich nicht nur mit Alter, Jahreszeit und Lichtverhältnissen ändert, sondern auch subjektiv mit unserem eigenen Wissen und Erleben. Es ist für mich genauso faszinierend, bei den häufigen Arten nach Nuancen und charakteristischen Zügen zu suchen, wie Seltenheiten genau zu studieren. Trotz täglicher Bemühungen ist es kaum möglich, ein "endgültiges" Wissen über das Aussehen so häufiger Arten wie Feld- und Haussperling zu erlangen. Jede neue Begegnung mit einer Vogelart fügt ein unbekanntes Detail hinzu oder vertieft vorhandene Einsichten. Oft habe ich schon im selben Moment, in dem eine Tafel vorläufig abgeschlossen war, ihre Mängel oder Unzulänglichkeiten hinsichtlich der Vermittlung des tatsächlichen Aussehens einer Vogelart erkannt. Es ist wohl so, daß jede Vogeldarstellung nur der Versuch einer Deutung ist und, wie lange man die Art auch studieren mag, immer nur einen Teil der Wirklichkeit vermittelt.

Die Abbildungen dieses Buches gründen sich überwiegend auf meine Eindrücke aus dem Freiland, auf eingehende Beobachtungen und unzählige Skizzen. Dennoch waren Foto- und Balgstudien bei einzelnen Arten eine unverzichtbare Ergänzung. Diskussionen und Erfahrungsaustausch mit anderen Ornithologen haben ebenfalls zu seinem Entstehen beigetragen, und ich bin allen dankbar, die mir in den vielen Jahren eine große oder kleine Hilfe waren.

Für ihr Engagement, die inspirierenden Gespräche und detaillierten Kommentare gilt mein besonderer Dank den Freunden Per Alström, Håkan Delin, Lasse J. Laine, Killian Mullarney, Hadoram Shirihai, Lars Svensson, Dan Zetterström und dem verstorbenen Peter J. Grant. Ein spezieller Dank an Magnus Ullman, der mit großem Wissen und Sorgfalt die Karten erstellte und Vorschläge zu Text und Inhalt machte. Viele weitere Personen haben wesentliche Beiträge geleistet, und ich danke Per-Göran Bentz, Michael Averland, Tord Fransson und der ganzen Sundre-Gruppe, Peter H. Barthel, Lars Blomquist, Dick Forsman, Stellan Hedgren, Urban Olsson, Jan Olsson, Jan Pettersson, Krister Mild, Göran Wallinder, Nils Kjellen, Klaus Malling Olsen, Göran Frisk samt seinen Mitarbeitern im Naturhistorischen Reichsmuseum Stockholm und vielen weiteren. Mart Marend von Calidris AB hat als Trollkünstler die schwedische Ausgabe des Buches auf dem Computer gestaltet, Ellinor Adolfsson und Anna-Lena Hansson haben sich freundlicherweise des Textmaterials angenommen.

Schließlich gilt mein Dank Ragnhild, Martin, Viktor und Rebecka, die in den letzten Jahren allzu oft hören mußten "Das machen wir, wenn das Buch fertig ist".

Lars Jonsson
Hamra, Gotland, im Mai 1992

Einleitung
Vogelbestimmung mit diesem Buch
Dieses Buch behandelt alle Vogelarten, die regelmäßig in Europa und den am Mittelmeer gelegenen Ländern Nordafrikas und des Mittleren Ostens vorkommen. Der Schwerpunkt liegt dabei auf europäischen Arten. Seltene Gäste und Ausnahmeerscheinungen, die Europa in diesem Jahrhundert mehrfach besucht haben, werden gleichfalls behandelt und auch ausführlich illustriert, wenn sie leicht mit häufigeren Arten verwechselt werden können.

In der Einleitung werden einige für die Vogelbestimmung wichtige Hinweise gegeben und grundsätzliche Begriffe erläutert, deren Kenntnis für das Verständnis des Hauptteils unerläßlich ist. Über 2600 Farbabbildungen zeigen von jeder Vogelart die in Europa meist zu sehenden Kleider, Unterarten und Variationen. Die Textabschnitte zu den einzelnen Arten sind einfach gegliedert. Neben dem deutschen Namen werden die wissenschaftliche Bezeichnung und der für die internationale Kommunikation oft wichtigere englische Name angegeben. Außerdem enthält die Kopfzeile für alle Vogelarten eine Längenangabe, für die Nicht-Singvögel (Nonpasseriformes) auch die Spannweite und für in Deutschland vorkommende Arten eine Statusangabe. Es folgen kurze Hinweise auf für die Bestimmung der Art, des Geschlechts und des Alters wichtige und auf den Tafeln genau dargestellten Merkmale, sofern nötig auch auf nicht abgebildete Kleider. Besondere Bedeutung wurde den zusätzlichen Kennzeichen beigemessen, nämlich typischen Bewegungs- und Verhaltensweisen, Rufen und Gesängen. Eine Beschreibung der charakteristischen Lebensräume und Aufenthaltsorte und Informationen über das jahreszeitliche Auftreten mit Angaben über die Zugzeiten in Deutschland beschließen die Textabschnitte. Farbige Verbreitungskarten zeigen das Vorkommen der Arten in Europa und den Mittelmeerländern.

Vogelbeobachtung
Man kann Vögel an allen Orten und aus den verschiedensten Gründen beobachten, vom Genießen eines Amselgesangs beim Spaziergang im Park bis zu einer mehrjährigen wissenschaftlichen Untersuchung über einen winzigen Teilaspekt aus dem Leben eines Wüstenvogels. Man braucht dazu nicht mehr als ein Fernglas, ein Bestimmungsbuch und einen Notizblock. Der aktive Beobachter wird sich später noch ein stark vergrößerndes Fernrohr mit stabilem Stativ zulegen, um auch bei weiter entfernten Vögeln Details zu erkennen, und eine Fachzeitschrift lesen, die ihn über aktuelle Entwicklungen und den neuesten Stand der Bestimmungstechnik ausführlich informiert. Mit wachsendem Interesse und Wissen beginnt man vielleicht, sich auf besondere Fragen zu spezialisieren und die durchziehenden Vögel in einem bestimmten Gebiet zu zählen, heimische Brutvögel zu erfassen, nach seltenen Arten zu suchen, ferne Länder zu bereisen, Fotos anzufertigen oder für den Schutz der Lebensräume vor weiterer Zerstörung zu arbeiten. Die Vogelbeobachtung hat viele Facetten, doch sollte immer darauf geachtet werden, die Vögel nicht zu stören, die Umwelt nicht zu beeinträchtigen und Rücksicht auf die Interessen von Grundeigentümern und anderen Menschen zu nehmen. Voraussetzung für jede Beschäftigung mit Vögeln ist immer ihre exakte Bestimmung, die durch dieses Buch ermöglicht werden soll. Wer sich wirklich für Vögel interessiert, wird in ihnen nicht nur Objekte wissenschaftlicher Forschung oder der Leidenschaft, seine eigene Liste schon gesehener Arten ständig zu verlängern, sehen, sondern auch immer wieder ihren ästhetischen Reiz empfinden. Die Zeichnungen in diesem Buch sollen davon und von der Freude und Begeisterung, die man in vogelreichen Gebieten verspürt, zumindest ein Stück vermitteln.

Ein Buch kann die zur Vogelbestimmung nötige Erfahrung nicht ersetzen, aber dabei helfen, sie selbst schneller zu sammeln. Das Lernen wird erleichtert, wenn man immer wieder die Abbildungen dieses Buches betrachtet, sich den charakteristischen Ausdruck und die Merkmale einzelner Arten in Verbindung mit dem Text einprägt, vor allem aber, wenn man sich genügend Zeit nimmt, die Vögel im Freiland unter verschiedenen Bedingungen, aus der Nähe und Ferne, stehend und fliegend, die selteneren und vor allem die häufigeren Arten eingehend zu studieren. Sehr hilfreich ist es übrigens, selbst Skizzen anzufertigen, da man so zum genauen Hinschauen gezwungen wird. Nach einiger Zeit wird man in der Lage sein, viele Arten allein schon an ihrer Silhouette, Bewegungsweise und ihrem Gesamteindruck zu erkennen. Doch jeder Versuch, einen zunächst unbekannten Vogel zu bestimmen, hat eigene Voraussetzungen, Möglichkeiten und Grenzen, und immer wieder werden Vögel aus dem Blickfeld unseres Fernglases verschwinden, bevor wir ihren Namen herausgefunden haben ...

Federn

Vögel sind von allen anderen Lebewesen sofort daran zu unterscheiden, daß sie als einzige Tierklasse Federn tragen. Federn dienen der Wärmeisolation, Fortbewegung und Tarnung, als Signale für Artgenossen und schließlich dem Vogelbeobachter als wichtige Merkmale bei der Bestimmung. Von der Struktur lassen sich grundsätzlich zwei Typen unterscheiden, die **Dunen** und **Konturfedern**. Bei den Nestflüchtern tragen die Küken bereits beim Schlüpfen ein isolierendes Dunenkleid, bei fast allen anderen Arten wächst es kurz danach.

Die äußere Form ausgewachsener Vögel wird durch die über den Dunen liegenden Konturfedern bestimmt. Hier unterscheidet man zwischen dem **Kleingefieder** und dem von **Schwung-** und **Steuerfedern** gebildeten **Großgefieder**. Auch das Kleingefieder hat an der Basis einen unterschiedlich ausgeprägten dunigen Teil, oft sogar einen zweiten sogenannten Afterschaft, der nur Dunenäste trägt. Manchmal kommt es zu extremen Ausbildungen, z.B. den schnurrhaarartigen Borsten im Schnabelwinkel der Ziegenmelker, den langen Schmuckfedern der Reiher oder den haarähnlichen Kopffedern der Kormorane im Prachtkleid.

Für detaillierte Gefiederbeschreibungen sind auch Farben und Zeichnungsmuster wichtig, von denen einige typische Varianten nebenstehend abgebildet sind.

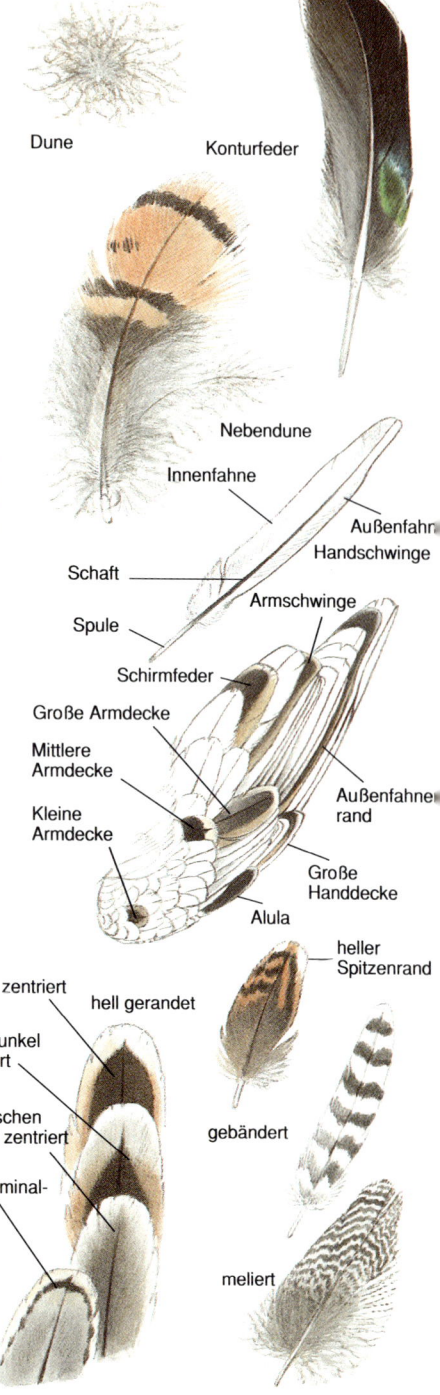

Topographie

Die Federn der verschiedenen Körperregionen unterscheiden sich in der Form und oft auch in der Färbung und tragen daher eigene Bezeichnungen. Diese Namen können, mit einigen Abweichungen und Ergänzungen, für sämtliche Vogelordnungen angewandt werden. Eine genaue Kenntnis der Vogeltopographie bildet die Grundlage exakter Beschreibungen.

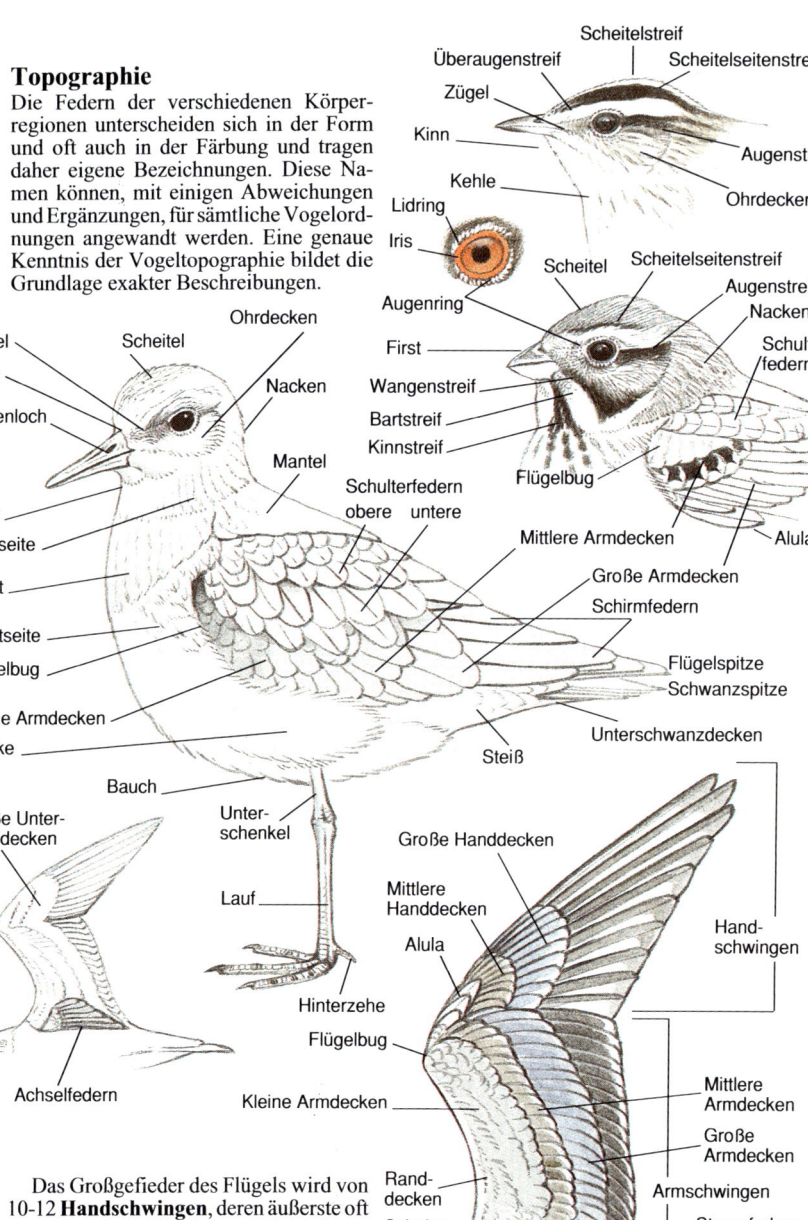

Das Großgefieder des Flügels wird von 10-12 **Handschwingen**, deren äußerste oft stark zurückgebildet ist, und 9-15 **Armschwingen** (bei Albatrossen bis 40) gebildet. Die inneren Armschwingen (bei Sperlingsvögeln Nr. 7-9, bei Charadriiformes oft Nr. 11-15) sind oft anders geformt und gefärbt, liegen schützend über dem zusammengelegten Flügel und heißen **Schirmfedern**.

Kopf

Häufig wird zuerst der Blickkontakt mit einem Vogel gesucht, und das **Kopfmuster** liefert oft wichtige Kennzeichen zur Unterscheidung einander ähnlicher Arten.

Welche A
Vergleich
S. 413.

Singdrossel — Rotdrossel

Die Singdrossel hat gefleckte Ohrdecken und einen deutlichen Augenring, die Rotdrossel einen deutlichen Überaugenstreif und einen Bartstreif.

Berglaubsänger

Zilpzalp

Auch Arten mit schwachem Kopfmuster können durch Feinheiten der Färbung hervorgerufen einen ganz charakteristischen Gesichtsausdruck besitzen.

Bei Artengruppen mit ausgeprägter Kopfzeichnung ist es oft schwerer, sich Details zu merken, so daß oft nur der Eindruck einer starken Musterung oder eines "bunten" Kopfes zurückbleibt. Vorherige Kenntnis der Unterschiede hilft, sich auch bei kurzer Beobachtungszeit auf die wichtigen Merkmale zu konzentrieren. Dafür muß man auch die Bezeichnungen der verschiedenen **Kopfstreifen** kennen (S. 7).

Das ungezeichnete Gesicht und der helle Zügel verleihen dem Berglaubsänger einen "offenen" und "freundlichen" Ausdruck, der Zilpzalp wirkt immer etwas "unsauberer" und "strenger". Beachte die Unterschiede in der Helligkeit der Ohrdecken und unter dem Auge.

Kopfzeichnung bei adultem und juvenilem Buntspecht und Mittelspecht.

♂ Buntspecht — juv. — Mittelspecht

Länge und Form des Schnabels sind der Nahrung des Vogels angepaßt und verraten meist etwas über die Lebensweise und Verwandtschaft oder Gattungszugehörigkeit. Innerhalb bestimmter Arten zeigen sich jedoch große individuelle Variationen. Unterschiede zwischen den Geschlechtern sind eine häufige Anpassung, um eine weitere Futternische innerhalb desselben Revieres auszunutzen. Bei vielen Limikolen ist das Weibchen größer und langschnäbliger als das Männchen, bei Möwen ist es genau anders herum. Bei einigen Arten sind die Schnäbel der Jungvögel anfänglich weniger entwickelt, z.B. bei Tordalk und Großem Brachvogel. Auch zwischen Unterarten variiert die Schnabellänge, was z.B. beim Alpenstrandläufer im Freiland deutlich zu erkennen ist.

Altes Weibchen (links) und junges Männchen (Juli; Mitte) des Großen Brachvogels; vgl. Regenbrachvogel (rechts außen)

Beine und Füße können auf dieselbe Weise als Artkennzeichen dienen. Die Pfuhlschnepfe hat z.B. kürzere Beine als die Uferschnepfe. Der Rauhfußbussard hat im Unterschied zu Mäuse- und Adlerbussard befiederte Läufe.

Südliche (links) und nördliche Unterart des Alpenstrandläufers

Der Teichwasserläufer zeigt im Flug längere Beine als der Bruchwasserläufer.

Flußregenpfeifer

Sandregenpfeifer

Die Farben der unbefiederten Körperteile **Iris, Lidring, Schnabel, Wachshaut** und **Beine** geben häufig über die Artzugehörigkeit oder manchmal über Geschlecht und Alter des Vogels Auskunft. Alte Bussarde haben eine hellere Iris als Junge, bei Adlern ist es umgekehrt. Bei der Klappergrasmücke haben diesjährige Vögel eine hellere Iris als Altvögel, während es sich bei der Dorngrasmücke genau anders herum verhält. Viele Arten wechseln die Schnabelfarbe zwischen den Jahreszeiten, z.B. Seetaucher, bei Reihern ändert sich zur Balzzeit die Farbe der Beine und unbefiederten Haut am Zügel.

1es KJ Herbst

1es KJ Herbst

ad.

Klappergrasmücke

ad. ♂

Dorngrasmücke

Flügel und Schwanz

Auf dem Flügel können verschiedene Muster erkennbar sein, meist in Form von Bändern, die nach ihrer Lage und Farbe unterschiedlich benannt werden. Besonders Singvögel zeigen am zusammengelegten Flügel oft eine von den hellen Spitzen der Großen Armdecken gebildete **Flügelbinde**. Eine **doppelte Flügelbinde** entsteht durch zusätzliche helle Spitzen der Mittleren Armdecken, z.B. beim Bindenkreuzschnabel. Dagegen ist ein **Flügelstreif** meist nur beim fliegenden Vogel zu sehen, denn er geht auf die hellen Basen und Spulen der Arm- und Handschwingen zurück, z.B. bei der Reiherente. Bei vielen

doppelte Flügelbinde

Limikolen ist das helle Flügelband aus Flügelbinde und Fügelstreif kombiniert.

Bei einigen Arten ist im Flug ein auffallender heller **Flügelhinterrand** sichtbar, z.B. bei Terekwasserläufer und unausgefärbter Dreizehenmöwe. Ein **Diagonalband** ist ein kontrastierendes Band über den Mittleren Armdecken und den darüber liegenden Kleinen Armdecken, wie z.B. beim Zwergadler (hell) oder einer juvenilen Dreizehenmöwe (schwarz). Bei der Dreizehenmöwe bildet es zusammen mit dem dunklen Vorderrand des Handflügels ein Zick-Zack-Muster. Eine kontrastierende Zeichnung entlang der Vorderkante des Flügels wird häufig helle bzw. dunkle **Flügelvorderkante** genannt. Als **Flügelspiegel** wird die meist metallisch glänzende Zeichnung der Armschwingen von Schwimmenten bezeichnet. Der Spiegel ist oft von einer hellen Endbinde und einer Flügelbinde entlang der Großen Armdecken eingerahmt. **Achselfedern** liegen auf dem Unterflügel in der "Achselhöhle". Bei den großen Regenpfeifern sind sie ein wichtiges Kennzeichen.

Die Zeichnung der **Steuerfedern** ist oft ein Signal für Artgenossen. Sie ist im Flug auffallend und häufig ein wichtiges Bestimmungsmerkmal. Besonders ist auf das Vorhandensein einer hellen oder dunklen **Endbinde** zu achten. Viele auffällige Zeichnungen werden erst sichtbar, wenn die Steuerfedern beim Auffliegen oder Landen gespreizt werden. Auch **Rücken, Bürzel** und **Oberschwanzdecken** verbergen in Ruhestellung Signale, die sich im Flug enthüllen, z.B. bei Limikolen und Finken.

Flügelform

Die **Handschwingenprojektion** bezeichnet den Teil der Flügelspitze, der über die längste Schirmfeder hinausragt. Sie ist bei der Unterscheidung mancher einander sonst sehr ähnlicher Arten wichtig.

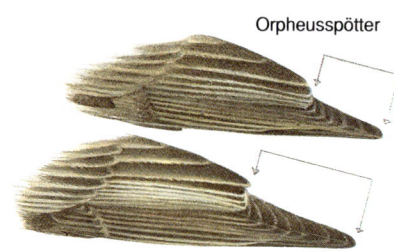

Gelbspötter (unten) mit größerer Handschwingenprojektion und deutlicherem hellem Armschwingenfeld als Orpheusspötter

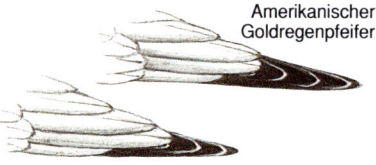

Die **Schwingenformel** erlaubt es, kleine Unterschiede in der Länge der Handschwingen zueinander zwischen nahe verwandten Arten zu erkennen. Oft zeigen sich auch Unterschiede in der **Einbuchtung** der Außen- oder **Verengung** der Innenfahnen der Handschwingen. Solche Maße sind bei der Beringung oder Arbeit mit Bälgen nützlich. Manchmal sind diese Unterschiede aber auch im Freiland oder bei fotografierten Vögeln zu sehen. Zur Beschreibung von Schwingenformeln numerieren Beringer die Handschwingen oft von außen nach innen, korrekt werden sie aber umgekehrt gezählt. Armschwingen werden dagegen immer von außen nach innen gezählt.

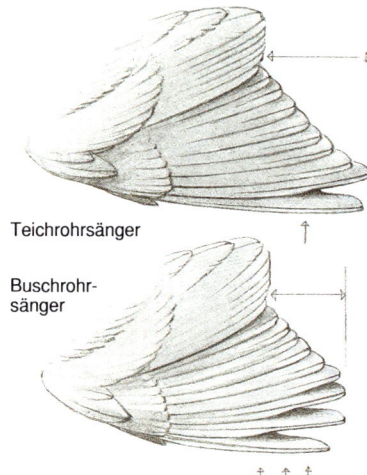

Einbuchtung der Handschwingen-Außenfahnen

Schwanzform

Form und Länge des Schwanzes, aber auch die Länge der Unterschwanzdecken, können oft für die Bestimmung wichtig sein.

Form der Steuerfedern und Länge der Unterschwanzdecken bei drei Zweigsänger-Gattungen.

Silhouette und Bewegung

Allein die Flugsilhouette und Bewegungsweise eines Vogels reichen häufig aus, um ihn zu bestimmen. Beim Studium von Vögeln, die man oft nur aus großer Distanz fliegend sieht, z.B. Greif- und Hochseevögeln, sind die Unterschiede von entscheidender Bedeutung. Bei Greifvögeln kann man sein Einschätzungsvermögen unterschiedlicher Flügelhaltungen gut trainieren. Verschiedene Haltungen erzeugen aus unterschiedlichen Blickwinkeln oft eigenartige Silhouetten. Bei Adlern mit hängendem Handflügel ist in bestimmten Stellungen vom Armflügel nur der Vorderrand sichtbar.

Seevögel ändern ab einer bestimmten Windstärke ihre Flugweise. Sturmtaucher gehen z.B. ab einer Windgeschwindigkeit von ungefähr 15 m / Sek. zu reinem "Surfen" über und winkeln dabei die Flügel nach hinten an, um den Luftwiderstand zu verringern.

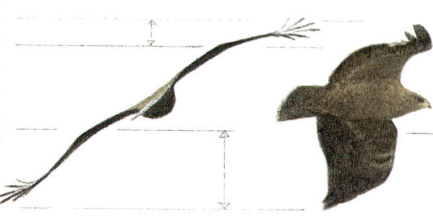

Kreisender Schreiadler. Der hängende Handflügel verleiht dieser Art eine typische Silhouette.

Ein Bussard kreist über dem Wald. Mäuse- oder Wespenbussard? Die Flügelhaltung gibt einen Hinweis.

Habicht mit breiten, eher stumpfen Flügeln, Wanderfalke mit spitzen Flügeln.

Mauser und extrem starke Abnutzung des Großgefieders können manchmal die Silhouette und den Gesamteindruck verändern. Steuerfedern und andere optische Signale, die bei der Paarbildung und während der Brutzeit eingesetzt werden, entwickeln sich mit der Geschlechtsreife, und z.B. Raubvögel, einige Enten und Reiher verlieren die Schmuckfedern während oder nach der Brutsaison.

Schwarzmilan und dunkle Morphe des Zwergadlers lassen sich auch an der unterschiedlichen Schwanzform unterscheiden.

Gestalt

Die äußere Form eines Vogels hängt in gewissem Umfang von seiner Stimmung und aktuellen Aktivität ab. Viele Arten sehen bei Kälte eher rund und drall, bei Hitze sehr schlank aus. Langhalsige Limikolen wirken bei Wind kurzhalsiger. Meist liefern Gestalt und Haltung aber wichtige Bestimmungshinweise.

Nachtigall

L 13,5 cm

Rotkehlchen

S 135-150 cm

Größe

Hinter jedem Artnamen wird die **Gesamtlänge** des Vogels in ausgestreckter Haltung angegeben. Normalerweise werden eventuell verlängerte Steuerfedern mitgerechnet. Für Nonpasseriformes und Krähen wird auch die **Spannweite** angegeben, also der Abstand zwischen den Flügelspitzen, wenn der Vogel die Flügel unter natürlichen Bedingungen voll ausgebreitet hat. Mit Flügellänge ist in wissenschaftlichen Publikationen die Entfernung zwischen Flügelbug und Flügelspitze gemeint (Handflügellänge).

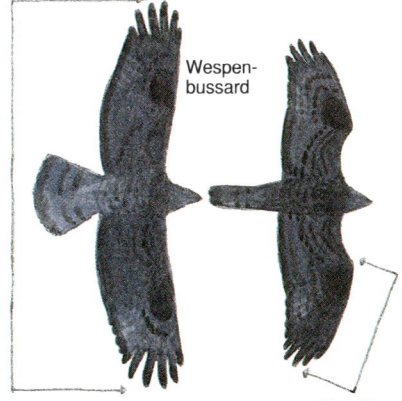

Flügelspanne — Wespenbussard — Flügellänge

Die **Größe** eines Vogels ist im Freiland außer im direkten Vergleich oft nur schwer zu beurteilen. Der Eindruck wird außerdem durch Ernährungszustand und Lichtverhältnisse (Nebel läßt Vögel größer erscheinen) beeinflußt. Betrachtet man zwei gleichgroße, aber mit etwas Abstand hintereinander stehende Vögel durch eine stark vergrößernde Optik (Spektiv, Teleobjektiv), empfindet das Auge den weiter entfernt stehenden Vogel als größer. Diese **"Größenillusion"** kann z.B. bei der Bestimmung von Limikolen oder Möwen auf einer Schlammbank zu gravierenden Fehleinschätzungen führen.

Größenillusion: Zwei gleichgroße Regenpfeifer im Spektiv

Mauser

Alle Vögel müssen ihr Federkleid regelmäßig erneuern, weil es sich abnutzt und dann seine Funktionen nicht mehr erfüllen kann. Einige Arten legen vor der Brutsaison ein besonders hübsch gefärbtes **Prachtkleid** an, im Anschluß daran ein unauffälligeres **Schlichtkleid**. Die Unterschiede im Mausermodus können beträchtlich sein, manche Arten leisten sich bis zu drei Federwechsel im Jahr, während es bei anderen drei Jahre dauert, bis ein kompletter Mauserzyklus durchgeführt ist. Einige Arten sind nach der Mauser aus dem **Jugendkleid** bereits voll ausgefärbt (z.B. Lerchen), während andere fünf oder mehr Jahre benötigen, um das **Alterskleid** anzulegen (z.B. Großmöwen, Adler). Jede Art hat eine eigene Mauserstrategie entwickelt, um diesen energiezehrenden Vorgang optimal zu bewältigen. Da Greifvögel auf ihr Flugvermögen angewiesen sind, mausern sie schrittweise, so daß nie mehr als zwei oder drei Schwungfedern pro Flügel gleichzeitig fehlen. Seetaucher, Enten und Rallen mausern auf hoher See oder im schützenden Schilfdickicht, da sie wegen des gleichzeitigen Ausfallens aller Schwungfedern flugunfähig sind. Manche Arten unterbrechen die Mauser vor dem Wegzug, um sie erst im Winterquartier zu beenden. Die meisten Vogelarten der Nordhalbkugel wechseln ihre Schwungfedern zwischen Brutzeit und Wegzug. Sie können den Mauserzeitpunkt in gewissem Umfang steuern und bei mißglückter Brut eher damit beginnen.

Vollmauser - Schwung- und Steuerfedern werden gleichzeitig mit dem Kleingefieder oder direkt im Anschluß an dieses gewechselt.

Teilmauser - lediglich das Kleingefieder, manchmal auch einige Flügeldecken, werden gewechselt, bei einigen Arten auch die Schirmfedern. Sie kann fast alle oder nur begrenzte Teile des Kopfes und Körpers umfassen.

Abnutzung - eine besonders bei Singvögeln häufige Methode, das Prachtkleid ohne Mauser anzulegen. Das schon ab Spätsommer angelegte auffällige Prachtkleid wird dabei vorerst von hellen Federrändern verdeckt, tritt aber im Frühjahr durch Abnutzung und Abstoßung der Ränder hervor.

Verschiedene Kleider

Alle Vogelarten treten in mindestens zwei unterschiedlichen Kleidern auf, und bei einigen Arten lassen sich im Freiland bis zu einem Dutzend verschiedene Kleider erkennen, z.B. bei der Silbermöwe. Bei den Artbeschreibungen und Bildlegenden werden die Kleiderbezeichnungen nach zwei Prinzipien eingesetzt. Die auf den folgenden Seiten vorgestellte **Kleiderterminologie** wird in Europa am häufigsten verwendet. Statt dessen kann auch das Alter angegeben werden, zu dem immer ein bestimmter Gefiederzustand gehört. Dann wird die sogenannte **Kalenderjahrterminologie** benutzt (s. S. 16/17). Beide Systeme ergänzen sich und werden je nach Bedarf eingesetzt. Die zahlreichen, früher mit oft unterschiedlicher Bedeutung benutzten Begriffe (Brutkleid, Winterkleid, Übergangskleid usw.) haben nur zur Verwirrung geführt und werden heute nicht mehr gebraucht.

Der schwarze Kehlfleck, den der Haussperling im Frühling und Sommer zeigt, entsteht durch die Abnutzung heller Federränder des Schlichtkleides. Beachte auch die Änderung der Schnabelfarbe.

Kleiderterminologie

Dunenkleid (Abk. pull.) - Das aus isolierenden Dunen bestehende Gefieder eines Nestlings oder Kükens (pullus). Manche Arten entwickeln noch ein zweites Dunenkleid, z.B. Eulen.

Jugendkleid (Abk. juv.) - Das erste komplette Federkleid, in dem ein Vogel flugfähig wird. Es kann während einer Periode von einem Monat bis zu einem Jahr behalten werden. Der Vogel selbst wird als Jungvogel oder juvenil bezeichnet. Der Wechsel zum nächstfolgenden Kleid geschieht über eine postjuvenile Mauser.

Erstes Winterkleid (Abk. 1er W) - Die Bezeichnung wird bei solchen Arten angewandt, die im Spätsommer/Herbst (Winter) eine Teilmauser durchführen, z.B. bei Limikolen, Möwen und einigen Singvögeln. Ist an verbleibenden juvenilen Flügel- und Schwanzfedern zu erkennen. Der Wechsel zum nächstfolgenden Kleid erfolgt entweder über eine Frühjahrsmauser oder durch Abnutzung. Manche Arten (z.B. Hühner, Lerchen) durchlaufen im ersten Herbst eine Vollmauser.

Erstes Sommerkleid (Abk. 1er S) - Das im zweiten Kalenderjahr vor der Brutzeit angelegte Kleid. Ähnelt bei einigen Arten dem Schlichtkleid, bei anderen dem Prachtkleid, oft noch dem ersten Winterkleid und ist meist auch am noch aus dem Jugendkleid stammenden, stark abgenutzten Großgefieder (häufig einschließlich Flügeldecken) erkennbar. Im Sommer/Herbst folgt meist eine Vollmauser.

Zweites Winterkleid (Abk. 2er W) - Bei einigen Gattungen unterscheiden sich die unausgefärbten Vögel noch im zweiten Winter von den Altvögeln, während sie z.B. bei Singvögeln mit ihnen identisch sind. Bei Arten, deren Kleiderentwicklung sich über viele Jahre hinzieht, z.B. bei Möwen oder großen Greifvögeln, werden die nachfolgenden Kleider mit **zweiter Sommer** (Abk. 2er S), **dritter Winter** (Abk. 3er W) usw. angegeben. Auch bestimmte Singvögel, z.B. Ammern und viele Grasmücken, sind vor dem zweiten Sommer nicht ausgefärbt. Die Mauser bei nicht geschlechtsreifen Vögeln oder solchen, bei denen die Brut mißglückt ist, liegt häufig früher als bei brütenden Altvögeln.

Immatur (Abk. immat.) - Bezeichnung für unausgefärbte Vögel, die nicht mehr im Jugendkleid, aber auch noch nicht adult sind. Meist läßt sich dieser Sammelbegriff durch eine präzisere Angabe ersetzen, z.B. 1er S oder 3es KJ.

Alterskleid, adult (Abk. ad.) - Altvogel im

Zwergmöwe

juv.

1er Winter
(Ind. mit sehr dunklem Flügel)

1er Sommer

2er Winter

Schlichtkleid

voll ausgefärbten Gefieder. Die Bezeichnung wird verwendet, wenn das Alterskleid das ganze Jahr über mehr oder weniger gleich aussieht, also ein **Jahreskleid** ist. Gibt es dagegen saisonale Unterschiede, wird es durch die beiden folgenden Begriffe präziser benannt.

Prachtkleid (Abk. PK) - Bezeichnung für das von Altvögeln vorwiegend im Sommerhalbjahr, vor oder während der Brutzeit getragene Kleid. Es ist meist auffallender und bunter als das Schlichtkleid. Der Begriff wird auch benutzt, wenn die Unterschiede nur gering, aber im Freiland deutlich wahrnehmbar sind und gilt genauso für die (meist matter gefärbten) Weibchen. Wird über eine Teilmauser (bei einigen Arten durch Vollmauser) oder durch Abnutzung heller Federränder erworben.

Schlichtkleid (Abk. SK) - Bezeichnung für das von Altvögeln vorwiegend im Winterhalbjahr getragene, deutlich vom Prachtkleid abweichende Gefieder. Wird bei den meisten Arten über eine Vollmauser gegen Ende oder nach der Brutzeit angelegt.

Enten tragen ihr Schlichtkleid nur während der kurzen Periode der Flugunfähigkeit im Sommer, das Prachtkleid aber das ganze

Braunkehlchen

übrige Jahr. Auch andere durch partielle Teilmauser angelegte Kleider kommen vor, z.B. bei Eisente, Alpenschneehuhn und Kampfläufer.

Übergänge zwischen Kleidern lassen sich durch Formulierungen wie "vom Pracht- ins Schlichtkleid mausernd" oder "Übergang juv./1er W" umschreiben.

Kalenderjahrterminologie

1es KJ - Bezeichnung für das erste Kalenderjahr, also vom Schlüpfen des Vogels bis zum 31. Dezember desselben Jahres;

immaturer Kaiseradler

unabhängig davon, ob er in dieser Zeit ein oder zwei verschiedene Kleider trägt.

2es KJ - Zweites Kalenderjahr, das heißt vom 1. Januar bis 31. Dezember des dem Geburtsjahr folgenden Jahres. In diesem Jahr können bis zu drei Mausern stattfinden.

3es KJ, **4es KJ** usw. - die nachfolgenden Jahre, demselben Prinzip entsprechend.

Bei Arten mit langsamer Entwicklung der fließend ineinander übergehenden Kleider (z.B. Baßtölpel, Adler, die gleichzeitig Federn aus drei Generationen tragen können) sind diese Angaben der Kleiderterminologie vorzuziehen. Oft sind sie auch für Singvögel im ersten und zweiten Kalenderjahr praktisch. Durch Anhängung der Jahreszeit kann das Aussehen während einer bestimmten Periode präzisiert werden, z.B. 2es KJ Herbst. Professionelle Beobachter verkürzen die Angabe noch weiter und sagen statt 2es KJ nur noch 2K. Eine im Juli vom ersten Sommer- ins zweite Winterkleid mausernde Schmarotzerraubmöwe wird dann zur 2K Schmarotzerraubmöwe. Bei Adlern ist oft nicht einmal das Kalenderjahr genau festzulegen, so daß man sich auch mit der Angabe 3es/4es KJ behelfen kann, was noch immer genauer ist als die Bezeichnung immatur.

Steinadler

juv., 1es KJ Herbst

juv., 2es KJ Frühjahr

innerste Handschwinge fehlt

erste Mauser

2es KJ Herbst–3es KJ Frühjahr

zweite Mauser

3es KJ Herbst–4es KJ Frühjahr

dritte Mauser

4es KJ Herbst–5es KJ Frühjahr

5es–6es KJ

ad. > 6es KJ

Farbvariationen

Farbvariationen innerhalb einer Vogelart sind nicht selten, aber meist nicht so auffällig wie z.B. bei Mäusebussard und Kampfläufer. Bei genauer Beobachtung wird man aber feststellen, daß es bei allen Arten leichte Variationen der Färbung und Musterung gibt.

Morphen liegen vor, wenn es bei einer Art zwei oder mehr deutlich verschiedene Farbtypen gibt, deren Vorkommen nicht an eine geographische Unterart gebunden ist (z.B. Spatel- und Schmarotzerraubmöwe, Küstenreiher). Die Häufigkeit einzelner Morphen kann jedoch innerhalb verschiedener Populationen unterschiedlich sein. So ist die helle Morphe der Schmarotzerraubmöwe in arktischen Gebieten häufiger als im südlichen Verbreitungsgebiet.

Selten treten auch Störungen der Farbpigmentierung auf, die das ganze Gefieder oder Teile davon betreffen können.

Albinismus - Völliges Fehlen von Pigmenten. Albinotische Vögel sind weiß mit roten Augen, Teilalbinos haben weiße Gefiederpartien.

Leukismus - Mangel an dunklem Pigment, der die Vögel sehr fahl bis weißlich werden läßt.

Melanismus - Dominanz von dunklen Pigmenten, die zu rußiger bis schwarzer Färbung führt.

Verschmutzung - Besonders bei Meeresvögeln sieht man leider oft starke Ölverschmutzungen, die eine dunkle Färbung vortäuschen. Die Beine von Watvögeln können durch Schlamm hell oder dunkel eingefärbt sein.

Ausbleichung und Abnutzung - Licht, Wasser und Wind bewirken starke Veränderungen an den Federn. Hellere Partien bleichen eher und verschleißen stärker als dunkle, in denen das Pigment Melanin die Federn härtet. Das Jugendkleid ist besonders anfällig, juvenile Lerchen bleichen z.B. schneller aus als adulte. Möwen und andere Meeresvögel bleichen in südlichen Breiten stärker aus als die nördlichen Populationen.

Haftfarben - Die schwache rosa oder ockerfarbene Tönung einiger Möwen und Pelikane wird durch Pigmente hervorgerufen, die im Bürzeldrüsensekret enthalten sind und mit diesem im Gefieder verteilt werden. Lerchen nehmen durch Staubbäder Eisenoxid auf und passen sich der Farbe des Untergrunds an. Die Rostfärbung des Bartgeiers wird durch den Eisengehalt seines Felslebensraumes bewirkt.

Schmarotzerraubmöwe

helle Morphe

dunkle Morphe

teilalbinotischer Star

leukistische Krickente

Abnutzung einer oberen Schulterfeder aus dem Prachtkleid des Sichelstrandläufers

ausgeblichenes Jugendkleid der Feldlerche

Lachmöwe im frischen Schlichtkleid mit rosa Tönung

Lichteinflüsse

Der Gesamteindruck eines Vogels hängt stark von der Beleuchtung ab, und die Fähigkeit des Lichts, Illusionen zu schaffen, ist unendlich. Der meist vorhandene Kontrast zwischen Oberseite und hellerer Unterseite wird im Freiland häufig durch das normalerweise stärkere Licht des Himmels neutralisiert. Die Sonne kann vorhandene Kontraste verstärken oder abschwächen. Feine Zeichnungen auf hellem Grund sieht man häufig am besten bei bewölktem Himmel. Starke Reflexion durch Schnee oder Wüstensand verändert den Eindruck der Unterseitenfärbung z.B. bei kreisenden Greifvögeln. Südliche Vogelarten, die man aus stark sonnenbeschienener Umgebung kennt, machen einen ganz anderen Eindruck, wenn sie ausnahmsweise an einem trüben Oktobertag auf Helgoland erscheinen. Eine helle Möwe über dem offenen Meer kann im Wolkenschatten verblüffend dunkel aussehen.

Kurzzehenlerche

im Sommer, bei hellem Sonnenlicht

im Herbst, bei trübem Licht

Rauhfußbussard ♂, Gegenlicht   Mäusebussard, Gegenlicht   Mäusebussard, von unten beleuchtet

Mittelmeer-Sturmtaucher bei grellem Sonnenlicht und bei starker Bewölkung

Vogelstimmen

Die Rufe und Gesänge gehören zu den auffälligsten Attributen der Vögel. Sie haben oft eine spezielle Bedeutung und dienen der Kommunikation.

Gesänge dienen der Reviermarkierung, dem Anlocken von Weibchen und der Paarbindung. Sie sind nicht auf "Singvögel" beschränkt. Auch bei Nicht-Singvögeln bezeichnet man die den oben erwähnten Zwecken dienenden Lautäußerungen als Gesang, auch wenn sie bei manchen Arten mehr wie einzelne Rufe klingen. Komplizierte Gesänge sind oft aus in Strophen zusammengefaßten Elementen, Phrasen und Motiven zusammengesetzt. Bei einigen Arten singen auch die Weibchen, manchmal sogar beide Geschlechter im Duettgesang.

Rufe bestehen nur aus einem oder wenigen Elementen und stehen im Gegensatz zum Gesang nicht unbedingt im Zusammenhang mit der Fortpflanzung. Bei vielen Arten lassen sich jeweils für bestimmte Situationen typische Rufe unterscheiden. **Lockrufe** werden angewandt, um Artgenossen anzulocken, in manchen Fällen auch zur Reviermarkierung. Bei sich in Trupps zusammenschließenden Arten lassen sie sich oft deutlich von den **Kontaktrufen** unterscheiden, die den Zusammenhalt aufrechterhalten sollen. Sie sind oft kürzer als die Lockrufe. Beim Erlenzeisig ist z.B. der mürrische Ruf der Kontakt-, der eher herausfordernde "tsily"-Ruf der Lockruf. Der **Flugruf** ist oft mit diesen beiden Rufen identisch. Oft wird er aber ausschließlich oder vorwiegend geäußert, wenn der Vogel abhebt oder fliegt, wie z.B. das "Tjü-tjü-tjü" des Grünschenkels. Der **Warnruf** wird bei Gefahr für die Brut, außerhalb der Brutzeit bei sonstiger Bedrohung ausgestoßen. Viele Arten können Aufregung oder Anspannung vermitteln, indem sie lediglich den Ton des Lockrufs verschärfen, während andere einen spezifischen Warnruf haben. Die **Bettelrufe** der Jungvögel animieren die Eltern zum Füttern. Bei manchen Arten kann auch das Weibchen einen gleichartigen Ruf einsetzen, um beim Männchen um Futter zu betteln. Daneben gibt es viele **weitere Rufe**, z.B. Stimmfühlungs-, Luftwarn-, Angst-, Droh- und Zugrufe.

Zu sogenannten **Instrumentallauten** gehören Flügelklatschen (Eulen, Tauben), Schnabelklappern (Störche), Schnabelknacken (Eulen), Trommeln (Spechte), Luftvibration an speziellen Schwung- oder Steuerfedern (Schellente, Bekassine).

Fast alle Lautäußerungen von Vögeln sind artkennzeichnend und für die Bestimmung ebenso wichtig wie das Aussehen. Am besten erlernt man sie durch ständiges Üben im Freiland. Sobald man eine unbekannte Stimme hört, sollte man versuchen, ihren Urheber zu entdecken. Eine gewisse Hilfe stellen Schallplatten- und Tonbandaufnahmen dar, von denen einige auf S. 548 zusammengestellt sind. Man sollte sie jedoch nie benutzen, um damit Vögel während der Brutzeit anzulocken.

Es ist schwer, Vogelstimmen mit Worten zu beschreiben. Sie lassen sich jedoch in Sonagrammen sichtbar machen, die bei etwas Übung einen gewissen Eindruck vermitteln. Oft wird deutlich, daß einzelne Laute aus einem breiten Spektrum hoher und tiefer Töne zusammengesetzt sind. Hier werden die Sonagramme von drei charakteristischen Stimmen gezeigt.

Flugruf des Waldwasserläufers

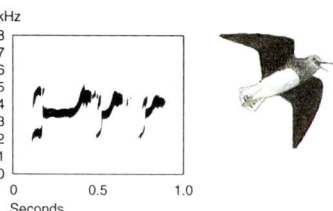

Gesang des Kuckucks

Ruf des Fitis

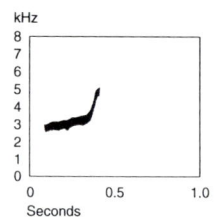

Verhalten

Normalerweise folgt das Verhalten der Vögel ererbten Mustern. Wahl der Singwarte und des Lebensraums, Art des Nahrungserwerbs oder Flugformation geben wichtige Bestimmungshinweise. Die im Schlamm stochernden Schnabelbewegungen der Bekassine, Sprints hinter Kleinfischen im Flachwasser beim Grünschenkel, der ständig wippende Hinterkörper des Flußuferläufers sind einige Beispiele für Limikolen. Ein Schneehuhn im kahlen skandinavischen Fjäll ist mit größter Sicherheit ein Alpenschneehuhn, unten im Nadelwald kann es sich nur um ein Moorschneehuhn handeln. Der Baumpieper sitzt gerne auf einem freistehenden Ast inmitten eines spärlich begrünten Baumes, der Wiesenpieper immer auf einer Buschspitze oder am Boden. Die Wahl der Singwarte kann Hinweise für die Bestimmung geben: Feldschwirl und Sumpfrohrsänger sitzen selten höher als drei Meter, Schlagschwirl und Buschrohrsänger dagegen häufig. Baumfalke und Merlin rütteln nur ausnahmsweise, bei Turm- und Rotfußfalke ist es eine regelmäßige Jagdmethode. Ungewöhnliche und unerwartete Verhaltensweisen können umgekehrt Bestimmungsprobleme schaffen, z.B. ein am Boden hüpfender Schnäpper oder ein im Busch singender Teichrohrsänger.

Nahrung

Verhalten und Aufenthaltsort eines Vogels sind eng mit seiner bevorzugten Nahrung verknüpft. Einige stark spezialisierte Arten treten nur in einem Biotoptyp auf, andere mit breitem Nahrungsspektrum finden sich in sehr unterschiedlichen Lebensräumen zurecht. Die Schnabelform verrät oft die Nahrung des Vogels. Ein Singvogel mit zierlichem Schnabel wird Insekten fressen, während ein dicker Kegelschnabel auf Früchte und Samen deutet.

Grünschenkel jagt kleine Fische

Wiesenpieper   Baumpieper

rüttelnder Turmfalke

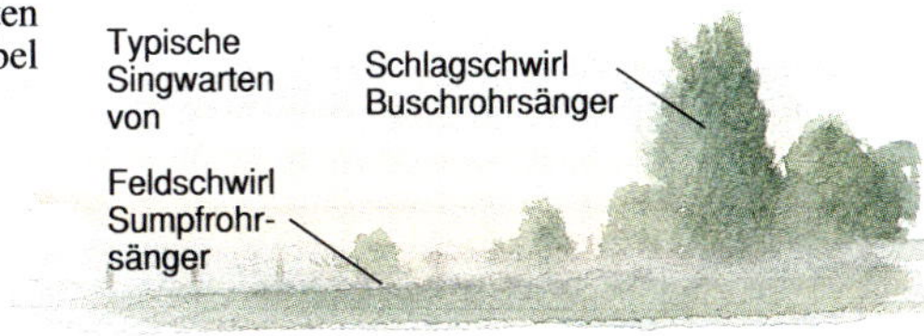

Typische Singwarten von
Feldschwirl Sumpfrohrsänger
Schlagschwirl Buschrohrsänger

Charakteristische Schnabelformen einiger Sperlingsvögel

Fitis — Insekten
Rotkehlchen — Insekten/Beeren
Karmingimpel — Samen
Kernbeißer — Samen

Verbreitung

Das Vorkommen der Vogelarten wird in diesem Buch auf **Verbreitungskarten** mit folgenden Farben dargestellt:

Gelb - Brutgebiet, das jedoch im Winterhalbjahr vorübergehend geräumt wird

Grün - Brutgebiet, in dem die Art das ganze Jahr über anwesend ist

Blau - Winterquartier.

Die meisten Arten treten mehr oder weniger regelmäßig während des Zuges in den unmarkierten, zwischen Winter- und Sommerquartier gelegenen Regionen auf.

Einige Arten sind innerhalb der angegebenen Gebiete sehr häufig, andere extrem selten. Starke Umweltveränderungen der letzten Jahrzehnte haben bei vielen Arten zu aktuellen Verschiebungen der Verbreitungsgrenzen geführt, die aus den Karten gelegentlich noch nicht hervorgehen.

Alle in **Deutschland** nachgewiesenen Arten wurden zusätzlich mit einer kurzen **Statusangabe** (als Abkürzung hinter der Größenangabe) versehen.

B - regelmäßiger Brutvogel

b - hat ausnahmsweise gebrütet oder ist Brutvogel in weniger als 5 Paaren

J - Jahresvogel, ganzjährig zu beobachten

Z - Zugvogel oder Durchzügler

W - Wintergast; nordöstliche Populationen verbringen den Winter hier

G - Gastvogel, dessen regelmäßiges Erscheinen nicht auf Durchzug zurückzuführen ist

A - Ausnahmeerscheinung, seit 1800 mindestens ein-, höchstens ca. einhundertmal nachgewiesen.

Bei sicher oder möglicherweise ausgesetzten oder entflogenen Arten wurde die Statusangabe in Klammern gesetzt.

Die Kennbuchstaben werden häufig kombiniert. Dann bedeutet beispielsweise BZ, daß die betreffende Vogelart in Deutschland brütet, dann aber fortzieht und im Winter nicht beobachtet wird, BZW dagegen, daß zumindest ein Teil der Brutvögel zieht, auch ausländische Populationen Deutschland überqueren und zusätzlich nordöstliche Vögel den Winter in Deutschland verbringen.

Während einige Brutvögel nahezu flächendeckend ganz Deutschland besiedeln, sind andere sehr selten oder nur lokal verbreitet. Einige Durchzügler sind fast ausschließlich an der Küste zu beobachten, andere wie z.B. der Kranich ziehen nur innerhalb eines relativ schmalen Korridors durch Deutschland. Solche Erläuterungen der Statusangaben finden sich meist am Ende der jeweiligen Artbearbeitung.

Verbreitung der Sumpfohreule

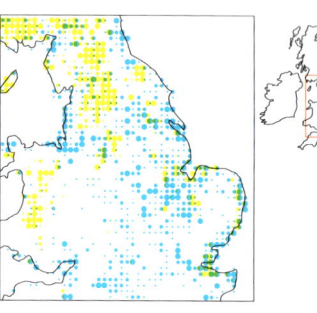

Viele Sumpfohreulen ziehen im Winter von den Mooren im Binnenland in küstennahes Wiesengelände. Vor allem an der Ostküste Englands gehören auch Sumpfohreulen aus Skandinavien und Teilen Mitteleuropas zu den Wintergästen. So ziehen einige Eulen nur wenige Dutzend Kilometer weit, während z.B. solche aus Nordfinnland mehr als 2000 km zurücklegen.

Vogelzug

Ihr Flugvermögen und die ausgeprägten Wanderbewegungen haben es den Vögeln in einzigartiger Weise ermöglicht, auch nördliche Regionen und isolierte Gegenden für sich zu erobern. Wissenschaftliche Untersuchungen haben das alljährlich wiederkehrende Phänomen des Vogelzugs eingehend erforscht, doch warten noch immer viele Fragen auf eine Antwort.

Es gibt in Mitteleuropa nur wenige Arten, die praktisch überhaupt nicht ziehen, z.B. Rebhuhn, Rauhfußhühner, Steinkauz und Haubenmeise. Bei vielen scheinbaren Standvögeln ziehen mitteleuropäische Brutvögel teilweise nach Südwesten, während nordöstliche Populationen bei uns überwintern (z.B. Gimpel, Kohlmeise, Buchfink). Manche Arten ziehen nur in einigen Jahren in größerer Zahl, oft ausgelöst durch Nahrungsmangel oder großen Fortpflanzungserfolg, einige dann invasionsartig (z.B. Seidenschwanz, Fichtenkreuzschnabel). Viele europäische Brutvögel überwintern bereits im Mittelmeerraum, andere im tropischen Afrika. Extreme Langstreckenzieher sind viele Limikolen (Watvögel). Die Küstenseeschwalbe zieht von der Arktis bis an die antarktische Packeisgrenze 3000 km südlich der Südspitze Afrikas.

Zugvögel orientieren sich je nach Art z.B. an Sonnenstand, Sternbildern und dem Magnetfeld der Erde, Zugzeit und -richtung sind genetisch fixiert. Manche Arten folgen auch Leitlinien und Landmarken (z.B. Kraniche, Gänse), so daß Jungvögel die Zugwege von den Eltern erlernen müssen. Um die Gefahren und Anstrengungen zu vermindern, ziehen viele Arten nur nachts (keine Feinde, geringere Temperaturen), nutzen den Wind oder aufsteigende Warmluft (Thermiksegler wie Störche und Greifvögel) aus. Einige ziehen immer nur kürzere Strecken und kommen langsam vorwärts, andere absolvieren lange Strecken ohne Rast. Vor dem Zug angelegte Fettreserven machen bei manchen Singvögeln und Limikolen mehr als 50% des gesamten Körpergewichts aus.

Zugzeiten

Die bei den einzelnen Arten angegebenen Zugzeiten beziehen sich auf Deutschland bzw. Mitteleuropa. Gelegentlich können Durchzügler und Wintergäste auch übersommern, Zugvögel in geringer Zahl überwintern oder einzelne Individuen sehr früh oder sehr spät erscheinen.

Größere Arten mit einer großen Flügelfläche nutzen während des Zuges warme Aufwinde über dem Land und meiden daher offene Wasserflächen. Greifvögel, Störche und Pelikane konzentrieren sich deshalb an bestimmten Meerengen in Europa und im Mittleren Osten.

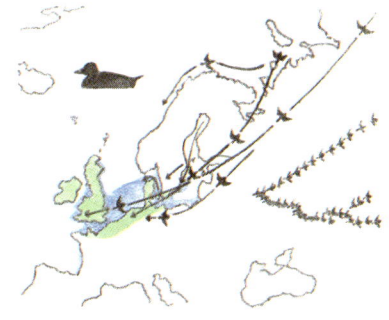

Nordost-europäische und asiatische Wasser- und Watvögel ziehen in großer Zahl nach Südwesten an eisfreie Gewässer des Nordseeraumes.

Vieles spricht dafür, daß ein Schilfrohrsänger, der sich in einem mitteleuropäischen Feuchtgebiet durch Blattläuse Fettreserven zugelegt hat, in ungefähr drei Tagen ohne Pause 4300 km ins tropische Westafrika fliegt.

Ausnahmeerscheinungen

Außerhalb ihrer eigentlichen Brut-, Durchzugs- und Überwinterungsgebiete als sehr seltene Gäste auftretende Vogelarten werden Ausnahmeerscheinungen genannt. In diesem Buch sind alle Arten aufgenommen, die sich schon mehrfach von ihren meist in Nordamerika und Asien gelegenen Brutplätzen nach Europa und Deutschland verflogen haben. Meist folgt auch ihr Auftreten einem bestimmten Muster, oft abhängig von der Entfernung zum eigentlichen Verbreitungsgebiet, der regulären Zugzeit und der aktuellen Großwetterlage. Bei ihnen handelt es sich fast ausschließlich um Langstreckenzieher.

Der Seltenheitsgrad einer Vogelart ist sehr relativ. Einerseits werden viele früher als Ausnahmeerscheinung eingestufte Arten heute regelmäßig gesehen, aber nur, weil sie bislang nicht bestimmt werden konnten oder die Beobachter nicht zur richtigen Zeit am richtigen Ort waren. Sicher haben sich bei manchen Arten auch die Zugwege verlagert. Andererseits kann es schwieriger sein, einen Weißrückenspecht nur wenige Dutzend Kilometer entfernt von einem bekannten Brutplatz zu sehen, als auf den britischen Scilly-Inseln den Erstnachweis einer amerikanischen Schwalbe für Europa zu erbringen. Es ist wahrscheinlicher, im November auf Helgoland einen sibirischen Goldhähnchen-Laubsänger zu entdecken, als einem normalen Fitis zu begegnen.

Nearktische (nordamerikanische) Arten ziehen im Herbst vom nördlichen Nordamerika oft erst nach Osten, um dann an der Atlantikküste eine südliche Richtung entlang der Küste, über die karibischen Inseln oder direkt über das Meer nach Südamerika einzuschlagen. Dabei kommt es vor, daß sie den Zugknick an der nordöstlichen Atlantikküste versäumen oder in periodisch auftretende Wirbelstürme geraten und mit der nordatlantischen Westwindpassage nach Westeuropa getragen werden. Dabei handelt es sich vorwiegend um Limikolen, Möwen, Enten, Kuckucke, Drosseln und Waldsänger. Einige landen auch als "Blinde Passagiere" auf Schiffen. Sie erscheinen dann besonders entlang der europäischen Westküste und auf den vorgelagerten Inseln. Einige überwintern in Afrika, und besonders Limikolen führen den Heimzug dann auf dem falschen Kontinent aus und erscheinen im Frühjahr auch in Mitteleuropa.

Ostpaläarktische (asiatische) Arten ziehen dagegen aktiv in die falsche Richtung, oft durch Ostwinde unterstützt. Einige Arten treten im Herbst regelmäßig in Mittel- und Nordeuropa auf. Das Zentrum des Brutgebietes von Goldhähnchen- und Gelbbrauen-Laubsänger liegt ungefähr 6000 km östlich in der sibirischen Taiga, und das Winterquartier liegt in Südasien. Außer Laubsängern erscheinen besonders Limikolen, Drosseln und Ammern.

Südöstliche Arten schießen im Mai, oft durch Wind unterstützt, gelegentlich über das Ziel hinaus und gelangen weit in den Norden, z.B. Seidenreiher, Weißbart-Grasmücke, Kappenammer, Schwarzstirnwürger und Rosenstar.

Beobachtungen von Ausnahmeerscheinungen (für Deutschland alle mit der Statusangabe A versehenen Arten) sollten mit genauer Beschreibung und möglichst Belegfotos beim **Seltenheitenausschuß** (Anschrift S. 549) eingereicht werden.

Nachweise der Wüstengrasmücke in Europa, im Norden von Vögeln mittelasiatischen Ursprungs, im Süden von afrikanischen Brutvögeln.

Europäische Nachweise des Kletterwaldsängers. Die Konzentration im Westen ist durch die amerikanische Herkunft erklärbar.

Systematik

In den letzten Jahrhunderten haben die Menschen versucht, Ordnung in die Vielfalt der Natur zu bringen. Artenlisten in systematischer Reihenfolge sollen die natürliche Entwicklung und Verwandtschaft widerspiegeln. Schon früher gingen die Ansichten der Systematiker oft weit auseinander, und derzeit führen neue Untersuchungsmethoden zu großen Umwälzungen. Sibley & Monroe (1990) haben eine auf biochemischen Untersuchungen basierende Systematik vorgestellt, die stark von der bislang in Bestimmungsbüchern benutzten Reihenfolge abweicht. Auch viele Unterarten wurden neuerdings in den Rang von Arten erhoben - und umgekehrt. Nahezu täglich kommen neue Erkenntnisse hinzu.

Hier wird mit wenigen Abweichungen der europaweit üblichen Systematik und Nomenklatur von Voous (*Ibis* 1973, 1977) in der deutschen Fassung von Barthel & Hill (*Limicola* 1988) gefolgt.

Die Vogelfamilien Europas

Vögel werden in Unterarten, Arten, Gattungen, Familien und Ordnungen zusammengefaßt.

Ordnung	Sperlingsvögel	Passeriformes
Familie	Krähen	Corvidae
Gattung	Aaskrähe, Kolkrabe, Dohle usw.	*Corvus*
Art	Aaskrähe	*Corvus corone*
Unterart	Nebelkrähe	*Corvus corone cornix*

Die folgenden Seiten stellen die behandelten Familien (mit Seitenverweis) in systematischer Reihenfolge vor.

"Rabenkrähe" *Corvus corone corone*

"Nebelkrähe" *Corvus corone cornix*

Art - Traditionsgemäß versteht man unter einer Art eine Gruppe sich miteinander fortpflanzender, fruchtbare Nachkommen hervorbringender Populationen, die von anderen Gruppen genetisch isoliert ist. Manche Populationen einer Art sind ohne Kontakt so weit geographisch voneinander getrennt, daß diese Definition hypothetisch bleibt. Außerdem gibt es fruchtbare Hybriden zwischen "Arten" (z.B. Eis- und Silbermöwe auf Island, Trauer- und Halsbandschnäpper auf Gotland). Für die Abtrennung von Arten werden daher auch andere Kriterien herangezogen, wie Entstehungs- und Verbreitungsgeschichte, Unterschiede in Stimme, Verhalten und Aussehen.

Unterart - Innerhalb einer Art lassen sich oft verschiedene geographische Populationen anhand von Gefiedermerkmalen auch im Freiland unterscheiden. Häufig ist der Übergang zwischen den Unterarten fließend (klinal). Bei Unterarten wird an die zweiteilige, aus Gattungs- und Artnamen bestehende wissenschaftliche Bezeichnung ein dritter wissenschaftlicher Name angehängt. Sind die Benennungen für Art und Unterart identisch, spricht man von der Nominatform. Da die Evolution dynamisch und unser Wissen noch lückenhaft ist, sind die Grenzen zwischen Art und Unterart oft fließend, besonders bei Möwen und Laubsängern. Die oft willkürlichen Definitionen dienen nur als Werkzeug zum weiteren Studium der Vögel.

Seetaucher Gaviidae S. 32
Große, langgestreckte, an das Leben im Wasser perfekt angepaßte Taucher, die nach Fischen jagen. Hals und Beine im Flug gestreckt.

Lappentaucher Podicipedidae S. 39
Kleine bis entengroße Wasservögel mit Schwimmlappen an den Zehen. Tauchen nach Nahrung. Im Prachtkleid auffällige Kopfzeichnung.

Albatrosse Diomedeidae S.52
Riesige, sehr langflügelige Seevögel der südlichen Erdhalbkugel.

Sturmvögel Procellariidae S. 44
Möwengroße Hochseevögel, die an Steilklippen oder auf Inseln in Erdhöhlen brüten. Flugweise charakteristisch.

Sturmschwalben Hydrobatidae S. 50
Kleine, schwärzliche Hochseevögel mit weißer Bürzelzeichnung. Brüten in Höhlen auf Felsinseln.

Tölpel Sulidae S. 52
Große Seevögel mit zigarrenförmigem Körper, die aus großer Höhe ins Meer stürzend nach Fischen jagen.

Kormorane Phalacrocoracidae S. 54
Gänsegroße, dunkle Wasservögel, die nach Fischen tauchen. Stehen oft aufrecht mit zum Trocknen ausgebreiteten Flügeln auf Felsen oder Bäumen.

Pelikane Pelecanidae S. 58
Große, schwere, weiße Wasservögel mit typischem großem Schnabel und Kehlsack. Segelflieger, schwimmen gerne in Trupps.

Fregattvögel Fregatidae S. 52

Reiher Ardeidae S. 60
Mittelgroße bis sehr große Bewohner feuchter Lebensräume mit langen Beinen und langem, im Flug eingezogenem Hals.

Störche Ciconiidae S. 70
Große, langbeinige Vögel mit meist schwarz-weißen Gefiederkennzeichen. Im Flug Hals gestreckt und Silhouette adlerähnlich. Exzellente Segelflieger.

Ibisse Threskiornithidae S. 72
Im Flug Hals gestreckt, schnelle Flügelschläge wechseln mit Gleitstrecken ab.

Flamingos Phoenicopteridae S. 75
Wasservögel mit extrem langen Beinen und langem Hals und einzigartig geformtem Schnabel mit Lamellen.

Entenvögel Anatidae S. 76
Zu diesen Wasservögeln mit Schwimmhäuten zwischen den Zehen gehören:
Schwäne: Sehr große, weiße Vögel mit langem Hals;
Gänse: Grau, braun oder schwarz-weiß gefärbt, grasen auf Feldern und an Küsten;
Gründelenten: Nahrungssuche grasend, von der Wasseroberfläche oder mit untergetauchtem Vorderkörper, fliegen steil vom Wasser auf;
Tauchenten: Ernähren sich tauchend u.a. von Muscheln, benötigen zum Auffliegen langen Anlauf;
Säger: Tauchen nach Fischen, die sie mit schlankem, mit Hakenspitze und gezahnten Schneidekanten versehenem Schnabel erbeuten.

Habichtartige Accipitridae S. 120
Gruppe von Greifvögeln, zu denen u.a. Wespenbussard, Milane, Seeadler, Geier, Schlangenadler, Weihen, Habichte, Bussarde und Adler gehören. Flügel breiter und stärker gefingert als bei Falken. Bauen eigenes Nest.

Fischadler Pandionidae S. 155
Sehr heller Greifvogel, der aus großer Höhe ins Wasser stürzend nach Fischen jagt.

Falken Falconidae S. 156
Jagen je nach Art Insekten, Mäuse und Kleinvögel. Flugsilhouette mit langen, spitzen Flügeln und relativ langem Schwanz. Brüten auf Felsabsätzen oder in Nestern anderer Vogelarten.

Rauhfußhühner Tetraonidae S. 168
Vor allem oberhalb der Baumgrenze lebende Hühnervögel mit Federn an Lauf und Zehen.

Glattfußhühner Phasianidae S. 175
Hühnervögel mit unbefiedertem Lauf, südlicher verbreitet als Rauhfußhühner.

Wachtellaufhühnchen Turnicidae S. 188
Kleine, wachtelähnliche Tropenvögel.

Rallen Rallidae S. 182
Kleine bis mittelgroße, sehr versteckt lebende Feuchtgebietsbewohner. Nachts aktiv und ruffreudig.

Kraniche Gruidae S. 190
Sehr große Vögel mit langen Beinen und langem, im Flug gestrecktem Hals.

Trappen Otididae S. 190
Große, schwere Steppenvögel mit langen, kräftigen Beinen. Ausgeprägtes Balzverhalten.

Austernfischer Haematopodidae S. 194
Große, meist schwarzweiße Watvögel mit kräftigem rotem Schnabel.

Stelzenläufer Recurvirostridae S. 196
Elegante Watvögel mit langen Beinen und schwarzweißer Gefiederzeichnung.

Triel Burhinidae S. 194
Braun gestreifter, vorwiegend nachtaktiver Steppenvogel mit kräftigen Beinen und sehr großen Augen.

Brachschwalben Glareolidae S. 198
Sehr kurzbeinige Watvögel mit kurzem Schnabel, langen, spitzen Flügeln und Schwanzspießen. Elegante Flieger.

Regenpfeifer Charadriidae S. 200
Rundlich wirkende Watvögel mit kurzem, derbem Schnabel. Bewegen sich am Boden "rollend" vorwärts und bleiben regelmäßig ruckartig stehen.

Schnepfenvögel Scolopacidae S. 214
Watvögel mit sehr verschiedenen Körper- und Schnabelformen, darunter Strandläufer, Kampfläufer, Schnepfen, Brachvögel, Wasserläufer, Steinwälzer und Wassertreter. Leben meist in Feuchtgebieten.

Raubmöwen Stercorariidae S. 256
Kräftige, schnell fliegende Seevögel, die Möwen und Seeschwalben die Beute abjagen. Gefieder oberseits dunkel, einige Arten mit heller und dunkler Morphe.

Möwen Laridae S. 262
Ans Wasser gebundene, helle Vögel. In der Regel Mantel und Flügeldecken hell grau, Schnabel rot oder gelb. Jungvögel braun gefleckt.

Seeschwalben Sternidae S. 282
Elegante, langflügelige, oft langschwänzige Feuchtgebiets- und Meeresvögel. *Sterna*-Arten hell mit schwarzem Scheitel, Sumpfseeschwalben *Chlidonias* dunkel, picken Nahrung von Wasseroberfläche.

Alke Alcidae S. 294
Schwarzweiße Meeresvögel, die in großen Kolonien an steilen Klippen brüten. Fliegen mit schwirrendem Flügelschlag.

Flughühner Pteroclididae S. 299
Taubenähnliche Vögel der Steppen und Wüsten mit spitzen Flügeln.

Tauben Columbidae S. 302
Mittelgroße, oft rundköpfige Vögel, außerhalb der Brutzeit in Trupps. Stimme gurrend.

Papageien Psittacidae S. 311

Kuckucke Cuculidae S. 308
Einzeln lebende Vögel mit langem Schwanz, die ihre Eier in fremde Nester legen.

Schleiereule Tytonidae S. 312
Eule mit hellem Gesichtsschleier. Brütet in Gebäuden und Felsspalten.

Eulen Strigidae S. 312
Nacht- oder dämmerungsaktive Vögel unterschiedlicher Größe mit oft bräunlicher oder grauer Tarnfärbung. Stimme nachts zu hören.

Nachtschwalben Caprimulgidae S. 328
Nachtaktive Vögel mit langen Flügeln und langem Schwanz. Monotoner, surrender Gesang.

Segler Apodidae S. 331
An das Leben in der Luft extrem angepaßte Vögel mit sichelförmigen Flügeln und zum Insektenfang breit ausgebildetem Rachen.

Eisvögel Alcedinidae S. 334
Auffällig bunt gefärbte Vögel mit kurzem Schwanz und langem, kräftigem Schnabel. Meist Bewohner von Feuchtgebieten.

Spinte Meropidae S. 336
Elegante, bunte Vögel mit langem Schwanz. Fangen im Flug Großinsekten, brüten in Erdröhren, die sie in Steilwände graben.

Racken Coraciidae S. 338
Dohlengroße, kräftige Vögel mit vorwiegend blau schimmerndem Gefieder.

Wiedehopf Upupidae S. 338
Unverkennbarer Vogel mit typischem Flügelmuster und langen Scheitelfedern, die zu einer Haube aufgestellt werden können.

Spechte Picidae S. 340
Auf das Klettern an Baumstämmen spezialisierte Vögel, die auf die Rinde klopfend nach Insekten suchen und Bruthöhlen in Bäume schlagen.

SPERLINGSVÖGEL

Lerchen Alaudidae S. 350
Meist braun gestreifte Bodenbewohner mit oft großem Schnabel und charakteristischem Singflug.

Schwalben Hirundinidae S. 362
An das Leben in der Luft besonders angepaßte Vögel, jagen Fluginsekten und bauen kennzeichnende Nester.

Stelzen Motacillidae S. 366
Schlanke, sich meist am Boden bewegende Vögel mit langem Schwanz.

Bülbüls Pycnonotidae S. 476
Braune, drosselgroße, vorwiegend in den Tropen verbreitete Vögel.

Seidenschwanz Bombycillidae S. 378
Kurzschwänzig, im Flug starenähnlich.

Wasseramsel Cinclidae S. 378
Schwarz mit weißer Brust, taucht in Fließgewässern nach Nahrung.

Zaunkönig Troglodytidae S. 380
Sehr kleiner, brauner Vogel mit kurzem, gestelztem Schwanz.

Braunellen Prunellidae S. 380
Kleine, sperlingsartige Vögel mit recht dünnem, spitzem Schnabel. Bewohnen buschreiche oder alpine Lebensräume.

Drosseln Turdidae S. 384
Am Boden hüpfend nach Nahrung suchende Vögel, zu denen neben Drosseln u.a. Rotkehlchen, Rotschwänze, Steinschmätzer und Nachtigallen gehören.

Grasmücken Sylviidae S. 420
Relativ kleine, oft einfach gefärbte Vögel, vorwiegend Insektenfresser und ausgeprägte Langstreckenzieher.

Fliegenschnäpper Muscicapidae S. 456
Kleine Vögel, die auf Warten aufrecht sitzend nach Fluginsekten spähen und diese im kurzen Jagdflug erbeuten.

Drosselmeisen Timaliidae S. 460, 475
Gesellig lebende, langschwänzige Vögel, zu denen die Papageimeisen (Bartmeise) und Drosslinge gehören

Bartmeise

Schwanzmeise Aegithalidae S. 468

Meisen Paridae S. 462
Kleine baumbewohnende Vögel, die auf Zweigen turnend nach Samen und Insekten suchen.

Kleiber Sittidae S. 470
Kurzschwänzige Vögel, die an Baumstämmen und Felsen kletternd nach Nahrung suchen.

Mauerläufer Tichodromadidae S. 474

Baumläufer Certhidae S. 472
Kleine, braun gestreifte Vögel, die spechtartig an Baumstämmen klettern.

Beutelmeisen Remizidae S. 460

Nektarvögel Nectariniidae S. 476

Pirole Oriolidae S. 486

Würger Laniidae S. 478
Kräftige Vögel mit langem Schwanz und Hakenschnabel, die Insekten und bis zu drosselgroße Beutetiere jagen.

Krähen Corvidae S. 487
Größte Sperlingsvögel mit kräftigem Schnabel, die in Bäumen und am Boden nach Nahrung suchen.

Stare Sturnidae S. 484
Vögel mit kurzem Schwanz und ganz oder größtenteils schwarzem Gefieder.

Sperlinge Passeridae S. 496
Körnerfresser mit kräftigem Schnabel, häufig in Bäumen und am Boden.

Prachtfinken Estrildidae S. 502

Vireos Vireonidae S. 540
Seltene Gäste aus Nordamerika.

Finken Fringillidae S. 501
Häufig bunt gefärbte Körnerfresser mit kräftigem Schnabel und kennzeichnender Flügelzeichnung.

Waldsänger Parulidae S. 540
Seltene Gäste aus Nordamerika.

Tangaren Thraupidae S. 542
Seltene Gäste aus Nordamerika.

Ammern Emberizidae S. 522
Meist bodenbewohnende Vögel mit kurzem, kegelförmigem Schnabel und kennzeichnender Kopffärbung.

Stärlinge Icteridae S. 542
Seltene Gäste aus Nordamerika.

Sterntaucher
Gavia stellata - Red-throated Diver   L 53-69 cm, S 106-116 cm - ZW

Kleiner als Prachttaucher, mit geraderem Hals, weniger rundem Hinterkopf und kleinerem, flacherem Kopf, der mit dem schlankeren, leicht aufgeworfenen Schnabel meist leicht angehoben gehalten wird. Im Prachtkleid mit braunrotem Halsfleck, der aus größerer Entfernung manchmal dunkel erscheint. Im Schlichtkleid im Vergleich zum Prachttaucher oberseits heller mit aus der Nähe erkennbaren kleinen, weißen, elliptischen Flecken. Kopf und Hals zeigen mehr Weiß, das dunkle Auge ist von einem weißen Bereich umgeben. Im Jugendkleid (Herbst) häufig mit einem rein graubraunen Hals, nur das Kinn hell, und auf Mantel und Schulterfedern mit kleinen, schmutzig weißen V-Zeichen bestreut. Im ersten Winterkleid hellt sich der Hals langsam auf. Das erste Sommerkleid entspricht bereits fast dem Prachtkleid, wird meist jedoch nicht vor Juni/Juli angelegt. Daher zeigen Jungvögel während des Frühjahrszuges oft einen dunkel gezeichneten Hals mit hellerem Kinn. Im Flug hinten kurz wirkend mit geraden, gleichmäßig breiten Füßen, oft etwas herabhängendem Hals und angehobenem Kopf. Sieht daher häufig etwas bucklig aus, und die Flügel wirken weiter zurückversetzt als beim Prachttaucher. Dreht im Flug den Kopf emsig (Prachttaucher selten) und stößt oft im Rhythmus der Flügelschläge einen gänseartig schnatternden Ruf "kak-kak-kak" aus. Auf dem Wasser hört man auch ein langgezogenes, jammerndes "eeaaoh", der Balzruf ist ein mahlendes "kor-korroi, kor-korroi...". Brütet an kleinen Seen in Mooren, Bergheiden und in der Tundra, fischt in nahe gelegenen Seen und an der Küste. Im Winter auf dem Meer, zieht häufig in kleinen Gruppen, bei uns meist im November auch durchs Binnenland. Heimzug im April/Mai.

Prachttaucher
Gavia arctica - Black-throated Diver   L 58-73 cm, S 110-130 cm - ZW

Ein großer, langgestreckter Taucher mit langem, gleichmäßig breitem Hals, der häufig in einer schönen, etwas schlangenartigen S-Form gehalten wird, mit pfriemförmigem Schnabel. Im Prachtkleid typisch gefärbt, aber in den übrigen Kleidern schwerer von Stern- und Eistaucher zu unterscheiden (s. auch Kormoran S.54). Im Schlichtkleid auf der Oberseite schwärzlich mit schiefergrauem Nacken und scharfem Kontrast zur weißen Unterseite. Der Schnabel ist hellgrau, Spitze und First sind dunkler. Das Jugendkleid (bis in den Winter) ist heller, auf dem Nacken etwas brauner, und weist auf den Schulterfedern ein aus helleren Rändern gebildetes regelmäßiges Wellenmuster auf, das aber aus der Entfernung schwer zu sehen ist. Der Vorderhals ist in unterschiedlich starker Ausprägung schmutzig grau. Junge Prachttaucher können im Flug vollständig dunkelhalsig aussehen und sind dann oft nur schwer von jungen Sterntauchern zu unterscheiden. Im Frühling und Sommer des zweiten Kalenderjahres dem Schlichtkleid ähnlich gezeichnet, allerdings ohne weiße Punkte auf den vorderen Armdecken. In allen Kleidern ist bei auf dem Wasser ruhenden Vögeln ein weißes Feld im hinteren Flankenbereich auffallend, das gut zur Unterscheidung vom Stern- und Eistaucher geeignet ist. Im Flug lang ausgestrecktes Profil mit langen, schmalen Flügeln, die mit flachen, steifen Schlägen, aber mit sich typisch biegenden Spitzen bewegt werden. Die Flugsilhouette unterscheidet sich vom Sterntaucher durch die längeren Beine (Hinterteil) und den waagerecht ausgerichteten Schnabel, dazu die andersartige Halszeichnung. Balzt mit einer Reihe wilder Rufe, klangvoll und weit tragend "klooi, kok-klooi, kok-klooi". Außerdem laut heulend "uu-aauh" und tief knurrende Rufe. Brütet relativ häufig an tiefen, klaren Seen Skandinaviens, überwintert regelmäßig an Meeresküsten und zieht bei uns besonders im November durchs Binnenland. Schließt sich gerne zu kleineren, locker zusammenhaltenden Gruppen zusammen.

Sterntaucher

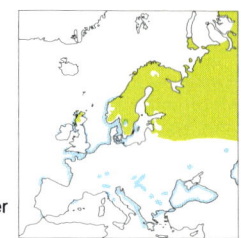
Prachttaucher

Eistaucher, juv.

Prachttaucher, juv.

Eistaucher
Gavia immer - Great Northern Diver   68-91 cm, S 127-147 cm - W

In der Regel wesentlich größer als der Prachttaucher (es gibt jedoch Überschneidungen), mit größerem Kopf, steilerer Stirn und auffallend kräftigem, dolchförmigem Schnabel. Der schwarzschnäblige Eistaucher ist im Vergleich zum Gelbschnabeltaucher etwas kleiner, auf dem Wasser werden Kopf und Schnabel waagerecht gehalten, und der Körper wirkt langgestreckter, wobei der höchste Punkt des Rumpfes weiter vorne liegt. Im Prachtkleid mit schwarzem Schnabel, Kopf und Hals und einem breiten Band weißer Striche an der Halsseite. Im Schlichtkleid oberseits sehr dunkel schiefergrau mit angedeutetem schwarzem Halsband, über dem sich ein arttypischer weißer Keil von vorne auf die Halsseite schiebt. Schwarzer Nacken und Scheitel (dunkler als Rücken; beim Prachttaucher umgekehrt) im scharfen Kontrast zur weißen Halsvorderseite und dem weißen Augenring. Im Jugendkleid sind Hals und Kopf brauner, die Ohrdecken dunkler, die Halsvorderseite schmutziger und der Augenring weniger deutlich. Auch ist der Körper generell heller mit einem regelmäßigen Schuppenmuster auf der Oberseite. Im Schlichtkleid bildet die etwas hellere Schulterzeichnung ein mehr vierkantiges Blockmuster, oft durchsetzt mit weißen Prachtkleidfedern. Jungvögel mausern von Januar bis Mai und abermals im Juli/August. Im zweiten Kalenderjahr ähneln sie Altvögeln im Schlichtkleid sehr, doch fehlen auch noch im zweiten Winter die weißen Tüpfel auf den Kleinen Armdecken. Im Winter ist der Schnabel hell blaugrau bis schmutzig weiß mit dunkler Spitze und dunklem First. Spät im Winter kann die Schnabelspitze fast ganz weiß aussehen, was im Zusammenhang mit der nun helleren und abgenutzten Halszeichnung zur Verwechslung mit dem Gelbschnabeltaucher führen kann. Mit ihrer weniger kontrastreichen Halszeichnung können Jungvögel im Herbst leicht für junge Prachttaucher gehalten werden. Im Flug macht der Eistaucher meistens einen kräftigeren Eindruck als der Prachttaucher, mit längeren und breiteren Flügeln, deutlich längeren und größeren Füßen sowie einer kräftigeren Kopf- und Schnabelpartie. Eistaucher brüten hauptsächlich in Nordamerika, aber auch auf Island und Grönland. Am Brutplatz laut mit verschiedenen wild klingenden Rufen, vor allem einem langgezogenen, gespenstischen, wolfsartig jaulenden "aauuuuh" und einem heller vibrierenden Tremolo. Fische und Krustentiere bilden die Nahrung. Im Winter regelmäßig auf hoher See vor nord- und westeuropäischen Küsten, selten in der südlichen Nordsee und ausnahmsweise im deutschen Binnenland. Erreicht Westeuropa im Prachtkleid, der Großteil ab Ende Oktober und im November, zieht Ende April und im Mai nach Norden.

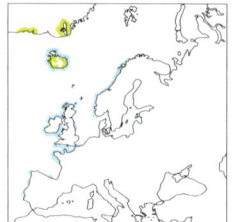

Gelbschnabeltaucher
Gavia adamsii - White-billed Diver L 75-100 cm, S 137-152 cm - A

Der Riese unter den Seetauchern, etwas größer als Eistaucher und diesem sehr ähnlich, aber mit dickerem Hals und in allen Kleidern hellerem Schnabel. Beim Schwimmen wird der Schnabel schräg nach oben gehalten, wodurch dessen im Gegensatz zum Eistaucher leicht aufgeworfene Form noch betont wird. Im Prachtkleid ist der gelbe Schnabel kennzeichnend, zudem die größeren und weiter auseinanderstehenden Flecken auf dem Mantel. Hat auch weniger Striche im weißen Halsband, das nach hinten schmaler wird (beim Eistaucher ist es am Nacken am breitesten). Im Schlicht- und Jugendkleid häufig relativ leicht durch die hellere und schmutzig braungraue Halsseite, das hellere Gesicht und den von den Ohrdecken bis zur Halsseite reichenden verschwommenen, vertikalen dunklen Fleck zu erkennen. Das Halsband ist heller, oft zweigeteilt, und die Vorderseite des Halses wirkt immer schmutzig im Kontrast zur weißen Brust. Der Schnabel ist an der Basis grau, zur Spitze hin weißlich gelb. Die Umgebung der Nasenlöcher und maximal zwei Drittel des Firsts sind dunkel, nie jedoch die Schnabelspitze. Das Jugendkleid ist heller als das Schlichtkleid, die hellen Federspitzen bilden auf der Oberseite ein regelmäßiges Schuppenmuster, das dunkle Halsband ist oft weniger deutlich. Während des Frühlings und des Frühsommers mausern die Jungvögel und bekommen einen dunkleren Halsansatz und einen dunkler braungrauen Rücken. Im Mai/Juni ist ein hell und dunkel gescheckt wirkender Rücken charakteristisch. Während ihres zweiten Winters wirken sie wie Altvögel, ihnen fehlt aber die weiße Zeichnung auf den Flügeldecken. Im zweiten Sommerkleid ist der Gelbschnabeltaucher weniger ausgefärbt als der Eistaucher, er bekommt einen rußgrauen Hals und vereinzelte weiße Flecken auf dem Rücken. Im Flug sehr langgestreckt mit gleichbreitem Hals und langen Füßen. Unterscheidet sich dann vom Eistaucher durch den in der Regel helleren, verschwommen gezeichneten Hals ohne den weißen Keil über dem Halsband, sowie ein helleres, häufig weiß leuchtendes Gesicht mit dem dunklen, wie eine Rosine im Hellen stehenden Auge. Im Frühjahr des zweiten Kalenderjahres ist das Gesicht oft so hell, daß Stirn und obere Schnabelbasis die dunkelsten Partien bilden. Stimme ähnlich Eistaucher, aber langgezogenes Jaulen stärker auf- und absteigend. Ein hocharktischer Brutvogel Sibiriens, der regelmäßig entlang der

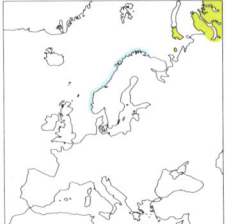

norwegischen Atlantikküste überwintert, selten in der Ostsee und nur ausnahmsweise auf der Nordsee. Erscheint bei uns extrem selten im Binnenland, meist im fahlen Jugendkleid. Einige passieren Südskandinavien und die Ostsee von Ende April bis Anfang Juni mit einem Höhepunkt in der ersten Maihälfte. Der Zug nach Süden findet von September-Dezember statt und ist im Oktober auch in der südlichen Ostsee angedeutet. Der Gelbschnabeltaucher ernährt sich von Fisch und wird auch im flachen Wasser in Strandnähe beobachtet.

Gelbschnabeltaucher

2es KJ Frühjahr

juv.

juv.

SK

2es KJ Mai

3es KJ Sommer

PK

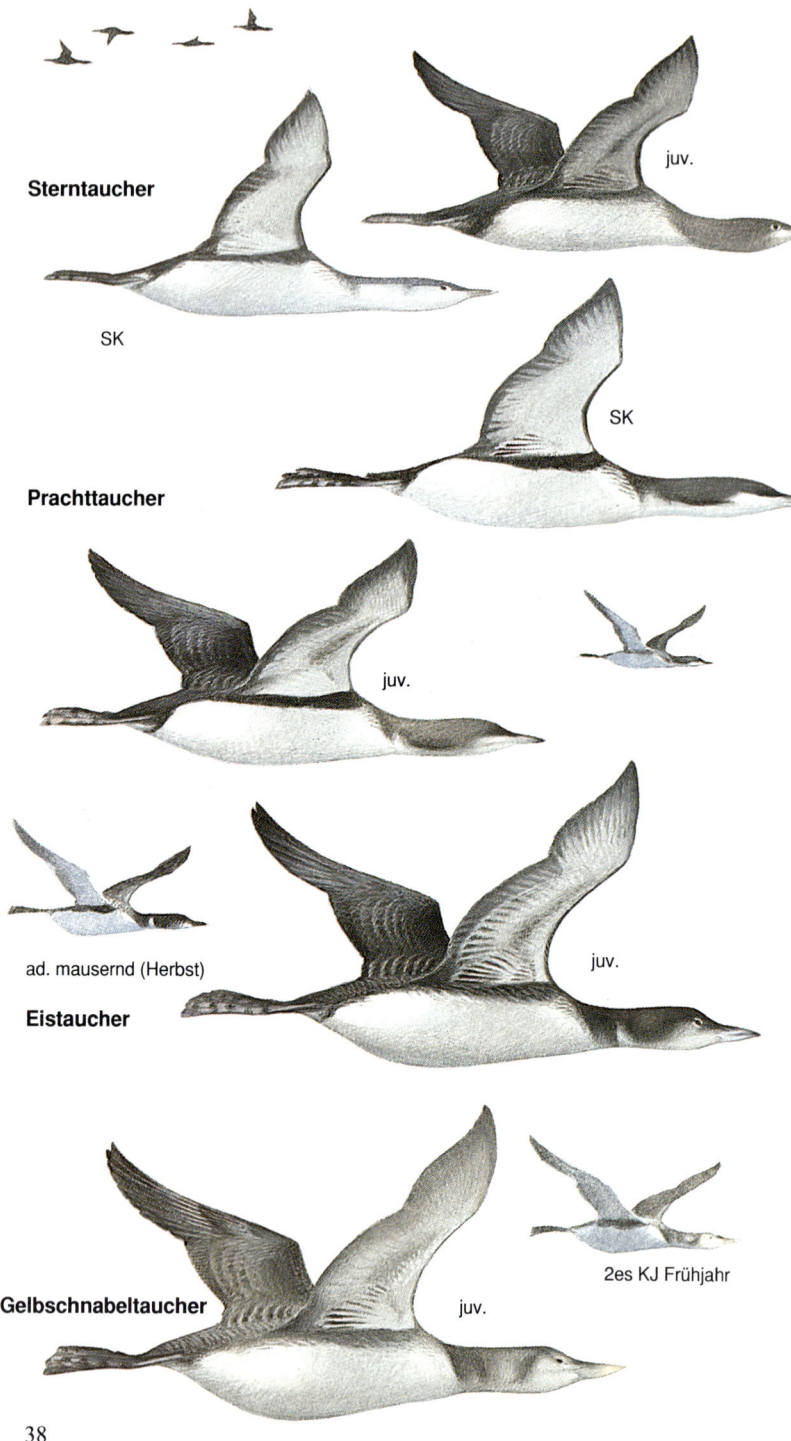

Haubentaucher
Podiceps cristatus - Great Crested Grebe L 46-51 cm, S 85-90 cm - BZW
Ein Charaktervogel nahrungsreicher Seen. Im Sommer mit seiner braunroten und schwarzen Haube unverkennbar. Macht im Schlichtkleid immer einen helleren Eindruck als der dann ähnliche Rothalstaucher, hat einen längeren Hals, ist vorne leuchtend weiß mit mehr Weiß an den Kopfseiten, da der dunkle Scheitel nicht bis zum Auge hinab reicht. Schwarzer Zügelstreif auffallend. Jugendkleid ähnlich Schlichtkleid, die dunklen Kopf- und Halsstreifen des Dunenkleides können aber noch im Dezember erkennbar sein. Wirkt im Flug sehr schlank, langgestreckt und hell mit für alle Lappentaucher typischem schnellem Flügelschlag. Im Frühling auffallende Balz: Paare schwimmen Brust an Brust mit aufgestellten Halskrausen, vollführen marionettenhafte Kopfdrehungen, recken sich aus dem Wasser ("Pinguintanz") und zeigen Scheinputzen. Im Frühjahr laut mit verschiedenen schnarrenden und hohen Rufen, z.B. rollend, reiherartig "aorr" und bei der Balz leicht klappernd "keck, keck, keck...". Jungvögel betteln bis in den Herbst ausdauernd pfeifend "vie-vie-vie...". Baut Schwimmnester in Schilf oder anderer Vegetation am offenen Wasser. Im Winter auf größeren Seen und in geschützten Meeresbuchten. Nahrung hauptsächlich Fische, auch andere kleinere Wassertiere, im Meer z.B. Garnelen. Zieht meist von September-November und kehrt im März/April zurück, einzelne Vögel harren im Winter bis zur Vereisung auf Binnengewässern aus.

Rothalstaucher
Podiceps grisegena - Red-necked Grebe L 40-50 cm, S 77-85 cm - BZW
Kleiner und kompakter als der Haubentaucher. Im Prachtkleid an rostbraunem Hals, grauen Wangen und schwarzem Schnabel mit gelbem "Clown-Mundwinkel" leicht zu erkennen. Unterscheidet sich in anderen Kleidern vom dann ähnlichen Haubentaucher durch den kürzeren, gedrungeneren grauen Hals (kontrastiert zum Weiß an Kinn und Brust), den bis unter das Auge reichenden und die ganze Zügelregion bedeckenden Schwarz des Scheitels und den kürzeren, schwarzen Schnabel mit gelber Basis. Reste der Kopfstreifung des Jugendkleides und des bräunlichen Halses bleiben bis zum Einsetzen der Mauser ins erste Winterkleid im Frühwinter erhalten. Im Flug weniger Weiß an der Flügelbasis als Haubentaucher und mit kürzerem, dunklerem Hals. Brütet an flachen, vegetationsreichen Seen und Teichen. Während der Brut zurückgezogener als Haubentaucher, gibt sich aber häufig durch seine Stimme zu erkennen, u.a sehr laut, wiehernd, wasserrallenartig "aek" oder "ua-ehk". Hat auch gackernde und unheimlich klingende Rufe. Ernährt sich von Fischen und Wasserinsekten. Verläßt die Brutplätze im August, zieht hauptsächlich nachts nach Westen und überwintert vorwiegend an Meeresküsten, vereinzelt im mitteleuropäischen Binnenland.

Bindentaucher
Podilymbus podiceps - Pied-billed Grebe L 31-38 cm, S 56-64 cm
Sehr seltener Gast aus Nordamerika mit über zehn Nachweisen auf den Britischen Inseln. So groß wie ein Ohrentaucher, in der Farbe und Gestalt einem Zwergtaucher im Schlichtkleid ähnlich. Schnabel kurz und dick, im Winter hornfarben, im Prachtkleid bläulichweiß mit schwarzer Querbinde (diese im Winter manchmal angedeutet). Flügel ganz dunkel.

Haubentaucher
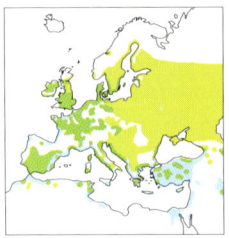

Rothalstaucher
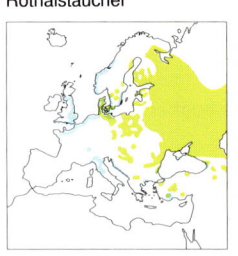

1er Wint
Pracht-kleid
Bindentaucher

Zwergtaucher
Tachybaptus ruficollis - Little Grebe L 25-29 cm, S 40-45 cm - BZW

Ein sehr kleiner, rundlicher und dunkler Lappentaucher mit im Prachtkleid leuchtend gelblichgrünem Mundwinkel und kastanienbrauner Kopf- und Halsfärbung. Im Schlichtkleid heller, Flanken, Hals und Kopfseiten gelbbraun, Kehle weißlich. Plustert oft das helle Hinterteil auf. Im Jugendkleid Brust und Hals rotbraun, Kopf verhältnismäßig dunkel, die Kopf- und Halsstreifung nutzt sich im Herbst langsam ab. Mausert im Oktober/November ins erste Winterkleid, das dem Schlichtkleid ähnlich ist, aber häufig eine schmutzige Zeichnung an der Wange unter dem Auge zeigt. Flügel dunkel, oft mit mehr oder weniger ausgedehnter Aufhellung an der Basis der mittleren Armschwingen, manchmal mit deutlichem weißem Armschwingenfeld. Kommt auf vegetationsreichen Seen, Flüssen und kleinen Teichen vor, lebt zur Brutzeit aber zurückgezogen. Zeigt sich im Herbst und Winter offener auf Seen, in ruhigen Buchten und auf Fließgewässern. Am Brutplatz ist ein brodelnder oder vibrierender, an ein Kuckucksweibchen erinnernder Triller häufig das einzige Zeichen seiner Anwesenheit. Der Kontaktruf ist ein hell pfeifendes "viht-viht".

Schwarzhalstaucher
Podiceps nigricollis - Black-necked Grebe L 28-34 cm, S 56-60 cm - BZW

Ein im Prachtkleid aus der Entfernung schwärzlicher Taucher mit "ungeordneten", struppig herabhängenden, goldgelben Ohrbüscheln. Ähnelt dem Ohrentaucher, hat jedoch durch die steilere Stirn und einen deutlich "hochnäsigen" Schnabel ein charakteristisches Profil. Im Winter mit verwaschen dunklen Ohrdecken und einer grauen bis braungrauen Halsvorderseite. Im Flug weisen Hals und Kopf aufwärts, die weiße Flügelhinterkante erstreckt sich auf die inneren Handschwingen; am Flügelvorderrand keine oder eine schwache helle Zeichnung. Ruft wimmernd und knirschend "iürr-ip", auch kurz"pip" oder "pchip-tji". Brütet an nahrungsreichen Seen, oft in kleinen Gruppen in Möwenkolonien. Überwintert gerne truppweise auf Seen, Lagunen und in Meeresbuchten Südeuropas.

Ohrentaucher
Podiceps auritus - Slavonian Grebe L 31-38 cm, S 59-65 cm - ZW

Unterscheidet sich im Prachtkleid vom Schwarzhalstaucher durch den roten Hals (kann aus der Entfernung aber schwer zu erkennen sein), die volleren, aufgerichteten, mehr orange getönten Ohrbüschel, sowie in allen Kleidern am Profil mit flacherer Stirn und eher geradem Scheitel. Im Winter mit reinerem und weiter auf den Hinterkopf reichendem Weiß auf Kopfseiten und Hals. Grenze zwischen dunklem Scheitel und weißer Wange meist gerade und gleichmäßig. Zwischen Auge und Schnabel ein nackter Hautstreifen und ein heller Zügelfleck. Jungvögel zeigen im Herbst oft noch einen hellen Streifen über/hinter dem Auge, manchmal einen rostfarbenen Hals und können dann mit jungen Rothalstauchern verwechselt werden. Hat schnellere Flügelschläge als Rothalstaucher, einen schlankeren Hals und einen aufwärts gerichteten Kopf. Weiß nur auf dem Hinterrand des Armflügels und einem kleinen Keil am Vorderrand (dieser bei östlichen Vögeln fehlend oder weniger deutlich). Am Brutplatz auch nachts laut, am häufigsten rollend, gellend, aber sehr melodisch "hyarrr" in kurzen Serien und ein langgezogener, an die Wasserralle erinnernder Schrei. Brütet an Seen und Teichen mit Rohrkolben, Seggen und anderer reicher Vegetation, an der Ostsee auch an zugewachsenen Meeresbuchten. Verläßt das Brutgebiet von August-Oktober und kehrt im April/Mai zurück. Im Winter in geschützten Meeresbuchten, vereinzelt auf mitteleuropäischen Binnengewässern.

Zwergtaucher Schwarzhalstaucher Ohrentaucher

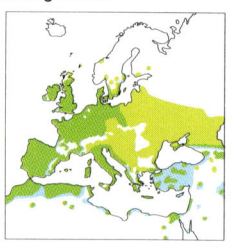
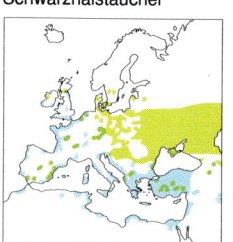
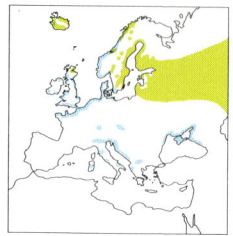

Eissturmvogel
Fulmarus glacialis - Fulmar L 45-50 cm, S 102-112 cm - BZW
Im Nordatlantik zahlreich, folgt häufig Schiffen. Unterscheidet sich von Möwen durch steife, schmaler und kürzer wirkende Flügel ohne weißen Hinterrand und abgesetzte schwarze Spitze und den Wechsel zwischen schnellen Flügelschlägen und langen Gleitstrecken direkt über dem Wasser. Mantel und Flügel grau mit hellen Flecken an der Handschwingenbasis. Schnabel, Hals und Schwanz kurz. Tritt in verschiedenen Farbmorphen auf, in Westeuropa mit mittelgrauem Mantel und weißem Kopf, im Nordatlantik ober- und unterseits dunkler, im Nordpazifik fast so dunkel wie Dunkler Sturmtaucher. Bebrütet das einzige Ei offen auf Absätzen von Vogelfelsen. Am Brutplatz nasale, gackernde und glucksende Laute. Lebt von auf der Wasseroberfläche schwimmenden Tieren, frißt oft Fischabfall und Kadaver und schließt sich bei reichlichem Nahrungsangebot zu großen Gesellschaften zusammen. Brütet in Mitteleuropa nur auf Helgoland, wo er ganzjährig zu sehen ist. *Karte S.46*

Kapverdensturmvogel
Pterodroma (mollis) feae - Gon-gon L 33-36 cm, S 84-91 cm
Diese und die folgende Art galten bislang als Unterarten des im Südatlantik häufigen **Weichfeder-Sturmvogels** *Pterodroma mollis*, sind von diesem aber wohl genetisch isoliert, weichen in einigen Merkmalen ab und werden oft als selbständige Arten betrachtet. Farbzeichnung einzigartig für Röhrennasen der Nordhalbkugel: Mantel grau mit dunkleren Hand- und Armschwingen und hellgrauem Schwanz, Unterseite hell mit dunkler Zeichnung auf der Flügelunterseite (sieht aus der Entfernung oft vollständig dunkel aus) und dunklem Schatten auf Brust und Halsseiten. Der Kapverdensturmvogel ist so groß wie ein Schwarzschnabel-Sturmtaucher, aber mit größerem Kopf, längerem Schwanz und im Flug stärker gewinkelten Flügeln. Scheitel und Maske dunkel. Brütet im Herbst auf Bugio, der südlichsten der Desertas-Inseln, und im Winter auf den Kapverden in Klippenspalten in 300-400 m Höhe. Bleibt ganzjährig in Brutplatznähe.

Madeirasturmvogel
Pterodroma (mollis) madeira - Freira L 32-33 cm, S 78-83 cm
Steht dem Kapverdensturmvogel sehr nahe und ist im Freiland wahrscheinlich schwer von diesem zu unterscheiden. Wiegt jedoch ein Drittel weniger und ist 5-10 % kürzer. Schnabel deutlich kleiner, Scheitel und Stirn wohl heller. Eine sehr bedrohte Form, die mit nur etwa 30 Paaren ab Mai in den Bergen Madeiras in ca. 1600 m Höhe brütet.

Bulwersturmvogel
Bulweria bulwerii - Bulwer's Petrel L 26-28 cm, S 68-73 cm
Wirkt wie eine mächtige, in die Länge gezogene Sturmschwalbe mit extrem langen Flügeln und langem Schwanz. Fliegt leicht und frisch mit oft nach vorne geschobenen, leicht gebogenen Flügeln und etwas herabhängenden Handflügeln. Der auffallend lange, schmale Schwanz wird häufig etwas angehoben und nur selten gespreizt. Sieht aus der Entfernung ganz dunkel aus, hat aber ein braunes Band auf den Armdecken (wie ein Wellenläufer) und eine aus der Nähe erkennbare hellere Binde entlang der Großen Unterarmdecken. Brütet auf den Desertas-Inseln vor Madeira, den südlichsten Azoren, den Kanaren und Kapverden. Zieht im Winter nach Süden.

Eissturmvogel Kapverdensturmvogel Madeirasturmvogel

Eissturmvogel

dunkle Morphe

Kapverden-sturm-vogel

Madeira-sturm-vogel

Bulwer-sturmvogel

Gelbschnabel-Sturmtaucher
Calonectris diomedea - Cory's Shearwater L 45-56 cm, S 100-125 cm - A
Etwas größer als Großer Sturmtaucher, wirkt großköpfiger und vorderlastiger. Die langen Flügel werden normalerweise schwach gebogen nach vorne gedrückt, vor allem bei starkem Wind. Oberseite relativ hell, scheckig graubraun, häufig mit dunklerem Diagonalband auf den Armdecken und hellerer Zeichnung an den Oberschwanzdecken. Kopf gleichmäßig braungrau, Augenumgebung und Zügel dunkel schattiert. Großer, heller, gelblicher Schnabel mit aus der Nähe erkennbarer dunkler Spitze. Unterseits reiner weiß als Großer Sturmtaucher, aber mit etwas weiter ausgedehnter dunkler Zeichnung an den Flügelspitzen. Steigt im Gegensatz zu anderen Sturmtauchern hoch auf, kreist sogar, fliegt langsamer und segelt mehr mit stark nach unten und hinten gebogenem Handflügel. Ist zahlreich im Mittelmeer und vor der Küste Westafrikas bis zum Golf von Biskaya. Brütet kolonieweise in Höhlen und auf Felsvorsprüngen von Inseln. Zieht im Herbst teilweise nach Westen und Norden und wird regelmäßig vor der Südwestküste der Britischen Inseln angetroffen, erscheint nur ausnahmsweise in der Nordsee. Ernährt sich von Fisch, Tintenschnecken und Garnelen, folgt Schiffen über kürzere Distanz und tritt auch in größeren Gruppen bei Fischfangschiffen auf.

Großer Sturmtaucher
Puffinus gravis - Great Shearwater L 43-51 cm, S 100-118 cm - A
Deutlich größer als Schwarzschnabel-Sturmtaucher. Schwarze Kopfplatte, helles Halsband, weiße Wangen und braungraue Oberseite sind beste Merkmale. Die hellen Spitzen der Oberschwanzdecken sind oft deutlich zu erkennen, besonders bei starkem Licht. Am ehesten mit Gelbschnabel-Sturmtaucher zu verwechseln, aber Kopffärbung, dunkler Schnabel, schwärzliches Diagonalband auf den Unterarmdecken und schwer erkennbarer dunkler Bauchfleck bilden eindeutige Kennzeichen (vgl. aber auch Raubmöwen). Brütet im Winterhalbjahr auf Inseln im Südatlantik (Tristan de Cunha, Gough Island), zieht nach der Brutzeit entlang der amerikanischen Küste nach Norden und verbringt den Sommer über den nahrungsreichen Gebieten vor den Küsten Neuenglands und Ostkanadas bis Südgrönland. Im Spätsommer bewegt er sich über den östlichen Atlantik nach Süden und tritt dann, allerdings selten und unregelmäßig, vor den Küsten Westeuropas auf. Sehr selten, vor allem während westlicher Stürme, auch in der Nordsee. Lebt vor allem von Tintenschnecken und Fisch.

Dunkler Sturmtaucher
Puffinus griseus - Sooty Shearwater L 40-51 cm, S 94-109 cm - G
Die dunkel rußgraue oder graubraune Farbe, der spulen- oder zigarrenförmige Körper und die verhältnismäßig schmalen Flügel machen den Dunklen Sturmtaucher leicht kenntlich. Die Ausdehnung des hellen Feldes auf den Flügelunterseiten variiert und ist oft nur aus der Nähe zu erkennen, aus größerer Entfernung wirkt der Vogel einfarbig dunkel. Schlägt schneller mit den Flügeln als Großer Sturmtaucher, folgt selten Schiffen und taucht auch nach Nahrung. Ernährt sich von Garnelen, Tintenschnecken und kleinen Fischen. Brütet auf der Südhalbkugel (z.B. südliches Südamerika, Neuseeland) und "überwintert" im Frühjahr/Sommer im Nordatlantik. Regelmäßig im Ostatlantik und in der Nordsee, wird vor allem im August-Oktober während des Heimzugs in der Deutschen Bucht gesehen.

Eissturmvogel

Gelbschnabel-Sturmtaucher

Kleiner Sturmtaucher
Puffinus assimilis - Little Shearwater   L 25-30 cm, S 58-67 cm - A
Bedeutend kleiner, kompakter und mit kürzeren Flügeln als Schwarzschnabel-Sturmtaucher. Flug ähnlich, Flugbahn jedoch geradliniger, mit weniger Würfen zur Seite und leicht unstet. Flügel steif und gerade, beim Gleiten aber etwas abgewinkelt. Gleitet nicht in so hohen Bögen über Wellenkämme wie die großen Sturmtaucher. Hat ein helles Gesicht, einen schmalen schwarzen Hinterrand des Unterflügels, nur einen schmalen schwarzen Fleck am Flügelansatz (vgl. Schwarzschnabel-Sturmtaucher) und blaue Füße. Ruft in höherer Tonlage als Schwarzschnabel-Sturmtaucher. Nächste Brutplätze der Unterart *baroli* auf den Azoren, Desertas und Kanaren. Auf den Kapverdischen Inseln brütet die Unterart *boydi* mit dunklen Unterschwanzdecken und dunkleren Kopfseiten. Wird sehr selten in Westeuropa gesehen (nur *baroli*), vor allem von April-Oktober.

Schwarzschnabel-Sturmtaucher
Puffinus puffinus - Manx Shearwater   L 30-35 cm, S 76-82 cm - A
Häufigster Sturmtaucher im Nordatlantik und nördlicher Nordsee. Kleiner als Großer- und Gelbschnabel-Sturmtaucher, mit scharfem Kontrast zwischen schwärzlicher Ober- und weißer Unterseite. Füße fleischfarben. Hat typischen Sturmtaucherflug mit schnellen Flügelschlägen, gefolgt von längeren Gleitstrecken auf geraden, steifen Flügeln, wobei er sich häufig von einer Seite auf die andere wirft. Bei höheren Windgeschwindigkeiten wird der Handflügel etwas nach hinten abgewinkelt, und der Vogel surft in einer Bahn mit hohen Bögen über den Aufwinden der Wellenkämme. Tritt oft in kleinen Gruppen auf, fischt weit draußen auf dem Meer und wird während der Brutzeit relativ selten vom Land aus gesehen. Brütet in ausgegrabenen Höhlen in steilen Berghängen auf Inseln, auch weit vom Strand entfernt. Fliegt die Nistplätze erst in der Dämmerung an und ist nachts mit schnarrenden und jammernden Rufen sehr laut. Ernährt sich hauptsächlich von Fischen. Zieht im Juli-September (Oktober) vor die Küste Südamerikas, kehrt im März/April zurück.

Mittelmeer-Sturmtaucher
Puffinus yelkouan - Yelkouan Shearwater   L 32-38 cm, Sp 78-89 cm
Bisher als Unterarten des Schwarzschnabel-Sturmtauchers betrachtet, heute oft für eine selbständige Art gehalten. Brütet in zwei Unterarten am Mittelmeer, beide im Vergleich zum Schwarzschnabel-Sturmtaucher mit kürzeren Schwänzen, längeren Schnäbeln und größeren Füßen, die den Schwanz etwas überragen. Oberseits mehr braun als schwarz, unterseits dunkler. Nahrungssuche dichter am Land, daher von vielen Mittelmeerstränden leicht zu sehen. Die etwas kleinere Unterart *yelkouan* ist weiter verbreitet und brütet am mittleren und östlichen Mittelmeer. Sie ist kontrastreicher gezeichnet als *mauretanicus*, hat eine generell hellere, weniger gezeichnete weißliche Unterseite mit dunklen Unterschwanzdecken, Achselfedern und Diagonalband auf dem Armflügel. *Mauretanicus* brütet auf den Balearen und zieht außerhalb der Brutzeit auf den Atlantik und teilweise weiter nach Norden bis zu den Britischen Inseln. Im direkten Vergleich deutlich größer als Schwarzschnabel-Sturmtaucher, Grenze zwischen Ober- und Unterseite diffus, helle Partien schmutzig beige, mit dunklem Steiß und dunklen Achselfedern. Variiert unterseits auffallend, die dunkelsten Individuen erinnern an Dunklen Sturmtaucher. Ausgeblichen können sie auch sehr hell aussehen, zumal einzelnen Vögeln die dunkle Zeichnung an Steiß und Achselfedern fast völlig fehlt.

Schwarzschnabel-Sturmtaucher

Mittelmeer-Sturmtaucher

Sturmschwalbe
Hydrobates pelagicus - Storm Petrel L 14-17 cm, S 36-39 cm - A
Kleinste europäische Röhrennase, kleiner als Wellenläufer, mit kürzeren, runderen und steif gehaltenen Flügeln und kürzerem, scharf abgeschnittenem Schwanz. Sieht aus der Entfernung völlig schwarz aus, nur der bis auf die Steißseiten ausgedehnte rechteckige weiße Bürzel leuchtet. Von nahem manchmal ein schmales, helleres Band auf den Armdecken erkennbar. Das weiße Band auf den Unterflügeln ist artkennzeichnend. Flugbahn sehr gerade, fliegt dicht über dem Wasser mit schnellen, fledermausartig flatternden Flügelschlägen, unterbrochen von nur kurzen Gleitstrecken. Brütet in Höhlen auf entlegenen atlantischen Inseln, die nur während der Brutzeit und im Schutz der Nacht aufgesucht werden. Aus den Bruthöhlen hört man nachts ein gereihtes, schnurrendes "Uarrrr", unterbrochen von lauten "Schluckaufs". Zieht von September-November nach Süden bis in die Gewässer vor Südafrika. Als Brutvogel in Westeuropa sehr zahlreich, erscheint aber wesentlich seltener in der südlichen Nordsee als Wellenläufer, vor allem bei starken Weststürmen im Herbst. Folgt auch Schiffen. *Karte S. 52*

Wellenläufer
Oceanodroma leucorhoa - Leach's Petrel L 19-22 cm, S 45-48 cm - G
Größer als Sturmschwalbe, mit längeren, spitzeren Flügeln und gegabeltem Schwanz. Flug verläuft etwas ruckartig, ist tanzend mit unablässigen Seitenwürfen, die Flügel werden bei hervorstehendem Flügelbug gewinkelt gehalten und die Flügelschläge sind tief, etwas an Trauerseeschwalbe erinnernd. Ist heller als die übrigen Arten, und das helle Armdeckenband ist aus großer Entfernung sichtbar. Der weiße Bürzel ist weniger auffallend als bei der Sturmschwalbe, etwas V-förmig und durch eine graue Mittellinie zweigeteilt. Der Armflügel wird häufig aufwärts, der Handflügel abwärts gehalten, so daß die Silhouette an ein langgezogenes M erinnert. Brutbiologie wie bei der Sturmschwalbe. Von der Bruthöhle und deren Umgebung aus lassen die Vögel einen langgezogenen, etwas pendelnd schnurrenden Ruf hören, der alle drei bis vier Sekunden von dem peitschenden, pfeifenden Ruf "tjüii" unterbrochen wird. Hat auch einen seltsam gackernden Ruf. Wird vor allem nach herbstlichen Weststürmen an der südlichen Nordseeküste gesehen, durchschnittlich etwas später als die Sturmschwalbe, vor allem Oktober/November. Die Population auf den Lofoten brütet erst, wenn die Nächte im August wieder dunkel werden, so daß einige Jungvögel nicht vor Dezember flugfähig sind. Ernährt sich von Tierplankton und kleinen Fischen, kein Schiffsfolger. *Karte S. 52*

Buntfuß-Sturmschwalbe
Oceanites oceanicus - Wilson's Petrel L 15-19 cm, S 38-42 cm - A
In der Silhouette der Sturmschwalbe am ähnlichsten, streckt die stark gerundeten Flügel aber gerade aus, ohne sie am Flügelbug zu winkeln. Flug direkter, mit längeren Gleitstrecken und kurzen, flachen Flügelschlagserien. Unterscheidet sich zudem von der Sturmschwalbe durch ein deutliches helles Band auf den Armdecken. Auf den Unterflügeln fehlt ein Band oder ist nur angedeutet. Die langen Beine ragen über den Schwanz hinaus, doch sind die kennzeichnenden gelben Schwimmhäute nur aus der Nähe zu sehen. Hängt bei der Futtersuche mit angehobenen Flügeln über dem Wasser und trippelt auf der Wasseroberfläche. Schiffsfolger. Brütet im Südatlantik und erscheint im Sommer/Herbst bis vor die Küsten Südwest-Europas, doch nur äußerst selten weiter nördlich.

Madeirawellenläufer
Oceanodroma castro - Madeiran Petrel L 19-21, S 42-45 cm
Steht dem Eindruck nach zwischen Wellenläufer und Buntfuß-Sturmschwalbe, ist aber dunkler als die letztgenannte, mit weniger auffallendem hellem Band auf den Armdecken. Hat einen auffälligeren, ziemlich eher rechteckigen weißen Bürzel als Wellenläufer, breitere und etwas kürzere Flügel. Die Flügel werden mehr horizontal gehalten, weniger angewinkelt, aber häufig weiter nach hinten gebogen als bei der Buntfuß-Sturmschwalbe. Füße dunkel. Kein Schiffsfolger. Brütet im Nordatlantik in geringer Zahl auf Inseln vor Madeira und möglicherweise auch auf den Azoren, auf Teneriffa, Lanzarote und auf den Kapverden.

Schwarzbrauenalbatros
Diomedea melanophris - Black-browed Albatross L 80-90 cm, S 213-246 cm
Tritt als einziger Albatros gelegentlich vor Nordwest-Europa auf (ca. 40 Nachweise), einzelne Vögel sogar über mehrere Jahre in schottischen Baßtölpelkolonien. Brütet im Südatlantik. Größer als Baßtölpel, erinnert in der Färbung an riesige Mantelmöwe, aber mit breiter schwarzer Einrahmung der Unterflügel. Schnabel gelb, Überaugenstreif schwarz. Jungvögel haben dunklere Unterflügel, grauen Nacken und dunkleren Schnabel.

Wanderalbatros
Diomedea exulans - Wandering Albatross L 110-135, S 275-350 cm
Hat sich aus südlichen Ozeanen erst fünfmal in den Nordatlantik verflogen. Gewaltig und deutlich größer als Schwarzbrauenalbatros. Jungvögel braun, nur Gesicht und Flügelunterseite weiß, im Verlauf vieler Jahre (ca. 20!) heller. Alterskleid weiß mit schwarzem Flügelhinterrand, Weibchen und fast adulte Vögel mit stellenweise dunklen Flügeldecken. Schnabel blaß rosa. *Nicht abgebildet*

Baßtölpel
Sula bassana - Gannet L 87-100, S 165-180 cm - BZW
Ein großer, zigarrenförmiger Meeresvogel mit langen, auffallend schmalen Flügeln. Altvögel sind durch Größe, Färbung und Musterung unverkennbar. Jungvögel können auf den ersten Blick einem großen Sturmtaucher ähneln, verraten sich jedoch durch die lange, spitze Kopf- und Schnabelpartie, den spitzen Schwanz und die Bewegungen. Das Alterskleid wird langsam angelegt und ist erst im vierten bis sechsten Kalenderjahr vollendet. Ockergelbe Kopffärbung außerhalb der Brutzeit blasser. Bewegungsablauf und Gesamteindruck des Baßtölpels sind majestätisch, auch zeigt er imponierendes Stoßtauchen aus ansehnlicher Höhe. Schweigsam auf dem Meer, hat am Brutplatz jedoch hohe, schnarrende Rufe. Brütet lokal im Nordatlantik in teilweise gewaltigen Kolonien auf Felsinseln oder Absätzen senkrechter Vogelberge, in Mitteleuropa nur seit 1991 an Helgoland. Außerhalb der Brutzeit auch relativ zahlreich in der südlichen Nordsee. Zieht im Herbst bis zur westafrikanischen Küste, Altvögel kehren jedoch zeitig in die Kolonien zurück, oft bereits im Januar. Ist öfter in kleinen, in Linie fliegenden Gruppen zu sehen.

Weißbauchtölpel
Sula leucogaster - Brown Booby L 64-74, S 132-150 cm
Kleiner als Baßtölpel, schokoladenbraun mit weißem Bauch (bei Jungvögeln hell bräunlich) und weißen Unterarmdecken. Tropische Art, die auf den Kapverden und im nördlichen Roten Meer beobachtet werden kann. *Nicht abgebildet*

Prachtfregattvogel
Fregata magnificens - Magnificent Frigatebird L 95-110 cm, S 215-245 cm
Extrem seltener Gast aus tropischen Meeren, nächste Brutplätze auf den Kapverden. Deutlich größer als Baßtölpel, extrem langflügelig, mit langem, tief eingeschnittenem Schwanz. Hauptsächlich schwarz, Weibchen und immature Männchen mit weißem Brustgürtel, Jungvögel auch mit weißem Kopf. Aus der Distanz schwer von anderen Fregattvögeln zu unterscheiden (6 Nachweise in Europa). *Nicht abgebildet*

Sturmschwalbe 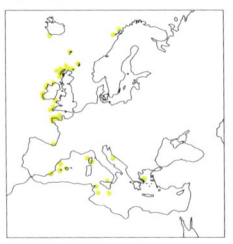 Wellenläufer  Baßtölpel

Kormoran, juv.

Krähenscharbe, juv.

Kormoran

Phalacrocorax carbo - Cormorant L 80-100 cm, S 130-160 cm - BZW

Ein großer, dunkler Wasservogel mit reptilienartigem Aussehen, rastet oft mit zum Trocknen ausgebreiteten Flügeln. Liegt schwimmend mit geradem Hals und aufwärts gerichtetem Kopf tief im Wasser. Im Prachtkleid mit großem weißem Fleck am Schenkelansatz und mehr oder weniger ausgedehntem Weiß an Kopf und Hals. Von den zwei europäischen Unterarten ist *carbo* ein reiner Meeresvogel, der die Vogelfelsen an den Küsten des Nordatlantik in Skandinavien und auf den Britischen Inseln bewohnt, während *sinensis* überwiegend an der Ostsee und an europäischen Binnengewässern auf Bäumen brütet. *Sinensis* zeigt im Prachtkleid mehr Weiß am Hals, hat eine etwas weiter ausgedehnte nackte Hautpartie am Schnabelgrund und einen etwas grünlicheren Schimmer im Gefieder als die durchschnittlich bläulicher glänzende Unterart *carbo*. Junge und immature Vögel etwas variabel gezeichnet, typisch aber eine helle Unterseite mit groben dunklen Flecken. Bei der marokkanischen Unterart *maroccanus* sieht man häufig, bei *sinensis* vereinzelt Jungvögel mit vollständig weißer Unterseite. *Maroccanus* hat auch im Prachtkleid eine weiße Brust und Halsvorderseite. Kann nur mit der Krähenscharbe (s. dort) verwechselt werden. Der Kormoran hat seit der weitgehenden Einstellung der Bejagung wieder zugenommen, in Deutschland einige neue Brutkolonien gegründet und wird besonders zu den Zugzeiten (März/April, Oktober) und im Winter in ganz Mitteleuropa an Küsten und größeren Binnengewässern gesehen (nur *sinensis*). Zieht in Keil- oder Linienformation hoch über Land und wird zuweilen kreisend beobachtet. Ernährt sich tauchend von Fisch. Äußert in Kolonien gutturale und gackernde Laute, sonst stumm.

Karte S. 56

Krähenscharbe

Phalacrocorax aristotelis - Shag L 65-80 cm, S 90-105 cm - W

Im Gegensatz zum Kormoran ein reiner Meeres- und Küstenbewohner Nordwest-Europas, der an Felsklippen brütet und nur ausnahmsweise ins Binnenland gelangt. Kleiner als Kormoran, Gefieder einfarbig schwarz mit metallisch grünem Schimmer und im Prachtkleid einer Federholle auf der Stirn. Hals dünner, Kopf runder, Stirn steiler und Schnabel kleiner und gleichmäßig schlank. Nackte Hautpartien an der Schnabelbasis weniger ausgedehnt: Zügelregion bis unter das Auge befiedert, gelber Schnabelwinkel erstreckt sich als Wulst wie bei einem Clown bis hinter das Auge. Junge und immature Krähenscharben häufig völlig braun, mit etwas heller brauner Unterseite und weißlichem Kinn. Befiederung am Schenkelansatz hebt sich bei ihnen als schwarzbraune Hose ab, Armdecken bei ihnen abgenutztem und ausgebleichtem Gefieder blasser als Mantel und Schwungfedern, bilden ein auch im Flug auffallendes helleres Feld, Stirn wirkt "knospend". Am Schwarzen und Mittelmeer brütet die Unterart *desmarestii*, bei der unausgefärbte Vögel generell mehr Weiß auf der Unterseite zeigen. In allen Kleidern unterscheidet sich die fliegende Krähenscharbe vom Kormoran durch den großen, runden Rumpf, kürzeren Schwanz, langen, schmalen Hals, geradere, rundere, steifere, schneller und höher aufwärts geschlagene Flügel. Fliegt häufig dicht über dem Wasser, nie über Land. Erscheint ausnahmsweise in der Deutschen Bucht, besonders um Helgoland. *Karte S.56*

Zwergscharbe
Phalacrocorax pygmeus - Pygmy Cormorant   L 45-55 cm, S 80-90 cm - W

Die südost-europäische Zwergscharbe ist bedeutend kleiner als Kormoran und Krähenscharbe und hat in fast allen Kleidern einen kennzeichnenden braunen Hals und Scheitel. Während einer kurzen Zeit zu Beginn der Brutzeit werden vor allem an Kopf und Hals weiße "Haare" getragen. Im Schlichtkleid wird die Kehle weißlich, unausgefärbte Vögel zeigen eine hellere Unterseite. Die Flugsilhouette zeichnet sich durch einen verhältnismäßig kurzen Hals und Kopf mit kleinem Schnabel und einen sehr langen Schwanz aus. Der Flügelschlag ist merklich schneller als bei den größeren Arten, die kurzen Gleitphasen mit schwach gewölbten Flügeln erinnern aber an den Kormoran. Segelt auch bei guter Thermik und kann im Flug aus größerer Entfernung mit dem oft im selben Gebiet vorkommenden Sichler verwechselt werden. Brütet in Kolonien in Büschen und auf Bäumen an schilfreichen Seen und Flußgebieten, häufig zusammen mit Kormoranen und Reihern. Allgemein eine seltene und im Bestand abnehmende Art, tritt lokal aber häufig in flachen, fischreichen Seen auf dem Balkan und in der Türkei auf. Fischt auch in sehr schmalen Flüssen und kleinen Teichen, aber nie wie die größeren Arten im Mittelmeer. Ernährt sich von Fischen, die im flachen Wasser tauchend erbeutet und manchmal wie beim Gänsesäger von Trupps in Schwärmen an den Schilfrand getrieben werden. Verfliegt sich nur ausnahmsweise nach Mitteleuropa, doch überwintert ein kleiner Trupp seit wenigen Jahren an der Donau bei Wien.

Krähenscharbe

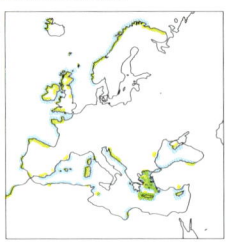

Kormoran

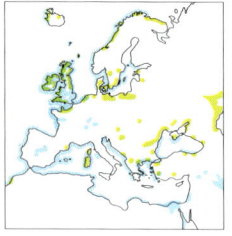

Zwergscharbe

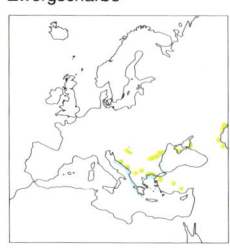

Rosapelikan
Pelecanus onocrotalus - White Pelican   L 140-175 cm, S 270-320 cm - A

Sehr auffällig und groß wie ein Schwan. Weißes Gefieder besonders im Prachtkleid mit orangerosa Farbstich. Der gelbe (als dunkelste Stufe apfelsinenfarbene) Kehlsack, die ausgedehntere und gelbrosa gefärbte Gesichtsmaske mit einem dunklen Auge und die rosafarbenen Beine unterscheiden ihn vom Krauskopfpelikan. Jungvögel sind dunkler als junge Krauskopfpelikane, mit fleischfarbenen Beinen und rosa Kehlsack. Im Flug durch die sich unterseits kontrastreich von den weißen Flügeldecken abhebenden schwarzen Schwungfedern gekennzeichnet, die bei Jungvögeln, die auch einen dunklen Flügelvorderrand zeigen, dunkelbraun sind. Guter Segelflieger, der gern in der Thermik kreist. Zieht in manchmal großen Trupps und kann aus der Distanz an Weißstorch erinnern. Fängt Fische, die er oft im Trupp zusammentreibt. Brutkolonien auf Schilfinseln in flachen, fischreichen Seen und Flußdeltas, Bestand durch Trockenlegung und frühere Verfolgung stark geschrumpft. Zieht nach Afrika und erscheint nur ausnahmsweise in Mitteleuropa.

Krauskopfpelikan
Pelecanus crispus - Dalmatian Pelican   L 160-180 cm, S 310-345 cm - A

Etwas größer als Rosapelikan, mit stahlgrauem Ton im Gefieder und im Frühling einem rotorange, im Schlichtkleid gelblich rosa getöntem Kehlsack. Beine in allen Kleidern grau. Hat im Frühjahr eine krause, ungeordnete Mähne, deren Ansätze ganzjährig zu sehen sind; auch Vögel im ersten Kalenderjahr tragen einen "Babyschopf" im Nacken (fehlt Rosapelikan). Unterflügel recht einfarbig schmutzig grau, nicht kontrastreich wie Rosapelikan. Im Jugendkleid oberseits sandbraun, unausgefärbt fahl schmutzigweiß, Kehlsack rosa, Stirnbefiederung läuft rechteckig aus (beim Rosapelikan spitz). Verhalten und Ernährung wie Rosapelikan, mit dem er zuweilen vergesellschaftet ist. Brütet sehr selten in Südost-Europa und verfliegt sich nur ausnahmsweise nach Mitteleuropa.

Rötelpelikan
Pelecanus rufescens - Pink-backed Pelican   L 125-132, S 265-290 - A

In Europa seltener Gast aus Afrika, regelmäßig in Ägypten. Kleiner als Krauskopfpelikan, dem er in Färbung und Struktur am meisten ähnelt. Beine orange, Iris dunkel, Auge nur von schmalem Lidring umgeben, Zügel dunkel befiedert, Kehlsack senkrecht gefurcht.

Mangrovereiher
Butorides striatus - Green-backed Heron L 40-48 cm, S 52-60 cm
Kleiner, dunkler Reiher mit weiter Verbreitung in den Tropen, gern in Mangroven. Die afrikanische Unterart *brevipes* hat graue Halsseiten und brütet nordwärts bis zur Sinai-Halbinsel. In Großbritannien wurde dreimal die nordamerikanische Unterart *virescens* mit weinroten Kopf- und Halsseiten angetroffen. Jungögel brauner, mit hell gestreiftem Hals und weißlichen Tropfenflecken auf den Flügeldecken.

Rohrdommel
Botaurus stellaris - Bittern L 70-80 cm, S 125-135 cm - BZ
Die Rohrdommel wird selten gesehen, da sie ein zurückgezogenes Leben im Schutz ausgedehnter Schilfbestände führt. Ihre Anwesenheit verrät sie jedoch durch die aufsehenerregende dumpfe Stimme des Männchens. Besonders nachts hört man seine "Nebelhornstöße", im Ton an das beim Blasen in die Öffnung einer leeren Flasche entstehende Geräusch erinnernd. Die Stöße werden in kurzen Serien mit Abständen von ca. 2 Sekunden wiederholt und sind manchmal noch aus 5 km Entfernung zu hören. Aus der Nähe ist auch der erste Teil des Rufs, ein tiefes Einatmen, zu hören, etwa "uh-BUUH". Ähnelt im Flug einer Kreuzung aus Eule und Reiher. Fliegt sie flach über das Schilf, ist der Hals nicht selten halb ausgestreckt, im Streckenflug wird er aber eingezogen. Der Flugruf ist ein kurzes, graureiherartiges "aurr". Bei Annäherung nimmt sie eine tarnende Pfahlstellung ein. Vom jungen Nachtreiher ist sie durch das Fehlen der tropfenförmigen, hellen Flecken auf den Flügeldecken zu unterscheiden. Lebt von Fischen, Fröschen und anderen kleinen Tieren. Zieht im September-November, kehrt im März/April zurück, überwintert aber auch regelmäßig in Mitteleuropa. *Karte S.62*

Nordamerikanische Rohrdommel
Botaurus lentiginosus - American Bittern L 60-75 cm, S 105-125 cm
Etwas kleiner als Rohrdommel, mit gleichmäßiger braun gefärbter Oberseite, blaß kastanienbrauner (statt schwarzer) Kopfplatte, stärker gestreiftem (nicht gebändertem) Hals und bei Altvögeln weit am Hals hinablaufendem schwärzlichem Bartstreif. Im Flug wie Rohrdommel, aber mit einfarbig dunklen, ungebänderten Schwungfedern. Zeigt sich offener als Rohrdommel. Sehr seltener Gast aus Nordamerika. Die meisten der etwa 80 europäischen Nachweise stammen von den Britischen Inseln aus dem Oktober/November.

Zwergdommel
Ixobrychus minutus - Little Bittern L 33-38 cm, S 52-58 cm - BZ
Im südlichen Europa oft zahlreich in Sumpfgebieten mit dichter Vegetation, besonders in Schilfbeständen, in Deutschland und Mitteleuropa aber dramatisch zurückgegangen. Am aktivsten in der Abenddämmerung, zwar zurückgezogen, aber lebhafter und leichter zu sehen als die Rohrdommel. Man stöbert sie nicht selten an Flüssen oder Gräben auf, wobei sie sich durch die geringe Größe (kleinster Reiher) und das von den Armdecken gebildete helle Flügelfeld sofort als Zwergdommel zu erkennen gibt. Fliegt häufig eine kurze Strecke und taucht dann, etwas plump, schnell wieder im Schilf unter. Im Streckenflug etwas "vorderlastig" mit schnellen, ruckartigen Flügelschlägen, abwechselnd mit kurzen Gleitstrecken. Wo sie zahlreich ist, macht sie häufig in der Abenddämmerung mit einem kurzen "Köck" oder "Keck" auf sich aufmerksam. Bei Erregung ein aufdringliches, langsames, stakkatoartiges "Keck eck eck eck eck". Balzruf ein in Intervallen von 2 Sekunden wiederholtes dumpfes, tropfendes "Kuck". Zieht im August/September vor allem ins tropische Ostafrika, kommt Ende März-Ende Mai zurück.

Nachtreiher
Nycticorax nycticorax - Night Heron L 58-65 cm, S 105-112 cm - BG
Ein Reiher mit gedrungenem Körper, weichen Formen und zarten Grautönen, mit samtschwarzem Scheitel und Mantel. Nur im Frühjahr weiße Schopffedern. Beine zu Beginn der Brutzeit himbeerrot, sonst eher gelblich. Jungvögel von der ähnlichen Rohrdommel an weiß getropften Flügeldecken zu unterscheiden. Sie mausern Scheitel und Mantel im ersten Winter, können im ersten Sommerkleid brüten und sind im zweiten Sommer den Altvögeln sehr ähnlich. In Südeuropa ziemlich häufig. Rastet am Tage in Wäldchen und Gebüsch und fliegt oft erst bei starker Annäherung auf. Am ehesten in der Abenddämmerung zu sehen, wenn die Vögel zur Nahrungssuche fliegen. Flug etwas schwankend, die stark abgerundeten Flügel werden langsam und mechanisch steif bewegt. Wirkt im Flug einfarbig grau und ruft dabei rabenähnlich "kwack". Brütet in Reisignestern auf Bäumen oder höheren Büschen, oft in Graureiherkolonien. Zieht im September/Oktober ins tropische Afrika, einzelne Vögel überwintern im Mittelmeergebiet, zurück im März/April. Brütet vereinzelt in Österreich, Süddeutschland und den Niederlanden.

Rohrdommel Zwergdommel Nachtreiher

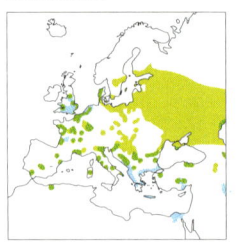
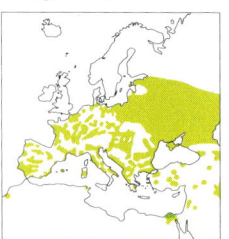

Kuhreiher
Bubulcus ibis - Cattle Egret   L 48-53 cm, S 90-96 cm - (BA)
Ein kleiner, weißer Reiher, der weniger ans Wasser gebunden ist als die anderen Arten. Jagt gerne auf Wiesen, Weiden und Savannen, wo er eifrig umherläuft, springt und auf der Suche nach Insekten, Reptilien und anderen kleinen Tieren Viehherden oder Traktoren folgt. Ist sehr gesellig und fliegt vor allem morgens und abends in ordentlichen Reihen von und zu den Übernachtungsplätzen, meist Wäldchen. Im Flug durch kürzeren Schnabel und kürzere Beine sowie die gedrungenere Körperform mit weniger herabhängendem Hals vom Seidenreiher unterschieden. Im Prachtkleid Scheitel, Brust und Rücken gelborange, Beine und Schnabel rötlich. Vögel im Jugend- und Schlichtkleid ganz weiß mit gelblichem Schnabel und schmutzig gelbbraunen bis schwärzlichen Beinen. Schnabel kurz und kräftig. Häufigster Ruf kurz "ark" und ähnlich weiblicher Stockente "ag-ag-ag". In Südwest-Europa lokal häufig in offener Agrarlandschaft. Überwiegend Standvogel, Nichtbrüter und Jungvögel zeigen sich aber oft weitab der Brutplätze. Freifliegende Kolonien in mehreren europäischen Zoos, doch breitet sich der anpassungsfähige Kuhreiher auch selbständig in Europa aus.

Rallenreiher
Ardeola ralloides - Squacco Heron   L 44-47 cm, S 80-92 cm - A
Im Prachtkleid schön goldockerfarben mit einem leichten Purpurton auf dem Mantel, verlängerten Nackenfedern und grünblauer Schnabelbasis. Im Schlichtkleid ohne Schopf, mit gestrichelten Halsseiten und gelblicher Schnabelbasis. Jungvögel oberseits düster braunbeige mit gestreifter Vorderseite. Im Flug dominiert das Weiß von Flügeln und Schwanz, eine überraschende Verwandlung, da vor allem Jungvögel auf dem Boden gut getarnt sind. Flug schneller und Flügelschläge schneidender als z.B. beim Kuhreiher. Flugruf kurz, geradlinig "karr" mit typischem, graureiherähnlichem Kehllaut. Jagt allein, steht still auf Beute lauernd, häufig zwischen schützender Vegetation, gerne an Gräben und kleinen Flüssen, aber vor allem am Morgen auch völlig frei of Feldern und Feuchtwiesen. Ernährung wie Nachtreiher. Brütet in Reisignestern auf Bäumen, oft zusammen mit anderen Reihern. Verbreitet, aber selten zahlreich in vegetationsreichen Feuchtgebieten Südeuropas (nördlich bis Ungarn). Zieht im August-Oktober bis ins tropische Afrika, kehrt im März-Mai zurück, wobei Einzelvögel ausnahmsweise bis Norddeutschland gelangen.

Küstenreiher
Egretta gularis - Western Reef Heron   L 55-65 cm, S 86-104 cm
Dem Seidenreiher sehr ähnlich, aber weniger elegant wirkend und mit dickerem, auf dem First gebogenem Schnabel. Kommt in einer schiefergrauen und einer weißen Morphe vor, selten in Zwischenformen. Jungvögel der weißen Morphe mit einzelnen dunkelgrauen Großen Armdecken, Schwung- und Steuerfedern. Im Prachtkleid mit langen Nackenfedern und verlängerten Schulterfedern. Der Schnabel ist gelb bis braungelb mit unregelmäßigem dunkelbraunem Einschlag. Beine dunkel mit grüngelben bis gelben Tönen, Zehen gelb, bei der Unterart *schistacea* am Roten Meer häufig mit ganz oder fleckig hellgelb gefärbtem Tarsus. In der Paarungszeit werden die hellen Partien rötlich. Bei der dunkler grau gefärbten Unterart *gularis* entlang der Küste Westafrikas Schnabel und Beine dunkelbraun, nur die Zehen gelb. Ausgeprägter Küstenvogel, der ausnahmsweise am Mittelmeer angetroffen wird. Von gelegentlich auftretenden melanistischen Seidenreihern an Schnabelform und -farbe zu unterscheiden.   *Zeichnung und Karte S. 66*

Kuhreiher

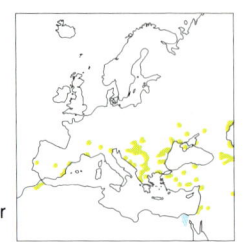

Rallenreiher

64

dunkle Morphe, PK

weiße Morphe, 2K

Küstenreiher

Seidenreiher
Egretta garzetta - Little Egret L 55-65 cm, S 88-95 cm - G

Der am weitesten verbreitete weiße Reiher im südlichen Europa. Kann mit Kuh- und Silberreiher (s. dort) verwechselt werden. Während der Paarungszeit ist der sonst grün- bis graublau gefärbte, unbefiederte Zügel gelb bis rötlich. Jungvögel zeigen anfangs braungrüne Beine, grauen Zügel und rosa Unterschnabelbasis. Eine seltene dunkelgraue Morphe, mit oder ohne weiße Kehle, kann mit Küstenreiher verwechselt werden (s. dort). Relativ häufig an flachen Seen, Teichen und Flußmündungen, Salinen und Lagunen an der Küste. Ist gesellig und brütet in Kolonien mit anderen Reihern in Reisignestern auf Bäumen. Im Flug meistens ruhig, läßt manchmal aber ein gerades, nasales "Kschää" hören, im Ton höher als Graureiher, und ruft auch kurz, weich oder grunzend "raaak" und "aukr". Ernährt sich hauptsächlich von Fisch und kleinen uferbewohnenden Tieren. Überwintert relativ selten rund um das Mittelmeer, zieht hauptsächlich nach Afrika. Einzelne Vögel erscheinen alljährlich besonders im Mai/Juni im nördlichen Mitteleuropa.

Silberreiher
Egretta alba - Great White Egret L 85-102 cm, S 140-170 cm - G

Fast so groß wie Grau-, deutlich größer als Seidenreiher. Im Schlicht- und Jugendkleid Beine einschließlich Zehen schmutzig gelblich, schlammfarben und meist dunkel wirkend, Schnabel gelb. Im Prachtkleid schwarzer Schnabel mit gelber Basis, Zügel blaugrün (unbefiederter Schnabelwinkel reicht bis weit hinter das Auge, endet beim Seidenreiher aber darunter), Unterschenkel gelb bis rot, nur Schulterfedern verlängert. Wirkt im Flug majestätisch, mit ruhigerem Flügelschlag als Seidenreiher und den Schwanz weiter überragenden Beinen. Ruft hart "krr-rrra". Brütet an Schilfseen Südost-Europas (nördlich bis Neusiedlersee und Ungarn). Vor allem außerhalb der Brutzeit vereinzelt, aber verbreitet im östlichen Mittelmeergebiet. Erscheint neuerdings in zunehmender Anzahl ganzjährig nordwärts bis Norddeutschland, besonders im Herbst.

Küstenreiher Seidenreiher Silberreiher

 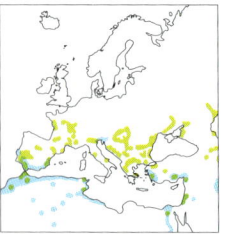 

Graureiher
Ardea cinerea - Grey Heron   L 90-98 cm, S 175-195 cm - BZW
Ist im Norden die einzige regelmäßig vorkommende und in ganz Europa die häufigste und am weitesten verbreitete Reiherart. Sieht im Flug mächtig aus, mit schwerem Schlag der kompakten, dunklen und weit nach unten gebogenen Flügel und eingezogenem Hals. Kraniche und Störche strecken den Hals im Flug aus, haben weniger gebogene Flügel und gespreizte Handschwingenspitzen. Ist trotz seiner Größe leicht zu übersehen, wenn er still am Schilfrand oder auf einem Feld auf Beute lauert. Ruft laut und krächzend "krauk", am Brutplatz viele ähnliche oder andere unharmonische Laute. Wird in allen Arten von Feuchtgebieten und in der Agrarlandschaft angetroffen. Lebt von Fischen, Amphibien, Insekten und Mäusen. Brütet in Kolonien auf Bäumen, in Schilfbeständen und am Atlantik teilweise auf Klippen. Wandert nach der Brutzeit in nahrungsreiche Gebiete. Nördliche und östliche Graureiher ziehen im Herbst, im übrigen Europa Jahresvogel.

Purpurreiher
Ardea purpurea -Purple Heron   L 78-90 cm, S 120-150 cm - BZ
Dunkler und etwas kleiner als Graureiher, Kopf und Hals schlangenartig schlank, lang und kantig, Schnabel dünner. Kann im Flug aus der Distanz mit Graureiher verwechselt werden, ist aber kantiger, tiefer herabhängenden "Kehlsack" und eine auffallend längere, oft deutlich abgespreizte Hinterzehe (eine Anpassung an das Leben im Schilf). Die Oberflügel machen bei den meisten Purpurreihern im Flug einen matt rotbeigen bis lilabraunen Eindruck, die Unterflügeldecken sind lehm- bis rotbraun (nicht grau). Jungvögel nach etwa zwei Jahren ausgefärbt. Steht selten ganz frei, jagt meist im Schilf oder anderer dichter Vegetation. Ruft beim Auffliegen reiherartig, aber weniger kehlig, etwas raubseeschwalbenartig, sonst meist still. Brütet in Kolonien in Altschilf oder niedrigem Gebüsch. Zieht im September/Oktober (November) ins tropische Afrika und kehrt ab März zurück. Brütet vereinzelt auch in Süddeutschland und den Niederlanden, besonders Jungvögel erscheinen nach der Brutzeit gelegentlich nördlich des Verbreitungsgebietes.

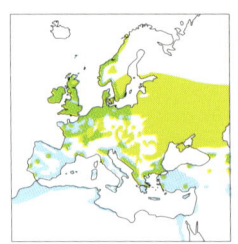

Graureiher

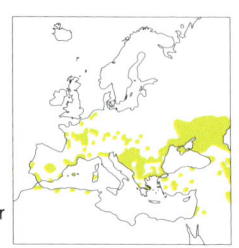

Purpurreiher

Weißstorch
Ciconia ciconia - White Stork L 100-115, S 195-215 cm - BZ

In großen Teilen seines Brutgebietes ein Charaktervogel der offenen Kulturlandschaft, hat in Mitteleuropa in diesem Jahrhundert aber durch Trockenlegung von Feuchtgebieten und landwirtschaftliche Gifte dramatisch abgenommen. Ernährt sich von den verschiedensten Kleintieren (Fröschen, Schlangen, Fischen, Nagetieren, Larven, Vogeljungen usw.), die er in offenem Gelände stolzierend erbeutet. Brütet in großen Reisignestern auf Hausdächern, Strommasten und Bäumen. Klappert im Kontakt zu Artgenossen laut mit dem Schnabel, ruft aber nicht. Segelt oft in Aufwinden. Zieht in ungeordneten Trupps (Kraniche oder die aus der Entfernung ähnlichen Pelikane in Formation) Ende August unter Umgehung des Mittelmeeres nach Afrika, so daß es am Bosporus und über Gibraltar zu starken Konzentrationen kommt, und kehrt im März zurück. In Gefangenschaft gezüchtete Weißstörche werden an verschiedenen Stellen ausgesetzt und ziehen oft nicht.

Schwarzstorch
Ciconia nigra - Black Stork L 95-100 cm, S 185-205 cm - BZ

Seltener als sein weißer Verwandter, lebt zurückgezogener und ist schwerer zu beobachten. Brütet in unberührten älteren Wäldern, sucht seine Nahrung (Fische, Amphibien, Insekten usw.) in Bächen, Flachwasser, Sümpfen und Feuchtwiesen. Jungvögel dunkelbraun mit einem olivgrünen bis graurosa Ton auf Beinen und Schnabel. Läßt am Nest ein wimmerndes "Hi-lieh" hören, klappert aber seltener als der Weißstorch. Der Bestand ist in diesem Jahrhundert zurückgegangen, doch läßt sich in Mitteleuropa in letzter Zeit wieder eine Zunahme feststellen. Wird nur während des Zuges in größeren Gruppen gesehen. Zieht oft im Familienverband, etwa einen Monat später als der Weißstorch.

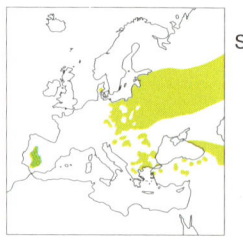

Schwarzstorch

Weißstorch

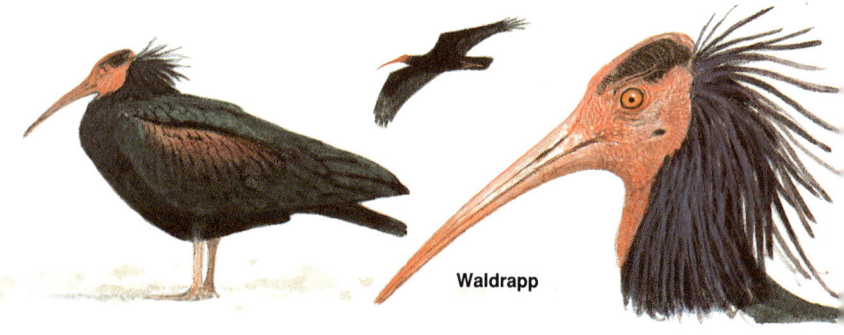
Waldrapp

Löffler
Platalea leucorodia - Spoonbill L 80-90 cm, S 115-130 cm - G
Unverkennbar, fliegt meistens in Gruppen in einer Linie, mit ausgestrecktem Hals und schnellen, flachen Flügelschlägen, die von kurzen Gleitstrecken unterbrochen werden. Jungvögel mit schwarzen Flügelspitzen und rosa Schnabel. Altvögeln außerhalb der Brutzeit ohne gelbes Brustband und Nackenschopf. Ziemlich selten und zerstreut an flachen Seen, Flußmündungen und Küstenlagunen. Koloniebrüter in Altschilf, auf Büschen oder Bäumen. Ernährt sich von kleinen Fischen, Insekten, Froschlaich und kleinen Wassertieren, die durch rhythmisch pendelnde Bewegungen des Schnabels aufgewirbelt und erbeutet werden. Einzelvögel und kleine Gruppen erscheinen alljährlich in Deutschland, evtl. aus der isolierten niederländischen Brutpopulation.

Sichler
Plegadis falcinellus - Glossy Ibis L 55-65 cm, S 80-95 cm - A
Sieht aus der Entfernung völlig braunschwarz aus, zeigt von nahem aber ein metallisch grün und rosa glänzendes Federkleid. Jungvögel deutlich matter gefärbt. Im Schlichtkleid mit schlammig braunem Schnabel, undeutlicheren weißen Markierungen am Schnabelgrund und hellen Sprenkeln auf Hals und Kopf (stärker als bei Jungvögeln). Legt zwischen Nahrungs-, Brut- und Schlafplätzen oft große Flugstrecken in ordentlichen, sich wellenden Reihen zurück. Nur noch lokal in Südost-Europa auf überschwemmten Wiesen und in flachen Sümpfen. Brutkolonien in Schilfbeständen, im Gebüsch oder auf Bäumen, zuweilen zusammen mit Reihern, Störchen oder Zwergscharben. Lebt von kleineren wasser- und schlammbewohnenden Tieren. Ruf ein gutturales, krähenartiges "Kraa kra kra", von nahrungssuchenden Gruppen häufig auch kurze, knurrende Rufe. Der Großteil zieht bis südlich der Sahara, einzelne überwintern aber auch rund um das Mittelmeer. Ausnahmsweise fliegen Sichler bis ins nördliche Mitteleuropa.

Waldrapp
Geronticus eremita - Bald Ibis L 70-80 cm, S 125-135 cm
Kurzbeiniger als Sichler, dunkles Gefieder mit Metallglanz, Schnabel und Beine rot, Kopf weitgehend unbefiedert und rötlich mit herabhängenden verlängerten Nackenfedern. Vom Aussterben bedroht, nur wenige Paare in Marokko, in der Türkei ausgerottet, evtl. noch größerer Restbestand in Arabien. Hat bis ins 16. Jahrhundert im südlichen Mitteleuropa gebrütet. Nistet auf Felsabsätzen, Nahrungssuche vor allem an trockenen, offenen Orten.

Löffler Sichler Rosaflamingo

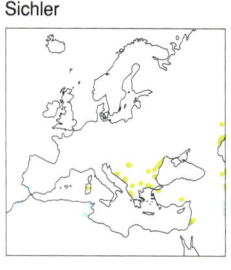
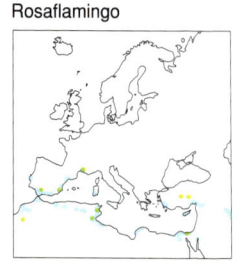

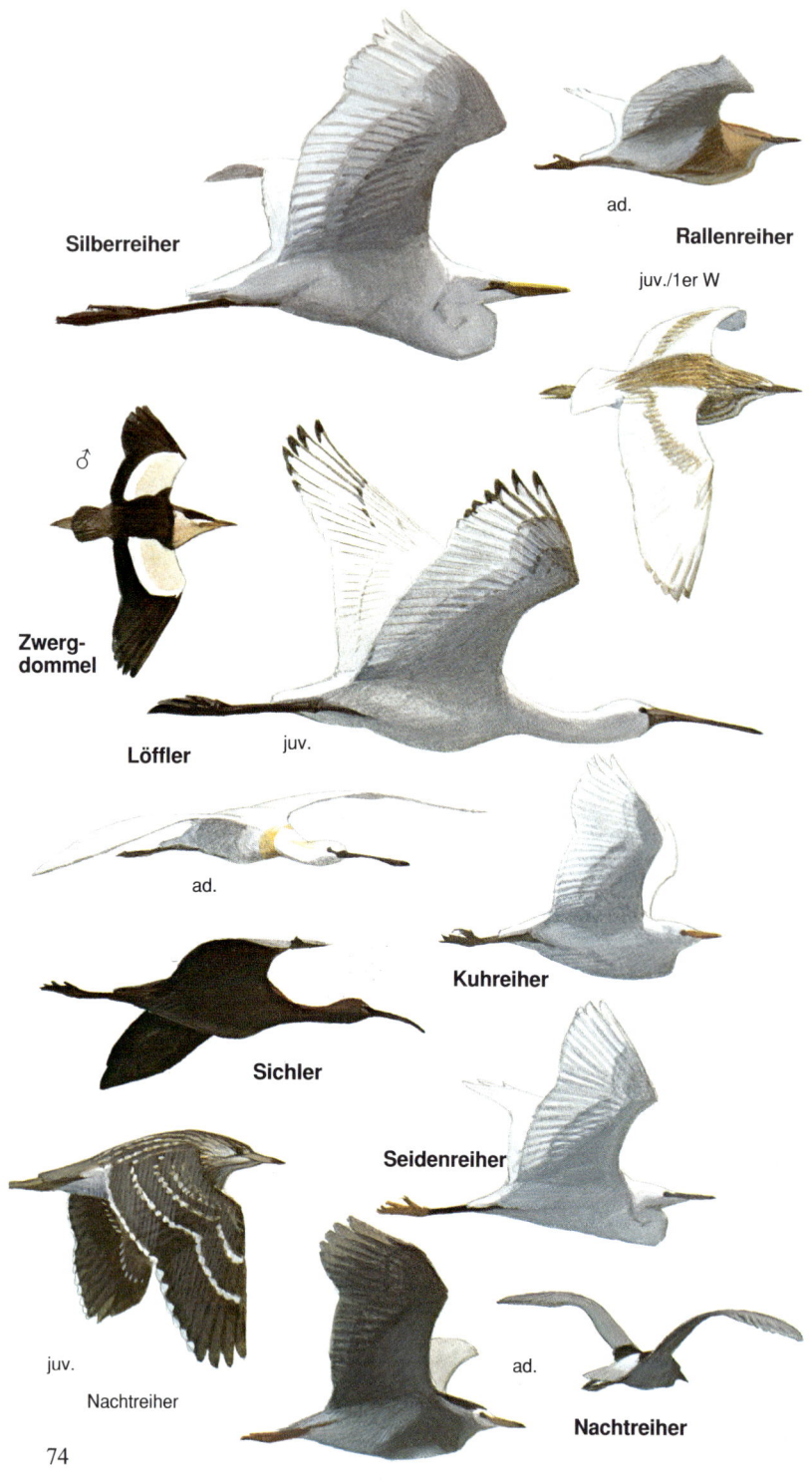

Rosaflamingo
Phoenicopterus ruber - Greater Flamingo L 125-145 cm, S 140-165 cm - A

Brütet in großen Kolonien in flachen Salzseen der Camargue, Südspaniens und der Türkei. Durchseiht in großen, sich langsam vorwärts bewegenden Gruppen mit pendelnden Bewegungen des vornüber hängenden Kopfes das Flachwasser nach Wirbellosen, Plankton und Algen, die extrahiert werden, indem die Vögel Wasser mit der Zunge durch ein feines Lamellensystem im Schnabel pressen. Können auch schwimmen. Die mehr oder weniger dunkelbraunen Jungvögel werden langsam heller und bekommen einen rosa Ton und rote Flügeldecken. Ruf kurz, nasal, trompetend und gänseähnlich "gagg-agg". In Mitteleuropa beobachtete Flamingos sind meist Zooflüchtlinge. In Deutschland brüten inzwischen entflogene **Chileflamingos** *P. chilensis*, kenntlich durch graugrünliche Beine mit rot abstechendem Fersengelenk ("Knie") und zur Hälfte schwarzem Schnabel. Neuerdings werden vermehrt afrikanische **Zwergflamingos** *P. minor* beobachtet, die bedeutend kleiner als Rosaflamingos sind und einen tief dunkelroten, aus der Entfernung schwarz wirkenden Schnabel tragen. *Karte S.72*

Singschwan

Singschwan
Cygnus cygnus - Whooper Swan　　　　　　　　　　L 145-160 cm, S 218-243 cm - W

Unterscheidet sich vom Zwergschwan durch die bedeutendere Größe, eine langgezogenere Kopfform, mehr Gelb am Schnabel (keilförmig ausgezogen, variiert aber individuell) und die Stimme. Jungvögel gleichmäßiger grau gefärbt als junge Höckerschwäne, hellere Schnabelbasis kontrastiert mit dunklerem Gesicht. Ruft laut, trompetend in verschiedenen nasalen Klangstufen "huang", "klong", im Flug meist dreisilbig. Fliegt in V-Formation oder schräger Linie. Rastet auf Süßwasserseen, Flüssen oder in flachen Meeresbuchten. Brütet an Moorseen und Flußmündungen Nordeuropas. Lebt von verschiedenen Wasserpflanzen, weidet aber auch wie Gänse auf Strandwiesen und Feldern. Zieht im März/April nach Norden und im Oktober/November nach Süden. Nord- und Südgrenze des Überwinterungsgebietes hängen von der Strenge des Winters ab.

Zwergschwan
Cygnus columbianus - Bewick's Swan　　　　　　　L 115-127 cm, S 180-211 cm - W

Im direkten Vergleich deutlich kleiner als Singschwan, mit kürzerem Hals, weniger langgezogenem Kopf und weniger, eher stumpf oder trapezförmig auslaufendem Gelb an der Schnabelbasis. Jungvögel ziehen im Herbst zusammen mit den Eltern. Die gelbe Schnabelfärbung ist bei ihnen durch einen etwas helleren Rosaton ersetzt. Der Außenteil des Schnabels wird mit der Zeit dunkel und ist mitten im Winter meistens bereits schwarz. Ruft im Flug klarer und höher als Singschwan meist ein- oder zweisilbig "kläu". Brütet in der Tundra am Eismeer, überwintert in Irland, England, den Niederlanden und Norddeutschland (im Frühjahr große Rastbestände an der Elbe). Die Zugzeit ist mehr konzentriert als beim Singschwan. Rastet an Küsten, anliegenden Feldern und Feuchtgebieten.

Höckerschwan
Cygnus olor - Mute Swan　　　　　　　　　　　　L 145-160 cm, S 208-238 cm - BJZW

Der am weitesten verbreitete Schwan, an vielen Orten ausgesetzt. Ist aus der Entfernung durch seinen gebogenen Hals und Nacken und in bestimmten Situationen am höheren Hinterteil und längeren Schwanz zu erkennen, von nahem am roten Schnabel mit schwarzem Höcker. Jungvögel sind braun, haben häufig eine hellere Brust und immer schwarz gefärbte Schnabelbasis und Zügel. Die Flügel machen im Flug im Gegensatz zu den beiden anderen Arten ein pfeifendes oder wummerndes Geräusch. Meist stumm, gelegentlich schnarchende und fauchende Laute. Lebt von Wasserpflanzen, die vom Boden flacher Gewässer abgegrast werden.

Singschwan　　　　　　　　Zwergschwan　　　　　　　　Höckerschwan

  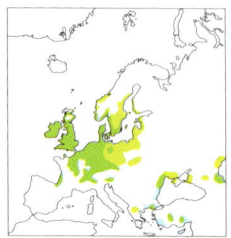

Saatgans
Anser fabalis - Bean Goose L 66-88 cm, S 147-175 cm - ZW
Unterscheidet sich von der Graugans durch brauneren Gesamteindruck, kontrastierenden dunkelbraunen Kopf und Hals und dunkle Schnabelzeichnung. Im Flug gesamte Oberseite und Unterflügel dunkler als bei Graugans. Schnabel bei der Unterart *fabalis* ("Waldsaatgans") lang und meist ausgedehnt orange. Die "Tundrasaatgans" (Unterart *rossicus*) ist kleiner, kurzhalsiger, in der Gestalt insgesamt der Kurzschnabelgans ähnlich (mit der sie oft verwechselt wird) und hat einen kürzeren, dickeren Schnabel mit meist nur schmaler orangefarbener Binde. Altvögel oft mit weißer Befiederung am Schnabelgrund. Ruft seltener als andere Gänse, nasal schnatternd "ahng ahng" oder "kajak". Brütet in der Tundra und Taiga in Mooren und Flußmündungen. Zieht im September-November und im März-Anfang Mai. Rastet gern auf offenen Äckern, übernachtet auf nahegelegenen Seen.

Kurzschnabelgans
Anser brachyrhynchus - Pink-footed Goose L 60-75 cm, S 135-170 cm - Z
Kleiner als Saatgans, hat rosafarbene und etwas kürzere Beine, einen kürzeren Hals, ein rundlicheres Kopfprofil mit einem kurzen, schwarzen Schnabel mit rosa Binde. Gesamteindruck heller, eher grau und rosabeige, hinterer Flankenbereich besonders dunkel (im Gegensatz zur Saatgans dunkler als die darüber liegenden Armdecken). Im Flug sind Oberflügeldecken, Mantel und Rücken wesentlich heller und der Schwanz ausgedehnter weiß als bei der Saatgans. Jungvögel sind düsterer und haben manchmal ockerbeige Beine, Altvögel oft etwas Weiß am Schnabelgrund. Sehr ruffreudig, Stimme höher als Saatgans, gellend "uinkuink" oder trompetend "ankankank". Brütet nur in Ostgrönland und Zentralisland (überwintert hauptsächlich in Schottland) und auf Spitzbergen. Vögel aus Spitzbergen fliegen über Norwegen nach Dänemark und im Oktober weiter über die Deutsche Bucht in die Niederlande (Friesland). Im mitteleuropäischen Binnenland extrem seltene Ausnahmeerscheinung (häufig Verwechslung mit *rossicus*-Saatgans).

Kurzschnabelgans

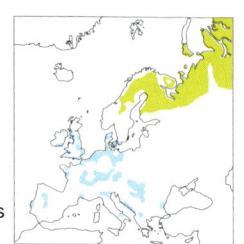
Saatgans

Kurzschnabelgans

juv.

Saatgans

rossicus

fabalis

juv. *fabalis*

Zwerggans
Anser erythropus - Lesser White-fronted Goose   L 53-66 cm, S 120-135 cm - A
Kleiner als Bläßgans, im ganzen dunkler, kurzhalsiger, rundköpfiger und mit deutlich kleinerem Schnabel. Die weiße Befiederung am Schnabelgrund erstreckt sich weit auf die Stirn, von nahem ist der kennzeichnende gelbe Lidring erkennbar (selten auch bei Bläßgänsen). Jungvögel ohne Weiß, aber mit Lidring. Bei stehenden Vögeln überragen die Flügelspitzen den Schwanz deutlich, die Bewegungen beim Grasen sind schneller. Im Flug sehr schwer von der Bläßgans zu unterscheiden. Der Flugruf ist wesentlich höher als bei anderen Gänse, fast quietschend "dji-ji" oder "dji-jik". Scheu und am Brutplatz schwer zu entdecken. Brütet an Seen in der Tundra und auf dem Fjäll in der Weiden- und Birkenregion im äußersten Nordeuropa, hat stark abgenommen. Zieht nach Südosten und kehrt im Mai zurück. In Skandinavien ausgesetzte Vögel (meist farbig beringt) fliegen im Winter nach Südwesten und erscheinen alljährlich selten in Norddeutschland.

Bläßgans
Anser albifrons - White-fronted Goose   L 65-78 cm, S 130-165 cm - ZW
Die ausgedehnt weiße Befiederung am Schnabelgrund, der rosafarbene Schnabel mit weißem Nagel und die unregelmäßige, teerig schwarze Bauchbänderung unterscheiden die Bläßgans von den übrigen Gänse (mit Ausnahme der seltenen Zwerggans; s. dort). Den Jungvögeln fehlen diese Merkmale, das Weiß erscheint erst während des ersten Winters, die Bauchbänderung zum zweiten Winter. Ihr rosa Schnabel trägt noch einen schwarzen Nagel und oft schwarze Markierungen am First. Sie sind aber kleiner und dunkler als Graugänse, zeigen am Schnabelgrund oft schwarzbraune Federn und ziehen meist im Familienverband mit den leicht kenntlichen Altvögeln. Die im westlichen Schottland und in Irland überwinternde und im übrigen Europa nur als Ausnahmeerscheinung auftretende grönländische Unterart *flavirostris* hat einen orangegelben, etwas längeren und kräftigeren Schnabel und durchschnittlich mehr Schwarz auf dem Bauch als die in Mitteleuropa überwinternde sibirische Unterart *albifrons*. Im Flug im Vergleich zur Saatgans etwas langflügeliger und kurzhalsiger. Ruf ein variiertes "Kau-ju", auch melodisch "kyu-kyok", merklich heller und gellender im Ton als bei der Saatgans, erinnert etwas an Hundegebell. Jungvögel rufen etwas heller und heiserer "kick-elick". Zieht regelmäßig über Norddeutschland und den Neusiedlersee, in manchen Jahren Massenzug nach plötzlichen Kälteeinbrüchen.

Graugans
Anser anser - Greylag Goose   L 75-90 cm, S 147-180 cm - BZW
Eine große, massige Gans, Stammform der Hausgans. Sehr einheitlich graubraun gefärbt, mit großem, hellem Schnabel und rosafarbenen Beinen. Die östliche Unterart *rubrirostris* (vom Neusiedlersee an ostwärts) hat einen rosafarbenen Schnabel und eine etwas hellere Oberseite, die westliche *anser* einen mehr orangegelben Schnabel. Im Flug mit einem auffallenden silbergrauen Feld auf den Oberflügeln und mit helleren Unterflügeldecken als andere graue Gänse. Laute, nasale, klangvolle Stimme wie Hausgans. Im Flug macht sie mit kräftiger Kopf- und Halspartie einen schweren Eindruck. Brütet am liebsten auf ungestörten Inseln und Halbinseln an Meeresstränden oder Binnenseen. In Mitteleuropa an vielen Stellen auf Parkgewässern ausgesetzt. Kommt sehr frühzeitig im Brutgebiet an, meist im Februar/März, viele fliegen bereits im Juni wieder zu speziellen Mauserpätzen. Der Abzug zu den Winterquartieren findet jedoch erst im August-Oktober statt.

Zwerggans   Bläßgans   Graugans

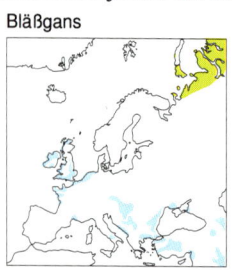
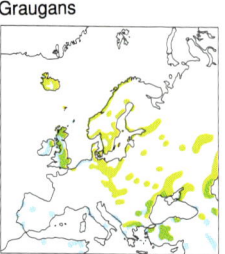

erggans
juv.
Bläßgans juv.
läßgans
Bläßgans *flavirostris*
Graugans

Kanadagans

Streifengans

Schneegans
Anser caerulescens - Snow Goose L 65-78 cm, S 130-160 cm - A
Durch das weiße Gefieder mit schwarzen Handschwingen unverkennbar. Schnabel und Beine rosa, Jungvögel mit schwach braungrauer Zeichnung. Dunkle Morphe ("Blaue Schneegans") dunkelgrau mit weißem Kopf und silbergrauen Flügeldecken. Brutvogel der nordamerikanischen Tundra. In Europa auftretende Vögel fast immer Gefangenschaftsflüchtlinge. Ausnahmsweise wird auch die kanadische **Zwergschneegans** *Anser rossii* gesehen, im Vergleich zur Schneegans bedeutend kleiner, Kopf runder, Hals und Schnabel kürzer, Schnabel ohne schwärzliche "Mundwinkel", dafür oft mit grünlichblauen Warzen auf der Basis.

Streifengans
Anser indicus - Bar-headed Goose L 70-82 cm, S 140-160 cm - (B)
Insgesamt sehr hell, Kopf- und Halszeichnung charakteristisch. Brütet in mittelasiatischen Gebirgen, überwintert in Indien. Gefangenschaftsflüchtlinge brüten auch in Europa.

Kanadagans
Branta canadensis - Canada Goose L 90-110, S 150-180 cm - (B)W
Größte Gans, mit langem, schwarzem Kopf und Hals, weißem Kinn und heller Brust. Der Kopf der kleineren Weißwangengans ist fast vollständig weiß, die obere Brust dunkel. In Europa an vielen Stellen eingebürgert, bewohnt eigentlich ganz Nordamerika. Im Flug ist der lange, schmale Hals ziemlich auffallend und ergibt ein schwanenartiges Profil. Macht in der Luft auf große Entfernung durch ein trompetendes "ah-honk" (die zweite Silbe höher) auf sich aufmerksam, gellend und sehr durchdringend.

Rothalsgans
Branta ruficollis - Red-breasted Goose L 53-56 cm, S 116-135 cm - A
Unverkennbar, aber überraschend schwer in einem Trupp anderer Gänse zu entdecken. Im Flug ist aus größerer Entfernung vor allem auf den dunklen Bauch und den kürzeren, rundlichen Hals zu achten. Ruft heiser "keu-veck". Brütet in der sibirischen Tundra vom Ob ostwärts bis zur Taimyrhalbinsel, überwintert hauptsächlich in Rumänien am Schwarzen Meer. Einzelvögel werden selten, aber ziemlich regelmäßig zusammen mit überwinternden Weißwangen- oder Bläßgänsen in den Niederlanden und Ungarn gesehen, durchziehend auch im deutschen Küstenbereich.

Kanadagans

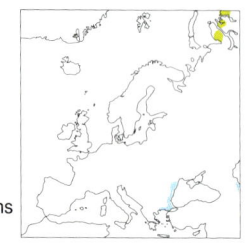
Rothalsgans

Ringelgans
Branta bernicla - Brent Goose L 56-61 cm, S 110-120 cm - W

Eine kleine, rundliche Gans, die stark an Meeresküsten gebunden ist. Kommt in Europa in zwei Unterarten vor: Die dunkelbäuchige *bernicla* aus Sibirien überwintert entlang der Nordseeküste bis Südengland (häufig im deutschen Wattenmeer), die hellbäuchige *hrota* aus Grönland und Spitzbergen in Irland, Nordost-England und Dänemark. Die Unterart *nigricans* ("Pazifische Ringelgans") brütet von Ostsibirien bis Kanada, hat einen fast schwarzen Bauch mit abstechenden weißen Flanken und ein breiteres Halsband und wird nur ausnahmsweise in Europa gesehen. Flügel der Jungvögel sehen im Herbst wegen hell geränderter Flügeldecken gestreift aus, Halsfleck fehlt noch oder ist nur angedeutet. Sieht im Flug ganz dunkel mit weißem Heck aus, fliegt mit eiderentenartigem Flügelschlag und schneller als Weißwangengans. Große Schwärme fliegen in weniger geordneten Formationen als andere Gänse. Äußert im Flug ein nasal murmelndes "krrop". Lebt hauptsächlich von Seegras, frißt aber auch andere Pflanzen.

Weißwangengans
Branta leucopsis - Barnacle Goose L 58-70 cm, S 132-145 cm - ZW

Eine kleine, kontrastreich schwarz, grau und weiß gezeichnete Gans. Aus großer Entfernung können fliegende Vögel mit der Ringelgans verwechselt werden, die Weißwangengans schlägt jedoch langsamer mit ihren längeren Flügeln. In der Luft laut, äußert ein kurzes, vokales, bellendes "Kak", das häufig die Annäherung verrät (vgl. Kanadagans). Brütet nur auf Novaja Semlja, Spitzbergen und in Teilen Ostgrönlands. Die östliche Population zieht über die Ostsee und entlang der Nordseeküste und überwintert hauptsächlich in den Niederlanden. Die Population von Spitzbergen folgt der norwegischen Küste, um dann nach Schottland und England zu gelangen, grönländische Vögel ziehen über Island nach Irland und Westschottland. Neuerdings eine wachsende Brutpopulation im Südosten Gotlands. Rastet auf küstennahen Weiden und Feldern, ernährt sich vor allem von Gras und erscheint nur ausnahmsweise im mitteleuropäischen Binnenland (dort meist Gefangenschaftsflüchtlinge).

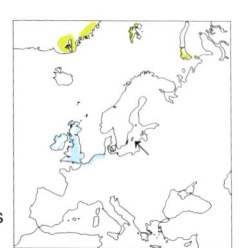

juv.

bernicla

Ringelgans

Weißwangengans　juv.

Brandgans
Tadorna tadorna - Shelduck L 58-71 cm, S 110-133 cm - BZW
Weibchen etwas kleiner als Männchen, ohne Schnabelhöcker und um das Auge und am Schnabelansatz meist weiß. Jungvögeln fehlt der scharfe braunrote Farbton der Adulten. In der Balzzeit ruft der Erpel piepsig pfeifend, das Weibchen laut gackernd "ga-ga-ga-ga-ga-ga-gak". Tritt vor allem entlang flacher Sandstrände, Buchten und Flußmündungen auf, aber auch auf Seen in der Nähe des Meeres, auf Feldern und Wiesen, stellenweise sogar als Brutvogel im Binnenland. Brütet in Höhlen, von Kaninchenbauten bis alten Hundehütten. Lebt von kleineren Wassertieren, auch von Getreide- und Grassprossen. Viele verlassen den Brutplatz bereits im Juni/Juli, um im Wattenmeer zu mausern.

Rostgans
Tadorna ferruginea - Ruddy Shelduck L 61-67 cm, S 121-145 cm - (B)
Durch einheitlich rostfarbenes Kleid gekennzeichnet, Männchen im Prachtkleid mit schwarzem Halsring. Im Flug unterseits mit zu den weißen Flügeln kontrastierendem dunklem Rumpf, oberseits leuchtend weiße Flügeldecken, Schwanz dunkel. Oft paarweise, außerhalb der Brutzeit gesellig. Sehr laut, läßt im Flug ein rollendes "rraul" oder ein graugansartiges "gag-ag" hören, das Männchen auch ein weiches, dumpf hupendes "auh", nicht unähnlich dem Frühlingsruf des Eidererpels. Lokal an Seen, Flußmündungen mit Sandbänken und in Sandgebieten im Mittelmeerraum und in Mittelasien vorkommend, hat in Südeuropa stark abgenommen. Charaktervogel mit einzelnen Paaren an hochgelegenen Seen in der westlichen Zentraltürkei. In Mitteleuropa ein verbreiteter Parkvogel, der verwildert auch in Freiheit brütet.

Nilgans
Alopochen aegyptiacus - Egyptian Goose L 63-73 cm, S 134-154 cm - (B)
Etwas größer als Brandgans, langbeiniger und mit einer kennzeichnenden Färbung: oberseits meistens rotbraun, unterseits graubeige mit dunkel braunrotem Bauchfleck. Kopf hell mit kennzeichnender dunkler Maske. Flügelzeichnung wie Rostgans. Eine Art aus dem tropischen Afrika (nordwärts bis Ägypten), die im Südwesten Englands und in den Niederlanden, vereinzelt auch in Deutschland eingebürgert wurde. *Nicht abgebildet*

Brandgans Rostgans

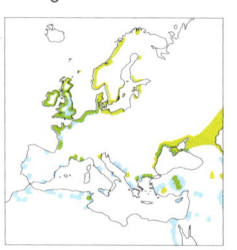
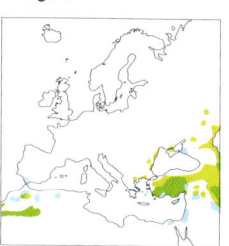

Pfeifente
Anas penelope - Wigeon L 45-51 cm, S 75-86 cm - BZW
Erpel im Prachtkleid mit auffallend blaßgelber Stirn und das ganze Jahr über leuchtend weißen Armdecken (bis zum ersten Sommer aber noch grau). Weibchen sehr dunkel graubraun mit mehr oder weniger rostfarbenen Flanken, schwarzem Schatten ums Auge und vergleichsweise kurzem, bleigrauem Schnabel. Farbton im Jugend- und Schlichtkleid variiert zwischen Braungrau junger Weibchen und Weinrot adulter Erpel. Mittlere und Kleine Armdecken bei adulten Weibchen mit weißen Rändern, bei jungen Weibchen kontrastlos graubraun, bei jungen Männchen, die einen schwarzen Spiegel mit meist grünem Metallglanz zeigen, etwas grauer. Im Flug langflügelig mit spitzem Schwanz und relativ kleinem Kopf, unterseits mit scharf begrenztem weißem Bauch und grauen Achselfedern. Erpel pfeifen melodisch "wiiju", Weibchen rufen schellentenartig schnarrend "oarr, oarr, oarr...". Brütet in Nordeuropa an von Mooren und Wiesen umgebenen Seen, rastet auf flachen Seen, überschwemmten Wiesen und an Meeresküsten. Vereinzelte Bruten in Deutschland, sonst in Mitteleuropa häufiger Durchzügler im Binnenland (besonders März/April und Oktober) und Wintergast an der Küste. Grast gern auf Wiesen.

Nordamerikanische Pfeifente
Anas americana - American Wigeon L 45-56 cm, S 76-89 cm - (A)
Der Pfeifente sehr ähnlich, besonders Weibchen und Jungvögel schwer zu unterscheiden. Hat in allen Kleidern weiße Achselfedern und durch weißliche Mittlere Unterflügeldecken kontrastreicher gezeichnete Flügelunterseiten. Brust und Flanken des Männchens rosa getönt, gelblichweiße Kopfplatte, heller, durch schwärzliche Punkte schmutzig und aus der Entfernung grau wirkender Kopf mit kennzeichnender dunkler, metallisch grün schimmernder Maske. Weibchen und Männchen im Schlichtkleid zeigen Kontrast zwischen grauerem Kopf und deutlicher rostfarbenen Flanken, der den gleichmäßiger gefärbten Pfeifenten fehlt. Große Armdecken des Weibchens weißlich mit schwarzen Spitzen, bilden im Flug eine breite Flügelbinde (bei manchen Weibchen mit zusätzlich hellgrauen Mittleren und Kleinen Armdecken sogar ein helles Flügelfeld). Männchen ruft während der Balz ähnlich Pfeifente, aber deutlicher zweigeteilt "wiju-wu". Lebensweise wie Pfeifente. Seltener Gast aus Nordamerika. Funde auf den Britischen Inseln und von der Atlantikküste stammen vor allem aus dem Spätherbst, in Mittel- und Nordeuropa jedoch meist aus dem Frühjahr (oder von Gefangenschaftsflüchtlingen). Aus Gefangenschaft entweicht auch oft die **Chilepfeifente** *A. sibilatrix*, deren Männchen grünen Kopf mit weißer Markierung zwischen Auge und Schnabel, zimtbraune Flanken und grau melierte Brust hat.

Pfeifente

Stockente
Anas platyrhynchos - Mallard L 51-62 cm, S 81-98 cm - BZW
Die häufigste und am weitesten verbreitete Gründelente. Männchen im Prachtkleid unverkennbar, im Schlichtkleid ähnlich Weibchen, aber mit grünlichgelbem Schnabel. Das braune Weibchen variiert in Färbung und Zeichnung erheblich, ist im Schlichtkleid dunkler und zeigt auf dem gelb- bis rotorange gefärbten Schnabel eine mehr oder weniger ausgedehnt dunkle Zeichnung an Basis und First (manchmal einfarbig dunkelgrau). Flügelspiegel metallisch dunkelblau, weiß begrenzt. Im Flug pfeifendes Flügelgeräusch. Weibchen ruft laut quakend, je nach Stimmung variiert, Männchen leise, nasal und etwas froschartiges "vähp" (besonders in Frühlingsnächten), in der Balzzeit ein hell pfeifendes "pjü". Die Stockente brütet auf fast allen Gewässern, häufig zahm auf Parkteichen. Viele Stockenten zeigen durch Einkreuzung von Hausenten und anderen Zuchtformen starke Farbabweichungen, z.B. weiße Gefiederpartien, blaue Köpfe und Schnäbel und können dann schwer erkennbar sein. Nahrung vielfältig, Samen, Früchte, Pflanzen, Insekten und kleinere Wassertiere. Sucht die Nahrung auch weitab vom Wasser, z.B. auf Stoppelfeldern. Männchen ziehen bereits im Mai/Juni in ihre Mausergebiete, Weibchen und Jungvögel im Juli/August, Zug in die eigentlichen Winterquartiere erfolgt erst später im Oktober-Dezember.

Schnatterente
Anas strepera - Gadwall L 46-56 cm, S 84-95 cm - BZ
Etwas kleiner, schlanker und "geschmeidiger" als die Stockente. Ist in allen Kleidern am Weiß im Flügelspiegel zu erkennen. Im Prachtkleid ist das braungraue Männchen durch den schwarzen Steiß gekennzeichnet. Weibchenfarbene Vögel, die auf dem Wasser ruhen und ihren weißen Flügelfleck nicht zeigen, sind von der Stockente durch das orangefarbene Band entlang der Schnabelkante zu unterscheiden. Im Flug ist der pfeifentenartige weiße Bauch typisch. Häufig laut. Der Ruf des Weibchens unterscheidet sich von dem der Stockente durch eine etwas höhere und gellendere Tonlage sowie eine gleichmäßigere "Aussprache"; warnt am Brutplatz sehr ausdauernd mit mechanisch wiederholtem "Ähk". Das Männchen ruft tiefer, schnarrender "errp", etwas an die Knäkente erinnernd. Kommt oft vereinzelt, lokal aber zahlreich an Süß- und Brackwasser mit reicher Ufervegetation vor. Hält sich gerne auf kleinen Teichen und überschwemmten Sumpfwiesen auf, beansprucht im Brutgebiet aber offene Wasserflächen. In Deutschland sehr seltener Brutvogel, zieht ab August hauptsächlich nach Westeuropa, Rückzug im März/April.

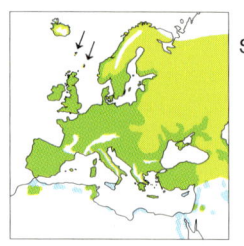

Stockente

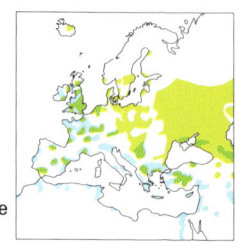

Schnatterente

Spießente
Anas acuta - Pintail L ♂ 61-76 cm, ♀ 51-57 cm, S 80-95 cm - BZW
Eine große und langgestreckte Gründelente, Männchen unverkennbar, Weibchen und Jungvögel mit langem Hals, rundem Kopf und grauem Schnabel. Auch im Flug mit langgezogener Silhouette, breiter weißer Hinterkante des Spiegels und recht kontrastreicher Längsbänderung des Unterflügels. Männchen im Schlichtkleid (Juli-Oktober) ähnlich Weibchen, aber meist grauer und feiner gemustert, aus der Entfernung am schwachen Kontrast zwischen dunkleren Mantel- und Schulterfedern und hellerer Flanke, aus der Nähe am scharf abgesetzten schwarzen Sattel des blaugrauen Schnabels vom Weibchen unterscheidbar. Männchen balzen rollend ähnlich Krickente "krüll", Weibchen quaken stockentenartig, aber tiefer und schnarren ähnlich weiblicher Pfeifente. Brütet selten in Deutschland, erscheint aber häufig während des Zuges im März/April und August-Oktober, oft vergesellschaftet mit Pfeifenten. Überwintert vor allem in Feuchtgebieten in Küstennähe, sibirische Vögel fliegen bis Afrika.

Löffelente
Anas clypeata - Shoveler L 49-52 cm, S 70-84 cm - BZ
In allen Kleidern durch den großen, schweren, löffelartig verbreiterten Schnabel gekennzeichnet, wirkt daher schwimmend und im Flug vorderlastig. Braune Vögel zeigen im Flug im Unterschied zur Spieß- und Knäkente dunklen Bauch und weiße Unterflügeldecken. Armdecken des Männchens blaugrau, des Weibchens etwas gedämpfter grau, bei Jungvögeln noch kontrastlos. Männchen einzige Gründelenten mit gelber Iris. Die Männchen verlassen die Brutplätze um die Monatswende Mai/Juni und mausern ins Schlichtkleid. An Frühlingsabenden paarweise oder in kleinen Gruppen Balzflüge in schnellem Tempo und mit scharfen Schwenks über den Brutgewässern. Männchen ruft dabei doppelt, hastig, schneidend "vack-ack", Weibchen mehr stockentenartig und langgezogen "väk-ääk". Kommt auf flachen, nahrungsreichen Seen, Sümpfen und überschwemmten Wiesen vor, frißt hauptsächlich Plankton, Kleinkrebse, Insekten und Samen, die mit dem großen, lamellenbesetzten Schnabel aus dem Wasser gefiltert werden. Zieht Ende März-Anfang Mai und im August/September.

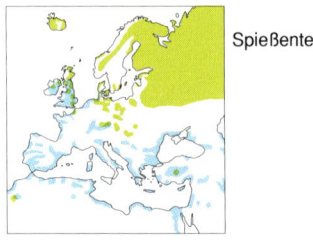

Spießente

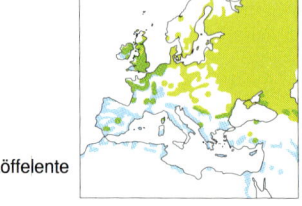

Löffelente

Krickente ♀　　　Knäkente ♀

Krickente
Anas crecca - Teal　　　L 34-38 cm, S 58-64 cm - BZW

Die kleinste und gleichzeitig eine der häufigsten Enten. Männchen aus der Entfernung dunkel mit leuchtend gelben Steißseiten. Männchen im Schlichtkleid (August/September), Weibchen und Jungvögel können mit Knäkente verwechselt werden, haben aber weißlichen Längsstreif entlang der Schwanzseiten, gelborange Schnabelbasis und recht einheitliche Kopffärbung, aus der Entfernung mit dunklem Käppchen am Hinterkopf. Wirkt häufig etwas nervös, fliegt leicht auf und führt in dichten Trupps wendige Flugmanöver aus. Im Vergleich zur Knäkente sind die Oberflügel dunkler, die weiße Begrenzung des grünen Spiegels ist vorne breiter als hinten (bei alten Männchen als rostbeiger, länglicher Fleck). Häufig nachtaktiv und laut. Männchen ruft glockenhell klingelnd "krick" oder "krück", wie eine Grille. Weibchen äußert helles, nasales Entenquaken, beim Auffliegen tief schnarrend "trrr". Brütet auf Moor- und Waldseen oder anderen von Vegetation umschlossenen Gewässern. Rastet auf flachen Seen, in Lagunen und an Meeresstränden. Zieht ab August, vor allem aber im September-November, überwintert auch in Mitteleuropa und zieht im März/April nach Norden.

Knäkente
Anas querquedula - Garganey　　　L 37-41 cm, S 63-69 cm - BZ

Unbedeutend größer als die Krickente, hat einen längeren und kräftigeren Schnabel und ein mehr vorderlastiges Profil auf dem Wasser. Männchen mit einem blendend weißen Überaugenstreif. Weibchen und Jungvögel sind an kontrastreicher Kopfzeichnung mit dunklem Band auf der Wange und hellem Zügelfleck sowie dem Fehlen der hellen Längszeichnung an der Schwanzwurzel von der Krickente zu unterscheiden. Variiert in der Grundfarbe, speziell im Herbst, wenn der Kopf zimtfarben und weniger kontrastreich sein kann. Im Flug langgestreckter als Krickente, Männchen durch leuchtend graublaue Armdecken und graue Handschwingenfahnen sehr hell, auch Weibchen mit helleren Flügeln. Weißer Armflügel-Hinterrand breiter als vordere weiße Begrenzung des Spiegels, bei Krickente umgekehrt. Die Männchen haben einen trocken knarrenden Ruf, als würde man mit dem Nagel über einen Kamm fahren. Weibchen quakt ähnlich Krickente. Relativ scheu und zurückgezogen. In Westeuropa weniger zahlreich als die Krickente, bevorzugt von Sumpfwiesen umgebene flache, nahrungsreiche Seen und kleine Tümpel. Zieht im August/September ins tropische Afrika, kehrt im April zurück.

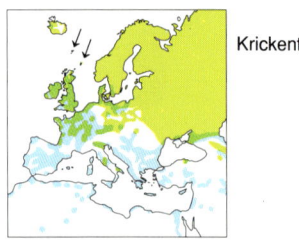

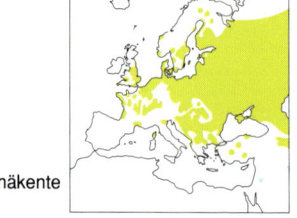

Brautente *Aix sponsa* - Wood Duck L 41-50 cm, S 68-74 cm - (B)
Stammt aus Nordamerika, in Europa stellenweise eingebürgert und auf Parkteichen. Weibchen kann mit Mandarinente (s. dort) verwechselt werden.

Mandarinente *Aix galericulata* - Mandarin Duck L 41-49 cm, S 68-74 cm - (B)
Stammt aus Ostasien, in Europa auf Parkteichen und stellenweise verwildert brütend. Weibchen im Gegensatz zur Brautente heller mit größeren Flankenflecken, spitzerem Schwanz, wenig statt viel Weiß am Schnabelgrund, Schnabelbasis gerade statt konkav, Schnabelspitze weiß statt schwarz, Augenring schmal und dünn nach hinten ausgezogen statt groß und oval. Beide Arten brüten in Baumhöhlen an Waldseen.

Sichelente *Anas falcata* - Falcated Duck L 48-54 cm, S 76-82 cm- (A)
Eine ausnahmsweise aus Ostasien erscheinende Art. Männchen mit grauen Armdecken, oben breit weiß begrenztem grünem Spiegel und allenfalls angedeutetem hellem Flügelhinterrand. Flügel des Weibchens kontrastärmer, mit braungrauen Armdecken und beigem Spiegelvorderrand. Schwimmendes Weibchen ähnlich Schnatterente, aber dunkler, Spiegel grün, Schnabel ganz grau und mit angedeuteter Nackenmähne.

Gluckente *Anas formosa* - Baikal Teal L 36-40 cm, S 60-66 cm
Als Zooflüchtling oder ostasiatische Ausnahmeerscheinung gelegentlich in Europa. Größe wie Knäkente, Weibchen und Jungvögel mit typischer Kopfstreifung und auffallendem hellem Zügelfleck. Nacken fülliger als bei Krick- und Knäkente. Flügelzeichnung unterscheidet sich von Krickente durch rostfarbenes Band entlang der Großen Armdecken und sehr breiten weißen Hinterrand.

Blauflügelente *Anas discors* - Blue-winged Teal L 37-41 cm, S 63-69 cm - A
Seltener Gast aus Nordamerika. So groß wie eine Knäkente. Männchen braungelb, schwarz getüpfelt, dunkel violetter Kopf mit auffallendem weißem Halbmond vor dem Schnabel und weißem Fleck am Steiß. Weibchen braunbeige, zwar mit hellem Fleck am Schnabelansatz, aber im Vergleich zum Knäkentenweibchen mit kontrastärmerem Kopf und ohne dunkles Wangenband. Im Flug zeigen beide Geschlechter blaue Armdecken, aber keinen hellen Armflügel-Hinterrand, Weibchen auch keine weißen Spitzen der Großen Armdecken. Männchen ruft wie ein Küken einfach oder doppelt "pjing" oder "pihp".

Zimtente *Anas cyanoptera* - Cinnamon Teal L 37-43 cm, S 64-70 cm
Kommt im westlichen und zentralen Nordamerika vor, ist wild noch nicht in Europa aufgetreten, wird hier aber abgebildet, da Weibchen mit der Blauflügelente verwechselt werden können. Sie sind ausgesprochen langschnäbelig und am Kopf weniger kontrastreich gezeichnet.

"Amerikanische Krickente"
Anas crecca carolinensis - "Green-winged Teal" L 34-38 cm, S 58-64 cm
Gelegentlich in Europa erscheinende nordamerikanische Unterart unserer Krickente. Männchen unterscheidet sich von dieser nur durch senkrechtes weißes Band zwischen Brust und Flanke und Fehlen des waagerechten weißen Bandes entlang der unteren Schulterfedern, wirkt daher insgesamt etwas dunkler. Weibchen nicht unterscheidbar.

Dunkelente *Anas rubripes* - Black Duck L 53-61 cm, S 85-96 cm
Naher nordamerikanischer Verwandter oder nur Farbvariante der Stockente, im Brutgebiet stark abnehmend und ausnahmsweise in Westeuropa angetroffen. Ähnlich weiblicher Stockente, Männchen sieht aus der Entfernung schwarzbraun aus, Weibchen wie ein schmutziges Stockentenweibchen, aber mit einem olivgrünen Schnabel. Spiegel glänzt mehr violett, keine weißen Spitzen der Großen Armdecken.

Weißkopf-Ruderente
Oxyura leucocephala - White-headed Duck   L 43-48 cm, S 62-70 cm - (A)
Eine Tauchente mit langem, oft aufgerichtetem Schwanz. Männchen im Prachtkleid kastanienbraun mit überwiegend weißem Kopf und hellblauem, fast grotesk geschwollenem Schnabel, der im Sommer/Herbst kleiner und grauer ist. Weibchen und Jungvögel mehr beigebraun mit dunklem Längsband auf den hellen Wangen und grauem Schnabel. Taucht zur Nahrungssuche und bei Gefahr, läßt oft nur den Kopf aus dem Wasser schauen. Fliegt selten, dann meist flach mit langem Anlauf, dabei an recht kurzen, runden, einfarbigen Flügeln und langem Schwanz erkennbar. Selten und sehr lokal in Südeuropa, Nordafrika und Mittelasien auf flachen Seen mit offenen Wasserflächen und reicher Vegetation.

Schwarzkopf-Ruderente
Oxyura jamaicensis - Ruddy Duck   L 35-43 cm, S 53-62 cm - (A)
Eine besonders in England eingebürgerte amerikanische Art. Kleiner als Weißkopf-Ruderente, Schnabelbasis nicht geschwollen, Männchen intensiver rotbraun mit weißen Unterschwanzdecken und ausgedehnterem schwarzem Scheitel, Weibchen mit schwächerem Wangenstreif, mehr rostbraunem und weniger gebändertem Gefieder als Weißkopf-Ruderente. Erinnert eher an einen Lappentaucher.

Marmelente
Marmaronetta angustirostris - Marbled Duck   L 39-42 cm, S 63-67 cm - (A)
Eine sehr helle Gründelente mit dunklem Augenschatten. Hals, Flügel und Schwanz relativ lang, daher besonders im Flug an weibliche Spießente erinnernd. Dunkler Schnabel lang und schlank, bei Männchen mit grauer Binde vor Spitze, bei Weibchen mit grünlichem Fleck an Basis; Geschlechter sonst fast gleich gefärbt. Relativ scheu und schwer zu entdecken, da sie sich oft in üppiger Vegetation flacher Seen versteckt, auf dem Zug und im Winter manchmal auch in Salinen oder Flußmündungen an der Küste. Meistens still, ruft manchmal ähnlich heiserem Turmfalken "gick gick". Kommt selten in Südspanien vor, Bestand hat stark abgenommen. Zieht unregelmäßig, überwintert hauptsächlich am Südrand des Mittelmeers.

Weißkopf-Ruderente Schwarzkopf-Ruderente Marmelente

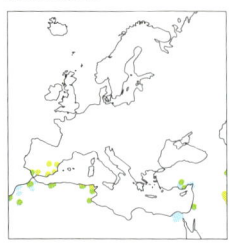

Kolbenente
Netta rufina - Red-crested Pochard L 53-57 cm, S 84-88 cm - BZ
Eine stockentengroße Tauchente. Der rote Schnabel des Männchens ist sehr auffallend, ebenso die fuchsbraunen Scheitelfedern, die je nach Stimmungslage aufgeplustert werden können. Weibchen erinnert durch hellgraue Wangen und dunkle Kopfplatte etwas an weibliche Trauerente, hat aber rosa Schnabelbinde. Männchen im Schlichtkleid ähnlich Weibchen, aber mit Resten des fuchsroten Scheitels und rotem Schnabel. Im Flug groß, Männchen mit breitem, blendend weißem Flügelstreif und schmalem weißem Flügelvorderrand, Weibchen mit beigem Flügelstreif. Häufigster Ruf ein kurzes, mechanisches "gick". Wenn ein Weibchen ihm die Aufwartung macht, ruft das Männchen "geüwick", nasal und gleichsam niesend. Kommt in Europa lokal und unregelmäßig in flachen, abgetrennten Meeresbuchten, Salinen, Seen, Fischteichen und Flußdeltas mit reicher Vegetation vor. Nahrungserwerb eher wie bei Schwimmenten, taucht aber auch oft.

Tafelente
Aythya ferina - Pochard L 42-49 cm, S 72-82 cm - BZW
Männchen mit rotbraunem Kopf, roter Iris, schwarzer Brust und grauem Körper unverkennbar. Weibchen unscheinbar, der spitz zulaufende Kopf und der langgestreckte Schnabel sind aber charakteristisch, ebenso die unterschiedlich ausgebildeten hellen Kopfmarkierungen. Weibchen im Prachtkleid mit grauem, fein gemasertem Rumpf und dunkelbraunem Vorderteil, während der Brutzeit einheitlicher braun. Jungvögel ähneln Weibchen im Schlichtkleid, aber ohne helle Zeichnung am Kopf. Im Flug unterscheiden sich beide Geschlechter von den übrigen Tauchenten durch den grauen, nicht weißen, Flügelstreif (vgl. aber Ringschnabelente). Weibchen ruft schnarrend "krrrak", Männchen während der Balz schwach pfeifend "py, py, py ..." und leise, etwas langgezogen mechanisch "eäich-tjong" (Pumpgeräusche eines Blasebalgs). Brütet an vegetationsreichen Seen mit größeren freien Wasserflächen, mitteleuropäischer Bestand zunehmend. Frißt vor allem Samen und Pflanzenteile, aber auch kleine Wassertiere. Zieht im September-November und März/April, überwintert zahlreich in Mitteleuropa.

Moorente
Aythya nyroca - Ferruginous Duck L 38-42 cm, S 63-67 cm - BG
Einer weiblichen Reiherente ähnlich, aber kleiner, mit großem, spitz zulaufendem Kopf mit charakteristischer langer Stirn und langer "Nase". Kein angedeuteter Schopf, Schnabel ohne deutliche Abzeichen. Gefieder dunkel braun mit weiß leuchtendem Steiß, beim Männchen mahagonibraun, beim Weibchen matter. Männchen mit weißer, Weibchen mit brauner Iris. Im Flug mit kontrastierendem weißem Bauchfeld und Steiß, bei Jungvögeln allerdings graubeige und undeutlich, auch bei Weibchen im Schlichtkleid schwächer. Weißer Flügelstreif deutlicher als bei Reiherente, reicht beim Männchen bis zur äußersten Handschwinge. Die im Frühling sehr lauten Weibchen rufen etwas höher als Reiherenten "err, err, err...", die Männchen kurz "tjück" oder "tjück-tjück". Zurückgezogen, liegt selten wie andere Tauchenten auf offenen Wasserflächen. Besonders in Südost- und Osteuropa auf flachen Seen mit reicher Vegetation ziemlich verbreitet, oft auf Fischteichen. In Deutschland ausnahmsweise Brutvogel, sonst seltener Gast, auch Gefangenschaftsflüchtling.

Kolbenente Tafelente Moorente

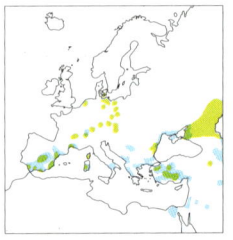 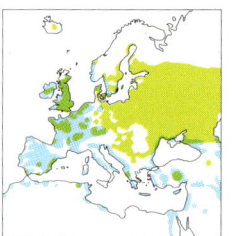 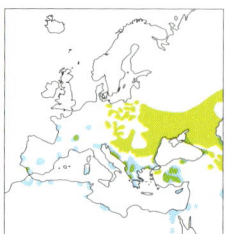

Reiherente
Aythya fuligula - Tufted Duck L 40-47 cm, S 67-73 cm - BZW
Männchen schwarz, Bauch und Flanken weiß, herabhängender Nackenschopf. Weibchen dunkelbraun mit etwas kantiger Kopfform und angedeutetem Nackenschopf. Manchmal weiße Befiederung am Schnabelgrund, kann daher mit weiblicher Bergente verwechselt werden, zeigt aber nie so viel Weiß, ist kleiner, hat andere Kopfform, breit schwarze Schnabelspitze und ist nie grau am Rumpf. Manchmal auch weiße Unterschwanzdecken (vgl. Moorente). Männchen balzt mit leise vibrierendem Pfeifen "pi-ji-pip pip", ähnlich einem Entenküken. Weibchen schnarrt boshaft klingend "err...err...err...". Häufig auf Binnenseen und Teichen mit einer gewissen Randvegetation, in Mitteleuropa zunehmend. Überwintert häufig in großen Gruppen in geschützten Meeresbuchten, Häfen und auf offenen Wasserflächen im Binnenland. Taucht nach Kleintiere, Muscheln und Pflanzenteilen.

Bergente
Aythya marila - Scaup L 42-51 cm, S 72-84 cm - ZW
Das Männchen ist durch den hellen, grau gemaserten Rücken leicht von der Reiherente zu unterscheiden. Der Kopf ist runder und glänzt grünlich. Das Weibchen ist während des Winters auf dem Rumpf heller als das Weibchen der Reiherente, mit grau gemaserten Flanken und einer breit weißen Befiederung am Schnabelansatz. Kleiner schwarzer Nagel. Zur Brutzeit brauner, oft mit rostbraunen Flanken und einem in der Größe variierenden weißen Wangenfleck. Jungvögel im Herbst häufig ganz dunkelbraun mit rostbraunen Flanken und manchmal fehlendem weißem Ring an der Schnabelbasis. Ab Oktober bekommen junge Männchen allmählich graue und gemaserte Federn auf Flanken und Mantel, im Mittwinter sehen viele schon fast wie Altvögel aus, allerdings mit matter glänzendem Kopf und dunkleren Schirmfedern. Balzruf des Männchens tief pfeifend "peháu", Weibchen ruft ähnlich Reiherente, aber etwas tiefer "arr...arr...". Auf nordeuropäischen Fjällseen in der Weiden- und Birkenregion relativ häufig, seltener entlang der Ostseeküste. Überwintert in flachen Küstengewässern, manchmal mit Reiherenten in großen Gruppen in geschützten Buchten und Häfen, seltener auch im mitteleuropäischen Binnenland.

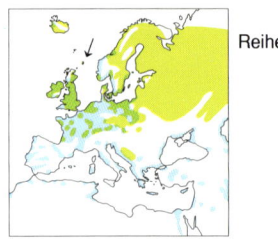

Reiherente

Bergente

Kleine Bergente
Aythya affinis - Lesser Scaup L 38-45 cm, S 65-70 cm
Hat sich erst wenige Male aus Nordamerika auf die Britischen Inseln verflogen. Der Bergente extrem ähnlich, aber kleiner, mit spitzerem Profil des beim Männchen violett glänzenden Kopfes, Oberseite etwas gröber gemasert, Muster auf obere Flanken ausgedehnt. Flügelstreif nur auf Armschwingen weiß. Weibchen im Freiland kaum unterscheidbar. Hybriden zwischen anderen *Aythya*-Arten sehen oft fast genauso aus, sind aber meist an rötlicher statt gelber Iris und heller Binde vor der breit schwarzen Schnabelspitze kenntlich (statt einfarbig blaugrau mit winzigem schwarzem Nagel).

Ringschnabelente
Aythya collaris - Ring-necked Duck L 37-46 cm, S 61-75 cm - A
Eine nordamerikanische Tauchente, die alljährlich einzeln in Europa erscheint. An Binnengewässer gebunden, schließt sich Reiher- und Tafelenten an, denen sie in Verhalten und Auftreten ähnelt. Männchen hat graue Flanken, vorne mit kontrastierendem weißem Keil, der bis vor die Flügel hochgezogen ist. Schnabel dunkelgrau mit schmalen, hellgrauen Bändern an der Basis und vor dem Nagel. Schmales, lilabraunes Halsband im Freiland kaum sichtbar. Kopfprofil ähnlich Tafelente, mit einem spitz zulaufenden Scheitel und einem langen, abschüssigen Schnabel. Weibchen ähnlich weiblicher Reiher- oder Tafelente, aber mit spitzer zulaufendem Scheitel, häufig recht hellem Kopf mit dunkler "Zipfelmütze", heller Befiederung am Schnabelgrund, aber ohne die dunkle "Mundwinkelverlängerung" des Tafelentenweibchens und meist weißlichem, nach hinten ausgezogenem Augenring. Brust mehr rostfarben und Oberseite dunkler. Beide Geschlechter haben grauen, nicht weißen Flügelstreif. Kann auch mit Hybriden zwischen anderen Tauchenten verwechselt werden.

Prachteiderente
Somateria spectabilis - King Eider   L 55-62 cm, S 86-102 cm - A

Adulte Männchen unverkennbar, im ersten Winterkleid mit variablem Aussehen: Körper schwarzbraun mit beigegrauem bis weißem Steißfleck, braungrauer oder weißer Brust (auch mit rosa Ton) und graubraunem Kopf, der am Schnabel dunkler und an der Kehle mehr oder weniger aufgehellt ist. Rücken nie mit weißen Federn. Schnabel grau, meist mit angedeutetem orangegelbem Höcker. Im zweiten Winter wie Altvogel, aber auf den hellen Partien schmutzig wirkend und mit etwas weniger "aufgepumptem" Schnabel. Weibchen ähnlich weiblicher Eiderente, aber kleiner, mit kürzerem, dunkelgrauem, spitzenwärts nicht aufgehelltem Schnabel, der mit den helleren Wangen kontrastiert, wo sich die hochgezogenen, "heiteren" Schnabelwinkel abzeichnen. Befiederung endet weit vor Nasenloch. Hocharktischer Brutvogel, überwintert vor Küsten Nordnorwegens und Ostislands, erscheint im Winter ausnahmsweise an mitteleuropäischen Küsten.

Scheckente
Polysticta stelleri - Steller's Eider   L 43-47 cm, S 70-76 cm - A

Bedeutend kleiner als Eiderente und mit dieser nicht verwechselbar. Männchen unverkennbar, im Schlichtkleid aber fast ganz schwarz mit weißen Armdecken. Männchen im ersten Winterkleid braun und den Weibchen ähnlich, Stirn, Nacken und Kinn aber schwärzlich, im zweiten Winter fast wie Altvögel. Alte Weibchen sind sehr dunkel rötlich braun, haben matt blaue Schirmfedern mit weißlichen Innenfahnen und zeigen, wenn sie die Flügel ausstellen, zwei den violetten Spiegel begrenzende weiße Flügelbinden. Der Schnabel wirkt an den sehr rechteckigen Kopf mit senkrechter Stirn fast wie angeklebt. Heller Augenring. Weibchen im ersten Winter mit ganz braunen Schirmfedern. Schließt sich oft zu dichtgedrängten Gruppen zusammen. Flug schnell mit hastigen Flügelschlägen, Unterflügel ausgedehnt hell. Brütet in der Eismeertundra östlich der Taimyr-Halbinsel, sporadisch möglicherweise bis Nordnorwegen, wo sie das ganze Jahr über in großer Zahl anzutreffen ist. Selten im übrigen Europa, aber in geringer Zahl regelmäßig auf der Ostsee.

Prachteiderente

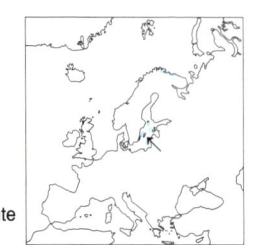

Scheckente

Plüschkopfente

Plüschkopfente
Somateria fischeri - Spectacled Eider L 52-57 cm, S 85-93 cm
Brutvogel Ostsibiriens und Westalaskas, in Europa nur wenige Nachweise aus Nordnorwegen. Kleiner als Eiderente, Schnabelbefiederung und Brille kennzeichnen beide Geschlechter. Männchen von anderen Eiderenten selbst im Flug und aus großer Entfernung an schwarzer Brust unterscheidbar. Entfernte Weibchen fallen durch ihre dunkle Zügelpartie auf.

Eiderente
Somateria mollissima - Eider L 50-71 cm, S 80-108 cm - BZW
Häufig auf nördlichen Meeren. Männchen unverkennbar, trägt allerdings im Sommer ein fast schwarzes Schlichtkleid mit weißen Armdecken. Juvenile Männchen mausern in Spätsommer/Herbst schwärzliche Federn und werden dann sehr dunkel schwarzbraun. Im Spätherbst und ersten Winter erscheinen, individuell stark variierend, erste weiße Federn. Im zweiten Winter unterscheiden sie sich von Altvögeln durch dunkle Spitzen der weißen Federn. Männchen im dritten Kalenderjahr nur noch an dunklen Schirmfederspitzen und blasser grünem Nackenfleck von adulten zu unterscheiden. Grundfarbe der Weibchen variiert zwischen beigegrau und kräftig rotbraun. An markantem Kopfprofil und kräftiger Bänderung leicht bestimmbar. Auf Island überwintern auch Vögel aus Grönland/Kanada, die eine mehr orangefarbene Schnabelbasis besitzen, einige sogar wie Prachteiderenten ein kurzes, weißes "Segel" auf dem Rücken. Männchen balzt mit weit hörbarem, schmachtendem "Ah-hauh", Weibchen antwortet leise schnarrend "kock-ock-ock". Taucht nach Muscheln und Krebstieren, gründelt aber auch in Flachwasser. In der Ostsee hauptsächlich Zugvogel, die Männchen ziehen im Sommer, Weibchen und Jungvögel später, manchmal auch in größerer Zahl ins Binnenland.

Eiderente   Kragenente   Eisente

Eiderente

Kragenente

Kragenente

Histrionicus histrionicus - Harlequin Duck L 38-45 cm, S 63-69 cm

Eine amerikanische und ostsibirische Art, nächste Vorkommen auf Island und Südgrönland, sonst in Europa extrem selten bzw. aus Gefangenschaft entwichen. Zur Brutzeit stark an strömendes Wasser gebunden, selbst entlang sehr schmaler Bäche. Zieht danach ans Meer, wo sie an Klippen und steinigen Ufern nach Kleintieren taucht. Männchen ziehen bereits im Juni und legen dann ein mehr weibchenfarbenes Schlichtkleid an. Männchen im ersten Winter ähneln den adulten, sind aber vorne weniger markiert und ohne Weiß auf Schulter- und Schirmfedern. Jungvögel ähneln Weibchen. Fliegt mit sehr schnellen Flügelschlägen und hochgezogenem Kopf flach über dem Wasser. Stimme u.a. ein lustiges, leises, helles Plappern, wie von Truthahnküken. *Karte S. 108*

Eisente

Clangula hyemalis - Long-tailed Duck L ♂ 58-60 cm, ♀ 37-41 cm, S 73-79 cm - WZ

Eine nördliche Berg- und Tundraart, überwintert auf dem Meer. Männchen im Winter unverkennbar. Zeichnung des Weibchens sehr variabel, durch ihre geringe Größe, den kurzen Schnabel und die dunkle Wangenzeichnung ähnelt sie jedoch (mit Ausnahme der Kragenente) keiner anderen Ente. Einige Individuen sind sehr hell, lediglich mit schwachem Schatten auf der Wange und fahl graubrauner Oberseite. Im Flug Kombination aus hellem Körper und ganz dunklen, langen, etwas bogenförmigen Flügeln kennzeichnend. Legt ab April ein Schlichtkleid an, Männchen wird dann überwiegend schwarzbraun. Männchen im ersten Winter ähnlich Weibchen, aber mit blaß rosa Schnabelbinde, etwas verlängerten mittleren Steuerfedern und einzelnen verlängerten hellgrauen Schulterfedern. Männchen ruft während stiller Spätwintertage klangvoll weich "au-AU-li". Lebt im Winter vor allem von Weichtieren und Krebsen. Überwintert in großen Scharen küstenfern auf der Ostsee (seltener der Nordsee, erscheint kaum im Binnenland), kleinere Trupps auch dichter am Ufer. Sehr aktiv, oft sieht man Gruppen von Männchen, die ein Weibchen jagen; wo sie häufig sind, scheint der Horizont zu kochen. Die Vögel kommen erst spät Mitte Oktober-Dezember an und sind dann im Prachtkleid. Im Frühling dünnen die Scharen langsam aus, der Großteil zieht um die dritte Maiwoche entlang des Finnischen Meerbusens und weiter östlich über Land in die sibirische Tundra. *Karte S. 108*

Eisente

Trauerente
Melanitta nigra - Common Scoter L 44-54 cm, S 79-90 cm - WZ

Etwas kleiner als die Samtente und ohne deren weißen Flügelspiegel, doch sind die Schwungfedern im Flug sichtbar heller als das übrige Gefieder. Männchen aus der Entfernung oft ganz schwarz, Schnabel mit gelbem Feld und schwarzem Höcker. Weibchen und Jungvögel mit weithin sichtbarer heller Wange. Sieht im übrigen runder aus als die Samtente, mit runderer Stirn und liegt höher auf dem Wasser, wobei der längere Schwanz oft aufgerichtet ist. Brütet an Seen auf Fjäll und Tundra, überwintert auf dem Meer. Große Ansammlungen auf der südlichen Ostsee (Millionen) und entlang der Nordseeküste. Die Männchen fliegen mitten im Sommer in die Mausergebiete, Weibchen und Jungvögel bis in den November hinein mit einem Höhepunkt im Oktober. Der Heimzug findet im April/Anfang Mai statt. Schwärme von ziehenden Trauerenten nehmen häufig die Form eines Klumpens mit angehängtem Schwanz an. Männchen pfeifen im Flug kurz flötend "pjy" oder "pjü-pjü", was über Land gen Norden ziehende Gruppen in stillen Frühlingsnächten manchmal verrät. Weibchen rufen tief und laut "hau(haurr)..hau...hau...". Männchen fliegen mit eisklirrendem Geräusch auf, erzeugt durch eine Verengung der Innenfahne der äußeren Handschwinge. Nahrung hauptsächlich Miesmuscheln, aber auch andere Mollusken, Krebse und Larven.

Samtente
Melanitta fusca - Velvet Scoter L 51-58 cm, S 90-99 cm - WZ

Fast eiderentengroß, Männchen rabenschwarz, Weibchen schwarzbraun, beide mit kennzeichnendem großen, weißen Flügelspiegel, der jedoch bei schwimmenden Vögeln häufig verborgen ist. Weibchen und Jungvögel mit zwei hellen Flecken am Kopf, zuweilen aber völlig dunkel (ältere Vögel). Brütet spät, an der Ostsee schlüpfen die Jungen in der ersten Julihälfte. Das Nest wird häufig weit vom Ufer entfernt angelegt. Kreisen den Brutplatz ein, indem sie in der Morgen- und Abenddämmerung paarweise Rundflüge über dem beabsichtigten Nistplatz ausführen. Die Männchen locken dann nasal rollend "arr-ha", auch hört man pfeifende Laute. Nahrung wie Trauerente. Männchen fliegen im Sommer in die Mausergebiete, Weibchen und Jungvögel verteilt über den September-November, selten in so großen Gruppen wie Trauerente.

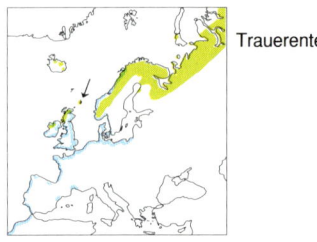

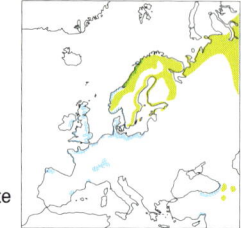

Brillenente
Melanitta perspicillata - Surf Scoter   L 45-56 cm, S 78-82 cm - A
So groß wie Trauerente, aber mit ganz schwarzen Flügeln. Männchen unverkennbar. Männchen im ersten Winter haben bis auf hellen Nackenfleck ganz schwarzen Kopf, mäßig geschwollenen Schnabel, aber den arttypischen schwärzlichen Fleck an der Schnabelbasis. Das Weibchen kann mit der Trauerente verwechselt werden, hat jedoch kräftigeren Hals und kennzeichnendes dreieckiges, an Eiderente erinnerndes Kopfprofil: Schnabel und Stirn bilden eine Linie, der flache Scheitel knickt in einer Spitze ab und bildet zum Nacken einen scharfen Winkel. Zwei helle Flecken an den Kopfseiten, getrennt durch eine dunkle Markierung unter dem Auge. Adulte Weibchen mit dunklem Bauch und weniger hellem Gesicht, oft nur schwacher Wangenzeichnung, aber hellem Nackenfleck. Weibchen im ersten Winter haben hellen Bauch und immer deutlich weiße Wangenflecken. Beine rot (bei Trauerente schwarz). Eine nordamerikanische Art, nur ausnahmsweise in Europa.

Büffelkopfente
Bucephala albeola - Bufflehead   L 32-39 cm, S 54-61 cm
Etwas kleiner als ein Zwergsäger, Erscheinungsbild ähnlich Schellente. Männchen unverkennbar, weißer Körper mit schwarzem "Mantel", schwarzer, grün glänzender Kopf mit großem weißem Dreieck vom Auge zum Hinterkopf. Weibchen mit grauer Unterseite, graubrauner Oberseite und dunkelbraunem Kopf mit länglichem weißem Wangenfleck. Kann mit Hybriden von Schellente und Zwergsäger verwechselt werden. Sehr seltene Ausnahmeerscheinung aus Nordamerika oder Gefangenschaftsflüchtling.

Spatelente

Bucephala islandica - Barrow's Goldeneye   L 42-53 cm, S 67-84 cm - A

Hauptverbreitungsgebiet Nordamerika, aber auch auf Island häufig. Brütet in Baumhöhlen an klaren, kleinen Seen und Flußsystemen, auf Island besonders im Myvatn-Gebiet, wo erstarrte Lavafelder Bruthöhlen bieten. Der Schellente extrem ähnlich, aber größer, macht mit der steilen Stirn und dem kurzen, aber sehr hohen Schnabel einen kräftigeren Eindruck. Das Männchen hat einen lila glänzenden Kopf, einen länglicheren weißen Zügelfleck als die Schellente, ist oberseits ausgedehnter schwarz und macht allgemein einen dunkleren Eindruck. Schnabel- und Kopfform unterscheiden auch die Weibchen und Jungvögel von der Schellente. Im Winter und Frühling haben die Weibchen ein breites, orangegelbes Band auf dem Schnabel. Im Flug weniger Weiß auf den Flügeln und der Oberseite als Schellente. Ist Standvogel auf Island, Meldungen aus dem übrigen Europa meist Fehlbestimmungen (unausgefärbte Schellentenmännchen im Frühjahr gleichfalls oft mit halbmondförmigem Zügelfleck!) oder Zooflüchtlinge.   *Karte S. 116*

Schellente
Bucephala clangula - Goldeneye L 42-50 cm, S 65-80 cm - BZW
Das Männchen sieht aus der Entfernung hell aus und ist charakteristisch gezeichnet. Weibchen im Prachtkleid grau mit einem deutlich "bulligen", wie ein junger Steinpilz auf dem Hals sitzenden braunen Kopf. Im ersten Winterkleid sehen die Weibchen unscheinbar graubraun aus, Schnabel und Iris sind dunkel. Im Flug mit großen weißen Flügelfeldern und dunkler Flügelunterseite. Hat einen schnellen Flügelschlag, die Männchen bringen ein typisches pfeifendes Fluggeräusch hervor. Während der Balz läßt es ein lautes, schnelles "ve-veäck" hören (wie ein zu schnell abgespieltes Quaken der Brandgans), gefolgt von einem leisen, knäkentenartigen Knarren. Das Weibchen hat ein hastig schnarrendes "berr, berr, berr". Häufig auf waldumsäumten Seen und Wasserflächen im Norden und Nordosten Europas, lokal und zunehmend an verschiedenen Stellen in Deutschland. Brütet in Baumhöhlen, gerne in Nistkästen und häufig in Schwarzspechthöhlen. Überwintert und rastet auf Seen, Flüssen und in geschützten Meeresbuchten.

Zwergsäger
Mergus albellus - Smew L 38-44 cm, S 55-69 cm - W
Männchen im Prachtkleid aus der Entfernung weiß mit schwarzen Abzeichen. Weibchen kann auf den ersten Blick für eine Schellente gehalten werden, verrät sich aber durch weiße Wangen. Männchen im Schlichtkleid dem Weibchen ähnlich, Prachtkleid wird erst im Spätherbst angelegt. Im Flug unterscheiden sie sich durch ihre lange, schlanke Form und den schnellen, leichten Flug deutlich von Enten. Auch das bei Männchen blendend weiße und bei Weibchen grauweiße Flügelfeld (wie bei der Pfeifente) ist im Flug auffallend. Habitatansprüche und Verhalten ähnlich Schellente, beide sieht man oft zusammen und Hybriden kommen vor. Der Zwergsäger ist innerhalb seines Verbreitungsgebiets nicht häufig und tritt meist in geringer Anzahl an Rast- und Überwinterungsplätzen auf Binnenseen, geschützten Förden, Meeresbuchten und Hafenbecken auf. Lebt hauptsächlich von Fischen und Insektenlarven. Zieht Ende September-November, trifft in Mitteleuropa oft erst im Mittwinter ein.

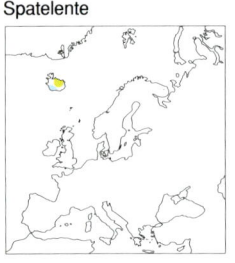
Spatelente

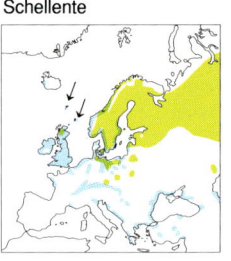
Schellente

Zwergsäger

Mittelsäger
Mergus serrator - Red-breasted Merganser   L 51-62 cm, S 70-86 cm - BZW
Männchen an dunklerem Gesamteindruck und rostbrauner, schwarz gestrichelter Brust leicht vom Gänsesäger zu unterscheiden. Sie verlieren bereits ab Ende Mai ihr Prachtkleid und sind im Schlichtkleid dann den Weibchen ähnlich, jedoch an weißen Armdecken, dunklerem und braunerem Mantel und rotem Auge zu erkennen. Weibchen unterscheidet sich durch braunere Oberseite, verwaschenen Farbübergang zwischen Braun und Grau am Hals, struppigeren Schopf und gleichmäßig schlanken Schnabel sofort vom weiblichen Gänsesäger. Im Flug ist der weiße Spiegel durch einen schwarzen Strich geteilt, auch sind die Flügel auf den Mittleren und Kleinen Armdecken dunkler. Weibchen ruft dumpf schnarrend "ahrrk, ahrrk, ahrrk...", meistens beim Aufliegen oder im Flug. Mittelsäger brüten spät, häufig erst etwa Mitte Juni, unter Büschen. Die Balz der Männchen im Winter und Frühjahr mit lustig wirkenden mechanischen Bewegungen wird häufig übersehen, da sich die Vögel ohne aufsehenerregende Geräusche nur zu kleinen Gruppen versammeln. Ziemlich häufig entlang der Küsten, im Binnenland Nordeuropas an klaren Seen und Flüssen hinauf bis zur Weidenregion der Fjälls, stellenweise in Norddeutschland. Im Winter an Küsten, kaum im Binnenland.

Gänsesäger
Mergus merganser - Goosander   L 58-66 cm, S 82-97 cm - BZW
Männchen weiß mit grünschwarzem, buschigem Kopf und schwarzem Rückenschleier. Weibchen ähnlich weiblichem Mittelsäger, aber mit grauerem Rücken und scharf vom weißen Hals abgesetztem dunkelbraunem Kopf. Bei beiden Geschlechtern weiße Partien mit lachsrosa Ton überlaufen, der ab dem Frühjahr ausbleicht. Männchen tragen während des Sommers ein weibchenfarbenes Schlichtkleid, sind jedoch an ihren weißen Armdecken zu erkennen. Brütet in Baumhöhlen, auch in Nistkästen, vor allem an klaren Seen und Flüssen Nordeuropas, aber auch an der Ostseeküste und im Alpenraum. Ab Herbst lokal große Ansammlungen auf fischreichen Seen und in Meeresbuchten, wo sie Fische in Treiberketten jagen. Im Winter sieht man häufig Männchen, die sich mit aufgeplustertem Scheitel gegenüberstehen und unter Hals- und Kopfstreckungen schwache, froschähnliche "küorr küorr"-Rufe von sich geben. Im Vorfrühling ist ein schön klingelnder Doppelruf mit Widerhall zu hören, im Ton wie der entfernte Duettruf eines Kranichpaares. Das Weibchen ruft laut rollend "skrrak, skrrak, skrrak".

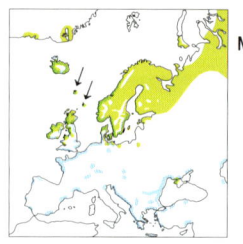

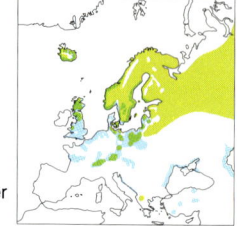

Mittelsäger

Gänsesäger

Gleitaar

Labels in illustration: Balzflug, juv.

Gleitaar
Elanus caeruleus - Black-shouldered Kite L 31-34 cm, S 75-83 cm - (A)

Klein wie ein Turmfalke, hell wie eine Sturmmöwe und mit schwarzen Kleinen Armdecken sitzt der Gleitaar häufig auf Masten, Zäunen oder Baumspitzen. Sieht im Flug leicht aus, segelt lange Strecken mit hoch V-förmig gehaltenen, dreieckigen Flügeln und kurzem Schwanz, rüttelt oft. Beim Balzflug wird zuerst mit schnellen Flügelschlägen in einer spiralförmigen Bahn Höhe gewonnen, um dann mit V-förmig gehaltenen Flügeln wie eine Papierschwalbe hinabzutauchen oder zu gleiten, teilweise mit hängenden Beinen und einem rhythmischen Pfeifen. Lockruf weich pfeifend "kjüit" oder "küi", ähnlich Steinkauz. Bei Beunruhigung ein langgezogenes, knirschendes "kreii". Brütet selten in offenen, savannenartigen Landschaften Südost-Europas mit vereinzelten Bäumen. Frißt Insekten, Kriechtiere, Nagetiere und teilweise Vögel. Standvogel.

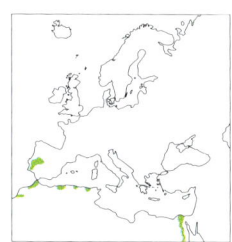

Schwarzmilane am Gemeinschaftsschlafplatz

Schwarzmilan
Milvus migrans - Black Kite L 55-60 cm, S 135-155 cm - BZ
Mäusebussardgroß, aber mit mehr gleichmäßig breiten Flügeln und langem, leicht gegabeltem Schwanz. Ähnelt etwas der Rohrweihe, hat aber ein kennzeichnendes helles Diagonalband auf den Armdecken (kann daher mit der dunklen Morphe des Zwergadlers verwechselt werden). Der Flug ist leicht, etwas wiegend, und der Schwanz wird emsig gedreht. Segelt mit relativ flach und gerade gehaltenen Flügeln. Bei Jungvögeln Unterseite, Hals und Kopf hell gefleckt, Handschwingenbasen unterseits aufgehellt. Rufe jungmöwenartig vibrierend "küi i i i", manchmal von Geschnatter gefolgt, außerdem bussard- oder sturmmöwenartiges Miauen. Ist in verschiedenen Unterarten fast in der ganzen Alten Welt verbreitet und besonders häufig im Süden. Kommt in halboffener Landschaft mit Wäldern oder Wäldchen vor, meistens in Gewässernähe. Lebt von Fischen, Kleintieren, Insekten, Aas und Abfall. Zieht im Herbst nach Süden.

Rotmilan
Milvus milvus - Red Kite L 60-66 cm, S 145-165 cm - BZW
Der lange, rostrote und tief gegabelte Schwanz, der in unterschiedlichen Winkeln launisch manövriert wird, und die schmalen Flügel verleihen dem Rotmilan ein elegantes Flugbild. Segelt auf geraden oder schwach gebogenen Flügeln. Die vorwiegend rostrote Färbung, das helle Diagonalband auf den oberen Armdecken und die kontrastreichen weißen Flecken auf der Flügelunterseite sind eindeutige Kennzeichen. Jungvögel mit schwächerer Schwanzgabelung, Unterseite und Schwanz mehr sandfarben. Die durchscheinenden inneren Handschwingen lassen die Flügel im Gleitflug häufig schmaler und gewinkelter als beim Schwarzmilan aussehen. Am Brutplatz ausgesprochen jammernd "hiah-hi-hi-hi-hi-hiah", auch ein weich miauender Ruf, schwächer als beim Mäusebussard. Bevorzugt hügelige Landschaft, oft mit einer Mischung aus alten Laubwäldern, offenen Feldern und Wiesen. Jagt über offenem Gelände und ernährt sich von Nagetieren, kleinen Vögeln, Insekten, verzehrt aber vorwiegend Aas und Abfall und stiehlt auch Beute bei anderen Vögel, z.B. Krähen. Im Winterhalbjahr oft große Gemeinschaftsschlafplätze in Baumgruppen oder Wäldchen. Überwintert in zunehmendem Maße in Mitteleuropa und Südschweden, viele ziehen aber im Oktober ans Mittelmeer.

Schwarzmilan

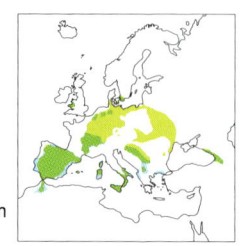

Rotmilan

Bartgeier
Gypaetus barbatus - Lammergeier L 100-115 cm, S 245-272 cm
Wird meist allein oder paarweise um Berggipfel segelnd oder vorsichtig entlang einer Felswand patrouillierend gesehen. Die Erscheinung ist majestätisch und häufig überwältigend. Die Größe wird noch dadurch verstärkt, daß er im Suchflug oft mit wenigen Bewegungen in Zeitlupentempo gleitet. Flügel und Schwanz hängen etwas, so als wollte er sich zu Aufwinden schleppen, was zusammen mit dem meist abwärts gerichteten Kopf ein kennzeichnendes Profil ergibt. Der keilförmige Schwanz wirkt manchmal lang und falkenartig, manchmal kurz und breit. Immature mit im Umfang variierender weißer Zeichnung auf Mantel und Flügeldecken. Kommt in geringer Zahl und sehr lokal in Gebirgen Südeuropas, Nordafrikas und verbreiteter von der Türkei bis Mittelasien vor. Brütet in Steilhängen. Manchmal werden andere Geier aus der Nähe des Brutplatzes oder der Bruthöhle verjagt. Lebt von Aas, vor allem von verunglückten Hirschen, Schafen und Ziegen, deren Vorkommen wahrscheinlich eine Voraussetzung für seine Anwesenheit ist. Eine wichtige Nahrungsquelle stellt Knochenmark dar, an das er gelangt, indem größere Knochen aus der Luft auf Felsen fallengelassen und so zum Zersplittern gebracht werden. Hat durch Bejagung, bewußte Vergiftung und veränderte Bewirtschaftungsformen stark abgenommen.

Schmutzgeier
Neophron percnopterus - Egyptian Vulture L 60-70 cm, S 158-163 cm - A
Altvogel unverkennbar, kann aus der Entfernung aber für einen Weißstorch gehalten werden. Jungvogel dunkelbraun und in der Silhouette an Bartgeier erinnernd, hat aber kürzeren, spitzeren Schwanz und stumpfere, steifere Flügel. Segelt mit gerade ausgestreckten Flügeln. Nimmt innerhalb von fünf Jahren langsam das Alterskleid an. Im Süden relativ häufig und in den meisten Lebensräumen, auch Wüsten, wird jedoch vor allem in bergigem Gelände und an Mülldeponien und Schlachthöfen gesehen. Allesfresser, verzehrt u.a. Aas, Küchenabfälle, Exkremente, Insekten, Vogeleier und Vogeljunge. Zieht oft in kleinen Gruppen vor allem im September und kehrt im April/Mai zurück. Jahresvogel auf den Kanaren.

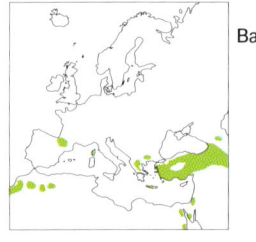

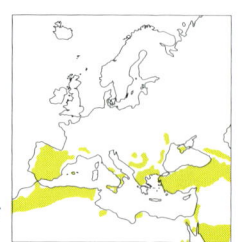

juv.
Schmutzgeier

juv.
Bartgeier

4es/5es KJ

2es/3es KJ

Schmutzgeier

Mönchsgeier
Aegypius monachus - Black Vulture   L 100-110 cm, S 250-295 cm

Mächtigster Greifvogel Europas, durch gleichmäßig breite Flügel, etwas keilförmig zugespitzten Schwanz und dunklen Gesamteindruck vom Gänsegeier unterschieden. Flügelhaltung beim Segeln völlig gerade, im Gleitflug mit hängendem Handflügel. Altvögel dunkel schokoladenbraun mit hellerem Band entlang der Unterarmdecken, hellerem, schmutzig braunem Kragen und blaugrauer Wachshaut am Schnabel. Jüngere Vögel einfarbig schwarzbraun, Wachshaut rosa. Aus mittlerer Entfernung helle Hautpartien an Kopf und Füßen auffallend. Selten und vereinzelt vor allem in waldiger, hügeliger oder bergiger Landschaft, wo er in großen Baumnestern brütet. Wird häufig in großer Höhe gemächlich kreisend gesehen, patrouilliert aber auch niedriger über Hügeln oder entlang von Berghängen. Lebt von Aas und kann mit seinem starken und kräftigen Schnabel Haut und Sehnen zerreißen. Am Kadaver höherrangig als Gänsegeier. Jahresvogel. Im arabischen Raum kommt extrem selten der fast ausgerottete **Ohrengeier** *Torgos tracheliotus* vor. Ähnlich Mönchsgeier, aber Bauch heller mit dunkler Strichelung, Unterflügel mit zwei helleren Binden, Beine grau statt gelb.

Gänsegeier
Gyps fulvus - Griffon Vulture   L 95-105 cm, S 255-280 cm - A

Verrät sich sofort durch seine Größe und das kennzeichnende Flugbild: Flügel lang, breit, mit geschwungenem Armflügel-Hinterrand, verschmälertem Handflügel und tief gefingerten Handschwingen, Schwanz auffallend kurz und gerader abgeschnitten als beim Mönchsgeier. Die Flügel werden im Flug etwas nach vorne geschoben und deutlich V-förmig nach oben gehalten. Aus der Entfernung wirken Altvögel unten dunkel und oben hell, aus der Nähe mit hellerem Band entlang der Armdecken und mittelbraunem Körper. Jungvögel zeigen unterseits Kontrast zwischen zimtfarbenem Körper und hauptsächlich hell sandfarbenen Unterflügeldecken, oberseits sind sie dunkler. Leben überwiegend von Aas, nach dem sie hoch in der Luft kreisend oder langsam Berghänge entlanggleitend suchen, verlassen Felskolonien nach Sonnenaufgang und kehren am Nachmittag oder Abend zurück. Gruppen versammeln sich an Kadavern. Im Süden hauptsächlich Standvogel, in Österreich (Rauristal) übersommern Nichtbrüter.

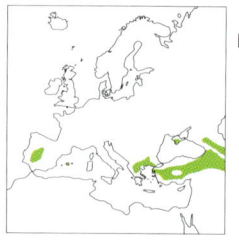

Mönchsgeier

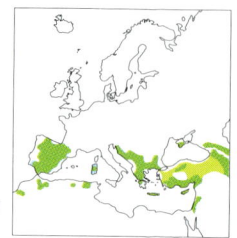

Gänsegeier

Wiesenweihe
Circus pygargus - Montagu's Harrier   L 43-50 cm, S 98-110 cm - BZ
Ein langflügeliger und eleganter Greifvogel, der gravitätisch über Heiden und Wiesen segelt. Die langen, spitzen Flügel werden angehoben und im Gleitflug leicht geknickt. Das helle Männchen ist durch die schwarzen Binden auf dem Armflügel (eine ober-, zwei unterseits) und die schwach rostfarbene Zeichnung auf Bauch und Unterflügeldecken unverwechselbar. Im Frühjahr ihres dritten Kalenderjahres sind Männchen noch relativ dunkel und schmutzig grau, während ältere auf den Flügeln leuchtend silbergrau sind. Balzruf heller als Kornweihe, gellend "njack-njeck-njeck", Lockruf schnell und kräftig "knieck". Bettelruf des Weibchens hell pfeifend "phi-i", Warnruf hastig wiehernd und gellend "tjeck-eck-eck-eck...". Brütet in Mooren, Heiden, Wiesen und Getreidefeldern. Lebt von Kleintieren und Vögeln, z.B. Eidechsen, Nagetieren, Lerchen und Limikolenjungen. Zieht im August/September, kommt im April/Mai zurück, in Südeuropa bereits im März.   *Siehe nächste Doppelseite*

Steppenweihe
Circus macrourus - Pallid Harrier   L 40-48 cm, S 95-110 cm - A
Männchen etwas kleiner als Wiesenweihe, mit spitzerem Handflügel (die beiden äußersten Handschwingen sind kürzer), macht daher oft einen eher kurz- und spitzflügeligen Eindruck. Bewegt sich über offenem Heide- und Wiesengelände oft schneller, manchmal fast falkenartig. Alte Männchen unterseits fast völlig weiß mit scharf abgesetztem schwarzem Keil an der Flügelspitze, oben einfarbig grau mit diffus gekennzeichnetem Keil, erinnert an eine große Möwe und ist leicht von der Wiesenweihe zu unterscheiden. Jüngere Männchen, vor allem im Herbst des zweiten und Frühjahr des dritten Kalenderjahres, haben variierende, immer aber dunkler graue Oberseite und anfangs rostfarbene Brust und kontrastreichere Gesichtszeichnung. Im Freiland entsteht aus der Entfernung wie bei der Kornweihe der Eindruck eines starken Kontrastes zwischen hellem Bauch und dunklerem Kopf/Hals. Mausernde Kornweihen im zweiten Kalenderjahr können im Spätsommer/Herbst einen steppenweihenartigen schwarzen Flügelkeil aufweisen. Frißt vor allem Nagetiere und bodenlebende Vögel. Zieht im August/September nach Ostafrika (einzelne überwintern am östlichen Mittelmeer), kommt im April/Mai zurück. Brütet in Steppengebieten, in Mitteleuropa Ausnahmeerscheinung.   *Siehe nächste Doppelseite*

Kornweihe
Circus cyaneus - Hen Harrier   L 43-50 cm, S 100-120 cm - BZW
Kräftiger und breitflügeliger als Steppen- und Wiesenweihe. Männchen blaugrau, Kopf und Brust dunkler. Segelt häufig mit V-förmig gehaltenen Flügeln langsam und schwankend über das Jagdgebiet, im Streckenflug aber meistens verblüffend schnell, im Gleitflug häufig mit geraden oder schwach gewölbten Flügeln. Brütet in offenen Moor- und Heidegebieten, in Mitteleuropa selten. Auf dem Zug und im Winter in offenem Gelände. Übernachtet in Gruppen in Schilfgebieten oder Wiesen mit hohem Grasbewuchs. Männchen ruft im Balzflug trocken schnatternd "tjück-uck-uck-uck-uck". Weibchen warnt schrill, buntspechtartig "theck-eck-eck-eck...". Ernährt sich hauptsächlich von Nagetieren und Kleinvögeln, die Bestandsgröße und der Bruterfolg hängen vom Nagetiervorkommen ab. Nordöstliche Brutvögel ziehen im September/Oktober, überwintern in Mitteleuropa und ziehen von März-Anfang Mai wieder ab.   *Siehe nächste Doppelseite*

Wiesenweihe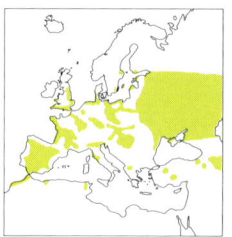

Steppenweihe

Kornweihe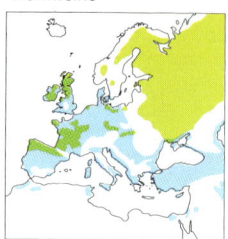

Wiesenweihe (Weibchen und Unausgefärbte)

Adultes Weibchen ist der Steppenweihe ähnlich, Schwungfedern oberseits aber heller, besonders bei älteren Weibchen, mit einem oftmals deutlichen dunklen Band entlang der Armschwingenbasen, das bei Steppenweihen nie vorkommt. Unterseits ist die Bänderung der Armschwingen deutlicher abgesetzt. Von den drei dunklen Bändern sind die beiden inneren am dunkelsten und liegen näher beisammen, so daß ein breiterer heller Zwischenraum zum Endband entsteht. Das Endband ist entlang des gesamten Armflügels gleich breit (vgl. Steppenweihe). Bei älteren Weibchen erscheint der Kopf hell und etwas fahl gezeichnet, aus der Entfernung dominiert das dunkle Oval auf den Ohrdecken, das Auge wird von einem großen schmutzigweißen Feld eingefaßt, wirkt aus der Nähe wie eine von hinten umarmende "Krebsschere". Kann einen hellen Halsring zeigen. Bei Jungvögeln helle Partien schön rostfarben, kontrastreichere Gesichtszeichnung als adulte Weibchen, dunkle Wangenzeichnung reicht weiter zum Schnabelwinkel. Einige Individuen mit deutlichem hellem Halskragen, dieser aber immer rostfarben, und dunkle Halsseite ist nie breit und markiert wie bei jungen Steppenweihen. Weibchen im Frühjahr/Sommer des zweiten Kalenderjahres unterseits noch mit Rostton, Strichzeichnung bricht zuerst auf der Brust hervor, und wenn ihnen dann oberseits das dunkle Band auf den Armschwingen fehlt, kann man sie für Steppenweihen halten. Männchen bekommen im zweiten Kalenderjahr zuerst an Kopf, Brust und Rücken einen grauen Einschlag, stehengebliebene bleiche Federn können hellen Halskragen bilden. Wenn im Spätsommer einige Handschwingen gemausert sind, können die neuen schwarzen Handschwingen einen an Steppenweihen erinnernden schwarzen Keil formen.

Steppenweihe (Weibchen und Unausgefärbte)

Adulte Weibchen geringfügig robuster gebaut und mit etwas kraftvolleren Bewegungen als Männchen, können an Kornweihe erinnern. Auch die Zeichnung trägt durch die unterseits dunkleren Armschwingen und einen gewissen Kontrast zwischen hellem Bauch und dunkler gezeichneter Brust und Kopfpartie Züge der Kornweihe. Aus größerer Entfernung entsteht, speziell bei jüngeren Weibchen, im Freiland oft der Eindruck, als seien die Großen Armdecken und Armschwingen unterseits, mit Ausnahme eines hellen Keiles, der von den Handschwingen hereinbricht und zirka die halbe Armlänge heruntereicht, verschwommen dunkel. Aus kürzerer Distanz kann man wie bei der Wiesenweihe entlang der Armschwingen drei dunkle Bänder unterscheiden, die beiden inneren sind jedoch sichtlich schmaler und weniger deutlich als das Endband, bei der Wiesenweihe ist das mittlere am breitesten und dunkelsten. Das Endband ist an der Flügelbasis zudem meistens breiter. Der zusammengelegte Schwanz ist mit einem dunklen Endband und einem inneren Band, das mehr wie ein dunkler, zentraler Fleck abgesetzt ist, eher kornweihenartig gezeichnet. Schwungfedern oberseits generell dunkler, ohne dunkles Band. Kann jedoch mit einjährigen Wiesenweihenweibchen verwechselt werden, die noch die juvenilen, gleich dunklen Armschwingen tragen. Gesichtszeichnung generell kontrastreicher als bei Wiesenweihe, vor allem bei jungen Weibchen. Augen, besonders oberhalb, von schmaler heller Zone umschlossen, die hinter dem Auge durch dunklen Augenstreif unterbrochen wird. Dunkle Ohrdecken reichen weiter nach vorne zum Schnabelansatz als bei adulter Wiesenweihe. Steppenweihe hat helleren, schärfer abgesetzten Halskragen, bei älteren Weibchen allerdings nicht immer auffallend. Jungvögel durch kontrastreiche Kopf- und Halszeichnung von juvenilen Wiesenweihen zu unterscheiden. Der weißliche Halskragen ist das wichtigste Kennzeichen, nach hinten zum Hals hin meist durch ein breites, dunkles Halsband betont. Unterseite generell heller, mehr rostgelblich, Variation aber beträchtlich.

Kornweihe (Weibchen und Unausgefärbte)

Adulte Weibchen oft schwer von Jungvögeln unterscheidbar, haben unterseits (bei großer Variationsbreite) jedoch oft bleicheren Grundton, hellere Armschwingen und -decken und stärker ausgebleichte Gesichtszeichnung als unterseits ingwerfarben bis schwach orange überhauchten und oft nur eine schmale Bruststrichelung zeigenden Jungvögel. Verglichen mit den kleineren Arten Flügel breiter mit rundlicherer Spitze, Gesamteindruck der Zeichnung aber ähnlich Steppenweihe.

Rohrweihe

Circus aeruginosus - Marsh Harrier L 48-55 cm, S 110-125 cm - BZ

Am leichten Flug mit flach V-förmig gehaltenen Flügeln und langem Schwanz sofort als Weihe zu erkennen. Kräftiger, breitflügeliger und ganz anders gefärbt als andere Weihen. Männchen legt die hellen Partien im Verlaufe von mindestens drei Jahren an, brütet im Alter von zwei Jahren und zeigt dann wenig hervortretende graue Handschwingen. Jungvögel dunkel schokoladenbraun mit dottergelber, zu gelblichbeige ausbleichender Kopffärbung, die (vor allem bei östlichen Populationen) ganz fehlen kann. Läßt sich aus niedrigem Jagdflug oft in Schilfflächen fallen. Männchen ruft bei den in großer Höhe ausgeführten Balzflügen kiebitzartig "ve-ö", läßt auch ein elsterartiges "kjepp epp epp epp" hören. Weibchen bettelt wie ausgeflogene Jungvögel mit langgezogenen, jammernden, hohen Pfiffen wie "pii-viüü", im Paarungsflug mit dem Männchen auch "kiich" und "kje ki ki ki". Brütet im Schilf (gelegentlich in Getreidefeldern), jagt aber auch über Sümpfen und Wiesen. Verbreitet in geeigneten Biotopen, während des Zuges lokal zahlreich. Lebt von Kleintieren, Vogeljungen, Fröschen. Zieht im August/September (Oktober), zurück im April.

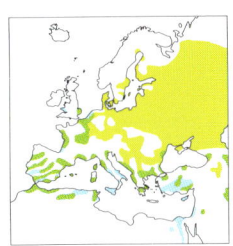

Sperber
Accipiter nisus - Sparrowhawk   L 28-38 cm, S 60-75 cm - BZW

Kleiner, recht häufiger Greifvogel mit breiten, stumpfen Flügeln und langem Schwanz, also einem habichtartigen Profil, das ihn von Falken unterscheidet. Fliegt im Wechsel von schnellen Flügelschlagserien und Gleiten. Weibchen größer als Männchen, kann mit Habichtmännchen verwechselt werden, Körper jedoch schlanker, Schwanz wirkt länger, hat schmalere Schwanzwurzel und gerade abgeschnittene Spitze. Körper schaukelt im aktiven Flug im Takt der Flügelschläge, Kreise im Segelflug (öfter von Flügelschlagserien unterbrochen) haben kleineren Radius als beim Habicht. Adultes Männchen oberseits blaugrau, an Wangen und Flanken rostrot. Jungvögel oberseits mit rostbraunen Federrändern, unterseits mit breiterer Maserung mit rostrotem Einschlag und, im Vergleich zum adulten Weibchen, herzförmigen, länglicheren Brustflecken. Am Brutplatz hört man häufig ein monoton wiederholtes "Kji-kji-kji...", während des Paarungsfluges auch einen seeschwalbenartig klirrenden Ruf. Häufig in den meisten Waldtypen und Kulturlandschaften mit Wäldchen, auch in Stadtparks. Lebt vor allem von Kleinvögeln, jagt oft an Futterhäusern. Im Winter in Mitteleuropa Zuzug nordöstlicher Populationen.

Habicht
Accipiter gentilis - Goshawk   L 48-61 cm, S 98-117 cm - BW

Weibchen so groß wie Mäusebussard. Das kleinere Männchen kann mit Sperberweibchen verwechselt werden, ist aber ungefähr 25% größer und doppelt bis viermal so schwer. Hat im Flug längere und breitere Armflügel, schmalere Handflügel und kürzeren Schwanz, der zudem eher gleichmäßig breit und an der Spitze mehr gerundet ist. Hat langsameren und kraftvolleren Flügelschlag als Sperber, mit ruhiger und auf gleichmäßigem Kurs liegendem Körper. Kreist etwas unsteter und in geringerer Höhe als Sperber, auf etwas schwankenden Flügeln, die waagerecht oder leicht über der Horizontalen gehalten werden. Kreist bei guter Thermik allerdings auch hoch, ohne Flügelschlag, mit etwas nach vorne geschobenen Flügeln und vollständig ausgebreitetem Schwanz. Macht auch imponierende Sturzflüge. Meistens jedoch ein schneller, kräftiger, etwas taubenartig gebauter Vogel, der im Wald jagt. Jagdflug führt in offenem Gelände dicht über den Boden. Fliegt manchmal fast wie eine Sumpfohreule mit steifen, langsamen Flügelschlägen, wird als Balzflug und möglicherweise zur Tarnung angewandt. Männchen oberseits bleigrau, unterseits aus der Entfernung ebenmäßig hellgrau, Ohrdecken und Scheitel düster mit leuchtend weißem Überaugenstreif. Weibchen oberseits braungrau, am Kopf kontrastärmer. Jungvögel unterseits auf rostbeigem bis blaß gelbem Grund deutlich längsgestreift, oberseits braun, meistens mit hell geflecktem Bereich auf den Armdecken. Bei der sibirischen Unterart *buteoides* (ausnahmsweise in Mitteleuropa) sind Altvögel unterseits fast völlig weiß, Jungvögel weißlich und nur schwach gestrichelt, oberseits hell gefleckt. Warnt am Brutplatz durchdringend "kjy kjy kjy kjy ...", Lockruf wehmütig, etwas vibrierend "piii-iä". Ist an zusammenhängende Waldgebiete gebunden, jagt aber auch über Feldern und Wiesen. Lebt überwiegend von mittelgroßen Vögeln.

Sperber   Habicht   Kurzfangsperber

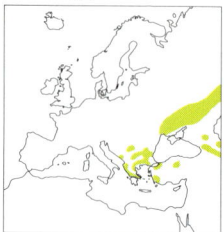

Kurzfangsperber
Accipiter brevipes - Levant Sparrowhawk L 33-38 cm, S 64-80 cm
Etwas größer und mit schlankerer Silhouette als Sperber, Größenunterschied zwischen den Geschlechtern geringer. Altvögel im Flug durch helle, beim Männchen fast weiße Unterflügel mit Kontrast zu dunklen Handschwingenspitzen gekennzeichnet. Jungvögel unterseits mit kräftigen Tropfenflecken (junge Sperber nur an Hals und manchmal Brust). Stehend durch dunkelrote Augen, graue Wangen, ungebänderte mittlere Steuerfedern und kürzeren Tarsus vom Sperber zu unterscheiden. Kommt relativ selten in Tieflagen Südost-Europas in trockener Kulturlandschaft mit einzelnen Laubwäldern vor (Sperber dort vorwiegend im Bergland). Zieht in Trupps (Sperber eher einzeln) im September nach Ostafrika, zurück erst Ende April. Frißt vor allem Eidechsen, auch große Insekten, Kleinnager, Fledermäuse, kaum Vögel. Ruft "ki-wick". *Karte S.134*

Graubürzel-Singhabicht
Melierax metabates - Dark Chanting Goshawk L38-48 cm
Afrikanische Art mit isoliertem Vorkommen im Soustal in Marokko. Oberseits hell aschgrau, fein gemaserter Bauch, Schnabelbasis und lange Beine lackrot, Flügel breit, Schwanz lang. Jungvögel oberseits dunkelbraun, unterseits rostbraun gebändert, Wachshaut und Beine schmutzig gelb. Sitzt gern auf erhöhten Punkten (Akazien) in savannenartiger Landschaft.

Wespenbussard
Pernis apivorus - Honey Buzzard L 52-60 cm, S 135-150 cm - BZ

Wird meist nur im Flug gesehen, über einem Waldgebiet kreisend oder im Trupp ziehend, fast nie frei stehend. Ähnlich Mäusebussard (mit dem er nicht näher verwandt ist), hat aber längeren, schmaleren Hals, kuckuckartig vorgestreckten Kopf und längeren Schwanz mit stärker abgerundeten Kanten. Kreist mit gerade ausgestreckten, im Gleitflug leicht abwärts gebogenen Flügeln, gerader Flügelhinterrand und deutlich hervorspringender Flügelbug typisch, Flügelschlag tief, weich und leicht wiegend; rüttelt nicht. Oberseits von matt grau (Männchen) bis graubraun (Weibchen), auf den Handschwingen meistens heller, unterseits sehr variabel von fast völlig dunkelbraun bis fast rein weiß. Schwanzbänderung mit breitem dunklem Endband und zwei schmalen Binden nahe der Basis kennzeichnend. Unterseite meist mit grob abgesetzten Querflecken am Bauch und deutlicher Flügelbänderung. Männchen haben graueren Kopf, scharf abgesetzte schwarze Handschwingenspitzen und sind unterseits meist weniger stark gebändert als Weibchen. Jungvögel sehr variabel, häufig dunkelbraun und durch gleichmäßigere Flügel- und Schwanzbänderung dem Mäusebussard sehr ähnlich. Neben der Silhouette sind dunklere Armschwingen, leuchtender gelbe Wachshaut und bei hellköpfigen Vögeln die dunkle Maske entscheidende Kennzeichen. Hat nie den hellen Brustgurt des Mäusebussards. Iris der Altvögel gelb, der Jungvögel dunkel. Ruft hell, etwas jämmerlich "piilu". Lebt hauptsächlich von ausgegrabenen Erdwespen. Zieht Ende August/September ins tropische Afrika, zurück im Mai.

Mäusebussard
Buteo buteo - Common Buzzard L 51-57 cm, S 113-128 cm - BJZW

Ein mittelgroßer, überwiegend dunkelbraun gefärbter Greifvögel, im Flug mit breiten, abgerundeten Flügeln und einem hellen Feld auf den Handschwingenbasen. Kreist mit leicht V-förmig angehobenen, im Gleitflug mit geraden oder schwach gewölbten Flügeln. Rüttelt gelegentlich, steht aber oft still im Wind. Färbung variabel, meistens dunkelbraun mit einem hellen Band über der unteren Brust. Einzelne Individuen sind recht einfarbig schwarzbraun, fast ganz weiß oder kräftig gescheckt und können mit den verschiedensten anderen Greifvögeln verwechselt werden. Altvögel haben breites, schwärzliches Endband auf Flügeln und Schwanz, Jungvögel schlankere Flügel und unterseits deutlicheren Längsstreifung. Oberseits meist ganz dunkel oder mit einem etwas helleren Feld auf den Mittleren Decken, manchmal an der Schwanzbasis heller. Kann mit Wespenbussard verwechselt werden, hat aber breiteren Kopf, kürzeren Schwanz mit scharfen Kanten, im Segelflug V-förmig gehaltene Flügel und macht steifflügeligeren und kompakteren Eindruck. Östliche Unterarten (in Rußland *vulpinus*, im Nahen Osten *menetriesi*) sind sehr rostbraun. *Vulpinus* wird auch "Falkenbussard" genannt und ist ein Langstreckenzieher ins östliche Afrika. Er ist deutlich kleiner als der Mäusebussard und hat oft einen rostfarbenen Schwanz (s. auch Adlerbussard). Ruft mehr oder weniger langgezogen, klagend oder miauende "piiäh". Gehört zu den verbreitetsten und häufigsten Greifvögeln Europas in Kulturlandschaften mit Gehölzen oder Waldgebieten und angrenzenden Wiesen, Feldern oder anderen offenen Jagdgebieten. Sitzt häufig offen auf Masten oder in Bäumen. Frißt Nagetiere, Vogeljunge, Regenwürmer, Insekten usw. Viele skandinavische Vögel ziehen zum Überwintern nach Mitteleuropa.

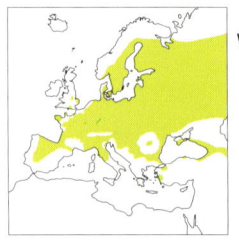
Wespenbussard

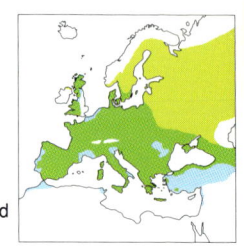
Mäusebussard

Adlerbussard
Buteo rufinus - Long-legged Buzzard L 50-65 cm, S 126-155 cm - A

Ein langflügeliger und meist heller Bussard mit dominierenden beigen und rostroten Farbtönen, in Proportionen, Flügelhaltung und Bewegungsmuster dem Rauhfußbussard ähnlich, rüttelt aber nicht so emsig, steht oft still im Wind. Färbung etwas variabel, meist Kopf und Brust ungezeichnet hell, Bauch und Hosen rostbraun, hell beige bis hell rotbraune Unterflügeldecken kontrastieren mit dunklen Flanken und schwärzlichem Flügelbugfleck. Schwanz ungebändert hell rostfarben mit hellerer, oft weißer Basis und rostfarbenem Bürzel, bei Jungvögeln mehr graubeige mit schwacher Bänderung; selten mit schmalem dunklem Endband. Oberflügel mit charakteristischen hellen Basen der äußeren Handschwingen, am markantesten bei Jungvögeln, und Kontrast zwischen braunen Armschwingen und rostfarbenen Kleinen Armdecken. Kopfzeichnung oft auf dunkleren Augenstreif, schwachen Bartstreif und dunklen Zipfel im Nacken reduziert. Kommt besonders im Osten auch in dunkler Morphe vor, überwiegend dunkelbraun mit dunkleren Querbändern auf weißlichem Schwanz, aber helleren inneren Handschwingen. Nordafrikanische Unterart *cirtensis* (möglicherweise eigene Art) ist kleiner, in der Silhouette eher mäusebussardähnlich und oft heller. Der Adlerbussard ist auf dem Bauch niemals quergebändert wie alte Mäusebussarde. Wird am ehesten mit "Falkenbussard" verwechselt (s. Mäusebussard), der jedoch kleiner und kurzflügeliger ist und gleichmäßig hell beige-rostfarbenen, schwach gebänderten Schwanz hat. Stehend langgestreckter, mit längeren Beinen und größerem Schnabel als Mäusebussard. Ruf bussardähnlich, aber voller und weniger klagend. Lebt in offener, häufig bergiger Landschaft, in Steppen und Wüsten, im Winter oft in bewirtschaftetem Gebiet. Späht regelmäßig von Pfosten und niedrigen Aussichtspunkten, läuft auch auf dem Boden. Lebt von verschiedenen Kleinsäugern. In Südost-Europa und Mittelasien teilweise Zugvogel.

Rauhfußbussard
Buteo lagopus - Rough-legged Buzzard L 50-60 cm, S 120-150 cm - W

Etwas größer als Mäusebussard, in der Regel langflügeliger und am weißen Schwanz mit dunklem Endband erkennbar. Rüttelt regelmäßig, kreist mit V-förmig gehaltenen Flügeln, im Gleitflug wird der Armflügel angehoben und der Handflügel durch einen kennzeichnenden Knick gerade gehalten. Weißer Flügelrand von vorne oft sichtbar. Jungvögel unterseits sehr hell mit dazu kontrastierendem durchgehend schwarzem Bauch und dunklem Flügelbugfleck, oberseits mit heller Zeichnung auf den Handschwingen. Ältere Vögel haben mehr gebänderten Bauch und intensivere Zeichnung auf Brust, Kopf und Unterflügeldecken. Männchen dunkler als Weibchen, mit einer breiteren und 2-4 schmaleren Schwanzbinden, Weibchen oberseits mit höherem Anteil beiger und ockerbrauner Federn, hellerer Brust und hellerem Kopf, dazu mit nur 2-3 Schwanzbinden, die zusammenfließen und aus der Entfernung wie ein einziges breites Endband wirken. Dunkle Männchen ähneln manchmal Mäusebussard, doch Schwanzzeichnung, Kombination aus dunkler Kehle und heller Stirn, kleinerer Schnabel und befiederte Läufe kennzeichnend. Fjäll- und Tundraart, deren Bruterfolg vom Nagetiervorkommen abhängt. Überwintert von Oktober-März im nördlichen Mitteleuropa auf Feldern und Wiesen.

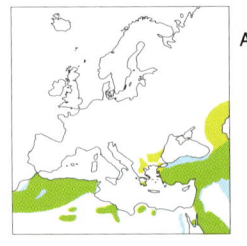

Adlerbussard

Rauhfußbussard

Seeadler

Seeadler
Haliaeetus albicilla - White-tailed Eagle　　　　　L 77-92 cm, S 200-245 cm - BW
Größter Greifvogel Nordeuropas, hinterläßt immer einen überwältigenden Eindruck. Rechteckige und gleich breite Flügel bestimmen durch den nur kurzen, keilförmigen Schwanz die Silhouette. Flügel beim Kreisen gerade oder schwach angehoben und leicht gewinkelt, im Gleitflug mit oft etwas herabhängendem Handflügel bei relativ spitzem Flügelbug nach vorne geschoben. Die langen "Finger" sind gespreizt und auffallend. Streckenflug mit Serien flacher, manchmal überraschend schneller Flügelschläge und kurzen Gleitstrecken. Altvögel an weißem Schwanz, hellem Kopf und mächtigem, blaß gelbem Schnabel leicht zu erkennen. Alterskleid nach ca. 5 Jahren ausgebildet, beiger Kopf und blaß gelbe Iris erst nach 8-10 Jahren. Immature können mit anderen Adlern, vor allem Schelladler, verwechselt werden, doch sind bei jüngeren Vögeln die im ersten Jahr hell beigen, in folgenden Kleidern weißlichen Achselfedern kennzeichnend. Immature Vögel stark gemustert, auf Bauch, Großen und Mittleren Unterflügeldecken und Mantel weißliche Federn mit dunkelbraunen Spitzen. Jagt vor allem an Meeresküsten, Binnenseen oder anderen Feuchtgebieten Fische und Vögel, sucht Aas. Brütet im Nordosten Deutschlands in großen Baumnestern, an skandinavischen Küsten auch auf Klippen. Altvögel sind überwiegend Standvögel, jüngere streifen umher und erscheinen im Winter vereinzelt westlich des Brutgebiets. Eine Reihe hackender Schreie, "kyick, kyick, kyick.....", erinnert an Schwarzspecht.

Bindenseeadler
Haliaeetus leucoryphus - Pallas's Fish Eagle　　　　L 70-84 cm, S 180-205 - (A)
Etwas kleiner und schlanker als Seeadler. Altvögel mit schwarzer Endbinde des weißen Schwanzes, weißlichem Kopf und dunkelgrauem Schnabel. Jungvögel ähnlich immaturem Seeadler, aber gleichmäßiger und heller braun, innere Handschwingen hell, helles Band über Mittlere Unterarmdecken, ganz dunkler Schwanz. Lebt an fischreichen Seen und Flüssen Asiens, erscheint selten am Kaspischen Meer und ausnahmsweise weiter westlich.

Seeadler

Bindenseeadler

Seeadler

ad.   ad. *heliaca*   ad.

Steinadler   **Kaiseradler**   **Steppenadler**

Steinadler
Aquila chrysaetos - Golden Eagle   L 76-89 cm, S 190-227 cm - BJ

Mächtiger Greifvogel mit ausgewogener Silhouette, langem Schwanz und langen, elastischen Flügeln, die beim Kreisen und Gleiten charakteristisch flach V-förmig gehalten werden. Ältere Vögel wirken im Freiland unterseits häufig ganz dunkel, oberseits etwas beige, grau und dunkelbraun gemustert. Jungvögel dunkel schokoladenbraun mit weißen Flügelflecken und weißem Schwanz mit breiter schwarzer Endbinde. Im dritten Winter Schwung- und Steuerfedern noch wie im Jugendkleid, aber Armdecken heller gemustert. Schwanzmuster bleibt bis zum fünften oder sechsten Kalenderjahr erhalten (s. Tafel auf S. 17). Südliche Populationen, besonders in Nordafrika und Kleinasien, sind insgesamt dunkler, adulte Vögel weniger hell auf den Armdecken und mit eher braunrotem oder goldgelbem Nacken, immature mit zwar vorhandener, aber häufig reduzierter kennzeichnender heller oder weißer Flügel- und Schwanzzeichnung. Brütet an Felsen oder in großen Bäumen, ältere Paare überwintern meist im Brutgebiet. Jagt Hasen, Nagetiere und Vögel, nimmt aber auch Fallwild. Stößt aus großer Höhe herab oder überrascht seine Beute im weihenähnlichen Suchflug in geringer Höhe. Ab Spätherbst zeigen die Paare Flugspiele, bei denen das Männchen Scheinattacken auf das Weibchen ausführt, wonach beide sich zu Boden sinkend umeinander wälzen; dabei ist manchmal ein sonores "Klüi" zu hören. Nordost-europäische Jungvögel weichen dem Winter nach Südwesten aus.

Steinadler   Kaiseradler   Savannen-/Steppenadler

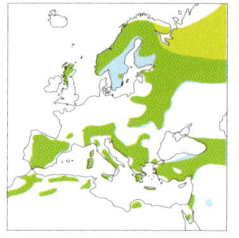 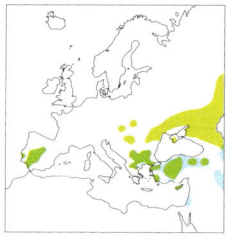 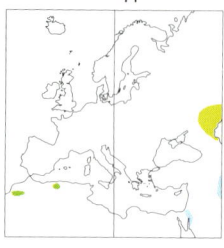

Steinadler

juv.

immat. 3es/ 4es KJ

ad.

ad.

juv.

Kaiseradler
Aquila heliaca - Imperial Eagle L 75-84 cm, S 180-215 cm
Kommt in Europa in zwei Unterarten vor, *heliaca* mit weißem Schulterfeld verbreitet im Südosten (und Mittelasien), *adalberti* mit zusätzlichem weißem Flügelvorderrand selten in Spanien (ca. 60 Paare; wird "Spanischer Kaiseradler" genannt und manchmal als eigene Art betrachtet). Altvögel teerschwarz mit cremefarbenem Scheitel und hellgrauem bis grauem Schwanz mit schwarzer Endbinde. Sie legen den gleichmäßig breiten, recht klein und schmal wirkenden Schwanz im Flug fast immer zusammen. Flügel lang und schmal, beim Kreisen gerade, im Gleitflug nicht selten im Armteil etwas angehoben, im Handbereich eher gerade gehalten. Jungvögel haben rundere und stumpfere Flugsilhouette und kreisen mit ausgebreitetem Schwanz, sind braunrot (*adalberti*) bis braun (*heliaca*) gefärbt, bleichen jedoch aus und bekommen eine Färbung wie Tee mit Milch. Flügelunterseite ohne das weiße Band des Steppenadlers, Brust und Vorderbauch häufig deutlich gestreift. Rücken, Bürzel und Oberschwanzdecken eher einheitlich hell, ohne kontrastierende helle Oberschwanzdecken. Immature werden, wenn dunkle Federn erst am Kopf, dann am Körper erscheinen, häufig scheckig. Ruft tief und etwas gänseartig "gahk", am Brutplatz mit größeren Abständen gereiht. Jagt in offener, flacher oder leicht hügeliger Kulturlandschaft, Steppen oder Flußdeltas. Brütet oft an bewaldeten Flüssen oder Berghängen. Lebt von Zieseln und anderen Nagetieren, jungen Wasservögeln und Fallwild. Standvogel oder Kurzstreckenzieher. Im September/Oktober und Mitte Februar-März in geringer Zahl an östlichen Zugvogel-Knotenpunkten, meist Jungvögel. Im westlichen Mitteleuropa Ausnahmeerscheinung oder Gefangenschaftsflüchtling. *Karte S.146*

Steppenadler
Aquila nipalensis - Steppe Eagle L 67-86 cm, S 175-230 cm - (A)
So groß wie Kaiseradler. Segelt auf geraden Flügeln, oft mit leicht gesenktem Handflügel. Flügel werden häufig gerade vom Körper weggehalten, sind am Bug zurückgebogen, wirken am Ansatz des Handflügels sehr lang und schmal und sehen oft auffallend gekrümmt aus. Schwanz länger und runder als beim Kaiseradler, wirkt manchmal etwas keilförmig. Schnabel kleiner als bei Kaiser-, aber größer als bei Schrei- und Schelladler, mit langen, leuchtend gelben Schnabelwinkeln. Altvogel unterseits auf Körper und Kleinen Flügeldecken dunkel tabakbraun, oft mit sichtbar hellerer Kehle. Schwung- und Steuerfedern normalerweise etwas heller und grauer, dunkle Bänderung mit breiterer Endbinde typisch. Oberseits ganz dunkel mit helleren Handschwingenbasen und ungefähr 75 % der Vögel einem hellen Rückenfleck", daneben manchmal mit mittelbraunem oder rostbraunem Nackenfleck (Kopf wirkt aus der Entfernung aber dunkel, vgl. Kaiseradler). Grad der dunklen Färbung variiert, daher oft schwer von Schrei- und Schelladler zu unterscheiden. Immature manchmal wie Milchkaffee gefärbt, Jungvögel zeigen auf der Flügelunterseite charakteristisches breites, weißes Längsband, das oft mehrere Jahre erhalten bleibt. Jungvögel haben dunkleren Rücken als Kaiseradler, Oberschwanzdecken mit weißlichem Halbmond. Brütet relativ häufig in Steppen und Halbwüsten, lebt dort vorwiegend von Zieseln. Von Osteuropa bis zum Altaigebirge kommt die Unterart *orientalis* vor, die hauptsächlich in Ostafrika überwintert, weiter östlich die etwas größere Unterart *nipalensis*, die auf den Indischen Subkontinent zieht. Häufiger Durchzügler im Nahen Osten, Altvögel Mitte Februar-Mitte März, jüngere später bis Mitte April, Wegzug Ende September-Mitte November. In Europa außerhalb Rußlands Ausnahmeerscheinung oder Gefangenschaftsflüchtling. *Karte S.146*

Savannenadler
Aquila rapax - Tawny Eagle L 65-77 cm, S 170-205 cm
Dem Steppenadler sehr ähnlich, früher als Unterart angesehen und auch als Raubadler bezeichnet. Nominatform brütet in Afrika südlich der Sahara, in Nordafrika in hochgelegenen Savannen mit Akazien selten die Unterart *belisarius* (Soustal in Marokko, Djelfa-Region in Algerien; auch im Südwesten der Arabischen Halbinsel). Variiert in der Farbe, Altvögel der nordafrikanischen Unterart häufig heller und mehr graubraun als Steppenadler. Jungvögel durch Fehlen des weißen Unterflügelbandes vom Steppenadler zu unterscheiden. *Karte S.146*

Schelladler
Aquila clanga - Spotted Eagle L 62-74 cm, S 158-182 cm - A

Oft schwer vom Schreiadler zu unterscheiden. Generell etwas größer, breitflügeliger und im Gesamteindruck kompakter, erinnert in gewisser Hinsicht an Seeadler. Typisch für Schell- und Schreiadler ist die Angewohnheit, mit hängendem Handflügel zu fliegen, besonders im Gleitflug. Im Segelflug sind die Flügel des Schelladlers gerader, manchmal sogar mit leicht angehobenem Arm-, aber immer etwas hängendem Handflügel. Gesamtfärbung adulter und immaturer Vögel dunkler braun als bei Schreiadler, oft völlig dunkel mit lediglich hellen Handschwingenschäften und Spitzen der Oberschwanzdecken. Ältere Vögel häufig mit etwas heller schokoladenbraunem Ton auf Flügeldecken und Kopf. Jungvögel haben schwarzbraune Grundfärbung mit weißen Oberschwanzdecken und auffallenden hellen Tropfenflecken auf den Armdecken. Unterseits oft Kontrast zwischen dunklen Flügeldecken und etwas helleren Schwungfedern. Kann auch mit immaturem Steppenadler verwechselt werden, hat jedoch kürzeren Armflügel und tiefer herabhängenden Handflügel. Besonders im Osten gelegentlich die lehmbraune Varietät *"fulvescens"*. Schelladler zieht weniger ausgeprägt als Schreiadler, so daß im Winterhalbjahr in Europa fast nur Schelladler angetroffen werden. Die meisten ziehen jedoch im September-November nach Süden in Richtung Naher Osten und östliches Mittelmeer. Ruft am Brutplatz wie Schreiadler. Brütet in osteuropäischen und asiatischen Wäldern in der Nähe von Wasserflächen, sitzt gerne und ausdauernd weit unten, oft auf dem Boden, und späht nach Fröschen und Mäusen. Im westlichen Mitteleuropa Ausnahmeerscheinung.

Schreiadler
Aquila pomarina - Lesser Spotted Eagle L 57-64 cm, S 134-160 cm - G

Ein kleiner, wohlproportionierter Adler mit langen, gleichbreiten Flügeln. Im Segel- und Gleitflug Flügel nach unten gebogen oder am Flügelbug leicht abgewinkelt. Generell kleiner, leichter und etwas schlanker gebaut als der Schelladler, allerdings sollten diese Arten an ihren Gefiedermerkmalen unterschieden werden, was bei vielen Individuen aber auf Grund von Farbvariationen, Musterung, Mauserstadien und Beobachtungsverhältnissen kaum möglich ist. Im Freiland sehen sie aus der Entfernung unterseits oft ganz dunkel aus, meist bilden die etwas heller schokoladen- bis gelblichbraunen Unterflügeldecken einen schwachen Kontrast zu den dunkleren Schwungfedern (beim Schelladler häufig umgekehrt). Oberseits an der Basis der inneren Handschwingen helle Flecke, deutlicher als beim Schelladler und auf die inneren Handschwingen beschränkt. Kleine Armdecken im Kontrast zu dunkleren Schwungfedern und dunklerem Mantel vor allem bei älteren Vögeln deutlich heller kamelhaarfarben. Kann auch mit immaturem Steppenadler verwechselt werden, hat jedoch kleineren Schnabel, flacheres Flügelprofil, mehr seitlich am Körper ansitzende Flügel und schwächere Handschwingenfingerung. Steht oft wie Mäusebussard auf Pfosten und anderen Aussichtspunkten, häufig auf kleinen Bodenerhebungen. Ruft am Brutplatz in langer Serie piepsend, aber trotzdem laut "kyiik, kyiik ...". Relativ häufig in großen Waldgebieten Südost- und Osteuropas, die an offene Wiesen, Felder oder Feuchtgebiete grenzen, westwärts bis Ostdeutschland. Lebt von kleineren Säugetieren, Fröschen und Insekten. Zieht im August/September nach Ostafrika, kehrt im April zurück.

Schelladler

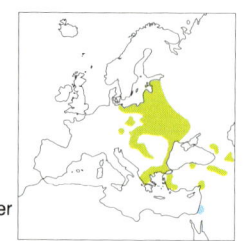
Schreiadler

Jagendes Habichtsadlerpaar

Habichtsadler
Hieraaetus fasciatus - Bonelli's Eagle L 70-74 cm, S 150-170 cm - A
Mittelgroßer Adler, wirkt kräftig und etwas habichtartig. Kreist mit waagerecht gehaltenen Flügeln, oft gerade ausgestreckt oder leicht gewinkelt. Im Gleitflug mit schwach gewölbten Flügeln und typischem geradem Flügelhinterrand. Altvögel charakteristisch gezeichnet, Weißausdehnung auf Unterflügeldecken und Mantel allerdings variabel. Jungvögel unterseits auf Körper und Flügeldecken hell braunrosa bis voll rostrot, Bauch und Band über Mittleren Armdecken am hellsten, oft dunkles Band entlang Großer Unterarmdecken (wird mit zunehmendem Alter deutlicher) und kommaförmiges Abzeichen auf Handdecken. Patrouilliert bei der Jagd oft paarweise an Berghängen. In Südeuropa selten und lokal, in Berglandschaften Nordafrikas etwas häufiger. Jagt auch in der Ebene und in Feuchtgebieten. Lebt von Vögeln und kleineren Säugetieren. Ausgeprägter Standvogel, Jungvögel erscheinen aber auch an Zugvogel-Knotenpunkten.

Zwergadler
Hieraaetus pennatus - Booted Eagle L 45-50 cm, S 110-132 cm - A
Kleinster Adler, nur bussardgroß, aber mit längeren, gleichmäßig breiten und gefingerten Flügeln. Die häufigere helle Morphe aus der Entfernung schmutzig weiß mit Kontrast zwischen dunklen Schwungfedern und weißlichen Unterflügeldecken, grauem Schwanz sowie graubeigem Kopf und ebensolcher Brust. Beide Morphen durch von den Mittleren Armdecken gebildetes helles V auf der Oberseite, helle "Positionslichter" am Flügelansatz und durchscheinende drei innere Handschwingen charakterisiert. Seltene dunkle Morphe leicht mit Schwarzmilan und immaturem Habichtsadler zu verwechseln, variiert in der Grundfärbung zwischen zimtbraun und schwarzbraun, sieht unterseits häufig ganz dunkel aus mit hellerem, warm getöntem und zur Spitze hin nur diffus dunkler werdendem Schwanz. Große Unterarmdecken schwärzlich und oft schwachen Kontrast zu den helleren Mittleren und Kleinen Unterarmdecken bildend. Armflügel wird beim Segeln leicht nach vorne geschoben, während Handflügel in charakteristischer weicher Rundung nach hinten strebt, was den Eindruck erweckt, als wären die Flügel nicht voll ausgestreckt. Am Brutplatz laut, u.a. sandregenpfeiferartig "hiüp", während des Balzflugs kurz "tji-di", manchmal vibrierend und zu langer Rufreihe ausgedehnt. Spärlich bis relativ häufig in bewaldeten Bergen und hügeligem Gelände Südeuropas. Zieht vor allem im September, kehrt im März/April zurück.

Habichtsadler Zwergadler Schlangenadler

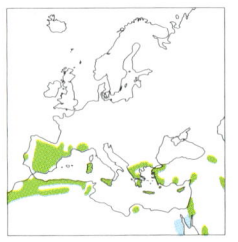 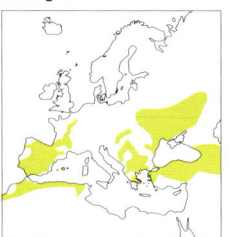 

Schlangenadler
Circaetus gallicus - Short-toed Eagle L 62-67 cm, S 170-185 cm - A

Wird allein oder paarweise angetroffen, rüttelt regelmäßig oder hängt in Aufwinden. Ein großer, heller Greifvogel mit breiten, recht biegsamen Flügeln, einem relativ kleinen Körper und einem schmalen, scharf abgeschnittenen Schwanz. Segelt mit gerader Flügelhaltung und hat einen für seine Größe geschlossenen Handflügel, in dem die Federspitzen oft dicht beieinander liegen. Färbung der Unterseite variabel, einzelne Individuen fast völlig weiß, andere dicht und grob dunkel gefleckt, die meisten haben eine dunklere Brust und Kopfpartie. Die für helle Bussarde und den Fischadler typischen dunklen Flügelbugflecke fehlen, Schwanz trägt 3-4 gut sichtbare Binden. Oberseits meist mit bleich graubeigen Armdecken und leuchtend weißer Zeichnung an Basis der äußeren Steuerfedern (nur bei gefächertem Schwanz deutlich). Der große, fast eulenartige Kopf fällt besonders im Stehen und während des Balzflugs auf. Füße verwaschen grau bis blaugrau. Meist still, balzt aber mit wiederholtem, weich jammerndem "Giüp". In den Mittelmeerländern relativ häufig in offener, oft hügeliger Landschaft mit einzelnen Wäldern. Lebt vorwiegend von Reptilien und jagt häufig über sonnenwarmen Hängen. Zieht vor allem im September und kommt von Ende Februar bis April zurück. *Karte S. 152*

Fischadler

Fischadler
Pandion haliaetus - Osprey L 55-69 cm, S 145-160 cm - BZ

Ein großer, schmalflügeliger Greifvogel, unterseits weiß mit dunklen Armschwingen und dunklem Fleck am Flügelbug, dazu hellem Kopf mit dunkler Maske. Jungvögel (mit geschuppter Oberseite) und Weibchen tragen ein deutlicheres Brustband. Fischt an Wasserflächen aller Art. Über einem See kreisend oder gleitend kann er durch seine Silhouette mit stark gewinkelten Flügeln leicht für eine junge Großmöwe gehalten werden, verrät sich aber schnell durch sein Rütteln mit tiefen Flügelschlägen und hängenden Beinen. Nach der Entdeckung geeigneter Beute steigt er oft in Etappen ab, um dann in schnellem Tempo mit vorgestreckten Zehen hinabzustürzen, wobei er oft vollständig unter der Wasseroberfläche verschwindet. Männchen balzt über dem Revier jämmerlich "jülp jülp jülp ...". Kontaktruf laut pfeifend "pjüpp", am Nest wiederholt "pjü, pjü, pjü ...". Brütet in großen Nestern auf Baumspitzen oder Masten, auch im Osten Deutschlands, manchmal weit vom Wasser entfernt. Zieht im August/September, zurück im April.

Rotfußfalke
Falco vespertinus - Red-footed Falcon L 28-31 cm, S 65-75 cm - G
Ein kleiner Falke, weniger kraftvoll als Baumfalke, erinnert eher an kurzschwänzigen Turmfalken. Beide Geschlechter kaum verwechselbar. Weibchen mit rostoranger bis bleich gelber Stirn und Unterseite im Kontrast zur grauen, dunkel gebänderten Oberseite. Weibchen und Jungvögel mit schwarzer "Banditenmaske", Stirn immer heller als bei jungen Baumfalken. Männchen im zweiten Kalenderjahr variabel, oft wie adulte, aber mit eingestreuten rostfarbenen Federn am Kopf (meistens hellere Wange) und auf der Unterseite und noch immer mit den quergebänderten juvenilen Schwung- und Steuerfedern (deren mittleres Paar meist gemausert ist). Sitzt gern auf Leitungsdrähten und Pfosten. Rüttelt viel, fängt wie Baumfalke Libellen und andere Insekten in der Luft, oft spät in der Abenddämmerung. Gesellig, brütet hauptsächlich kolonieweise in alten Krähennestern in Baumgruppen auf offenen Heiden und in der Kultursteppe Osteuropas, oft bei Feuchtgebieten. Zieht im September nach Afrika, zurück im April. Nichtbrüter erscheinen im Frühsommer regelmäßig im westlichen Mitteleuropa, in manchen Jahren auch invasionsartig im Herbst.

Turmfalke
Falco tinnunculus - Kestrel L 33-39 cm, S 65-80 cm - BZW
Häufigster und bekanntester Falke Europas. Wird oft rüttelnd oder an Wegen auf Leitungen und Pfosten sitzend gesehen, langschwänzige Silhouette dann typisch. Geschlechter aus der Entfernung oft ähnlich, Männchen aber mit grauem Kopf und Schwanz und ziegelrotem Rücken ohne deutliche Querbänderung. Weibchen und Jungvögel einander ähnlich, Weibchen oberseits aber deutlicher gezeichnet, mit mehr herzförmigen, auch auf den Flanken vorhandenen Flecken, Jungvögel unterseits stärker längs gestreift. Ruft am Brutplatz laut, scharf, durchdringend, manchmal etwas rauh in schnellen Serien "ki ki ki ki ...". Bettelt mit langgezogenem, wimmernd vibrierenden "krii i i i ...". Lebt in offener Kulturlandschaft mit Feldern und Wiesen, auf Heiden, Mooren und im Gebirge, brütet in alten Krähennestern oder an hohen Gebäuden, im Süden auch in kleinen Kolonien. Frißt Nagetiere, Kleinvögel, Frösche und Insekten. In Mitteleuropa Jahresvogel, nordöstliche Populationen ziehen jedoch.

Baumfalke
Falco subbuteo - Hobby L 28-35 cm, S 70-84 cm - BZ
Ist muskulöser als Turm- und Rotfußfalke, schneller, in den Bewegungen kraftvoller und kann aus der Entfernung mit Wanderfalke verwechselt werden. Flugbild durch lange, spitze Flügel und relativ kurzen Schwanz gekennzeichnet, wirkt unterseits dunkel mit kontrastierender weißer Wange. Rostbraune Färbung von Steiß und Hosen der Altvögel fehlt Jungvögeln, die auch helleren Scheitel und oberseits schmale, helle Federränder haben. Schlägt seine Beute, Vögel und Insekten, fast ausschließlich in der Luft. Jagt an Sommerabenden häufig über Sümpfen und Schilfseen nach Libellen, Flug dann langsam und rotfußfalkenartig. Ruft am Brutplatz sehr variabel, manchmal fast kleinspechtartig "kjü-kjü-kjü ..." oder "ki-ki-ki ...". Brütet in alten Krähennestern. Überwintert in Afrika südlich des Äquators, zieht im September, kommt ab Ende April zurück.

Rotfußfalke

Turmfalke

Baumfalke

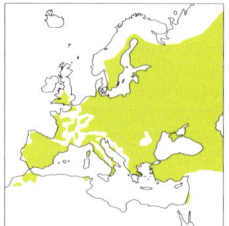

Rötelfalke
Falco naumanni - Lesser Kestrel L 29-32 cm, S 58-72 cm - A
Dem Turmfalken sehr ähnlich, Männchen unterscheidet sich aber durch blaugraue Große Armdecken, ungefleckt rostroten Mantel und schwächer gezeichnete Unterseite (im zweiten Kalenderjahr fehlt blaugraues Flügelband, Schwung- und einige gebänderte Steuerfedern noch juvenil). Weibchen hat kürzeren Schwanz mit oft verlängerten mittleren Steuerfedern, hellere Unterseite, mehr Grau auf Oberschwanzdecken und schwächeren Schnabel als Turmfalke. Krallen weiß, bei Turmfalke dunkel. Ruft spröder, oft heiserer als Turmfalke "kje-kje-kje" oder "kje-kiki". Weibchen bettelt mit scharfem, hoch vibrierendem Laut. Spärlich bis lokal häufig, in den letzten Jahren vielerorts abnehmend in Kulturlandschaften Südeuropas, jagt meist Insekten auf Weideflächen. Kleine Brutkolonien an Felsen und Ruinen. Zieht im August/September, kommt im März/April zurück.

Schieferfalke
Falco concolor - Sooty Falcon L 33-36 cm, S 78-90 cm
In der Größe zwischen Baum- und Eleonorenfalke. Direkter, kraftvoller Flug, im Gleitflug mit gerade gehaltenen Flügeln. Schlank und langflügelig, mit langem Schwanz, der durch verlängerte mittlere Steuerfedern spitzt wirkt. Altvögel graublau, Handschwingen und Schwanzspitze dunkler. Wachshaut, Augenring und Beine bei Männchen gelborange, bei Weibchen eher zitronengelb. Jungvogel ähnelt juvenilem Baumfalken, ist jedoch schmutziger, auf Wange und Unterseite stärker gelbbraun und unterseits weniger deutlich gezeichnet, hat wie Baum- und Eleonorenfalke dunklen Tränenstreif. Auf ziehende Vögel spezialisiert, trifft im April/Mai ein, brütet im August/September auf Inseln im Roten Meer und an Wüstenklippen. Zieht im Oktober nach Madagaskar.

Eleonorenfalke
Falco eleonorae - Eleonora's Falcon L 36-42 cm, S 90-105 cm
Sehr schlank und grazil, mit deutlich längerem Schwanz als Baum- und Wanderfalke. Zwei Farbmorphen (mit Zwischenformen), die dunkle ist seltener. Macht immer sehr dunklen Eindruck; helle Morphe unterseits rostfarben, Kinn und Wangen dazu hell kontrastierend. Unterflügeldecken dunkler als Schwungfederbasen (nicht bei jungen Schiefer- und Baumfalken). Jungvögel unterseits heller und auf den Schwungfedern gebändert. Brütet kolonieweise auf Felsinseln. Segelt oft lässig die Küste entlang oder kreist um Bergspitzen. Spielerisch und akrobatisch. Brütet im August/September, jagt dann erschöpft rastende Zugvögel, frißt auch Insekten. Ruft kratzend mit hartem K "kje-kje-kje-kje-kje". Zieht im Oktober hauptsächlich nach Madagaskar, zurück im April.

Rötelfalke Schieferfalke Eleonorenfalke

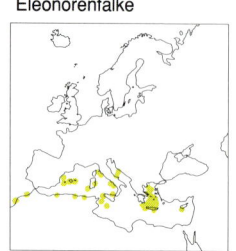

Wanderfalke
Falco peregrinus - Peregrine L 39-50, S 95-115 cm - BW
Der Großfalke mit der weitesten Verbreitung, kompakt und vollbrüstig, mit breit ansetzenden, spitzen Flügeln. Fliegt mit flachen, elastischen Flügelschlägen, wobei die Spitzen sich biegen (typisch für die größeren Arten). Altvögel oberseits stahlgrau, Bürzel und Oberschwanzdecken heller blaugrau. Unterseite gleichmäßig gewellt, sieht aus der Entfernung häufig grau mit dazu kontrastierender heller Brust aus. Breiter, schwarzer Tränenstreif auffallend. Jungvögel mit schlankerem Profil, oberseits brauner, im Ton zwischen beigegrau und schwarzbraun variierend, unterseits gelbbeige bis weißlich mit Längstropfung, Wangenstreif generell schmaler, Stirn blasser, heller Überaugenstreif, Wachshaut grau- bis grünblau. Im Mittelmeerraum und Nahen Osten die kleinere Unterart *brookei*, unterseits beiger und insgesamt kräftiger gezeichnet. Schlägt mittelgroße Vögel in der Luft, entweder durch Verfolgungsjagd oder imponierende Sturzflüge mit geschlossenen Flügeln aus großer Höhe. Brütet meist an Felsen, auch auf Bäumen und im Norden am Boden, ausgesetzte Vögel oft an Gebäuden. Ruft am Nest stotternd "ka-jack", warnt gellend "kek-kek-kek-kek". Im Winter in offenen, vogelreichen Gegenden, oft an der Küste, wo er unter rastenden Vögeln große Unruhe verursacht. Besonders nördliche Populationen ziehen. Hat in diesem Jahrhundert dramatisch abgenommen, derzeit Erholung der Bestände.

Wüstenfalke
Falco (peregrinus) pelegrinoides - Barbary Falcon L 34-40 cm, S 90-100 cm
Etwas kleiner als der Wanderfalke, diesem äußerst ähnlich und möglicherweise nur eine Unterart. Altvögel oberseits sichtbar heller grau, unterseits feiner gemustert. Wangen und Unterseite oft beigerosa, Nacken rostrot, Wangenstreif schmaler und Ohrdecken heller als bei Wanderfalke der Unterart *brookei*. Unterscheidet sich vom adulten Lannerfalken durch helleren Mantel, feiner und mehr quergebänderte Unterseite und oberseits weniger deutlich gebänderten Schwanz. Jungvögel wie Wanderfalke, aber mit beigem Nackenband und unterseits durchschnittlich feinerer Strichelung. Ersetzt den Wanderfalken in Wüstengebieten. *Abb. S. 163*

Merlin
Falco columbarius - Merlin L 25-30 cm, S 60-65 cm - ZW
Kleinster europäischer Falke mit auffallend kompakter Flugsilhouette. Flügel an der Basis kurz und breit, Schwanz lang und auffallend scharf abgeschnitten, kann ohne Größenvergleich hoch kreisend mit Wanderfalke verwechselt werden. Fegt oft dicht über den Erdboden hinweg und überrascht Kleinvögel, unternimmt lange Verfolgungsjagden. Flügelschlag kraftvoll und schneidend, im letzten Anlauf vor der Beute mit einem misteldrosselartigen Flug, möglicherweise als Tarnung. Männchen deutlich kleiner als Weibchen, oben blaugrau, unten rostig getönt. Weibchen oberseits dunkelbraun (manchmal mit aschgrauen Federbasen, wirkt dann relativ hell), unterseits kräftig gefleckt. Warnt am Nest hartnäckig, sehr schnell "kikikiki". Brütet an offenen, vogelreichen Fjällheiden, Mooren und in Birkenwäldern Nordeuropas. Zieht zeitgleich mit der Hauptnahrung, Piepern, Finken und Drosseln, Zughöhepunkt Mitte September-Oktober, überwintert spärlich in Mitteleuropa in offenem Gelände und an Küsten.

Wanderfalke

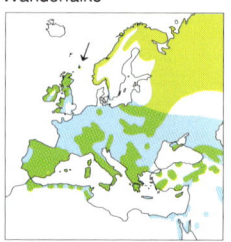

Wüstenfalke

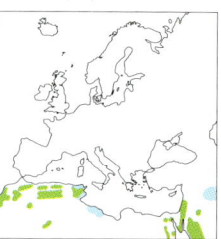

Merlin

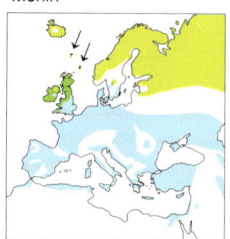

Lannerfalke
Falco biarmicus - Lanner L 43-52 cm, S 95-115 cm - (A)
So groß wie ein Wanderfalke, aber Flugsilhouette etwas schlanker, Flügel und Schwanz gleichmäßig breit und länger, Flügelspitze bei Altvögeln runder. In Südost-Europa spärlich durch die Unterart *feldeggi* vertreten. Altvögel oberseits braungrau mit dunklerer Querbänderung, Männchen mit hell rostfarbenem, Weibchen mit beigem Nacken und erst über dem Auge ansetzendem Überaugenstreif. Unterseits oft heller als Wanderfalke, Querbänderung besonders bei Männchen oft auf Flanken beschränkt; wirkt im Flug mit Ausnahme der dunkleren Flügelspitzen ganz hell. Weibchen auf der Unterseite gröber gezeichnet, eher wie jüngere Vögel. Altvögel der häufigeren nordafrikanischen Unterart *erlangeri* kleiner, Flugsilhouette eher wanderfalkenartig, unterseits weniger gefleckt und oberseits heller, mehr grau gefärbt. Jungvögel beider Unterarten sichtbar schlanker als adulte, oberseits brauner, unterseits kräftig dunkel gestreift und dem Würgfalken sehr ähnlich. Unterscheiden sich von diesem durch oberseits nur selten deutliche helle Federkanten (mehr auf die Spitzen konzentriert), die den hellen Lidring stärker hervorhebende Verbindung von dunklem Augen- und Tränenstreif, die auf der Stirn oft ein Diadem bildende dunkle Strichelung, die den Überaugenstreif am Vorderrand des Auges begrenzt. Wie Würgfalken zeigen sie im Flug scharfen Kontrast zwischen hellen Schwungfedern und dunkel gezeichnetem Bauch und Großen Unterflügeldecken. Vor allem im Binnenland in trockenen Bergregionen, überwiegend Jahresvogel. Europäische Unterart frißt vorwiegend Vögel, nordafrikanische mehr bodenbewohnende Tiere. *Karte S.164*

Würgfalke
Falco cherrug - Saker L 48-57 cm, S 110-125 cm - A
Gerfalkengroß, wirkt meist größer als Lannerfalke. Im Flug schlanker als Gerfalke, mit schmalerer Schwanzbasis und spitzeren Flügeln. Kreist häufig mit geraden Flügeln und zusammengelegtem Schwanz in großer Höhe. Aktiver Flug kraftvoll. Altvögel oberseits graubraun mit helleren, wärmer getönten Federrändern, im abgenutzten Kleid wirkt die gesamte Oberseite warm braun. Zentralasiatische Vögel oberseits eher rotbraun. In der Westpaläarktis in der Regel ohne Querbänderung des Mantels, eine seltene Variante hat jedoch grauere Grundfärbung und dunkle Bänderung. Kopf auffallend hell mit weißbeigem Scheitel. Dunkle Zeichnung unterseits variabel, Altvögel immer längsgestreift (nie quergebändert), am intensivsten an den Flanken und Hosen. Flügelunterseite typisch mit hellen Schwungfedern und dunklen Decken, doch kann der Kontrast bei hellen Individuen fehlen. Jungvögel unterseits kräftiger längsgestreift und jungen Lannerfalken ähnlich, aber Mantel häufig wärmer braun und eine Nuance heller als dunkle Flankenzeichnung. Intensität der Kopfzeichnung variiert, Scheitel oft stärker gestreift, Überaugenstreif reicht bis zur hellen Stirn und fließt teilweise mit ihr zusammen, Zügel und Region unter dem Auge heller, daher Lidring weniger deutlich. Füße und Wachshaut bei Altvögeln gelb oder graugelb, bei Jungvögeln eher graublau. Selten in offener Steppen- und Kulturlandschaft mit eingestreuten Wäldern oder Gehölzen in Südost-Europa. Sitzt oft auf Leitungsmasten in der Ebene. Im Süden teilweise Standvogel, zieht aber auch. Lebt zum Großteil von Zieseln und anderen Nagetieren, auch von Vögeln. *Karte S.164*

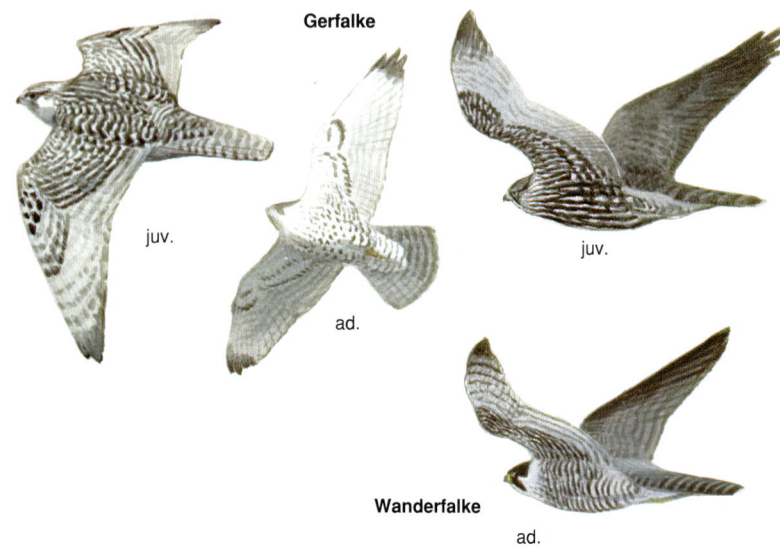

Gerfalke
Falco rusticolus - Gyr Falcon   L 55-60 cm, S 125-135 cm - A

Groß wie Habichtweibchen, aber Falkengestalt mit langen, spitzen Flügeln. Unterscheidet sich vom Wanderfalken durch Größe, breitere Flügelbasen, breiteren Schwanz und langsameren Flügelschlag. Färbung variabel, einige fast völlig bleigrau, andere in der Arktis, vor allem in Grönland, mit Ausnahme einzelner dunkler Flecken ganz weiß. In Island durchschnittlich heller als in Skandinavien. Altvögel mit gelblicher Wachshaut, gelblichen Füßen und quergestreiften Flanken. Jungvögel unterseits längsgestreift, Wachshaut und Füße blaugrau bis grünlich. Typische skandinavische Jungvögel oberseits dunkel braungrau, unterseits dicht dunkel gestreift. Tränenstreif in der Regel weniger deutlich als bei jungem Wanderfalken, dafür Strichelung der Wangen stärker und aus der Entfernung sehr dunkel wirkend. Flügelführung bisweilen wie beim Habicht, dessen kürzere und vollere, an den Spitzen mehr abgerundete Flügel ihn vom Gerfalken unterscheiden. Gerfalke ist im schnellen Flug geschmeidiger, mit schlankeren Flügeln, kann dann mehr an Wanderfalken erinnern. Warnruf rauhes und durchdringend "kerrä-kerrä-kerrä ...". Der Gerfalke ist ein ausgeprägt arktischer Brutvogel in Fjäll und Tundra der gesamten Nordhalbkugel. Lebt zum großen Teil von Schneehühnern, frißt aber auch Aas und kann das ganze Jahr über im Norden bleiben. Jagt auch Enten, Limikolen und Lemminge. Viele Jungvögel ziehen im Spätherbst an die Küste und erscheinen ausnahmsweise im nördlichen Mitteleuropa.

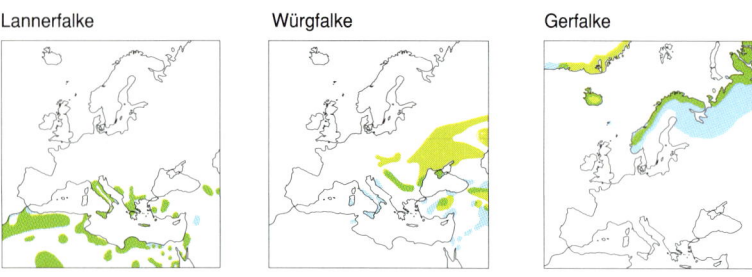

Alpenschneehuhn
Lagopus mutus - Ptarmigan L 34-36 cm, S 54-60 cm - BJ

Die beiden Schneehuhnarten sind manchmal schwer voneinander zu unterscheiden, kommen aber nur im Norden gelegentlich nebeneinander vor. Im Winter werden sie meistens in artreinen Gruppen gesehen. Dann ist der schwarze Zügel des Männchens (fehlt dem Weibchen und beiden Geschlechtern des Moorschneehuhns) ein gutes Kennzeichen. Die Männchen beider Arten wechseln viermal jährlich ihr Kleid, die Weibchen dreimal, alles nur, um mit den wechselnden Farbgebungen und Schneemustern der Umgebung verschmelzen zu können. Das Männchen ist im Sommer und Herbst grauer als das Moorschneehuhn. Weibchen haben im Sommer ein variables Kleid, sind aber bleicher gelbgrau gefärbt als Moorschneehühner und haben eine unregelmäßiger gefleckte Zeichnung (große, dunkle Flecke auf dem Mantel, ungleichmäßiger Übergang zur helleren Brust). Im Herbst gleichen sie den Männchen im Herbstkleid. Männchen rufen im Auffliegen hölzern knatternd "hürr-hürrrr", ähnlich einem Knäkentenmännchen, bei der Flugbalz schnurrendes Flügelgeräusch. Weibchen rufen tief "kück". In der Brutzeit meist in felsübersäten Gebieten weit über der Baumgrenze, wo sie dann oft wenig scheu sind. In den Alpen lebt die Unterart *helveticus*, in den Pyrenäen *pyrenaicus* auf steinigen und kiesigen Hängen und Plateaus, meist in einer Höhe von 2000-3500 m, ist dort der einzige Hühnervogel mit weißen Flügeln. Ernährt sich von Insekten, Beeren, Trieben und Knospen. Küken sind von Insekten als Nahrungsquelle abhängig, anhaltende Regenfälle und Kälte im Frühsommer führen zu hohen Brutverlusten. *Karte S.170*

Moorschneehuhn
Lagopus lagopus - Willow Grouse L 37-42 cm, S 55-66

Im Frühling und Herbst ist das Männchen an seiner leberroten bis grau braunroten Färbung zu erkennen. Während der intensivsten Balzperiode hat es einen leberroten Kopf, Hals und ebensolche Brustpartie, der Rest des Körpers ist weiß (dunkle Federn schieben sich langsam zwischen die weißen). Das Weibchen unterscheidet sich im Sommerhalbjahr durch kräftigere, einheitlichere Musterung und tiefer beige, teilweise ziegelfarbene Töne vom Alpenschneehuhn, die Variationsbreite ist aber groß. Das Männchen hat einen leicht hysterisch wirkenden, lachenden Ruf, der häufig plötzlich aus einem Birkenwald oder aus dem Weidicht hervorbricht, einen unheimlichen, fast menschlichen Charakter hat und nicht selten Bergwanderer verschreckt. Es ist ein nasal bellendes, etwas froschartiges "Veüg vehehuhuhuhuhu". Der Balzruf ist eine im Ton vergleichbare, aber gleichmäßig beschleunigte Reihe von "Froschrufen". Das Weibchen ruft weicher "vehk". Bewohnt Mischwald hinauf bis zur Weidenregion. Nahrung wie Alpenschneehuhn. *Karte S.170*

"Schottisches Moorschneehuhn"

"Schottisches Moorschneehuhn"
Lagopus lagopus scoticus - "Red Grouse" L 37-42 cm, S 55-66 cm
Nur eine auf den Britischen Inseln vorkommende Unterart des sonst in Skandinavien und Nordost-Europa weit verbreiteten Moorschneehuhns (irische Vögel als *hibernicus* abgetrennt). Im Vorkommen an Heiden und Moore gebunden. Macht in der Luft und am Boden einen sehr dunklen Eindruck, die Flügel sind dunkel graubraun, nie weiß. Das Männchen ist leberbraun, das Weibchen etwas heller, mehr beigefarben, beide Geschlechter sind im Sommer etwas stärker beige gefärbt. Ruf wie Nominatform. Kommt häufig in ausgedehnten Heidegebieten vor, im Winter selten in bewirtschaftetem Gelände. Lebt das ganze Jahr über hauptsächlich von Heidekraut. Verhalten im übrigen wie Moorschneehuhn. Beliebtes Jagdwild der britischen Aristokratie, daher mancherorts auch ausgesetzt.

♂ Herbst
♀ Sommer
Alpenschneehuhn
juv.
♂ Herbst
♀ Sommer
Moorschneehuhn

Auerhuhn
Tetrao urogallus - Capercaillie   L 60-87 cm, S 87-125 cm - BJ

Größter europäischer Hühnervogel. Das unverwechselbare, gänsegroße Männchen ist ungefähr 40 % größer als das Weibchen. Dieses kann mit weiblichem Birkhuhn verwechselt werden, ist aber größer, hat einen rostroten Brustfleck und einen runden, auffallend rostroten Schwanz. Die Männchen sammeln sich während der Frühjahrsbalz in der Morgendämmerung an speziellen Plätzen im Wald. Die einzelnen Balzstrophen dauern etwa 7 Sekunden und bestehen aus Schnabelklappern, dem ein Schlucken und zuletzt ein wetzendes Geräusch folgen. Am Boden liegende Exkremente (dick wie der kleine Finger) verraten oft die Anwesenheit des Auerhuhns. Bewohnt ältere Nadelwälder, am liebsten Kiefernwälder mit einzelnen Laubbäumen und kleinen, beerenreichen Mooren. Frißt vor allem Kiefernnadeln, aber auch Espenlaub und Beeren. Verzehrt Kies, um die Kiefernnadeln zu verdauen und wird häufig in der Morgendämmerung auf Waldwegen spazierend beobachtet. Auerhühner bilden selten Hybriden mit anderen Hühnervögeln, am häufigsten mit Birkhühnern. Die Nachkommen werden dann "Rackelhuhn" genannt.

Birkhuhn
Tetrao tetrix - Black Grouse   L 40-55 cm, S 65-80 cm - BJ

So groß wie ein Haushuhn. Das Männchen ist schwarz mit einer auffallenden weißen Flügelbinde und einem leierförmigen Schwanz. Das Weibchen ist kleiner und dunkler als das Auerhuhn und hat eine schmale, weiße Flügelbinde und einen kürzeren, leicht gegabelten Schwanz. Im Frühling, manchmal auch zu anderen Jahreszeiten, versammeln sich Gruppen von Männchen in Mooren, auf Wiesen oder zugefrorenen Seen, um in der Morgendämmerung zu balzen. Nach Sonnenaufgang sitzen sie oft auf Baumspitzen. Ihr Gurren klingt wie ein entfernt wogender Lautteppich, gemischt mit einem explosiven "Tschoo-isch". Im Winter kehren die Vögel häufig zum Verzehr von Knospen zum selben ausgewählten Birkenbestand zurück. Auch Früchte, Knospen anderer Bäume, Beeren und Triebe gehören zur Nahrung. Die Küken fressen hauptsächlich Insekten. Verbreiteter als das Auerhuhn, bevorzugt Waldgebiete, die an Kahlschläge, Moore oder Felder grenzen.

Auerhuhn   Birkhuhn   Kaukasusbirkhuhn

Haselhuhn
Bonasia bonasia - Hazel Grouse L 35-37 cm, S 48-54 cm - BJ

Ein ausgeprägter Waldvogel, brütet in dichten Fichten- und reinen Laubwäldern, am liebsten aber in üppigen Mischwäldern mit erlen- oder birkenbestandenen Senken oder Bacheinschnitten. Der graue Schwanz mit einem schwarzweißen Endband ist kennzeichnend. Das Männchen hat ein schwarzes Lätzchen und ist grauer als das bräunlichere Weibchen. In Mitteleuropa mehr braunrot gefärbt. Beim Auffliegen rhythmisches Flügelsurren. Anders als Birk- und Auerhuhn fliegen sie, wenn sie aufgescheucht werden, nicht weit weg und können oft auf einem Baum sitzend beobachtet werden. Tritt meist in Paaren auf. Das Haselhuhn verrät sich das ganze Jahr über durch nadelscharfe Pfiffe, nicht unähnlich einem Wintergoldhähnchen oder dem Gesang des Waldbaumläufers.

Kaukasusbirkhuhn
Tetrao mlokosiewiczi - Caucasian Black Grouse　　　　　　L 38-52 cm, S 58-62 cm
Kommt nur im Kaukasus in 1500-3000 m Höhe auf Bergwiesen mit Rhododendron oder Weidendickicht vor. Etwas kleiner als Birkhuhn, ohne weiße Flügelbinde, mit schwarzem Steiß und längerem, weniger nach außen gebogenem Schwanz. Balzsprünge erzeugen pfeifendes, etwa 150 m weit hörbares Flügelgeräusch. Mehr bodenbewohnend, weniger flugfreudig als Birkhuhn, im Winter auch in tieferen Lagen.　　　　　*Karte S.172*

Kaukasuskönigshuhn
Tetraogallus caucasicus - Caucasian Snowcock　　　　　　L 54-56 cm, S 80-95 cm
Groß wie weibliches Auerhuhn, grau mit rostroten und beigen Tönen und weißer Zeichnung auf Hals und Flügeln. Männchen äußert über 1 km hörbare lange Reihen pfeifender oder flötender Töne. Lebt ganzjährig über der Baumgrenze im Kaukasus.

Kaspikönigshuhn
Tetraogallus caspius - Caspian Snowcock　　　　　　L 58-62 cm, S 80-95 cm
Bewohnt felsige Hochgebirge (Osttürkei, Taurus, Armenien, Iran), kann nur im Südkaukasus mit dem ähnlichen, aber kleineren Kaukasuskönigshuhn verwechselt werden. Ist am Kopf grauer, Brust ohne Querwellung, im Flug gleichmäßiger grau mit dunkleren Steuerfedern und Handschwingenspitzen. Stimme ähnlich Kaukasuskönigshuhn.

Arabisches Wüstenhuhn
Ammoperdix heyi - Sand Partridge L 22-25 cm
Kleines, geselliges Huhn der Wüsten und Wadis am Roten Meer. Weibchen sandfarben, schwach meliert, ohne auffallende Flankenbänderung.

Persisches Wüstenhuhn
Ammoperdix griseogularis - See-see Partridge L 22-25 cm
Ähnlich voriger Art, bewohnt aber Südost-Türkei und Irak. Stirn und Überaugenstreif des Männchens schwarz, Zügel weiß. *nicht abgebildet*

Halsbandfrankolin
Francolinus francolinus - Black Francolin L 33-36 cm, S 50-55 cm
Etwas größer als Rebhuhn. Im Flug beide Geschlechter mit schwarzer Schwanzendbinde und dunkel gebänderten, zimtbraunen Flügeln. Sehr versteckt, ruft meist nur morgens oder abends von flacher Bodenerhebung oder aus Büschen ein siebensilbiges, scharfes, gellendes "Kek, kiik, kiik-kek-kik ki-kiik". Bewohnt Flachland mit dichter Buschvegetation, oft am Wasser, auch auf kanaldurchzogenen Feldern. In der Toskana ausgesetzt.

Chukarhuhn
Alectoris chukar - Chukar L 32-34 cm, S 47-52 cm
Unterscheidet sich vom Steinhuhn, abgesehen von der südöstlichen Verbreitung, durch cremefarbene Kehle, hellen Zügel, mehr Braun auf den Ohrdecken, mehr Weiß über dem Auge und weniger dichte Flankenbänderung. Ruft in kurzen Stößen "kwak(tschuk) ...kwak..kwak...kwak", gefolgt von "tjück, tjücktjebö...tjuck, tjücktjebö", im Auffliegen hart ausgestoßenes "pitsch pitsch pitsch...k'trr k'trr k'trr". Häufig an offenen, steinigen Hängen mit oder ohne Buschvegetation bis in mindestens 2800 m Höhe. Oft sehr scheu, nur zu hören oder aufgescheucht mit großer Geschwindigkeit hangabwärts gleitend zu sehen. Wird oft in Gefangenschaft gehalten und in den Alpen zur Jagd ausgesetzt, gefährdet dort einheimische Steinhühner durch Hybridisierung.

Steinhuhn
Alectoris graeca - Rock Partridge L 32-35 cm, S 46-53 cm
Stärker als Chukarhuhn an höhere Berglagen gebunden, vor allem an felsigen und steinigen Südhängen. Unterscheidet sich durch weiße Kehle, schwarzen Zügelfleck, Schwarz über dem Auge und dichtere Flankenbänderung. Läuft bei Gefahr oft bergauf. Ruft viersilbig "tscher tsirittschi, tscher tsirittschi...", klar "vitt...vitt...vitt" oder aufliegend scharf "pitsch-i". Lebt von Samen, Pflanzenteilen und Insekten. In den Alpen selten.

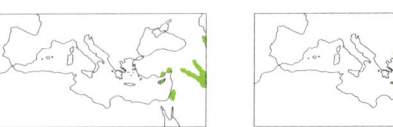

Doppelspornfrankolin
Francolinus bicalcaratus - Double-spurred Francolin   L 30-33 cm, S 45-50 cm
So groß wie Felsenhuhn, doch durch Strichzeichnung und rostroten Scheitel und Nacken nicht mit anderen Hühnern im Verbreitungsgebiet zu verwechseln. Hat keine kontrastierenden dunkel rostroten äußeren Steuerfedern wie die *Alectoris*-Arten. Hauptverbreitungsgebiet in Westafrika, isoliertes Vorkommen in Marokko (Marmorawald und Essaouira, selten). Bewohnt offenen Wald oder bewirtschaftete Flächen mit höherer Vegetation, gern in Wassernähe. Sehr scheu und auf dem Boden schwer zu sehen, übernachtet auf Bäumen. Am ehesten in der Morgendämmerung zu beobachten, wenn das Männchen von einem Ast, einer Mauer oder einem Hügel rauh "kuarr-kuarr" ruft.

Felsenhuhn
Alectoris barbara - Barbary Partridge   L 32-34 cm, S 46-49 cm
Im Auffliegen und am Boden ist der wie die Frisur eines Siouxindianers wirkende dunkle Scheitel das beste Merkmal. Graue Kehle dunkel rostbraun begrenzt. Im geraden Gleitflug werden die Flügel, anders als bei den übrigen *Alectoris*-Arten, etwas über die Horizontale gelüftet. Balzt mahlend "kchek kchek ... kchek kchek ..." oder "prr... prr...prr", wie ein stotternder Automotor. Ruft auch brachvogelartig tief "kjeü", im Auffliegen "pekjeü ... pekjeü", aufgeschreckt kürzer "psi...pchii...pchii". Kommt in unterschiedlichsten Biotopen vor, Macchie, Kulturland, Wolfsmilchsteppe, vom Tiefland bis in über 3000 m Höhe. In Nordafrika häufig, in Europa nur auf Sardinien und Gibraltar.

Rothuhn
Alectoris rufa - Red-legged Partridge   L 32-34, S 45-50 cm
Besiedelt Südwest- und Westeuropa und ist dort vom Rebhuhn leicht am kontrastreich gezeichneten Kopf und vollständig grauen Rücken zu unterscheiden. Jungvögel beider Arten ähneln einander sehr (treten aber selten ohne Altvögel auf), doch tragen junge Rothühner Spuren des Brustbands und der Flankenbänderung, junge Rebhühner längsgerichtete helle Schaftstriche. Öfter zu hören als zu sehen, äußert heisere, mechanisch mahlende Reihen, oft mit "kchu kchu..kchu kchu.." eingeleitet, gefolgt von "kotschuko-koke .. kotschuko-koke". Häufig in offener Landschaft, auf Feldern, Heiden oder tiefer gelegenen Berghängen, nicht im Gebirge. Nahrung Samen, Pflanzenteile und Insekten.

Felsenhuhn

Rothuhn

Rebhuhn

Rebhuhn

Perdix perdix - Grey Partridge L 29-31 cm, S 45-48 cm - BJ

Leicht an Gestalt, blaß ziegelroter Kopfzeichnung und kurzen, im Auffliegen außen rostroten Steuerfedern zu erkennen. Männchen bekommt im Frühjahr hinter dem Auge einen sichtbaren roten Hautlappen und ist klarer gefärbt als Weibchen. Weibchen hat reduzierten Bauchfleck, deutlicheren, helleren Überaugenstreif und neutral dunkelbraune Oberseitenzeichnung, die beim Männchen teilweise rostbraun ist. Jungvögel graubeige mit hellen Schaftstrichen und dumpf braunem und grauem Kopf. Häufig in offener Kulturlandschaft, in Deutschland abnehmend. Lebt die meiste Zeit des Jahres in dicht zusammenhaltenden Gruppen, oft familienweise, im Frühjahr in Paaren. Sie folgen Ackerstreifen, Wegrändern, Buschreihen, in denen es reichlich Samen von Wildkräutern gibt. Überrascht fliegen sie nacheinander mit lautem Flügelgeräusch und hämmerndem "pitt, pitt ... pick ... pitt ... prrr, pick..." auf. Beunruhigt flüchten sie rennend. Männchen balzt mit explosivem, metallisch knarrendem Kehllaut "kirr-rek, kierr-ik ...", den man den ganzen Tag über hören kann, vor allem aber nachts. Lebt im Sommer/Herbst hauptsächlich von Samen, im Winter/Frühjahr von grünen Pflanzen, im Sommer zusätzlich von Insekten (Hauptnahrung der Küken) und anderen Kleintieren.

Karte S. 178

Goldfasan
Chrysolophus pictus - Golden Pheasant L 60-115 cm, ♂ > 80 cm, S 65-75 cm

Ein Bergvogel aus dem zentralen China, der in Großbritannien und andernorts eingeführt wurde und nun frei brütet (Galloway in Südwest-Schottland, East Anglia in Ostengland). Mag vor allem junge Nadelwaldpflanzungen, lebt zurückgezogen, und seine Anwesenheit ist nicht immer auffällig. Außerdem häufig in Gefangenschaft.

Diamantfasan
Chrysolophus amherstiae - Lady Amherst's Pheasant L 60-120 cm,
♂ > 105 cm, S 70-85 cm

Eingebürgerte und lebenstüchtige Population im Südosten Englands, ursprünglich aus den Berggebieten Westchinas stammend. Kommt in verschiedenartigem halboffenem oder waldigem Gelände mit dichter Vegetation vor. Weibchen blasser und mit längerem und stärker gebändertem Schwanz als weiblicher Fasan.

Fasan
Phasianus colchicus - Pheasant   L 53-89 cm, ♂ mindestens 66 cm, S 70-90 cm - (BJ)
In Europa aus verschiedenen Teilen Asiens eingebürgert, im Süden bereits im Altertum, in Nordeuropa vor ungefähr 200 Jahren. Noch heute werden in Mitteleuropa alljährlich große Mengen zum Abschuß ausgesetzt. Die Färbung der Männchen variiert je nach Unterart, oft tragen sie einen weißen Halsring wie die chinesische Unterart *torquatus*, häufig handelt es sich um ein Gemisch verschiedener Unterarten oder sogar eingekreuzter anderer Arten. Nur zwischen Schwarzem und Kaspischem Meer kommt die Nominatform *colchicus* als echter Wildvogel vor (ohne Halsring). Größe und Schwanzform unterscheiden den Fasan von einheimischen Hühnervögeln. Kommt oft in kleineren Gruppen in der Kulturlandschaft vor und muß dort im Winter gefüttert werden. Männchen balzt mit einem zweisilbigen, ordinär gackernden Ruf, gefolgt von geräuschvollem Flügelschlagen. Auch auffliegend lärmendes Flügelgeräusch und metallisch hartes und heiser krächzendes "Eck". Die Nahrung ist sehr abwechslungsreich, hauptsächlich vegetarisch: Samen, Früchte, Nüsse, Wurzeln, Pflanzen, Kleintiere und Insekten (wie bei allen Hühnervögeln Hauptnahrung der Küken).

Wachtel
Coturnix coturnix - Quail   L 16-18 cm, S 32-35 cm - BZ
Gibt sich meist von Mai bis Juli durch den "Wachtelschlag" zu erkennen, ein schnelles und taktfest wiederholtes, dreisilbiges und tropfendes "Pick per-wick". Am intensivsten hört man die ausdauernde Stimme in der Abenddämmerung aus Kleeweiden, Kartoffeläckern, Getreidefeldern und seltener an Äckern und Wiesen. Das Weibchen ruft tief "brüt-büt", manchmal synchronisiert mit der letzten Silbe des Männchenrufs. Fliegt mit flachen, schnellen Schlägen der relativ langen, gebogenen Flügel dicht über den Boden und fällt schnell wieder ein. Zeigt kein Rostbraun im Schwanz und ist viel kleiner als andere Hühner. Beim Auffliegen hört man manchmal ein etwas klingelndes "Pick-krüü". Meist schwer zu sehen, da sie eher weglauft oder sich drückt, als aufzufliegen, läuft aber während des Zuges im Mittelmeerraum manchmal frei auf offeneren Flächen. Langstreckenzieher, überwintert meist südlich der Sahara und kehrt im Mai zurück. Zieht nachts in Gruppen, ruft dabei auch. Der mitteleuropäische Bestand ist großen Schwankungen unterworfen, hat aber deutlich abgenommen.

Wachtelkönig
Crex crex - Corncrake   L 27-30 cm, S 46-53 cm - BZ
Macht vor allem durch seine vorwiegend nachts und oft stundenlang vorgetragenen Rufe auf sich aufmerksam: bemerkenswert weitreichend, zweisilbig, hart und hölzern knarrend "krex-krex" oder "errp-errp". In dichter Vegetation kaum einmal zu sehen. Aufgescheucht fliegt er schwankend, mit schlappen Flügelschlägen und hängenden Beinen zum nächstliegenden Schutz. Die rostbraunen Flügel sind dann kennzeichnend. Kein Hühnervogel, sondern eine Ralle, kommt aber in trockenerem Gelände vor: in fruchtbaren Wiesen, Weiden, Getreidefeldern, trockeneren Sumpfgebieten, aber auch auf Grashängen und in Feuchtwiesen. Zugvogel, trifft vor allem im Mai ein und zieht im August-Oktober nach Afrika. Seit einiger Zeit starker Bestandsrückgang in ganz Europa.

Fasan

Wachtel
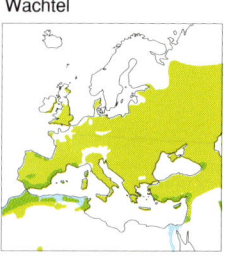

Wachtelkönig

Fasan

juv., ca. 15 Tage

Wachtel

Wachtelkönig

Zwergsumpfhuhn
Porzana pusilla - Baillon's Crake   L 17-19 cm, S 33-37 cm - bA

Kleinste europäische Ralle, in der Färbung dem Männchen des nur unwesentlich größeren Kleinen Sumpfhuhns ähnlich. Unterscheidet sich durch mehr nuß- oder rostbraune Oberseite mit schwarz umrahmten weißen Punkten, Kritzeln und Stricheln, deutlichere, oft bis auf den Bauch reichende Flankenbänderung und grünen Schnabel ohne rote Basis. Beine olivbraun bis -grün, Geschlechter gleich gefärbt. Handschwingenprojektion bei guten Beobachtungsbedingungen bestes Merkmal: Schirmfedern sehr lang und fast bis zur Spitze des kurzen Flügels reichend, nur 2-3 Handschwingenspitzen frei sichtbar. Kleines Sumpfhuhn hat kurze Schirmfedern mit langer Flügelspitze und mindestens 5 erkennbaren Handschwingenspitzen. Musterung der Altvögel im Jugendkleid zwar angedeutet, vom helleren jungen Kleinen Sumpfhuhn aber nur sicher an Flügelstruktur unterscheidbar. Nächtliche Balz des Männchens leise, nur ca. 200 m weit hörbar und den Rufen von Wasserfrosch oder männlicher Knäkente ähnlich: alle 2-3 Sekunden ein etwa 2-3 Sekunden dauerndes trockenes, hölzernes Schnarren, auf einer Tonhöhe oder in der Stärke wechselnd, etwa "errrrr errrrr". Bevorzugt Seggenbestände, überschwemmte Wiesen, auch in kleinen, sumpfigen Gebieten mit reicher Vegetation und niedrigem Wasserstand. Hauptsächlich im Süden verbreitet, in Deutschland nur ausnahmsweise Gast- und Brutvogel.

Kleines Sumpfhuhn
Porzana parva - Little Crake   L 18-20 cm, S 34-39 cm - bA

Kleiner und zierlicher als Tüpfelsumpfhuhn und ohne dessen auffallende weiße Gefiederabzeichen. Oberseite heller braun als Zwergsumpfhuhn, mit lehmbraunen und schwärzlichen Längsstreifen, Unterseite bei Männchen grau, bei Weibchen sand- bis blaß rostbräunlich; Flankenbänderung schwach, Schnabel mit roter Wurzel (außerhalb der Brutzeit schwach, fehlt Jungvögeln). Im Jugendkleid weiße Flecken auf Oberseite und Flügeln (bleiben oft bis ins zweite Kalenderjahr erhalten), dann dem Zwergsumpfhuhn ähnlich und am sichersten an Flügelstruktur unterscheidbar. Männchen balzt mit sich beschleunigender Reihe kurzer, quakender Laute "kuack ... kueck ... kuack ... kuack ... kuack, kuack, kuack, kua, kua-kwa-kwa-kwa-kwa", unverpaartes Weibchen ruft "pöck-pöck pörr", manchmal dem Triller der Wasserralle ähnlich. Bewohnt ausgedehnte Altschilfbestände in tieferem Wasser, klettert dort geschickt und schwimmt auch. In Deutschland sehr seltener und lokaler Brutvogel.

Tüpfelsumpfhuhn
Porzana porzana - Spotted Crake   L 22-24 cm, S 37-42 cm - BZ

Wirkt kleiner und gedrungener als Wasserralle, Gefieder weiß getüpfelt und gestrichelt, Unterschwanzdecken meist einfarbig blaß bräunlichgelb, kurzer Schnabel mit orangeroter Basis. Männchen ruft etwa im Sekundentakt peitschend "hüitt". Bewohnt Sümpfe, verlandende Seen, überschwemmte Wiesen und Gewässer mit reicher Vegetation, lokal häufig. Zieht im September ins tropische Afrika, zurück im April. Das sehr ähnliche nordamerikanische, in Großbritannien mehrfach nachgewiesene **Carolinasumpfhuhn** *Porzana carolina* hat ausgedehnt schwarzes "Gesicht", ganz gelben Schnabel und im Jugendkleid keine weiße Kopf- und Brustsprenkelung.

Zwergsumpfhuhn

Kleines Sumpfhuhn
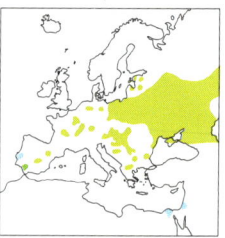

Tüpfelsumpfhuhn
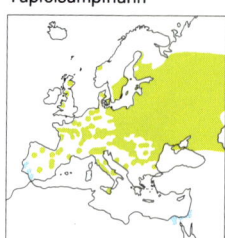

Wasserralle
Rallus aquaticus - Water Rail L 22-28 cm, S 38-45 cm - BZW
Ein dunkler, zurückgezogen im Schilf lebender Vogel mit langem Schnabel. Fliegt aufgescheucht mit lose flatternden Flügeln und hängenden Beinen eine kurze Strecke fort. Schwer zu beobachten, steht aber manchmal frei direkt an der Schilfkante und nimmt ein Sonnenbad oder putzt sich. Meistens zeugen jedoch aus der Vegetation dringende merkwürdig grunzende und stöhnende Laute von der Anwesenheit einer Wasserralle, so z.B. ein plötzlicher, fast explosionsartiger Ausbruch von gellendem "Schweinequieken", das schnell abgewürgt wird und in grunzende Laute, kleine, wimmernde "kuirr"-Rufe und andere bauchrednerisch klingende Laute übergeht. In Frühlingsnächten ist ein taktfestes, hämmerndes "...küpp...küpp...küpp...", auch mit "kürrrrl" am Ende (ähnlich Kleinem Sumpfhuhn, aber metallischer und höher) zu hören, daneben ein ähnliches, schnell rollendes "Kyrrrl", meistens im Frühling im Flug aus großer Höhe. Nicht selten in Röhricht, Sümpfen, Seggenwiesen und ähnlichen Wasserpflanzendschungeln. Zieht im September-November ins westliche und südwestliche Europa, zeitig zurück, einzelne überwintern. Lebt vorwiegend von Kleintieren.

Teichhuhn
Gallinula chloropus - Moorhen L 32-35 cm, S 50-55 cm - BJ
Unverkennbar, zeigt mit unaufhörlichem Schwanzzucken emsig die weißen Unterschwanzdecken, läuft an Land hühnerartig nach vorne gebeugt und schwimmt mit Kopfnicken. Jungvögel heller, mehr graubraun und ohne rot-gelbes Schnabelmuster. Vielfältige Stimme, die oft in Frühlingsnächten verwirrt. Läßt häufig ein variables, oft plötzliches, gurgelndes "Kürrl" oder "Kürrück" hören, manchmal ein hartes, fast rebhuhnartiges "Kr-r-eck", ein wiederholtes "Keck", "Kick" oder "Kickick". Balzt in der Nacht mit ausdauerndem, glucksendem "Kreck-kreck-kreck...", auch während nächtlicher Flugrunden. In der Brutzeit zurückgezogener als das Bläßhuhn, aber auf Parkteichen oder im Winter nur wenig scheu. Brütet relativ zahlreich an Schilfseen, Flüssen, Teichen und Gräben mit schützender Vegetation wie Schilf, Rohrkolben und Weidicht. Hat eine breite Futterpalette mit Pflanzen, Samen, Früchten und verschiedenen Kleintieren.

Bläßhuhn
Fulica atra - Coot L 36-38 cm, S 70-80 cm - BJW
Ein wohlbekannter Schwimmvogel, rundlich und rußschwarz mit leuchtend weißem Schnabel und Stirnschild. Besetzt zeitig im Frühjahr ein Revier und verteidigt es aggressiv gegen Eindringlinge. Kennzeichnend ist, daß es beim Auffliegen mit auf das Wasser schlagenden Flügeln anläuft. Die häufigsten Rufe sind ein lautes, wiederholtes, oft variiertes "Köck", und ein explosives, manchmal sehr hohes, "Pix", so als würde jemand im Schilf eine Glühbirne auf einen Stein schlagen lassen. Während nächtlicher Flugrunden auch ein trompetendes, etwas hohles und einsames "Pä-au". Wird im Herbst und Winter häufig in dicht zusammenhaltenden Trupps auf Grünflächen in Wassernähe grasend oder im Wasser nach Seegras und Pflanzenstengeln tauchend gesehen; auch kleinere Tiere gehören zur Nahrung.

Wasserralle Teichhuhn Bläßhuhn

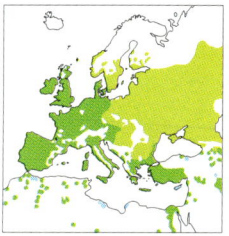
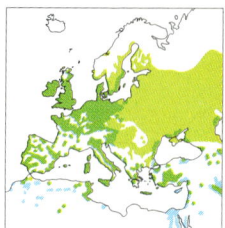

Laufhühnchen ♀   Kammbläßhuhn SK   Bläßhuhn SK

Kammbläßhuhn
Fulica cristata - Crested Coot   L 38-42 cm, S 75-85 cm
Kommt im selben Lebensraum wie das sehr ähnliche Bläßhuhn vor und ist oft mit diesem zusammen, bewohnt aber nur selten das südwestliche Andalusien und häufiger Nordmarokko (sonst Afrika südlich der Sahara). In gemischten Gruppen oft schwer vom Bläßhuhn zu unterscheiden, besonders außerhalb der Brutzeit, wenn die roten "Höcker" klein und unauffällig sind. Im Vergleich zum Bläßhuhn Befiederung am Schnabelansatz stumpfer, weißer Schnabel eher mit bläulichem als gelblichem Ton, Armschwingen im Flug ohne weißlichen Hinterrand. Fällt aus großer Entfernung aber schon durch dreieckiges Kopfprofil mit steiler Stirn und abfallendem Hinterkopf, dünneren und länger wirkenden Hals und höher aus dem Wasser ragendes "Heck" auf. Stimme wie Bläßhuhn, hat aber auch stöhnende oder "muhende" Rufe.

Purpurhuhn
Porphyrio porphyrio - Purple Gallinule   L 45-50 cm, S 90-100 cm - A
Unverkennbar gefärbt und so groß wie ein Haushuhn. Verhält sich wie ein Teichhuhn, zuckt mit dem Schwanz und zeigt nervös die weißen Unterschwanzdecken. Schnabel außerhalb der Brutzeit weniger leuchtend und unterseits mit dunklem Feld. Die Unterart *madagascariensis* in Ägypten ist auf Schultern und Mantel grünlich, *caspius* in der Türkei und dem Nahen Osten ist heller blau und hat einen grünlicheren Kopf als die abgebildete südwest-europäische Nominatform. Großes Rufrepertoire, ähnlich Teichhuhn, meist aber gröber und sehr tief, darunter dumpfe Laute und schrilles Trompeten, Kontaktruf tief "chock-chock". Kommt sehr lokal vor. Brütet in Sümpfen und dichter Ufervegetation, zeigt sich vor allem morgens und abends auch frei. Lebt von Pflanzenteilen, zum Großteil von Mark von Simsen und Rohrkolben, das es "fingerfertig" mit Fuß und Schnabel freilegt.

Laufhühnchen
Turnix sylvatica - Andalusian Hemipode   L 15-16 cm, S 25-30 cm
Ähnelt einer Wachtel, hat aber eine rostrote Brust und schwarz gefleckte Flanken. Das blasser gefärbte Männchen kümmert sich um Eier und Junge. Lebt extrem zurückgezogen und ist nur sehr schwer aufzustöbern. Weibchen balzt in der Dämmerung und Nacht "huu-huu-huu", wie das Muhen einer entfernten Kuh, hat auch einen taubenartigen Ruf. In Nordafrika selten in tiefgelegenen, trockenen, sandigen oder grasbewachsenen Gegenden mit niedriger Buschvegetation, besonders Zwergpalmen. War im 19.Jahrhundert in Südspanien und auf Sizilien lokal häufig, kommt heute in Andalusien sehr selten und lokal vor. Gehört zur Familie *Turnicidae* mit mehreren Arten im tropischen Afrika und Asien.

Kammbläßhuhn   Purpurhuhn   Laufhühnchen

Kranich
Grus grus - Common Crane L 114-130 cm, S 200-230 cm - BZ
Groß und majestätisch, bewegt sich auf dem Erdboden mit langsamen, würdigen Schritten. Im Flug gewaltig, mit langen, gleichmäßig breiten Flügeln, schlankem, gestrecktem Hals und lang ausgestreckten Beinen. Auf die in Keilen oder langen Linien ziehenden Vögel wird man häufig durch die sehr weitreichenden, nasalen und schnarrenden "Trompetenstöße" aufmerksam. Am Brutplatz ruft das Paar besonders morgens im Duett "krrüi-krro, krrüi-krro". Am Brutplatz sehr zurückgezogen. Führt im Frühling Tänze vor, springt mit erhöhten Flügeln, verbeugt sich tief, trompetet, und stellt den Federbusch aus verlängerten Schirmfedern auf. Brütet spärlich in offenem oder halboffenem Moor- und Sumpfgelände im Nordosten Deutschlands. Zieht im Oktober/November vom Zwischenrastplatz skandinavischer Vögel auf Rügen in schmalem Korridor durch Mitteleuropa nach Spanien, zurück im Februar/März.

Jungfernkranich
Anthropoides virgo - Demoiselle Crane L 90-100 cm, S 165-185 cm - A
Stehende Vögel in der Silhouette kleiner und zierlicher als Kranich, mit kürzerem Hals und Schnabel und schlank herabhängenden statt buschig aufgerichteten verlängerten Schirmfedern. Oberseits gleichmäßiger grau, verlängerte schwarze Halsfedern hängen bis auf die Brust, weiße Ohrbüschel. Im Flug dem Kranich verblüffend ähnlich, aber kurzhalsiger, mit steilerer Stirn, auffällig kürzerem Schnabel, die Brust erreichender schwarzer Halsfärbung und grau statt schwarz getönten inneren Handschwingen und Decken. Jungvögel blasser gefärbt. Ruft heller und mehr hölzern als Kranich. Eine mittelasiatische Steppenart, brütet auch selten in der östlichsten Türkei und nördlich des Schwarzen Meeres, isoliert in Nordmarokko. Europäische Vögel überwintern in Afrika, werden auf dem Zug im August/Anfang September und März/Mitte April regelmäßig nur auf Zypern beobachtet. Am Ob und in Nordost-Rußland brütet der sehr seltene **Schneekranich** *Grus leucogeranus*, der in geringer Zahl am Kaspischen Meer durchzieht. Gesicht und Beine rot, Gefieder ganz weiß, nur Handschwingen schwarz, Jungvögel zimtbraun.

Großtrappe
Otis tarda - Great Bustard L 75-105 cm, S 190-260 cm - BJ
Schwerster Vogel Europas, Männchen doppelt so groß wie Weibchen und bis zu 18 kg schwer. Größe, Barthaare und braunes Brustband entwickeln sich erst mit zunehmendem Alter. Sehr scheu, schreitet mit würdigen Schritten und aufrechtem Hals. Gruppen können aus der Entfernung für Schafe oder Rehe gehalten werden. Flug kraftvoll, mit gleichmäßigen, adlerartigen Flügelschlägen ohne Gleitstrecken. Männchen balzen mit einer verblüffenden Verwandlungsnummer: Sie scheinen sich um sich und in sich zu verdrehen, um schließlich die Form einer großen weißen Federkugel anzunehmen. Kommt meistens in kleineren Gruppen auf ausgedehnten, offenen Flächen wie Heiden, Steppen oder Feldern (gerne Raps) vor. Durch Lebensraumzerstörung überall stark zurückgegangen, in Mitteleuropa Restvorkommen in Brandenburg, Ostösterreich und Ungarn. Erscheint in harten Wintern westlich des Brutgebietes. *Abb. und Karte nächste Doppelseite*

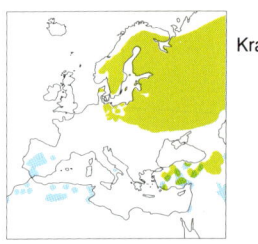
Kranich

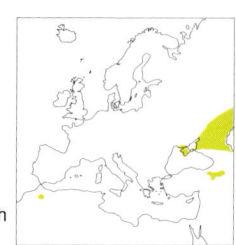
Jungfernkranich

Kranich

juv.

Kranich

Jungfernkranich

Kragentrappe
Chlamydotis undulata - Houbara Bustard   L 55-65 cm, S 135-170 cm - A
Knapp so groß wie weibliche Großtrappe, mit langem Schwanz und schlankem Hals mit kennzeichnendem schwarzem Längsstreif. Oberseits warm sandfarben und dunkel gefleckt, gut getarnt. Schlägt die langen, schwach gebogenen Flügel kranichartig langsam. Schwungfedern schwärzlich mit leuchtend weißem Feld auf den Handschwingen. Selten und lokal in trockenen Steppen und Halbwüsten. Die mittelasiatische Population zieht (Einzelvögel ausnahmsweise in Europa aufgetaucht), Standvogel in Nordafrika und dem Nahen Osten. Fast überall durch Störungen und Jagd bedroht, bevorzugte Beute arabischer Falkner.

Zwergtrappe
Tetrax tetrax - Little Bustard   L 40-45 cm, S 105-115 cm - A
Bedeutend kleiner als Großtrappe, besonders im Winter wirken Trupps wie Hühnervögel. Im Frühling stehen die Männchen wie bemalte Zaunpfähle auf Feldern und Wiesen und balzen mit aufgeblasenem Hals, stoßen ein kurzes, trockenes "Knerr" aus und machen auch kleine Luftsprünge. Flug hühnervogelartig mit viel Weiß auf den Flügeln, Gruppen erscheinen aus der Entfernung wie weißbunte Brieftauben. Männchen erzeugen im Flug ein schnell pfeifendes Flügelgeräusch (klingt wie ungeschmierte Fahrradnabe), hervorgerufen durch die verkürzte und schmale siebente Handschwinge. Männchen im Schlichtkleid ähnlich Weibchen gefärbt. Im Südwesten Europas lokal noch häufig, sonst eher selten und aus vielen Regionen bereits verschwunden. Erscheint ausnahmsweise in Mitteleuropa. Lebt in ausgedehnten Getreidefeldern, bewirtschaftetem Gelände und Grassteppen von Insekten, Kleintieren, Früchten und Pflanzenteilen. Schließt sich im Winter zu großen Trupps zusammen.

Großtrappe

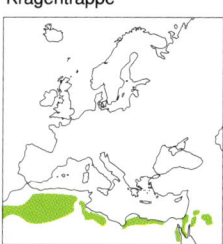
Kragentrappe

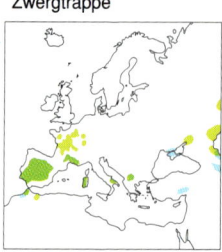
Zwergtrappe

Austernfischer
Haematopus ostralegus - Oystercatcher L 40-45 cm, S 80-86 cm - BZW
Unverkennbar. Im Schlichtkleid und bei Vögeln im ersten Winter (oft bis in den Sommer des zweiten Kalenderjahres) weißer Halsring. Kommt an den verschiedensten Strandtypen und lokal im Binnenland vor. Sehr laut, bei der Ankunft im Brutgebiet auch nachts. Ruft hoch, laut "kübik, kübik..." und "pick, pick...", warnt hartnäckig und verfolgt Krähen, Möwen und andere Eindringlinge, wenn sie in die Nähe von Eiern und Jungen kommen. Männchen versammeln sich gerne zu merkwürdigen Zusammenkünften, schreiten dann mit herabgebeugten Köpfen gruppenweise umher und lassen ein vokales Hämmern, "Kastagnettengeklapper" und langgezogene Triller hören. Zieht im August-Oktober und kommt zeitig im März zurück, überwintert aber auch in großer Zahl an der Nordseeküste.

Triel
Burhinus oedicnemus - Stone Curlew L 40-44 cm, S 77-85 cm - bA
Ein Sonderling unter den europäischen Vögeln. Etwas brachvogelähnlich, aber sein großer Kopf, die sperberartigen Augen und die oft völlig unbewegliche Haltung erinnern an ein Reptil. Das Männchen hat auf den Flügeldecken über dem weißlichen ein deutlicheres schwarzes Band, Jungvögel sind insgesamt weniger kontrastreich. Kommt spärlich in Halbwüsten und Steppen, auf Heiden, Weiden und Feldern vor, außerhalb der Brutzeit oft in kleineren Gruppen, aber im westlichen Mitteleuropa fast völlig verschwunden und in Deutschland nur noch ausnahmsweise zu sehen. In den Mittelmeerländern relativ häufig. Abends und nachts am aktivsten, ruht tagsüber gut getarnt. Fliegt aufgeschreckt mit flachen, schnellen Flügelschlägen eine kurze Strecke dicht über dem Boden und zeigt sein charakteristisches Flügelmuster. Flugweise bei längeren Strecken brachvogelartig. Rufe erinnern an Großen Brachvogel, im Flug unterschiedlich laut "keeüv" oder "krrüi-lii", nachts hört man eine Reihe seltsamer Rufe, darunter wiederholt "kürr-ii", vibrierend und an warnenden Austernfischer erinnernd "püi-vi-vi", erst zischend, dann herzzerreißend hoch "ksch i'i'i't", hell und klar "viip" usw. Lebt von Schnecken, Insekten, Würmern, kann aber auch so große Tiere wie Mäuse, Vogeljunge und Frösche fressen.

Austernfischer

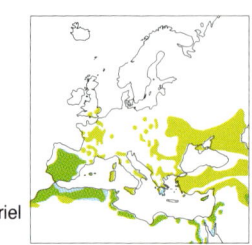

Triel

Austernfischer

Triel

Stelzenläufer
Himantopus himantopus - Black-winged Stilt   L 35-40 cm, S 67-83 cm - bA
Sieht mit seinen extrem langen Beinen, die im Flug wie lange Stangen hervorstehen, zerbrechlich aus. Die dunkle Zeichnung am Kopf variiert. Beide Geschlechter können im Prachtkleid sowohl einen völlig weißen Kopf haben, wie auch in unterschiedlichem Maße auf Scheitel und Nacken schwarz gefärbt sein. Das etwas größere Männchen ist aber an seinem schwärzeren und grün glänzendem Mantel zu erkennen. Im Herbst und Winter haben beide Geschlechter einen grauen Scheitel und graue Ohrdecken. Jungvogel ist auf dem Mantel schwarzbraun und hat einen hellen Flügelhinterrand. Rufe variabel, "küh", "kek", oder "kiepp", allerdings mit einem sehr speziellen, nasalen Klang, etwas blechern und blökend. Kommt vor allem an Küstenlagunen und flachen Seen vor, typischerweise an Flußmündungen und Salinen rund um das Mittelmeer. Zieht im August-November nach Afrika südlich der Sahara, zurück im März/April. Überwintert lokal im Mittelmeerraum. Einzelne Paare brüten ausnahmsweise in Deutschland.

Säbelschnäbler
Recurvirostra avosetta - Avocet   L 42-46 cm, S 77-80 cm - BZ
Wenige Vögel wirken so elegant wie der Säbelschnäbler. Mit seiner leuchtend schwarzweißen Zeichnung und dem aufgeworfenen Schnabel ähnelt er keiner anderen Limikole. Das Weibchen ist um die Schnabelwurzel herum oft hell und zeigt eine Tendenz zu einem Augenring. Jungvögel auf Teilen der Oberseite mit einer braunbeigen Maserung. Brütet entlang von Strandwiesen, seichten Meeresbuchten und Flußmündungen, verschwindet aber häufig im Gewimmel von Möwen und anderen Strandvögeln. Man entdeckt ihn jedoch sofort, wenn man den speziellen "Säbelschnäblerklang" in seiner Stimme, einem meistens unruhig ausgestoßenen "Klütt, klütt", kennt. Warnt mit einem quakenden "kväht" und etwas gackernden Lauten. Während der Nahrungssuche pendelt er mit dem Kopf hin und her und schöpft mit dem hochgebogenem Schnabel kleine Tiere von der Wasseroberfläche ab. Watet am liebsten in dezimetertiefem Wasser, kann aber mit seinen schwimmhautbesetzten Zehen auch schwimmen. Kommt im März/April zurück, mausert im Wattenmeer und überwintert hier auch in geringer Zahl.

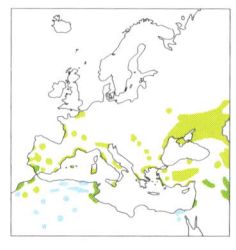

Stelzenläufer

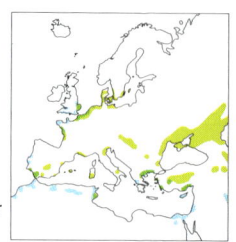

Säbelschnäbler

Rotflügel-Brachschwalbe   Schwarzflügel-Brachschwalbe

Rotflügel-Brachschwalbe
Glareola pratincola - Collared Pratincole   L 24-27 cm, S 60-65 cm - A
Brachschwalben haben einen ganz eigenen Charakter, erinnern auf dem Boden an Regenpfeifer, in der Luft an Seeschwalben. Sie sind sehr gesellig, werden meist in Trupps gesehen, die in der Luft in schnellem und grazilem Flug Insekten fangen oder in lockerer Formation vorbeifliegen, oft in großer Höhe. Verrät sich durch ihre seeschwalbenartigen, aber mehr nasalen Rufe, im Ton ähnlich Uferschnepfe, aber heller "keüv ... kerreü", häufig rhythmisch geordnet, auch "kerreü ... kevük ...kek". Bewohnt offenes Gelände mit vereinzelten Wasserflächen, häufig austrocknende Überschwemmungsgebiete, beweidete Strandwiesen und Salzsteppen, in Südeuropa lokal relativ häufig. Zieht im August/September und kommt im April zurück.

Schwarzflügel-Brachschwalbe
Glareola nordmanni - Black-winged Pratincole   L 23-26 cm, S 60-68 cm- bA
Äußerst schwer von der Rotflügel-Brachschwalbe zu unterscheiden. Oberseits dunkler, ohne Kontrast zwischen Mantel/Decken und dunkleren Schwungfedern, im Flug außerdem ohne weißen Hinterrand des Armflügels. Unterflügeldecken und Achselfedern schwarz statt braunrot, was im Freiland aber oft schwer erkennbar ist, da die Unterflügel der Rotflügel-Brachschwalbe häufig auch schwarz wirken. Zeigt im Stehen außerdem kürzere, die Flügelspitze nicht erreichende Schwanzspieße, weniger Rot am Schnabel, längeren Tarsus. Im Schlicht- und Jugendkleid sind stehende Vögel kaum unterscheidbar. Stimme ähnlich Rotflügel-Brachschwalbe, hat jedoch schärferen, an schabendes Gummi erinnernden Flugruf, "keje...kitche". Vertritt die Rotflügel-Brachschwalbe in Steppengebieten vom Schwarzen Meer an ostwärts. Ausnahmsweise in Mittel- und Westeuropa, besonders im Herbst.

Rennvogel
Cursorius cursor - Cream-coloured Coursor   L 19-21 cm, S 51-57 cm - A
Unverkennbar. Der Flug ist sehr schnell, im Profil vollbrüstig mit auffallend rußschwarzen Unterflügeln und auch oberseits schwarzem Handflügel. Läuft bei Gefahr davon, ruft nasal "quitt" und rauh "praak". Kommt in Steppen und Halbwüsten Nordafrikas und Vorderasiens vor, sehr seltener Gast in Europa.

Schwarzflügel-Brachschwalbe   Rotflügel-Brachschwalbe   Rennvogel

  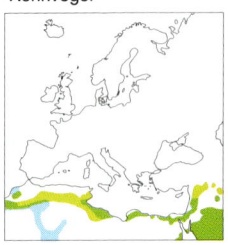

Sandregenpfeifer
Charadrius hiaticula - Ringed Plover   L 18-20 cm, S 48-57 cm - BZ
Eine robuste Limikole mit kurzem Schnabel und charakteristischer Gesichts- und Brustzeichnung. Im Prachtkleid Schnabelbasis und Beine leuchtend gelb bis orangefarben, Weibchen häufig mit in schwarze Partien eingestreuten braunen Federn. Hat im Flug auffallenden weißen Flügelstreif (vgl. Flußregenpfeifer). Jungvögel im frischen Gefieder oberseits durch helle Federränder, die sich zum Herbst abnutzen, geschuppt wirkend, Schnabel dunkel, Beine matter gefärbt, Kopf mit dunkler Maske und breitem weißem Streif über und hinter dem Auge. Altvögel werden in Nordeuropa nur ausnahmsweise im Schlichtkleid gesehen, schwach gemusterte Vögel während des Wegzugs sind immer Jungvögel. Schlichtkleid mit dunkelbrauner Maske und Brustzeichnung, dunklem Schnabel mit gelblicher Unterschnabelbasis. Die nördliche Unterart *tundrae* ist kleiner, dunkler, intensiver gefärbt und zieht in Mitteleuropa erst im Mai durch. Lockt mit einem weichen, zweisilbigen Pfiff "tü-ipp". Männchen balzen auf steifen Flügeln umherfliegend mit andauerndem Jodeln "Tack-alü, tack-alü, tack-alü ...". Häufig an flachen Meeresstränden, brütet bevorzugt auf sandigem oder kiesigem Belag, in Nordeuropa und stellenweise im küstennahen mitteleuropäischen Binnenland auch auf Bergheiden, an Flußufern und Schlammflächen. Kommt im März/April, zieht im Juli-September.

Flußregenpfeifer
Charadrius dubius - Little Ringed Plover   L 14-15 cm, S 42-48 cm - BZ
Kleiner, schlanker und mit einer länglicheren Körperform als Sandregenpfeifer. Schlammfarbene Beine, gelber Lidring, dunkler Schnabel (Unterschnabelbasis oft gelblich aufgehellt), Stimme und das Fehlen eines Flügelstreifs sind Unterscheidungsmerkmale gegenüber dem Sandregenpfeifer. Jungvögel haben kontrastlosen, "fahlen" Kopf ohne markante Maske und weißen Fleck hinter dem Auge, hellen Lidring, meist eine gelbliche Kehle und Stirn (manchmal bis über/hinter das Auge ausgedehnt). Pfeift beim Auffliegen charakteristisch "ti-u". Rufe am Brutplatz lautstark und mit traurigem, einsamem Klang. Männchen balzt im Flug rollend und seeschwalbenartig "krrey-krrey...". Brütet vorwiegend im Binnenland in offenem Gelände mit Kiesbelag, auf Sandfeldern, an Kiesgruben und Klärteichen, meist in Wassernähe. Kehrt im April zurück, zieht von Juli-September ab.

Seeregenpfeifer
Charadrius alexandrinus - Kentish Plover   L 15-17 cm, S 42-48 cm - BZ
Im Gesamteindruck immer heller als die anderen Regenpfeifer, sieht oft großköpfig und etwas kurzschwänzig aus. Hat ein unvollständiges Brustband (Verwechslungsgefahr mit jungen Flußregenpfeifern) und eine schmalere Gesichtszeichnung. Beine schwärzlich, manchmal braungrau. Männchen im Prachtkleid mit rostbraunem Scheitel, Weibchen wesentlich blasser. Im Flug mit breitem weißen Flügelstreif. Typischer Ruf unauffällig, kurz tropfend "püip" oder "kipp", nicht unähnlich einem Zwergstrandläufer. Hat am Brutplatz auch rauhe, langgezogenere, rollende Rufe. Am Mittelmeer häufig, vor allem in Flußdeltas, Lagunen und Salinen. An mitteleuropäischen Küsten selten und abnehmend, bevorzugt auf offenen Salzwiesen.

Sandregenpfeifer

Flußregenpfeifer

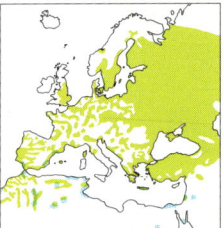

Seeregenpfeifer

Mongolenregenpfeifer
Charadrius mongolus - Lesser Sand Plover L 19-21 cm, S 45-58 cm
Größe und Gestalt ähnlich Sandregenpfeifer. Unterscheidet sich vom in allen Kleidern nahezu identisch gefärbten Wüstenregenpfeifer (s. dort) durch geringere Größe, etwas kürzeren und stumpferen Schnabel, kürzere und dunklere (graue bis schwärzlich wirkende) Beine, meist etwas dunkler braune Oberseite und manchmal runder wirkenden Kopf mit "kindlicherem" Gesichtsausdruck. Im Flug durchschnittlich mit schmalerem weißem Flügelstreif und weniger Weiß auf Schwanzseiten, Zehen überragen Schwanzspitze nicht oder kaum. Männchen im Prachtkleid selten mit rötlichen Schulter- und Mantelfedern. Jungvögel oberseits mit schmalen, graubeigen oder schmutzigweißen Federrändern, im frischen Gefieder auf Brust, Hals und Kopfseiten warm rostrot getönt. Die fünf Unterarten von Mittelasien bis ins nordöstlichste Sibirien unterscheiden sich in Färbung und Struktur und erschweren die Unterscheidung vom gleichfalls in drei Unterarten differenzierten Wüstenregenpfeifer zusätzlich. Mittelasiatische Mongolenregenpfeifer (*atrifrons*-Gruppe) haben generell längere Schnäbel und Beine, kürzere Flügel und weniger Weiß auf der Stirn als die nordöstlichen (*mongolus*-Gruppe), deren rostfarbenes Brustband oben schmal schwarz begrenzt ist. Weibchen blasser als Männchen. Ruft hell "kiripp", "kürripp" oder "tschitik", höher und kürzer als Wüstenregenpfeifer. Die *atrifrons*-Gruppe überwintert in Süd- und Ostafrika und Arabien, übrige Unterarten in Südasien und Australien. Brütet in Gebieten mit alpinem Charakter, rastet an schlammigen und sandigen Ufern.

Wüstenregenpfeifer
Charadrius leschenaultii - Greater Sand Plover L 22-25 cm, S 53-60 cm - A
Im Prachtkleid durch rostfarbenes Brustband und Kopfmuster eindeutig gekennzeichnet. Nur mit Mongolenregenpfeifer (s. oben) verwechselbar, aber größer, langbeiniger und mit längerem, kräftigerem Schnabel, helleren, häufig eher schlammfarbenen oder grünbeige getönten Beinen. Der Schnabel zeigt jedoch eine beträchtliche Variationsbreite und ist nicht immer auffallend groß, besonders bei der westlichen Unterart *columbinus*, die in der Türkei (Zentralanatolien) und in Jordanien brütet. Zentralasiatische Vögel haben oft auffällig groben Schnabel und entsprechend vergrößerten Kopf, wirken daher manchmal etwas unproportioniert und vorderlastig. Im Prachtkleid auf Mantel und Schultern oft einzelne rostfarbene Federn, Ausdehnung der schwarzen Kopffärbung variabel, bei Weibchen oft fehlend (vor allem bei *columbinus*). Brustfärbung oft bis auf Bauch ausgedehnt. Jungvögel mit breiteren rostgelben Federrändern als Mongolenregenpfeifer, meistens auf den Armdecken (bilden ein helles Feld) und auf der Stirn am auffälligsten. Im Schlichtkleid sind bedeutendere Größe und Unterschiede bei Schnabel und Beinen die besten Kennzeichen, zumal beide Arten im Winter oft vergesellschaftet sind. Im Flug ähnlich Mongolen- und Sandregenpfeifer, aber mit mehr Weiß am Schwanz, den die Zehen ca. 1 cm überragen. Stimme tiefer als beim Mongolenregenpfeifer, variabel, oft nasal, dreigeteilt, rollend "pirrirrüpp" oder "krüpp krüpp krüpp", manchmal springend und steinwälzerartig, auch kürzer "krriü" oder "krrük". Brütet auf trockenen, wüstenartigen Ebenen, oft tiefgelegene Steppen mit temporären Gewässern. Außerhalb der Brutzeit an Meeresküsten und auf Schlammflächen. Sehr seltener Gast in Europa. *Karte S. 204*

Wermutregenpfeifer
Charadrius asiaticus - Caspian Plover L 18-20 cm, S 55-61 cm - A
Ein durch den Schwanz weit überragende Flügel sehr langgestreckt und am Hinterende zugespitzt wirkender Regenpfeifer, zierlicher und langhalsiger als Wüstenregenpfeifer. Prachtkleid ohne Schwarz am Kopf, nur Augenstreif braun, Stirn und Überaugenstreif weiß. Rotbraune Brust bei Männchen unten schwarzbraun begrenzt, beim Weibchen viel matter. Schlichtkleid ähnlich Weibchenkleid, verglichen mit den oben beschriebenen Arten mit breiterem Brustband und stärkerer gelblichbeiger Tönung des helleren Gesichts. Im Jugend- und ersten Winterkleid oberseits graubraun mit breit rostbeigen Federrändern (wie Mornellregenpfeifer). Beine graubeige bis ockergrünlich. Im Flug graue Unterflügel, kein Flügelstreif, sondern nur weißes Feld auf den Basen der inneren Handschwingen und dunklerer Schwanz, der von den Zehen um 1 cm überragt wird. Stimme ein hartes und lautes "tschipp" oder "küt". Brütet in mittelasiatischen Steppen, überwintert im östlichen und südlichen Afrika bevorzugt im Binnenland auf kurzgrasigen Flächen. Rastet während des Heimzugs selten, aber regelmäßig im Nahen Osten. *Karte S. 204*

Mornellregenpfeifer
Charadrius morinellus - Dotterel L 20-22 cm, S 57-64 cm - Z

In allen Kleidern sind die langen, im Nacken zusammenlaufenden weißen Überaugenstreifen und das schmale weißliche Brustband typisch. Im Flug langschwänzig, spitzflügelig, Unterflügeldecken grau, kein Flügelstreif, aber oft sichtbarer weißer Schaft der äußersten Handschwinge; im Prachtkleid mit auffälligem dunklem Bauchfleck. Schlichtkleid ähnlich Jugendkleid, aber weniger kontrastreich und mehr gelbgrau, Schulterfedern mit schmaleren, rostbraunen Säumen (statt breiter gelblichbraunen mit schwarzen Spitzen). Das nicht so intensiv gefärbte Männchen kümmert sich um Brut und Jungenaufzucht, während das Weibchen mit sandregenpfeiferartigen Rundflügen balzt und dabei, wie auch bei Beunruhigung, rhythmisch hell "wit-wih" ruft. Flugruf rollend und recht tief "brrütt". Sehr zutraulich. Brütet im Norden spärlich und lokal auf trockenen Bergheiden, häufig auf kleinen Hochplateaus in der Flechtenregion. Sporadische Brutnachweise und isolierte Vorkommen u.a. in den österreichischen Alpen. Überwintert in trockenem, heideartigem Gelände, Durchzügler rasten selten in Mitteleuropa, meist im Mai und August/September, oft auf abgeernteten Feldern.

Wüstenregenpfeifer

Wermutregenpfeifer

Mornellregenpfeifer

Keilschwanz-Regenpfeifer
Charadrius vociferus - Killdeer　　　　　　　　　　　L 23-26 cm, S 59-63 cm
Sehr seltener Gast aus Nordamerika, dort häufig in offenem Gelände, oft in Wassernähe. Durch Größe, langgestreckten Körper und schon im Jugendkleid vorhandenes doppeltes Brustband unverkennbar. Im Flug breiter weißer Flügelstreif, langer, keilförmiger Schwanz und rostbraune Färbung von Oberschwanzdecken, Bürzel und Rücken. Sehr laut, ruft auffliegend langgezogen und schrill "tjiiiet", dreisilbig, balzend "kill-dääh".

Amerikanischer Goldregenpfeifer
Pluvialis dominica - American Golden Plover　　　　L 24-28 cm, S 65-72 cm - A
Brütet in der Tundra Alaskas und Kanadas, überwintert in Südamerika und erscheint ausnahmsweise in Westeuropa. Amerikanischer und Pazifischer Goldregenpfeifer (s. unten) wurden früher als Unterarten einer Art ("Kleiner Goldregenpfeifer") betrachtet. Im Unterschied zum europäischen Goldregenpfeifer zeigen sie gemeinsam folgende Merkmale: Körper kleiner, Gestalt schlanker und zierlicher, Beine höher und dunkler grau, Schnabel relativ länger, Flügel länger und die Schwanzspitze weiter überragend, größere Handschwingenprojektion, längerer Hals, Flugsilhouette mit langen, gleichmäßig schmalen Flügeln und schlankem Rumpf, Flügelstreif schmaler, Achselfedern und gesamte Unterflügel grau. Beim Amerikanischen Goldregenpfeifer im Prachtkleid gesamte Unterseite einschließlich Flanken und Unterschwanzdecken schwarz, bei Weibchen oft mit brauneren Ohrdecken und eingestreuten graueren Federn. Oberseite durch etwas kleinere goldgelbe Flecken insgesamt oft dunkler als beim Pazifischen Goldregenpfeifer. Im Schlichtkleid Oberseite düster braungrau, praktisch ohne grünlichgelbe Töne, deutlicher Überaugenstreif weißlich. Typische Jungvögel erinnern in der Färbung an junge Kiebitzregenpfeifer, sind düster grau oder braungrau gezeichnet, meist mit dunklerem Mantel und grau gewellten Flanken. Kopf mit dunklem Scheitel und deutlichem schmutzigweißem Überaugenstreif. Oberseite mit kleinen, schmutzig weißen bis blaß grüngelben Flecken, weniger gelb als beim Pazifischen Goldregenpfeifer und auch auf Flügeln dunkler. Rufe dünner und höher als beim Goldregenpfeifer, zudem meist zwei- oder dreisilbig, im Flug hell pfeifend, etwas vibrierend "klüilip" oder "küiip", etwas variabel, besonders auf dem Boden auch einsilbige Rufe und kürzer "küip". Rastet bevorzugt auf kurzrasigen Flächen.

Pazifischer Goldregenpfeifer
Pluvialis fulva - Pacific Golden Plover　　　　　　　L 23-26 cm, S 60-67 cm - A
Brütet in der sibirischen Tundra, erscheint ausnahmsweise im Sommer und Herbst in Europa. Unterscheidet sich vom europäischen Goldregenpfeifer durch die beim Amerikanischen Goldregenpfeifer genannten Grundmerkmale (s. oben). Ähnelt sonst sehr der amerikanischen Art, wirkt aber noch zierlicher, ist langbeiniger (Zehen überragen im Flug die Schwanzspitze), hat einen längeren Hals und einen längeren, kräftigeren Schnabel. Die Flügel sind etwas kürzer und überragen den Schwanz durchschnittlich nicht ganz so weit, so daß das Hinterende weniger zugespitzt wirkt. Die Schirmfedern sind sehr lang, enden erst kurz vor der Höhe der Schwanzspitze und bewirken eine geringere Handschwingenprojektion mit nur drei sichtbaren Handschwingenspitzen. Beim Amerikanischen Goldregenpfeifer sind vier Handschwingenspitzen sichtbar, die Schirmfedern enden weit vor der Schwanzspitze und lassen einen bedeutend größeren Abschnitt der Handschwingen unbedeckt. In der Farbgebung entspricht der Pazifische Goldregenpfeifer in allen Kleidern eher der europäischen Art. Prachtkleid mit schwarzweiß gefleckten Flankenstreif, Steiß und Unterschwanzdecken weiß mit mehr oder weniger starker schwarzer Fleckung (bei manchen Männchen aber Flanken und Unterschwanzdecken schwarz wie bei Amerikanischem Goldregenpfeifer!). Oft Farbkontrast zwischen grüngelben Mantelflecken und weißen Flecken auf Flügeldecken. Weibchen mit weniger oder ohne Schwarz am Kopf, im zweiten Kalenderjahr oft mit ganz heller Unterseite. Im Schlichtkleid Mantel eher grünlich braungelb, Unterseite und Kopf wärmer, mehr schmutzigbeige getönt als beim Amerikanischen Goldregenpfeifer, im Jugendkleid gelblicher, mit größeren Mantelflecken und goldregenpfeiferähnlicher Kopfzeichnung mit großem Auge auf hellem Grund, schrägem, dunklem Fleck vor dem Auge und dunklem Fleck am Hinterrand der Ohrdecken (aber variabel). Ruft fast wie Dunkler Wasserläufer schnell und kräftig "tjüwit", "tjuitt", auch weicher "klüii". Rastet gern auf Schlammflächen.

Goldregenpfeifer
Pluvialis apricaria - Golden Plover L 26-29 cm, S 67-76 cm - BZ
Kann allenfalls mit dem Kiebitzregenpfeifer verwechselt werden, hat aber in allen Kleidern eine grünlichgelb getönte Oberseite und weiße Achselfedern. Das Schwarz der Unterseite ist bei Weibchen meist weniger ausgedehnt, besonders bei südlichen Populationen. Im Schlicht- und Jugendkleid unauffälliger und auf Feldern und Wiesen, die sie außerhalb der Brutzeit gern mit Kiebitzen vergesellschaftet aufsuchen, gut getarnt. Flug schnell und kraftvoll, Profil recht kompakt und vollbrüstig, Flügel relativ kurz mit breiter Basis. Verrät sich oft durch Flugruf, wehmütig, kurz, flötend "pjüh" oder "pjik", manchmal doppelt "pjü-pü" oder höher, etwas krächzend "küii". Am Brutplatz bei Beunruhigung wehmütig klagend "plü-i-vii", mit langgezogenem, "ersterbendem" Ende, das im Balzflug rhythmisch wiederholt und von trockenerem und rollendem "pre-küirriu ... pre-küirrio" gefolgt wird. Brütet auf trockenen Bergheiden und Hochmooren, frißt Käfer, Würmer und andere kleinere Bodentiere, dazu Beeren und Früchte. Heimzug im März/April, Wegzug an der Küste ab August, im Binnenland vorwiegend im Oktober in kleinen Trupps auf Feldern, an der Küste dann oft große Gruppen auf Wiesen. Einige Vögel überwintern in Mitteleuropa, besonders in den Niederlanden.

Kiebitzregenpfeifer
Pluvialis squatarola - Grey Plover L 27-30 cm, S 71-83 cm - ZW
Größer und mit bedeutend kräftigerem Schnabel als der Goldregenpfeifer, ohne dessen deutlich gelbliche und grünliche Gefiedertönung, im Flug mit breiterem weißem Flügelstreif, weißen Oberschwanzdecken und kennzeichnenden schwarzen Achselfedern. Männchen unterseits kohlschwarz, oberseits grob weiß und schwarz gefleckt, weiße Umrahmung des schwarzen Gesichts endet auf Brustseiten als großer weißer Fleck. Weibchen weniger kontrastreich, mit graubraunen Wangen und mehr grau und braun gezeichneter Oberseite. Im Schlichtkleid Oberseite einfarbiger grau mit weißlichen Flecken, Bauch weiß. Jugendkleid oberseits dunkler schiefergrau mit deutlicherer beiger Sprenkelung, Brust und Flanken mit graubrauner Strichelung auf beigem Grund (manchmal gelblich, aber nie so intensiv wie beim Goldregenpfeifer). Landende Vögel melden sich häufig durch kennzeichnenden saugenden Pfiff an, langgezogen dreisilbig "plü-vi", manchmal auch kürzer "plüii". Eine hocharktische Limikole, brütet in der baumlosen Tundra. Während des Zuges und im Winter an Küsten gebunden, seltener auf binnenländischen Schlammflächen. Heimzug durch Mitteleuropa im Mai, Wegzug hauptsächlich August-Oktober.

Goldregenpfeifer

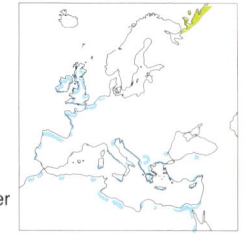

Kiebitzregenpfeifer

Weißschwanzkiebitz

Rotlappenkiebitz   Steppenkiebitz

Rotlappenkiebitz
Hoplopterus indicus - Red-wattled Plover   L 32-35 cm, S 80-81 cm
Großer und bunter Kiebitz mit charakteristischer Zeichnung, Jungvögel matter gefärbt. Aus der Entfernung oberseits dunkler als Spornkiebitz und mit weißem Bauch. Laut, ruft im Balzflug und auch nachts aufdringlich, etwas rhythmisch "did-he-do-it". Vom Irak ostwärts häufig in Kulturlandschaft in Wassernähe.

Weißschwanzkiebitz
Chettusia leucura - White-tailed Plover   L 26-29 cm, S 67-70 cm - A
Mit kleinerem Körper, aber deutlich längeren Beinen als der Steppenkiebitz, dazu mit hellem, ungezeichnetem Kopf, ganz weißem Schwanz und gelben Beinen. Jungvögel mit dunkelbraunen Markierungen auf Mantel und Flügeldecken. Ruft leise "tschiwit". Nahrungssuche vor allem im Flachwasser, in Flußdeltas, überschwemmten Wiesen und austrocknenden Steppenseen, im Brutgebiet häufig zusammen mit Stelzenläufern. Brütet in Mesopotamien, zwischen Kaspischem Meer und Aralsee, ausnahmsweise in Anatolien, in Europa nur im Wolgadelta.

Steppenkiebitz
Chettusia gregaria - Sociable Plover   L 27-30 cm, S 65-70 cm - A
Etwas kleiner als Kiebitz, hochbeiniger und mit schöner, etwas an Mornellregenpfeifer erinnernder Färbung. Im Prachtkleid mit schwarzem und kastanienfarbenem Bauch, schwarzweißer Kopfzeichnung und ockergelben Wangen. Weibchen oft mit weniger Schwarz auf Bauch und braunerem Mantel. Im Schlichtkleid unauffälliger graubraun, Mantel und Flügeldecken bekommen breite, rostbraune Federränder, die Brust dunklere Flecke, und der Bauch wird weiß. Jugendkleid ähnlich Schlichtkleid, aber mit hellerem Scheitel, stärkerer Strichelung an Kopf und Brust und auffälligeren hellen Federrändern auf Mantel und Armdecken, verstärkt durch angedeutete dunkle Subterminalbinden. Im Flug bunt, mit schwarzer Schwanzendbinde und weißem Feld auf Armschwingen und Großen Armdecken. Ruft rauh, oft dreisilbig "kräschkräschkräsch". Sehr seltener Besucher aus den Steppen Mittelasiens, in Europa meist im Herbst in Kiebitzschwärmen, hier Verwechslungsgefahr mit leukistischen und teilalbinotischen Kiebitzen.

Rotlappenkiebitz   Weißschwanzkiebitz   Steppenkiebitz

Rotlappenkiebitz

ßschwanz-
itz

ßschwanzkiebitz

♂ PK

Steppenkiebitz

juv./1er W mausernd

Spornkiebitz
Hoplopterus spinosus - Spur-winged Plover   L 25-27 cm, S 65-70 cm - (A)
Unverkennbar. Fliegt mit ziemlich langsamen, schneidenden Flügelschlägen, Flügel mit schwarzen Schwungfedern und weißen Großen Armdecken. Jungvögel ohne verlängerte spitze Schulterfedern, hat braune Federränder auf dem Scheitel und schwache Musterung der Oberseite. Rufe schrill wie Kiebitz, aber mit metallischem Klang des Austernfischers, z.B. "pih" oder "veak", erregt hart "pijk, pijk ...", balzt heiser "tchitchitchi-ri". Ziemlich häufig, aber lokal in Afrika und im Mittleren Osten, nordwärts bis Ostgriechenland, an Seen, Sümpfen und Flußdeltas. Oft auf trockenem, sandigem Gelände, auch mit eingestreutem hohem Gras und niedriger Buschvegetation. Kommt im Norden des Verbreitungsgebiets Ende März/April zurück, zieht im August/September.

Kiebitz
Vanellus vanellus - Lapwing   L 28-31 cm, S 70-76 cm - BZ
Ein Charaktervogel auf Wiesen und vielen landwirtschaftlich genutzten Flächen. Mit seinem langen Schopf und dem grün schillernden Rücken ist er einzigartig unter den Limikolen. Weibchen etwas zurückhaltender gefärbt, mit kürzerem Schopf, oft hellem Kinn und ohne metallisch blauen Glanz am Flügelbug. Jungvogel mit kurzem Schopf, Oberseite matter und gelbbraun geschuppt. Altvögel mausern im August-November ins Schlichtkleid, Kinn und Kehle dann hell, Oberseite geschuppt. Ruft am Brutplatz "kiju-wit", Männchen vollführen akrobatische Flugspiele mit wummerndem Flügelgeräusch. Während des größten Teiles des Jahres in großen Trupps auf Feldern und kurzgrasigen, etwas feuchten Wiesen, am häufigsten bei Feuchtgebieten. Nordöstliche Populationen ziehen, in Mitteleuropa Zwischenzug bereits ab Juni, große Trupps im Herbst, kleine Gruppen bleiben bis zum Einsetzen starken Frosts. Kehrt bereits im Februar/März zurück und ist damit einer der ersten Frühlingsboten. Lebt von verschiedenen bodenbewohnenden Wirbellosen, Insekten, Larven und Würmern.

Spornkiebitz

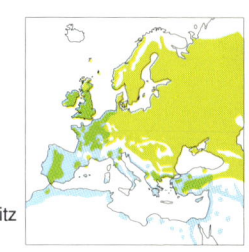

Kiebitz

Spornkiebitz

sich präsentierende ♂

Kiebitz

♂ PK

♂ SK

♀ PK

Steinwälzer
Arenaria interpres - Turnstone   L 21-24 cm, S 44-49 cm - bZW
Eine robuste und kurzschnäblige Limikole mit charakteristischer Gesichtszeichnung und im Flug auffallend buntem Muster. Weibchen blasser, besonders Flügeldecken und Gesicht weniger scharf gezeichnet. Oberseite im Schlichtkleid überwiegend dunkel braungrau, Gesichtszeichnung diffuser. Jungvogel hat graubraunen Mantel mit rost-beigem Schuppenmuster. Ruft nasal, kurz, aber klangvoll und meist sehr kennzeichnend "kütt" oder "kütt'ütt'ütt", beunruhigt typisch vibrierend "te vüt-te-vüt-te-vüt-te-dededede". Brütet in der küstennahen Tundra und an steinigen Ostseeküsten. Nahrungssuche auch an offenen, sandigen Stränden und im Watt. Wühlt mit seinem kegelförmigen Schnabel im Tang und wendet auf der Jagd nach Kleintieren Steine. Trifft im April/Mai (in der Arktis Juni) ein und zieht zeitig im Juli-August (September). Im Winter gern an Steinmolen der Nordseeküste, zur Zugzeit spärlich im Binnenland.

Sanderling
Calidris alba - Sanderling   L 20-21 cm, S 36-39 cm - ZW
So groß wie Alpenstrandläufer, aber mit kürzerem und ganz geradem Schnabel. Im Prachtkleid Brust und Oberseite mit unterschiedlich kräftiger rostroter Tönung, diese manchmal fehlend. Hat im Flug in allen Kleidern breiteren, stärker weiß leuchtenden Flügelstreif als andere Strandläuferarten. Kann mit Zwerg- und Rotkehl-Strandläufer, die jedoch kleiner sind, verwechselt werden. Quer gemaserte Brustzeichnung und helle Flecken in den dunklen Zentren der Flügeldecken und Schirmfedern sind typisch und gute Unterscheidungsmerkmale gegenüber dem Rotkehl-Strandläufer. Jungvögel oberseits kräftig schwarzweiß gemustert, anfangs mit cremegelbem Ton auf Brustseiten und Teilen des Mantels. Hinterzehe fehlt. Ruft laut tropfend "plitt" oder "kritt", nicht unähnlich Zwergstrandläufer oder Seeregenpfeifer, manchmal "tück" wie Steinwälzer. Ein hocharktischer Vogel, nächste Brutplätze auf Spitzbergen und in Nordost-Grönland. Zu den Zugzeiten (Mai, Juli-September) vereinzelt im Binnenland, aber häufig an der Küste (dort auch im Winter in geringerer Zahl), bevorzugt an langen Sandstränden. Eilt dort bei der Nahrungssuche rastlos die Wasserkante entlang, weicht Wellen aus und sammelt vom Meer angespülte Kleintiere auf.

Steinwälzer

Sanderling

juvenile Strandläufer

Knutt   Sanderling   Alpenstrandläufer   Sichelstrandläufer

Knutt
Calidris canutus - Knot L 23-25 cm, S 47-54 cm - ZW

Die größte Strandläuferart, robust, ziemlich untersetzt und mit geradem Schnabel. Im Prachtkleid unterseits mit typischer, kalt ziegelroter Färbung. Jungvögel grau mit Schuppenmuster auf der Oberseite, gebildet von hellen Säumen und dunklen Subterminalbinden der einzelnen Federn, auf den Brustseiten und Flanken mit V-förmigen Flecken oder Punkten. Auf der Brust anfänglich mit pfirsichfarbener Tönung, die schnell ausbleicht. Jungvögel mausern im Herbst den Mantel und sehen dort im ersten Winterkleid wie Altvögel im Schlichtkleid aus, nämlich mit einfarbiger grauen Federn ohne dunkle Subterminalbinden. Beine grüngrau, bei Altvögeln etwas dunkler. Im Flug langflügelig, mit schmalem weißem Flügelstreif, kennzeichnendem hellgrauem Bürzel und schwach grau gezeichnetem Schwanz. Flugruf kurz "vüätt vüätt" oder "küätt", nicht besonders kräftig, aber mit besonderem, zurückgehalten nasalem, etwas gänseartigem Klang, am ehesten mit Pfuhlschnepfe zu verwechseln. Hocharktischer Brutvogel, überwintert an Küsten Westeuropas und weiter südlich bis Afrika, oft in ausgedehnten Wattgebieten der Britischen Inseln und Nordsee. Heimzug im Mai, während des Wegzugs Altvögel im Juli/August, Jungvögel im August-Oktober sehr häufig im deutschen Wattenmeer, vereinzelt im Binnenland.

Sichelstrandläufer
Calidris ferruginea - Curlew Sandpiper L 18-23 cm, S 38-41 cm - Z

Im Prachtkleid am ehesten mit dem Knutt zu verwechseln, ist aber kleiner, langbeiniger und hat langen, deutlich gebogenen Schnabel. Körper oft auffallend rund. Im Prachtkleid unterseits dunkel ziegelrot, Weibchen allerdings meist weniger ausgefärbt, und im frischen Gefieder mit breiten, hellen Federrändern und dunkler Maserung auf dem Bauch, wie mit Mehl bestreut. Schön ausgefärbte Männchen werden vor allem im Juli gesehen, Ende Juli/Anfang August erscheinen einzelne graue Schlichtkleidfedern. Jungvögel oberseits schuppig gemustert, anfangs mit schön pfirsichfarbenem Ton auf Brust und Oberseite, im Spätsommer meist gelblich grau und leicht zwischen Alpenstrandläufern zu übersehen, doch u.a. durch fehlende grobe Bauch- und Flankenfleckung, markanteren Überaugenstreif, längere Beine, den Schwanz deutlich überragende Flügel und meist längeren, gleichmäßig abwärtsgebogenen Schnabel schnell kenntlich. Bürzel und Oberschwanzdecken im Flug ungeteilt weiß. Flugruf behaglich klingelnd "krilli" (kril'l'l'li), klarer und reiner als Alpenstrandläufer, eher wie tiefstimmiger Temminckstrandläufer. Während des Heimzugs im Mai relativ selten in Mitteleuropa (häufiger am Mittelmeer), aber regelmäßig und in manchen Jahren in großer Zahl während des Wegzugs, Altvögel ab Ende Juli, die häufigeren Jungvögel ab Ende August an Küsten und binnenländischen Rastplätzen.

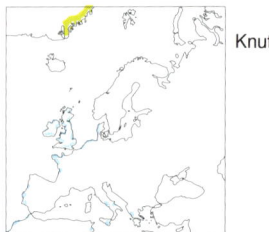

Knutt

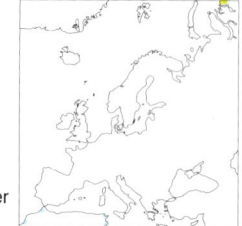

Sichelstrandläufer

Knutt

SK

PK

juv.

PK abgetragen

1er W

PK frisch

juv.

...elstrandläufer

Alpenstrandläufer
Calidris alpina - Dunlin L 16-22 cm, S 35-40 cm - BZW

Rastet zur Zugzeit im Wattenmeer in riesigen Schwärmen, dann auch regelmäßig auf Schlammflächen im Binnenland. Altvögel ziehen im Juli/August und sind leicht an schwarzem Bauchschild und rotbrauner Oberseite zu erkennen. Jungvögel ziehen von August bis Oktober und tragen eine etwas variable Zeichnung. Typisch sind dunkle Flecken auf Bauchseiten und Flanken, wie ein Widerhall des schwarzen Bauches von Altvögeln. Oberseits mit rostgelben bis rotbraunen Federrändern. Graue Federn des ersten Winterkleids werden ab Ende August angelegt, zeitiger als die grauen Schlichtkleidfedern der Altvögel, und führen zu einem helleren Gesamteindruck. Im Schlicht- und ersten Winterkleid ist die Oberseite einheitlich grau. In allen Kleidern im Flug deutlicher weißer Flügelstreif, Oberschwanzdecken und Bürzel dunkel längsgeteilt, im Vergleich zum Sichelstrandläufer ferner kurzbeiniger und mit geraderem Schnabel. In Europa brüten zwei Unterarten, die nördliche/östliche *alpina* mit längerem Schnabel und klarer, kontrastreicher Zeichnung, und die südliche/westliche *schinzii* (Island, Britische Inseln, Südskandinavien, selten auf kurzrasigen Strandwiesen Norddeutschlands) mit kürzerem Schnabel, schmutzigeren Farben und beim Weibchen oft auf vereinzelte dunkle Flecken beschränkten Bauchschild. Juvenilen *schinzii* fehlen manchmal Flankenflecken. Flugruf ein dünnes, nasal rollendes "Krri" oder "Tirr". Bei der Flugbalz äußert das Männchen lange, mahlende, stoßende Reihen von ähnlichen Lauten, die in einem langgezogenen Schwirren kulminieren. Am Nest hört man auch ein mehr vokales, ängstliches "Veütt-veütt-veütt". Arktische Populationen brüten in Tundren, Mooren und nassen Wiesen und ziehen vor allem Ende Mai bei uns durch, südliche kehren bereits ab März zu den Brutplätzen zurück.

Sumpfläufer
Limicola falcinellus - Broad-billed Sandpiper L 16-18 cm, S 34-37 cm - Z

Etwas kleiner als Alpenstrandläufer, mit mehr langgestrecktem Körper und charakteristischem geraden, erst an der Spitze deutlich abwärts geknicktem Schnabel. In allen Kleidern ferner der vor dem Auge gegabelte, mehr oder weniger deutliche, doppelte Überaugenstreif typisch. Im frischen Prachtkleid oberseits durch weißliche Federränder hell gepudert, im abgenutzten dort aber auffallend dunkel schwarzbraun mit manchmal kaum noch erkennbarer heller Längsstreifung, undeutlicher Kopfzeichnung, dunkler Brust und oft grober Flankenfleckung. Jugendkleid ähnlich Prachtkleid, aber heller braun, regelmäßiger gemustert, mit bekassinenartiger heller Längsstreifung der Oberseite und allenfalls schwacher Flankenfleckung. Schlichtkleid ähnelt dem des Alpenstrandläufers, meist aber mit angedeutetem doppeltem Überaugenstreif und dunklerem Flügelbug. Beine schlammig grau mit grünlichem Ton. Lockruf schwirrend "tschrrjit", ähnlich Alpenstrandläufer, aber langgezogener und zum Ende hin in ein helleres Trillern ansteigend. Kontaktruf kurz, fast zwergstrandläuferartig "dritt". Der Balzflug führt oft in großer Höhe vor und zurück, wobei das Männchen auch mit vibrierenden Flügeln in der Luft hängt, begleitet von mechanisch schwirrendem "Süirr süirr süirr..." mit eingeflochtenem hastigerem, schwirrendem "Süirrirrirrirr...". Brütet spärlich in ausgedehnten Mooren mit seggenbestandenem Schwingrasen in Skandinavien. In Deutschland eine relativ seltene Limikole mit südöstlicher Zugrichtung, manchmal zwischen Strandläufern, rastet aber auch in schlammigem "Bekassinengelände" im Binnenland. Heimzug bei uns Mitte Mai, Wegzug der Altvögel ab Mitte Juli, der Jungvögel im August/September.

Alpenstrandläufer

Sumpfläufer

Meerstrandläufer

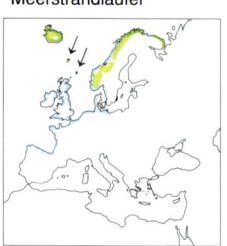

Meerstrandläufer
Calidris maritima - Purple Sandpiper L 20-22 cm, S 40-44 cm - W

Etwas größer, gedrungener und robuster als Alpenstrandläufer, in allen Kleidern dunkler, besonders im Winter durch düster graue Färbung und gelbe Beine und Schnabelbasis leicht bestimmbar. Im Prachtkleid auf Scheitel, Mantel und teilweise Brustseiten schwarzbraune Federn mit gelbgrauen und rostbraunen Rändern, die Beine dunkeln zu Grünbraun. Jugendkleid ähnlich Prachtkleid, aber im Gesicht gleichmäßiger grau, ohne deutlichen Überaugenstreif, oberseits mit schmaleren Federrändern sauberer gemustert, auf der Brust gleichmäßiger gestrichelt und gepunktet. Armdecken bei Jungvögeln mit kontrastierenden weißlichen Federrändern, dadurch noch im ersten Winterkleid von Altvögeln im Schlichtkleid unterscheidbar. Im Flug auffällig dunkel mit schmalem, hellem Flügelstreif. Lockruf tropfend, meist nasal "kytt", "keütt" oder "keüvitt", oft recht leise. Am Brutplatz sehr zutraulich, ruft beunruhigt scharf "kyitt" oder erregt "kryhyhyhyhy". Gesang variabel, u.a. langgezogen schwirrend "kreüvirr" und "hürr-i", auch Reihen anderer Laute, meistens mit dunklem und nasalem Klang. Brütet auf baumlosen Tundren und Bergheiden, oft in steinigem, flechtenreichem Gelände. Überwintert nördlicher als alle anderen Limikolen, außerhalb der Brutzeit ausschließlich an steinigen und felsigen Küsten, in Deutschland gerne an Hafenmolen. Der Herbstzug kulminiert oft im Oktober/November. *Karte S. 218*

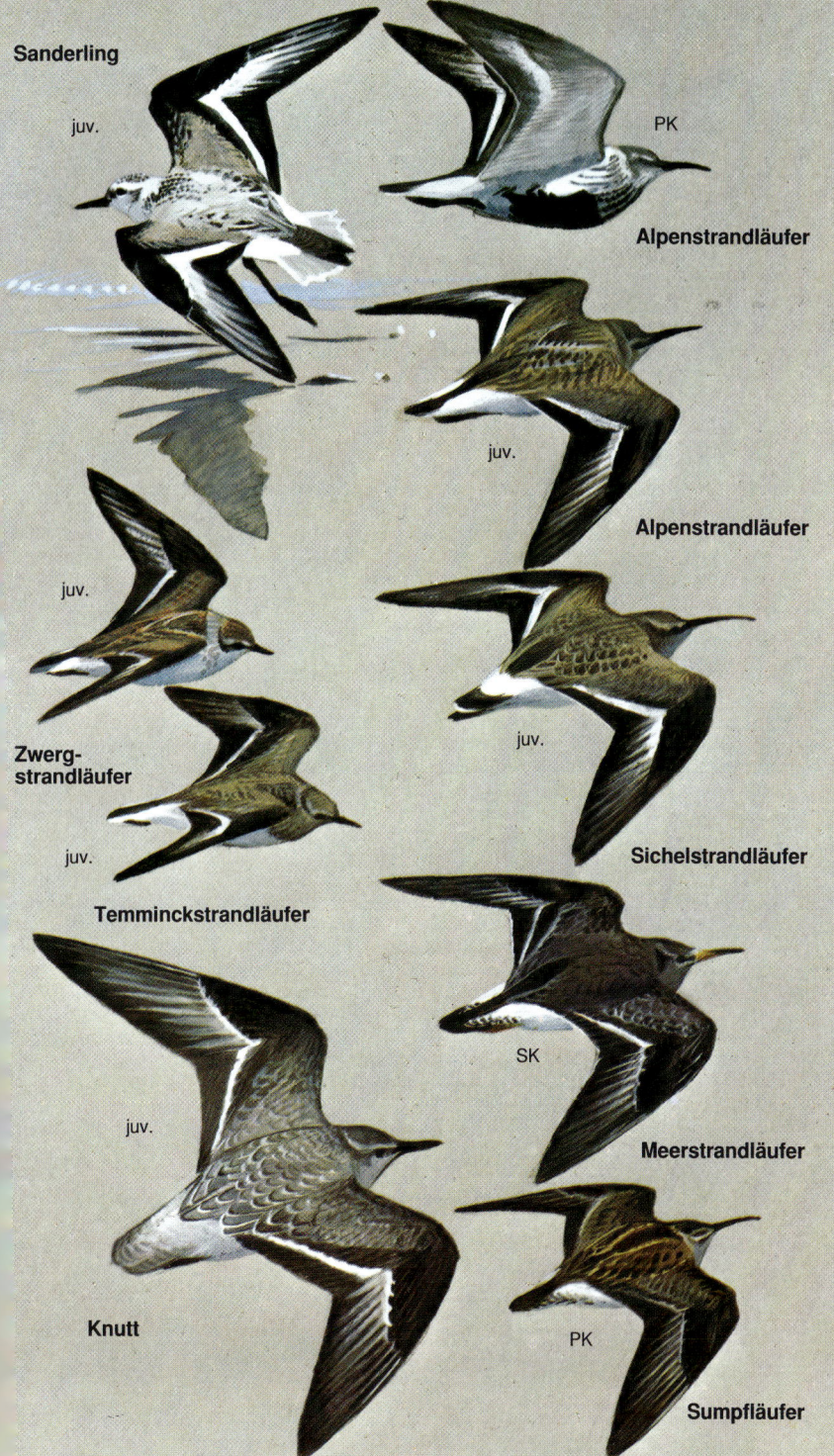

balzende Temminckstrandläufer

Zwergstrandläufer
Calidris minuta - Little Stint   L 12-14 cm, S 28-31 cm - Z

Kleinster europäischer Strandläufer. Im Prachtkleid rostbeige bis rotorange mit gelblichem V auf dem Mantel, schwarzen Zentren der Schulterfedern und dunklem "Scheitelkamm". Schlichtkleid oberseits grau, oft mit dunklen Schaftstrichen. Jugendkleid hell mit kreideweißem Bauch und oberseits schön rostorangenem Ton, deutlicher weißer V-Zeichnung auf Mantel und Schulterfedern, hellgrauer Halskrause, rostfarbenem, gestricheltem Brustseitenfleck und oft gegabeltem Überaugenstreif, der einen dunklen Kamm auf dem Scheitel abgrenzt. Beine schwärzlich, äußere Steuerfedern grau. Im Mai und Juli, Anfang August sieht man meist adulte Vögel, die, wenn die Größe die Artzugehörigkeit nicht verrät, mit dem Sanderling verwechselt werden können. Ruft ähnlich Sanderling kurz und hell "tipp" oder "tit", bei Interaktionen zwischen rastenden Vögeln manchmal "t hi hi ti hi hi". Brütet in der nördlichen Tundra, besonders Jungvögel ziehen von Ende August-Oktober häufig durch Mitteleuropa.

Temminckstrandläufer
Calidris temminckii - Temminck's Stint   L 12-14, S 28,5-31,5 cm - Z

Eine sehr kleine, gedrungene und kurzbeinige Limikole mit langgestrecktem Körper. Im Prachtkleid oberseits grau- oder braunbeige, meist mit zimtbraunen Federrändern, durch einzelne graue Schlichtkleidfedern und einige dunkle Federzentren gescheckt, aber nie mit rostorangener Tönung des Zwergstrandläufers. Jugendvögel mit schuppiger Oberseite und dunklen Flecken auf oberen Schulterfedern. Im Schlichtkleid einfarbig graubraun mit undeutlichem Überaugenstreif und hellem Augenring, etwas an einen winzigen Flußuferläufer erinnernd. Vom Zwergstrandläufer in allen Kleidern durch die helleren, schlammfarbenen bis gelblichen Beine und weiße Schwanzaußenkanten unterschieden. Flugruf charakteristisch klingelnd "tirr", oft zu einem mehr oder weniger anhaltenden Schwirren langgezogen. Aufgescheucht "himmelt" er oft wie eine Bekassine, Zwergstrandläufer fliegt dagegen oft direkt über die Wasseroberfläche davon. Brütet relativ häufig im skandinavischen Fjäll, oft auf Wiesen mit Weidicht in der Nähe von Feuchtgebieten. Altvögel ziehen vor allem im Mai und Juli, Jungvögel im August/September. In Mitteleuropa im Herbst seltener als Zwergstrandläufer, wird oft einzeln oder in Gruppen von 2-5 Individuen gesehen, oft an sehr kleinen Wasserstellen im Binnenland, meidet offene Küsten. Bewegt sich oft geduckt und unauffällig zwischen schützender Ufervegetation.

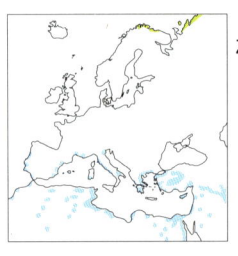

Zwergstrandläufer

Temminckstrandläufer

Rotkehl-Strandläufer
Calidris ruficollis - Red-necked Stint L 13-16 cm, S 29-33 cm
Ausnahmeerscheinung aus dem östlichsten Sibirien, etwa fünf europäische Nachweise von Vögeln im Prachtkleid. Dem Zwergstrandläufer in allen Kleidern äußerst ähnlich, hat aber kürzeren, stumpferen Schnabel, etwas kräftigeren Körperbau mit kürzeren Beinen und durch lange Flügel und langen Schwanz langgezogener wirkendes Hinterende; mittlere Steuerfedern reichen meist über Flügelspitze hinaus. Im Prachtkleid Kopf, Kehle und obere Brustmitte einfarbig rostrot mit scharfer Grenze zur mit dunklen Dreiecksflecken bestreuten weißlichen Brust. Befiederung am Schnabelansatz und hinteren Überaugenstreif meist hell. Zwergstrandläufer sind im Prachtkleid oft verblüffend rötlich, haben aber weißliche Kehle, dunkle Flecken im roten Brustband und rötlich statt weißlich gefärbte Brustseiten. Die Armdecken (meist auch untere Schulterfederreihe und mehrere Schirmfedern) sind überwiegend verwaschen grau, ohne die rostfarbenen Ränder und deutlich braunschwarzen Zentren des Zwergstrandläufers. Rotbraune Federränder auf dem Mantel unterschiedlich ausgeprägt, aber selten mit deutlichem weißem V, dafür oft obere Schulterfederreihen besonders rötlich. Vgl. auch Sanderling! Im Jugendkleid sind die wichtigsten Unterschiede zum juvenilen Zwergstrandläufer 1. Schirmfedern und Armdecken haben heller graue Zentren, gesamter Flügel wirkt grau und kontrastlos (Zwergstrandläufer hat braunschwarze Decken und Schirmfedern mit deutlicher abgesetzten rostfarbenen Federrändern), 2. hat niemals breite, deutliche, helle Bänder auf dem Mantel, 3. Strichelung der Brustseiten verwaschener, 4. Kopfzeichnung fahler, Zügel bildet den dunkelsten Punkt, Scheitelmitte nicht deutlich dunkler. Ruf durch anklingendes R mehr wie beim Sandstrandläufer, normalerweise "kriip", manchmal "kiep" oder "klypp".

Sandstrandläufer
Calidris pusilla - Semipalmated Sandpiper L 13-15 cm, S 28-31 cm
Nordamerikanische Ausnahmeerscheinung. Etwas kräftiger als der Zwergstrandläufer, Schnabel variiert in der Länge, ist aber an der Basis oft kräftig und an der Spitze leicht verdickt, Handschwingenprojektion geringer. Unter günstigen Bedingungen sind die kleinen Spannhäute zwischen den Zehen erkennbar (sonst nur noch beim Bergstrandläufer). Im Prachtkleid braungrau, ohne die leuchtend rostorange Tönung des Zwergstrandläufers. Im Jugendkleid insgesamt recht grau, oberseits graubraun mit graugelben Federrändern geschuppt. Wichtige Details im Unterschied zum Zwergstrandläufer sind 1. das Fehlen von deutlichen weißen Streifen auf dem Mantel, 2. dunklere Ohrdecken und dunklerer Scheitel, 3. hellere Zentren auf den Schirmfedern und Flügeldecken, 4. eine ankerförmig dunkle Spitzenzeichnung auf den zwei unteren Schulterfederreihen. Dunklerer Scheitel und dunklere Ohrdecken trennen ihn vom Rotkehl-Strandläufer. Am schwierigsten vom Bergstrandläufer zu unterscheiden (s. unten). Ruf variabel, zumeist grob, etwas rollend "chrrypp" oder kurz "kjett" oder "kjipp", im Auffliegen manchmal dreisilbig "tj-pi-lip".

Bergstrandläufer
Calidris mauri - Western Sandpiper L 14-17 cm, S 28-31 cm
Extrem seltene Ausnahmeerscheinung aus dem westlichen Nordamerika. Dem Sandstrandläufer sehr ähnlich, hat wie dieser kleine Spannhäute zwischen den Zehen. Der Schnabel ist normalerweise länger und an der Spitze schwach gebogen, die Maße überlappen sich aber. Wirkt jedoch langbeiniger, mit einem weiter nach vorne verlagerten Schwerpunkt. Im Prachtkleid normalerweise leicht durch die Kombination von zahlreichen dunklen Pfeilspitzenflecken auf Brust und Flanken und rostroter Färbung von Ohrdecken, Scheitel und Schulterfedern zu erkennen. Jungvogel ist schwieriger zu bestimmen, hat aber im Vergleich zum juvenilen Sandstrandläufer fahlere Kopfzeichnung, graueren Scheitel und rostfarbene Federränder auf oberen Schulterfedern und Mantel. Armdecken, Schirmfedern und untere Schulterfedern sind oft mittelgrau, ohne dunkle Zentren und auffallenden Rostton auf den Federrändern. Die Kombination von grauem, "verwässertem" Scheitel und einem deutlichen Rostton auf den oberen Schulterfedern ist ein gutes Kennzeichen gegenüber dem Sandstrandläufer. Kennzeichnender Ruf etwas langgezogen "tjiip", aber auch mehr sandstrandläuferartig "tchrry" oder "tchrri".

Temminckstrandläufer juv.   Langzehen-Strandläufer juv.   Wiesenstrandläufer juv.

Langzehen-Strandläufer
Calidris subminuta - Long-toed Stint   L 13-14 cm, S 26,5-29,5 cm

Jungvögel dieser ostasiatischen Art wurden bisher dreimal in Europa nachgewiesen. Beine hell gelblich bis grünlich getönt (wie Temminckstrandläufer, der aber u.a. andere Gestalt und kürzere Beine hat), daher Verwechslungsgefahr mit dem insgesamt ähnlich gefärbten Wiesenstrandläufer. Beine und Zehen sehr lang, Hals länger als bei Wiesenstrandläufer, Haltung oft etwas nach vorne gebeugt, steht manchmal aufrecht wie kleiner Bruchwasserläufer. Im Flug dunklere Flügelunterseiten und schmalerer Flügelstreif als Zwergstrandläufer, lange Zehen überragen Schwanzspitze, Flügelschlag schneidend. Schnabel relativ kurz mit feiner Spitze, Unterschnabelbasis orangebraun. Deutlicher Überaugenstreif vor dem Auge am breitesten, begrenzt den wie eine Kappe wirkenden meist rotbraunen Scheitel. Scheitelfärbung reicht in einem schmutzig getönten Strang zur Schnabelbasis und verbindet sich an den Seiten mit dem undeutlichen, in der Mitte aufgebrochenen Zügelstreif. Brustseiten mit dünneren, weiter auf die Flanken reichenden Strichen als Wiesenstrandläufer. Grundfärbung der Brust im Prachtkleid meist schön rostorange, im Jugendkleid schwach beige. Die gestreifte Oberseite der Jungvögel zeigt schwarzbraune Federzentren mit rostgelben bis rotbraunen und weißen Rändern, meist mit deutlichem V auf dem Mantel. Rostbraune Ränder der Schulterfedern kontrastieren mit braungrauem Gesamteindruck der Flügeldecken, die dagegen bei jungen Wiesenstrandläufern ebenfalls rostfarbene Ränder aufweisen. Dunkle Schäfte der Armdecken unterbrechen die weißlichen Ränder an den Federspitzen, während junge Wiesenstrandläufer hier geschlossene, verwaschen bräunliche Säume zeigen. Gesamteindruck im Prachtkleid ähnlich Zwergstrandläufer. Stimme ähnlich Sichelstrandläufer, laut und melodisch "tjürrl"oder "kürrit", klarer, vokaler als Wiesen-, tiefer als Temminckstrandläufer.

Wiesenstrandläufer
Calidris minutilla - Least Sandpiper   L 11-12 cm, S 26-29 cm - A

Sehr seltener Gast aus Nordamerika. Kleinster Strandläufer, sichtbar kleiner als Zwergstrandläufer, wirkt oft rundlich, kurzbeinig und geduckt, mit kurzem Hals und kantigem Kopf (steile Stirn), bewegt sich etwas ruckartig. Beine hell gelbgrau bis gelbgrün. Der ganz dunkle, gleichmäßig dünne, feinspitzige Schnabel wirkt durch seine konkave Unterkante etwas gebogen. Handschwingenprojektion im Gegensatz zum Langzehen-Strandläufer minimal oder fehlend. Wirkt insgesamt dunkler braun als die schwarzbeinigen Arten, mit durch dominierenden dunklen Zügelstreif hervorgerufenem "mongolischem" Gesichtsausdruck. Helle Ohrdecken mit dunklem Fleck am hinteren Rand. Jungvögel mit rostbraunen Säumen auf Flügeldecken und Mantel und meist dünnem, beigem V auf dem Mantel. Brust oft braunbeige und durchgehend gestrichelt, an den Seiten gröber gefleckt. Im Prachtkleid variabler, in der Farbintensität dem Langzehen-Strandläufer nahekommend. Manche Individuen mit heller Zeichnung in dunklen Zentren der Schirmfedern und Großen Armdecken (nie bei Langzehen-Strandläufer). Im Schlichtkleid deutlich dunkler, mehr graubraun als Zwergstrandläufer, mit dunklen Schatten an den Schaftbasen der Mantelfedern. "Himmelt" aufgescheucht wie Temminckstrandläufer. Ruft klingelnd "chrrip" oder "prriip", tiefer und langgezogener als Temminck-, dünner und länger als Langzehen-Strandläufer, auffliegend auch kürzer "kliip" oder "tjüip".

Weißbürzel-Strandläufer

Weißbürzel-Strandläufer
Calidris fuscicollis - White-rumped Sandpiper   L 15-17 cm, S 36-38 cm - A
Aus dem arktischen Nordamerika stammende Ausnahmeerscheinung. Groß wie sehr kleiner Alpenstrandläufer, Beine relativ kurz, Körper sehr langgestreckt mit den Schwanz deutlich überragenden Flügeln und großer Handschwingenprojektion. Schnabel leicht gebogen, Unterschnabelbasis gelblich. Kennzeichnende weiße Oberschwanzdecken (Bürzel dunkel!), schmaler Flügelstreif. Scheitel-, Mantel- und Schulterfedern im Jugendkleid mit rostroten Rändern, auf Mantel und Schultern undeutliches weißes V, weißlicher Überaugenstreif. Prachtkleid ähnlich, aber mit matteren Farben, Brust dicht gestrichelt, Flanken meist mit pfeilförmiger Fleckung. Schlichtkleid oberseits düster grau, wird bereits im August/September angelegt. Charakteristischer Ruf langgezogen, sehr hoch zirpend "tziiht", klingt elektronisch.

Bairdstrandläufer
Calidris bairdii - Baird's Sandpiper   L 14-16 cm, S 36-40 cm - A
Brütet im arktischen Nordamerika und östlichsten Sibirien, in Europa Ausnahmeerscheinung. Stehend ähnlich Weißbürzel-Strandläufer, aber mit geraderem und ganz schwarzem Schnabel und durch noch längere Flügel extrem langgestreckt wirkend. Kurze Beine und oft waagerechte Körperhaltung. Auch im Flug auffallend langflügelig, mit nur schwachem Flügelstreif, Bürzel und Oberschwanzdecken ausgedehnt dunkel. Jungvogel wirkt aus der Entfernung einheitlich graubeige mit durch weißliche Federränder geschuppter Oberseite und schwacher Bruststrichelung auf beige- bis ockergelbem Grund. Besonderer Gesichtsausdruck geprägt durch Form des Überaugenstreifs mit hellem Fleck über dem Zügel und hellen Augenring. Kann stehend mit blassem Sanderling im Prachtkleid und Sandstrandläufer verwechselt werden. Flugruf rollend "krrry", tiefer und weniger klingelnd als Sichelstrandläufer.

Bindenstrandläufer
Micropalama himantopus - Stilt Sandpiper   L 18-23 cm, S 38-41 cm
Ausnahmeerscheinung aus dem arktischen Nordamerika. Wirkt durch aufrechte Haltung, lange, grünliche Beine, langen Hals und langen, an der Spitze geschwollenen und schwach gekrümmten Schnabel wasserläuferähnlich. Watet bei der Nahrungssuche bis zum Bauch im Wasser und stochert mit bekassinenartigen Bewegungen. Im frischen Jugendkleid mit Mantel- und oberen Schulterfedern rostfarbene Federränder, die schnell zu hellerem Graugelb ausbleichen. Mausert zeitig graue Schlichtkleidfedern, meist im September. Im Jugend- und Schlichtkleid mit grauer Strichelung von Brust, Flanken und Steißseiten. Prachtkleid durch kräftige Bänderung der gesamten Unterseite und rostrote Färbung von Scheitel und Wangen unverkennbar. Im Flug ragen die Zehen mindestens 2 cm über die Schwanzspitze, Flügelbinde schwach angedeutet, Schwanz grau, Oberschwanzdecken und unterer Bürzel kennzeichnend weiß, doch im Prachtkleid mit dunklen Binden durchsetzt. Meist still, ruft manchmal etwas rauh "kchiüp".

Graubrust-Strandläufer   Spitzschwanz-Strandläufer

Graubrust-Strandläufer
Calidris melanotos - Pectoral Sandpiper   L 19-23 cm, S 38-45 cm - G
Ein zwar selten, aber regelmäßig aus Nordamerika und Ostsibirien erscheinender Gast. Auffallend größer als Alpenstrandläufer, Männchen ungefähr 10% größer als Weibchen. Kräftiger Körper mit relativ langem Hals und kleinem Kopf, Beine und Schnabelbasis grünbeige bis schlammfarben. Hals und Brust intensiv dunkel gestrichelt, scharf vom schmutzigweißen Bauch abgesetzt. Im Prachtkleid oberseits dunkel mit rotbraunen Federrändern und schwachem Mantel-V, Brust des Männchens stark gefleckt. Jungvogel aus der Entfernung dunkler als Alpenstrandläufer, Oberseite etwas bekassinenartig längs gestreift, Grundton variabel, manchmal braungelb oder fast rostorange. Im Schlichtkleid oberseits graubraun, mit schwarzbraunen Federzentren grob gemustert. Im Flug insgesamt dunkel, schmale helle Flügelbinde. Ruft rollend "tchrryk", ähnlich Sichelstrandläufer, aber tiefer und hölzern. Rastet vor allem an schlammigen und grasbewachsenen Ufern.

Spitzschwanz-Strandläufer
Calidris acuminata - Sharp-tailed Sandpiper   L 17-20 cm, S 38-43 cm
Brütet in der ostsibirischen Tundra und ist in Europa eine Ausnahmeerscheinung. Ähnelt dem Graubrust-Strandläufer sehr, ist aber hochbeiniger und kurzschnäbliger, zeigt keine scharfe Färbungsgrenze zwischen Brust und Bauch, einen auffallenden weißlichen Überaugenstreif und eine wie eine Kappe wirkende rostbraune Kopfplatte. Im Prachtkleid durch dichte, pfeilförmige Unterseitenfleckung gekennzeichnet. Macht im Jugendkleid einen reineren Eindruck als Graubrust-Strandläufer, Brust orangegelb getönt mit nur schwacher Strichelung am Hals und auf den Brustseiten. Stimme deutlich anders als Graubrust-Strandläufer, heller und mehr vokal "piepp" und rauchschwalbenartig zwitschernd "trrri" oder "tri-trripp". Eher ein Binnenlandvogel, der am liebsten am Ufer von grasbewachsenen Süßgewässern rastet.

Grasläufer
Tryngites subruficollis - Buff-breasted Sandpiper   L 18-20 cm, S 43-47 cm - A
Sehr seltener Gast aus dem arktischen Nordamerika und nordöstlichsten Sibirien. Wirkt durch den runden Kopf und den kurzen, geraden Schnabel regenpfeiferartig. Altvogel wie Jungvogel gefärbt, doch Mantelfedern mit breiter ockerfarbenen Rändern und ganz schwarzbraunen Zentren, ockergelbe Bauchfärbung intensiver. Kann mit juvenilem Kampfläuferweibchen verwechselt werden, hat aber kürzeren, feineren Schnabel, gelblichere Beine, helleres Gesicht mit weißem Lidring und schwarze Punkte auf den Brustseiten. Im Flug ohne deutliche Abzeichen auf der Oberseite, Unterflügel weiß mit schwarzem Halbmond auf Großen Unterhanddecken. Meist still, ruft auffliegend manchmal tief und weich "gök" oder "prrt". Rastet gern auf kurzrasigen Wiesen, wenig scheu.

Prärieläufer
Bartramia longicauda - Upland Sandpiper   L 28-32 cm, S 47-52 cm - A
Brutvogel der nordamerikanischen Prärie, ausnahmsweise in Westeuropa. Schwanz und brachvogelähnlicher Hals sehr lang, Kopf relativ klein, Schnabel dünn und gerade, Beine gelblich. Läuft regenpfeiferartig und schnell auf kurzrasigen Flächen. Im Flug langflügelig und -schwänzig, mit auffallend schwärzlichem Bürzel und dunklen Schwungfedern. Ruf auffliegend oft laut und melodisch "küip-ip-ip-ep" oder "küi-lip". *Abb. S. 238*

Balz

Kampfläufer
Philomachus pugnax - Ruff   L ♂ 26-32 cm, ♀ 20-25 cm, S 46-58 cm - BZ
Eine eigenartige und charakteristische Limikole. Die erheblich größeren Männchen tragen im Mai/Juni Gesichtswarzen, aufsehenerregende Kopfbüschel, Kragen und andere bunte Federn in allen Variationen von Weiß über Rostbraun bis Schwarz. Die Krausen bilden sich im April und fallen schon im Juni wieder aus. Auch bei den Weibchen variiert der Anteil schwarzer Federn auf Mantel, Brust und Bauch im Prachtkleid erheblich, oft zeigen sie eine Flankenbänderung. Die Beinfarbe ändert sich weitgehend altersabhängig von schlammbraun, olivgrau, gelb bis zu rotorange. Jungvögel (Abb. S.231) zeigen oberseits ein durch helle Federränder erzeugtes Schuppenmuster und variieren im Farbton zwischen gelbgrau und braunrot. Das Schlichtkleid ähnelt dem Jugendkleid, ist aber fahler grau, zeigt oft einen deutlichen schmutzig weißen Fleck um die Schnabelwurzel und eine weißliche Unterseite. Durch seine in allen Kleidern große Variabilität kann der Kampfläufer an die verschiedensten anderen Limikolen erinnern! Flug etwas taubenartig schneidend, mit schmaler weißer Flügelbinde und großen, weißen Ovalen auf den Schwanz- und Bürzelseiten. Schweigsam, im Flug hört man manchmal ein tiefes "üäk", speziell von Weibchen mit Jungen. Brütet im Norden in Seggenmooren, im Süden an flachen Ufern, rastet während des Zuges an schlammigen See- und Meeresufern und auf feuchten Wiesen, auch auf Feldern und gepflügten Äckern. Zieht im Juli-September (Oktober) nach Süden, ab August werden im mitteleuropäischen Binnenland fast nur Jungvögel in großer Zahl gesehen; Heimzug ab März/April. Männchen versammeln sich im Frühling in Balzarenen, wo sie mit aufgestellten Schmuckfedern Scheinturniere ausfechten.

Großer Brachvogel
Numenius arquata - Curlew L 50-60 cm, S 80-100 cm - BZW
Eine sehr große Limikole und in Europa der am häufigsten zu sehende Brachvogel. Das Weibchen ist größer als das Männchen und hat einen längeren Schnabel. Sämtliche Kleider ähneln einander sehr, das frische Gefieder im Frühjahr ist aber in unterschiedlichem Ausmaß kräftig ockergelb getönt. Jungvögel haben während des Wegzugs noch einen deutlich kürzeren Schnabel. Im Winter zeigt die Unterschnabelbasis häufig einen rosa Ton. Am ehesten mit dem Regenbrachvogel (s. unten) zu verwechseln, ist aber größer, hat längeren und gleichmäßig gebogenen Schnabel und andere Kopfzeichnung. In vielen Gebieten Abnahme durch Trockenlegung von Mooren und Feuchtwiesen. Balzt im Frühling mit melodischem Flöten, sich beschleunigend und in einen brodelnden Triller übergehend. Fliegende Vögel flöten wehmütig "kur-li" oder "kluitt". Kehrt ab März zurück, Weibchen verlassen Brutplätze oft bereits im Juni und überlassen den Männchen die Aufzucht der Jungen. Wegzug den ganzen Sommer über bis in den Spätherbst, kleine Gruppen bleiben bis in den Winter. Überwintert und rastet gern an flachen Stränden und im Watt, im Binnenland auf Feldern und Feuchtwiesen.

Dünnschnabel-Brachvogel
Numenius tenuirostris - Slender-billed Curlew L 36-41 cm, S 72-82 cm - A
Deutlich kleiner als der Große Brachvogel, mit weißlicherer Grundfarbe und kürzerem und zur dünnen Spitze hin deutlich schmaler werdendem Schnabel. Altvögel haben auf den Flanken runde Flecken (Jungvögel Strichel). Im Flug sind die inneren Handschwingen und die Armschwingen heller und gröber gebändert, im scharfen Kontrast zu den schwarzbraunen äußeren Handschwingen, Unterflügel und Achseln sind weißer und weniger gemustert (östliche Brachvögel der zentralsibirischen Unterart *orientalis* haben jedoch weißlichere Unterflügel als europäische). Schwanz zeigt mehr Weiß mit weniger und dunkleren Bändern, Bürzel ungezeichnet. Schweigsam, Flugruf ähnlich Großem Brachvogel "kur-li", aber weicher, heller und schneller. Brütet im mittleren Sibirien (derzeit kein Brutplatz bekannt), zog im vorigen Jahrhundert noch häufig nach Nordafrika und ist heute fast ausgerottet. Seit vielen Jahren praktisch keine europäischen Nachweise mehr, nur noch drei Vögel im Winter in Marokko.

Regenbrachvogel
Numenius phaeopus - Whimbrel L 40-46 cm, S 71-81 cm - Z
Kleiner, kurzbeiniger, dunkler und verschwommener gezeichnet als der Große Brachvogel. Der kürzere Schnabel wirkt stumpfer und erinnert durch eine deutliche Krümmung vor der Spitze an eine Hakennase. Ein dunkler Scheitel mit hellem Scheitelstreif betont die deutlichen Überaugenstreifen. Im Flug viel kleiner, mehr wie Pfuhlschnepfe, und mit schnelleren Flügelschlägen als Großer Brachvogel. Häufigster Flugruf ein etwas hackender oder lachender Triller, "pü hü hü hü hü hü", mechanischer und weniger flötend als Großer Brachvogel (ähnlich Kuckucksweibchen). Balzgesang beginnt wie beim Großen Brachvogel, endet aber mit charakteristischem Lachen. Brütet in der Tundra, auf Bergheiden, in Mooren und anderen Feuchtgebieten Skandinaviens. Rastet während des Zuges oft in trockenem, heideartigem Gelände und im Watt. Zieht im April/Mai und Juli-September meist ohne Rast durchs mitteleuropäische Binnenland an die westafrikanische Küste.

Großer Brachvogel Dünnschnabel-Brachvogel Regenbrachvogel

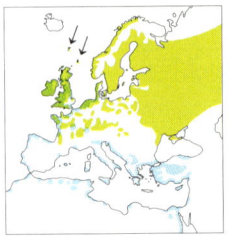

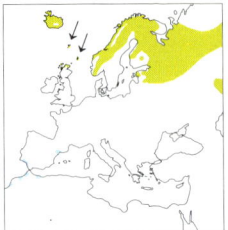

Pfuhlschnepfe
♀ SK

Uferschnepfe
Limosa limosa - Black-tailed Godwit   L 36-44 cm, S 62-70 cm - BZ
Eine auffallend langbeinige und schlanke Limikole mit langem, geradem Schnabel. Im Prachtkleid variiert der Anteil ziegelroter Federn, einzelne Weibchen sind überwiegend grau. Die auf Island, den Lofoten und Shetland-Inseln vorkommende Unterart *islandica* ist auch auf dem Bauch intensiver rostrot und hat einen kürzeren Schnabel. Im Schlichtkleid einfarbig grau, Schnabelbasis rosa. Jungvögel im Farbton ziemlich variabel, typischerweise auf Hals und Oberseite ockerfarben. Im Flug weißer Flügelstreif und weißer Schwanz mit schwarzer Endbinde eindeutige Kennzeichen. Am Brutplatz laut, mit nasalen, oft in Reihen wiederholten Rufen, z.B. vibrierend "keü we we wü" oder "kewäckü", mehr langgezogen "krrreeüü", sehr beunruhigt hastige "ki-wi-wi-wi". Balzflüge in großer Höhe mit eigenartig gaukelndem Flug, ruft dabei "kevee'ü-kevee'ü ..." oder "grita grita ...". Kontaktruf im Flug nasales und etwas metallisch "äp äp". Brütet in Feuchtgebieten, im Winter und auf dem Zug an flachen Ufern und auf überschwemmten Wiesen. Kommt im März/April, zieht zeitig im Juli/August.

Pfuhlschnepfe
Limosa lapponica - Bar-tailed Godwit   L 33-42 cm, S 61-68 cm - ZW
Kurzbeiniger und robuster als die Uferschnepfe, mit kürzerem, deutlicher aufgeworfenem Schnabel und ohne deren kontrastreiches Flügel- und Schwanzmuster, dafür mit weißem Rückenkeil. Im Prachtkleid ist das deutlich kleinere Männchen intensiv ziegelrot, das Weibchen beige oder schwach rostfarben. Im Schlichtkleid graubeige, oberseits und auf der Brust mit dunklen Schaftstrichen. Jungvögel beige mit an Brachvogel erinnerndem Muster der Oberseite, aber ungezeichneter Brust und oft dunklem Schatten am Schnabelansatz. Flugruf nasal und knuttartig, "ke-veü", manchmal etwas langgezogen "kü-veähk" oder dreisilbig "keü-vö-vö", bei der Balz wiederholt. Warnt scharf "kevick". Brütet in der Tundra und in Mooren der nördlichsten Taiga. Gen Süden ziehende Vögel werden vor allem im Juli/August, Jungvögel im August-Oktober gesehen. Heimzug ab März, Höhepunkt erst im Mai. In geringerer Zahl auch im Winter im Wattenmeer. Erscheint hauptsächlich an westeuropäischen Küsten, nur vereinzelt im Binnenland.

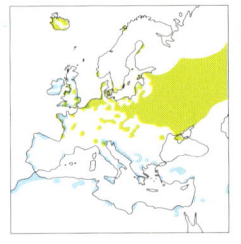

Uferschnepfe

Pfuhlschnepfe

Uferschnepfe

Pfuhlschnepfe

Rotschenkel Dunkler Wasserläufer juv.

Rotschenkel
Tringa totanus - Redshank L 27-29 cm, S 45-52 cm - BZW
Im Prachtkleid eine graubraune und dunkel gesprenkelte Limikole mit leuchtend orangeroten Beinen und orangeroter Schnabelbasis. Die dunkle Fleckung ist variabel und scheint bei nördlichen Populationen stärker zu sein. Im Schlichtkleid oberseits fast einfarbig grau. Unterscheidet sich im Jugendkleid vom juvenilen Dunklen Wasserläufer durch mehr braun und beige getöntes Gefieder, weißlicheren und weniger gezeichneten Bauch und kürzeren Schnabel ohne auffallendes Rot an der Basis. Im Flug mit kennzeichnendem weißem Flügelhinterrand. Am Brutplatz sehr wachsam und unruhig, warnt hartnäckig hämmernd "kly-kly-kly...". Flugruf oft zweisilbig "tjü-hü", manchmal "tjü-hü-hü". Balzflug in auf- und abführender Flugbahn mit vibrierenden, schnellen und flachen Flügelschlägen, ruft dabei langsam "tjüh, tjüh, tjüh...". Brütet in Deutschland vorwiegend im Küstenbereich, lokal auch tief im Binnenland in Marschen, Weiden und Feuchtgebieten. Rastet und überwintert an Schlammflächen und seichten Uferzonen aller Art. Kehrt ab März an die Brutplätze zurück (überwintert vereinzelt in Deutschland), zieht überwiegend im Juli/August ab.

Dunkler Wasserläufer
Tringa erythropus - Spotted Redshank L 29-32 cm, S 48-52 cm - Z
Im Prachtkleid warm rußschwarz mit schwarzen Beinen, Weibchen häufig mit mehr weißen Federrändern auf dem Bauch. Im Sommer des zweiten Kalenderjahres mit intensiv dunkel gebänderter Unterseite und dunklen Punkten auf Hals und Oberseite unvollständig ausgefärbt (wird nie in Skandinavien gesehen). Weibchen ziehen bereits in der zweiten Juniwoche ab, Männchen später, haben aber meist im Juli mit der Mauser begonnen und sehen hell gescheckt aus. Schlichtkleid oberseits grau, unterseits weißlich mit verwaschen grauer Brust. Jungvögel haben orangerote Beine (manchmal ockerfarben), die sie lediglich mit Rotschenkeln und adulten Kampfläufern teilen. Im Vergleich zum juvenilen Rotschenkel kälter braungrau und mit einer Maserung über dem gesamten Bauch. Schnabel auffallend lang und schmal, endet mit einer kleinen, aber oft deutlichen Abwärtskrümmung. Wirkt im schnellen, geraden und zielbewußten Flug kompakt und spulenförmig, zieht die Beine im Streckenflug oft ein, was den kompakten Eindruck verstärkt. Der weiße Bürzel zieht sich in einem Oval weit auf den Rücken. Ruft im Flug charakteristisch "tjü-it", sehr voll und kräftig pfeifend. Kontaktruf in Schwärmen kurz "kyck". Balzt am Brutplatz um Mitternacht mit wiederholtem "Krrryh-i-krrryh-i...", mit seltsam schwirrendem Klang, ähnlich Sumpfläufer. Brütet im Norden Europas in Mooren, überwintert in Europa vor allem im Mittelmeerraum, der Großteil zieht jedoch ins tropische Afrika. Rastet an schlammigen Küsten, im Binnenland auf Schlammflächen und flachen Teichen.

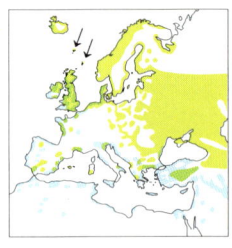

Rotschenkel

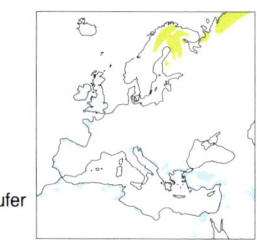

Dunkler Wasserläufer

Prachtkleider

Grünschenkel Teichwasserläufer Bruchwasserläufer

Grünschenkel
Tringa nebularia - Greenshank L 30-35 cm, S 53-60 cm - Z

Der größte Wasserläufer, hochgewachsen und kraftvoll und mit schwach aufgeworfenem Schnabel. Im Prachtkleid auf dem grauen Rücken nachlässig angeordnete schwarze Längsbänder, auf Brust und Flanken schwarze Pfeilspitzen und Punkte. Jungvögel tragen oberseits spitzere, dunkle Federn mit hellen Kanten, die ein etwas streifiges, wie feucht gekämmt wirkendes Muster bilden; oft zieht sich ein schmaler, hellerer Streifen von ihren Brustseiten die halbe Halsseite hinauf, der Altvögeln immer fehlt und, da aus größerer Entfernung noch erstaunlich auffällig, ein gutes Alterskennzeichen darstellt. Im Schlichtkleid oben heller grau mit schwacher Musterung und vor dem Auge endendem dunklem Zügel. Im Flug mit weit auf den Rücken reichendem weißen Keil (fehlt Bruchwasserläufer) und hellerem Schwanz als Dunkler Wasserläufer. Beine grüngrau. Flugruf saugend, deutlich artikuliert, dreisilbig flötend "tjü-tjü-tjü", manchmal jammernder und krächzend "krüipp-krüipp-krüipp". Balz in großer Höhe mit starkem, taktfestem, manchmal fast seetaucherartigem "Klüvy-klüvy-klüvy...", warnt rotschenkelartig "kjü kjü kjü...". Jagt gern im Flachwasser schnell rennend und mit ruckartigen Bewegungen nach kleinen Fischen. Brütet auf Mooren und Feuchtwiesen innerhalb der nordeuropäischen Nadelwaldregion. Zieht im Juli (Altvögel) und August-Oktober (Jungvögel) und tritt häufig auch auf binnenländischen Schlammflächen und überschwemmten Wiesen auf; Heimzug im April/Mai.

Bruchwasserläufer
Tringa glareola - Wood Sandpiper L 19-21 cm, S 36-40 cm - bZ

Langbeiniger und graziler als Flußufer- und Waldwasserläufer, deutlich kleiner als Grünschenkel. Im Prachtkleid oberseits umbrabraun mit schmutzig weißen Flecken, bei abgenutztem Gefieder aus der Entfernung oft braun wirkend. Jungvögel sind an den regelmäßig angeordneten, gelbbraunen bis schmutzig weißen Flecken auf dem Mantel zu erkennen. Beine bräunlich bis grünlich. Unterscheidet sich im Flug vom Waldwasserläufer durch hellere Unterflügel, schmalere Flügel, sich weniger kontrastreich abhebende Schwanzzeichnung und Stimme. Ruft im Flug behaglich pfeifend "jiff-jiff" oder "giff-giff-giff", das bei Unruhe scharf und temperamentvoll schneidend werden kann. Balz schnell jodelnd "lyllti-lyllti-lyllti ...". Brütet in Mooren und Sümpfen Nordeuropas. Während des Wegzuges von Juli-August (September) am Meer und im Binnenland häufig, Heimzug April/Mai. Nachtzieher.

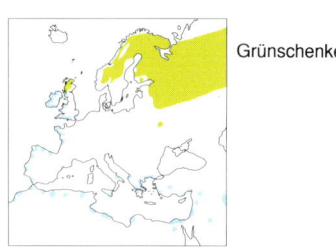

Grünschenkel

Bruchwasserläufer

Grünschenkel SK PK juv.

Bruchwasserläufer juv. PK

Bruchwasserläufer   Waldwasserläufer   Flußuferläufer

Flußuferläufer
Actitis hypoleucos - Common Sandpiper   L 19-21 cm, S 32-35 cm - BZ
Eine kurzbeinige und langschwänzige Limikole, steht gerne geduckt auf Steinen im Wasser und wippt mit dem Hinterkörper. Oberseits graubraun, unterseits weiß mit weißem Keil zwischen verwaschen bräunlichen Brustseitenflecken und Flügelbug. Im Jugendkleid (Abb. S. 249) mit heller Querbänderung der Armdecken und abwechselnd hell und dunkel gefleckten Rändern der Schirmfedern. Schlichtkleid wie Jugendkleid, Schirmfedern aber mit dunkler Querbänderung. Fliegt oft dicht über dem Wasser, wobei der lange Schwanz und die deutlichen weißen Flügelstreifen kennzeichnend sind. Flügelschlag vibrierend schnell, unterbrochen durch kurze Gleitstrecken auf steif abwärts gewinkelten Flügeln. Ruft charakteristisch hoch "hii-dii-dii". Balzt mit hellem, nadelspitzem "Pipitividih-pipitivi-vi'dih...", warnt durchdringend und beharrlich "hiip". Brütet in Mitteleuropa selten an steinigen Flüssen. Zur Zugzeit (April/Mai, Juli-September) häufig und an vielen Binnengewässern oft die einzige Limikole, überwintert auch regelmäßig in geringer Zahl.

Waldwasserläufer
Tringa ochropus - Green Sandpiper   L 21-24 cm, S 41-46 cm - BZW
Ein dunkelrückiger, nervöser und sehr zurückgezogener Wasserläufer, den man häufig erst entdeckt, wenn man ihn aufscheucht. Im Flug mit schwärzlichen, breiten Flügeln, dunklen Unterflügeln und kontrastierend leuchtend weißem Bürzel und Bauch, Flügelbewegungen schneidend und etwas bekassinenartig. Kann stehend mit Bruchwasserläufer verwechselt werden, ist aber robuster, hat kürzere Beine und deutlichen Kontrast zwischen dunklerer Oberseite und weißem Bauch. Vom Flußuferläufer auch durch dunklere Brust und fehlenden weißen Keil vor Flügelbug unterschieden. Wippt mit dem Hinterkörper. Brütet in alten Drosselnestern in feuchten Wäldern, rastet während des Zuges allein oder in kleinen Gruppen an Gräben, Tümpeln und anderen vegetationsreichen Binnengewässern. Ruft jodelnd "tüi't-vitt-vitt", auffliegend manchmal auch wiederholt hart "pick". Balzt im selben Ton, ein Strom jodelnder, klingelnder "Tlü'itiht-tlüitiht...", verwoben mit z.B. "tittü'i-tittü'i...". Warnt am Nest hämmernd "pick-pick-pick". Weibchen ziehen bereits im Juni ab, Männchen etwas später, Jungvögel im Juli-September. Überwintert regelmäßig in Mitteleuropa, Heimzug ab Ende März.

Einsamer Wasserläufer
Tringa solitaria - Solitary Sandpiper   L 18-21 cm, S 38-44 cm
Dem Waldwasserläufer sehr ähnliche nordamerikanische Ausnahmeerscheinung. Im Flug dunkles Längsband über Bürzel und Schwanz kennzeichnend. Flügel überragen Schwanz im Stehen deutlich. Verhalten und Stimme ähnlich Waldwasserläufer, ruft aber öfter zwei- als dreisilbig und mehr gleichbleibend "tjiik-tjiik" oder "piit-piit-piit".

Flußuferläufer

Waldwasserläufer

PK

Terekwasserläufer

Xenus cinereus - Terek Sandpiper   L 22-25 cm, S 38-42 cm - A

Etwa so groß wie Waldwasserläufer, in Haltung und Flugweise an Flußuferläufer erinnernd, wippt auch mit dem Hinterkörper. Leicht zu erkennen an langem, aufgeworfenem Schnabel, kurzen grau- bis orangegelben Beinen, steiler Stirn, dem recht farblosen Gefieder mit blaß braungrauer Oberseite und von den Schulterfedern gebildetem schwarzem V und manchmal sichtbarem dunklem Flügelbug. Im Flug ist der an einen Rotschenkel erinnernde weißliche Hinterrand von Arm- und innerem Handflügel auffallend. Jugendkleid ähnlich Prachtkleid, aber Oberseite brauner, schwärzliche obere Schulterfedern weniger deutlich, untere Schulterfedern und Flügeldecken mit rostgelbem Saum und von Schaftstrichen und Subterminalbinden gebildeter dunkler Ankerzeichnung. Schlichtkleid insgesamt grauer. Ruft weich und melodisch "dü-dü-djü", auffliegend auch etwas schneidend und rollend "tryrrryt" oder "kyrr-ryrrryt". Bei der Balz mit flachen, vibrierenden Flügelschlägen langsam und wiederholt tief "klüivü" oder "krrüivü". Kommt am liebsten an schlammigen Fluß- und Seeufern vor. Zieht überwiegend nach Südosten, in Mitteleuropa sehr selten im Mai und Juli-September.

Teichwasserläufer

Tringa stagnatilis - Marsh Sandpiper   L 22-25 cm, S 39-44 cm - Z

Etwas größer als Bruchwasserläufer, auffallend hochbeinig und grazil, mit langem, feinem, dunklem Schnabel. Im Prachtkleid oberseits bräunlich grau mit dunklen Federzentren, Hals und Brust deutlich gestreift und gepunktet. Schlichtkleid (ab August) oberseits fast einfarbig hell grau mit dunklerem Flügelbug. Jungvögel ähnlich juvenilen Grünschenkeln gemustert, im Grundton aber brauner, Stirn und langer Überaugenstreif weiß, Unterseite kaum gestrichelt; Mauser ins erste Winterkleid schon im August. Flugbild ähnlich Grünschenkel, aber mehr Weiß im Schwanz, der von den Beinen weit überragt wird. Beine grüngrau, während der Brutzeit oft mehr gelblich. Flugruf kurz und hell flötend "kiu" oder "kiüv", auch doppelt, manchmal schnell "kiüpkiüpkiüp". Brütet an flachen, grasbewachsenen Süßgewässern in Steppen und der Taiga, zur Zeit nordwestwärts bis Finnland und Lettland expandierend. Zur Zugzeit an flachen Seen, Salinen und überschwemmten Wiesen, häufig im östlichen Mittelmeerraum, seltener, aber regelmäßig in geringer Zahl weiter westlich und in Mitteleuropa. Überwintert vor allem im tropischen Afrika; viele Beobachtungen in Südspanien deuten darauf hin, daß einige Vögel wahrscheinlich über das westliche Mittelmeer nach Westafrika ziehen. Heimzug im April/Mai, Wegzug Juli-September.

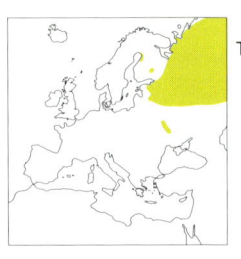

Terekwasserläufer

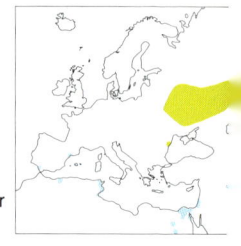

Teichwasserläufer

Terekwasserläufer

PK

juv.

Teichwasserläufer

PK

SK

juv.

Drosseluferläufer
Actitis macularia - Spotted Sandpiper L 18-20 cm, S 30-34 cm - A
Ausnahmsweise in Europa erscheinendes nordamerikanisches Gegenstück zum Flußuferläufer, diesem in Aussehen, Stimme und Verhalten sehr ähnlich. Im Prachtkleid (Abb. S. 245) durch schwarz gefleckte Unterseite und rötliche Beine unverkennbar. Im Jugendkleid im Vergleich zum juvenilen Flußuferläufer Mantel und Schulterfedern etwas gerundet und einfarbiger, Armdecken aber mit deutlicher Hell-Dunkel-Querbänderung, Schirmfedern nur an den Spitzen mit dem auffallenden Randmuster des Flußuferläufers, Brustseitenflecke kleiner, Beine gelblicher. Schwanzprojektion auffallend kürzer, Schnabel wirkt etwas kürzer mit schwach "tropfender" Spitze. Flügelstreif schwächer, reicht nicht bis zum Körper. Ruft öfter ein- oder zweisilbig, schärfer und auf einer Tonhöhe bleibend.

Kleiner Gelbschenkel
Tringa flavipes - Lesser Yellowlegs L 23-25 cm, S 45-51 cm - A
Aus Nordamerika erscheinen ausnahmsweise Kleiner (sehr selten) und Großer Gelbschenkel (extrem selten) in Europa. Beide haben leuchtend gelbe Beine und gerade abgeschnittenen weißen Bürzel, unterscheiden sich im Flug also von fast allen europäischen Wasserläufern durch fehlenden weißen Rückenkeil. Kleiner Gelbschenkel kann mit Bruchwasserläufer verwechselt werden, ist etwas größer, schlanker, hochbeiniger, langschnäbliger und hat längere, die Schwanzspitze weit überragende Flügel mit auffallend großer Handschwingenprojektion. Weißer Überaugenstreif und dunkler Zügelstreif reichen nur bis zum Auge. Schnabel schlank, gerade und dunkel. Im Prachtkleid braune Oberseite mit dunklen Flecken und weißlichen Punkten, unterseits wenig Flankenstrichelung. Im Schlicht- und Jugendkleid diffuse Bruststrichelung auf verwaschen graubräunlichem Grund. Armschwingen einfarbig dunkel. Schnabel gut kopflang, so lang wie unbefiederter Unterschenkelabschnitt, kürzer als Tarsus. Ruft "kiü" oder "kjy-kjy", manchmal auch gereiht und dann auf einer Tonhöhe bleibend.

Großer Gelbschenkel
Tringa melanoleuca - Greater Yellowlegs L 29-33 cm, S 55-63 cm
Gefieder ähnlich Kleinem Gelbschenkel (s. oben), aber Größe wie Grünschenkel, Schnabel kräftig, aufgeworfen, mit heller Basis, von etwa 1,5facher Kopflänge, länger als unbefiederter Unterschenkelabschnitt, etwa so lang wie Tarsus. Arm- und innere Handschwingen mit hellen Randflecken. Im Prachtkleid Flanken und oft gesamter Bauch dunkel gefleckt und quergebändert. Im Schlicht- und Jugendkleid deutliche Bruststrichelung auf weißem Grund. Stimme ähnlich Grünschenkel "kju-kju-kjo", etwas höher, schneller, letzte Silbe leicht abfallend.

Großer Schlammläufer
Limnodromus scolopaceus - Long-billed Dowitcher L 27-30 cm, S 42-47 cm - A
Sehr seltener nordamerikanischr Gast. Eine robuste, recht kurzbeinige Limikole mit langem, geradem, an der Spitze geschwollenem Schnabel, mit dem sie nähmaschinenartig stochert. Beine grünlich. Im Flug Armflügel-Hinterrand und Rückenkeil weiß. Weiße Binden in Schwanzmitte meist schmaler als schwarze. Unterseite im Prachtkleid rostbraun mit dunklen und hellen Flecken und Federrändern, Hals und Brust intensiver gestreift. Oberseite im Schlichtkleid einfarbig graubraun, graue, ungefleckte Brust scharf zum weißen Bauch abgesetzt. Jugendkleid (in Europa am häufigsten gesehen) ähnlich Schlichtkleid, Brust und Bauch aber verwaschen rötlichbeige, Federn der Oberseite einschließlich Schirmfedern düster braun mit schmalen, rostbraunen Rändern. Flugruf hoch, meist einsilbig "kiik", bei Alarm schneidend, sonst dünner, manchmal gereiht.

Kleiner Schlammläufer
Limnodromus griseus - Short-billed Dowitcher L 25-29 cm, S 41-46 cm - A
Geringfügig kleiner, kurzschnäbliger und in Europa noch seltener als der fast identische Verwandte. Stimme bestes Unterscheidungsmerkmal: weich, meist dreisilbig "kü-kü-kü" oder "tju-tju-tju", an Steinwälzer erinnernd. Weiße Schwanzbinden meist breiter als schwarze. Im Jugendkleid mit kennzeichnender Tigerstreifung auf Schulter- und besonders Schirmfedern, insgesamt rötlicher. Brust im Jugend- und Schlichtkleid gestrichelt.

Spießbekassine
Gallinago stenura - Pintail Snipe L 25-27 cm, S 44-47 cm
Ähnelt der Bekassine so sehr, daß stehende Vögel nur schwer zu unterscheiden sind, wirkt aber durch etwas kürzeren Schnabel und deutlich kürzeren, die Flügelspitzen kaum überragenden Schwanz etwas untersetzter. Untere Schulterfedern mit schmalerem hellem Außenrand, Oberseite erscheint angedeutet verwässert quergebändert, Mantel ohne auffallende Längsstreifung, heller Überaugenstreif an Schnabelbasis breiter als Zügelstreif. Im Flug recht einfach an stumpferen Flügeln ohne weißen Hinterrand, gleichmäßig dunkel gebänderten Unterflügeln, auffallendem hellem Feld auf Armdecken zu erkennen. "Himmelt" meist nicht, sondern landet nach kurzem Bogenflug wieder, ruft dabei unterdrückter als Bekassine heiser raspelnd kurz "etch" oder "cher". Balzt mit an Mauersegler erinnerndem, sehr hoch wimmerndem Triller. Lebensweise wie Bekassine. Brütet in Sibirien, erscheint gelegentlich im Mittleren Osten und überwintert auch in Arabien.

Waldschnepfe
Scolopax rusticola - Woodcock L 33-35 cm, S 55-65 cm - BJZ
Die Waldschnepfe ist deutlich größer und rundlicher als die *Gallinago*-Arten, hat einen langsameren Flügelschlag und ein schönes, rotbraunes Kleid. Sie ist vor allem durch ihre Balz bekannt, die man im Frühling in der Morgen- und Abenddämmerung hören kann, bei einer Zweitbrut bis tief in den Sommer hinein. Das Männchen fliegt dabei mit schnellen, ruckartigen Flügelschlägen Schneisen und Waldränder ab und läßt dabei eine Serie murrender "uorrt" hören, gefolgt von einem hohen, explosiven Quietschlaut, außerdem manchmal ein hastiges "äch-äch-äch". Im Wald aufgescheucht verschwindet sie im Zickzackflug zwischen den Bäumen. Die Flügelbewegungen sind etwas schlenkernd, im Auffliegen hört man ein klatschendes Flügelgeräusch. Jungvögel können bereits im Alter von zehn Tagen eine kurze Strecke davonfliegen. Brütet verbreitet in feuchten Wäldern, lebt von Würmern, Larven und Insekten, die sie mit dem Schnabel im Untergrund bohrend findet. Zieht im Oktober/November, kommt im März/April zurück, überwintert aber auch regelmäßig in Mitteleuropa.

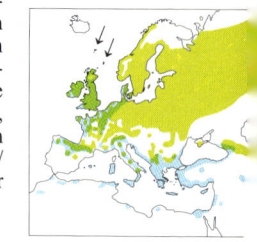

Doppelschnepfe
Gallinago media - Great Snipe   L 27-29 cm, S 42-46 cm - A

Etwas größer als Bekassine, mit rundlicherem Körper, etwas kürzerem Schnabel und längeren Beinen. Färbung ähnlich, aber doppelte weiße Flügelbinde auf den Armdecken, kontrastreiche Bänderung der Unterseite reicht weiter auf den Bauch, ist auf den Flanken ausgedehnter und schließt Schenkelbefiederung ein. Im Flug gedrungener und schwerfälliger als Bekassine (ca. 50 % schwerer), rundere Flügel, langsamerer Flug (eher an Waldschnepfe erinnernd). Flügel ohne weißen Hinterrand, aber mit von den weißen Spitzen der Großen und Mittleren Arm- und Handdecken gebildeter Doppelbinde, die die dunklen Großen Decken umrahmt, Unterflügel gleichmäßig eng dunkel gebändert. Mehr Weiß auf äußeren Steuerfedern. Fliegt spät (auf ca. 5 m) mit lautem Flügelgeräusch, aber sonst stumm (gelegentlich unterdrückt "ätch-ätch-ätch" rufend) meist recht geradlinig auf und landet bald etwas plötzlich "plumpsend". Brütet in Skandinavien selten und lokal an sumpfigen Berghängen und trockeneren Mooren mit Weiden, in Ostpolen in Feuchtwiesen und hat allgemein stark abgenommen. Männchen versammeln sich zur Gruppenbalz auf Grasbulten mit äußerst an- und abschwellendes Zirpen wie von klirrenden Eiszapfen, gefolgt von hölzernem Schnabelklappern, das in pfeifendes Wetzen einmündet. Zieht im August/September Richtung Südost, Heimzug April/Mai, rastet auf trockenerem Gelände als Bekassine, aber im westlichen Mitteleuropa sehr selten.

Bekassine
Gallinago gallinago - Common Snipe   L 25-27 cm, S 37-43 cm - BZW

Die häufigste Schnepfe, von anderen Limikolen leicht durch langen Schnabel und markante Kopfzeichnung zu unterscheiden. Nahrungssuche durch ruckartiges, mechanisches Stochern im Schlamm. Drückt sich bei Gefahr an den Boden, fliegt auf ca. 10-15 m wie hinauskatapultiert auf, ruft mehrfach streng "kätsch", wirft sich einige Male hin und her und steigt mit schneidenden Flügelschlägen in den Himmel. Läßt sich im Balzflug fallen, wobei Luftvibrationen an den äußersten Steuerfedern ein lautes Brummen erzeugen. Balzt auch laut und rhythmisch "tick-a, tick-a, tick-a ...", oft von einer erhöhten Warte. Häufig in Mooren, feuchtem Wiesengelände, während des Zuges auch auf Schlammflächen. Wegzug von Juli-Oktober, Heimzug März-Mai, gelegentlich überwinternd.

Zwergschnepfe
Lymnocryptes minimus - Jack Snipe   L 17-19 cm, S 30-36 cm - ZW

Sichtbar kleiner und kurzschnäbliger als die Bekassine. Fliegt oft erst direkt vor den Füßen des Beobachters stumm, flatternd, geradlinig und niedrig auf, landet bald wieder. Dabei fallen kurzer Schnabel, dreieckiges Kopfprofil, steifnackige und hochgerichtete Haltung sowie spitzer Schwanz (ohne Weiß) am kurzen, abgeschnitten wirkenden Hinterkörper auf. Stehend am schwarzbraunen, metallisch grün schimmernden Rücken mit breiten rahmgelben Bändern und fehlendem hellem Scheitelstreif zu erkennen. Brütet in nasser Mooren Nordost-Europas, meist innerhalb von Waldgebieten, in der Tundra wie oft in der Weidenregion. Balzflug wie Bekassine, Stimme dumpf "kock-ua-kock-ua-kock-uakock-ua...(kloppela)", wie ein entfernt galoppierendes Pferd. Kann dabei auch auf einer erhöhten Warte stehen. Rastet in feuchten Wiesen, nie ohne Schutz durch Gras oder andere Vegetation. Heimzug im April, Wegzug September-November, überwintert auch vereinzelt in Mitteleuropa.

Doppelschnepfe   Bekassine   Zwergschnepfe

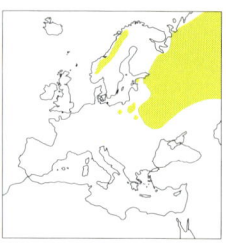
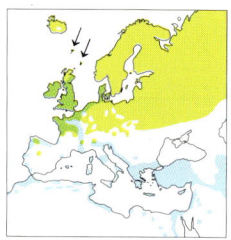
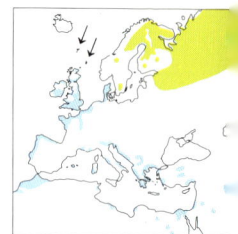

Wilsonwassertreter
Phalaropus tricolor - Wilson's Phalarope   L 22-24 cm, S 35-38 cm - A
Ausnahmeerscheinung nordamerikanischer Herkunft. Größer und langgestreckter als das Odinshühnchen, mit viel längerem Schnabel und im Jugend- und Schlichtkleid gelben Beinen (im Prachtkleid schwarz). Nahrungssuche nicht nur schwimmend, sondern häufig auch watend und laufend. Von den anderen Wassertretern im Flug sofort durch fehlenden Flügelstreif und ungeteilt weißen Bürzel unterschieden. Weibchen im schön gezeichneten Prachtkleid unverwechselbar, Männchen bedeutend kontrastärmer mit braunem Scheitel, Hinterhals und Mantel. Im Schlichtkleid gesamte Oberseite hell grau, Unterseite und Überaugenstreif weiß, Ohrdecken grau. Vögel im nur kurz getragenen Jugendkleid auf der Oberseite dunkelbraun mit gelbbraunen Federrändern, im ersten Winterkleid (Abb. S. 249) überwiegend grau. Sie können eher mit dem im Gefieder sehr ähnlichen Teichwasserläufer als mit den anderen Wassertretern verwechselt werden, unterscheiden sich aber durch kürzere, dickere, leuchtender gelbe Beine und fehlenden weißen Rückenkeil. Sehr schweigsam, ruft gelegentlich tief und nasal "wüt".

Thorshühnchen
Phalaropus fulicarius - Grey Phalarope   L 20-22 cm, S 37-40 cm - A
Eine hocharktische Limikole, außerhalb der Brutzeit auf dem offenen Meer. Schwimmt auf dem Wasser und pickt Kleintiere von der Oberfläche, unterscheidet sich in allen Kleidern durch den dickeren und stumpferen Schnabel vom Odinshühnchen. Im Prachtkleid unterseits ziegelrot mit schwarzweiß gezeichnetem Kopf, Männchen blasser, am Kopf oft hell gefleckt und mit mehr Schwarz an Schnabelspitze. Im Schlichtkleid ungezeichnet grauer Mantel, schwarze Augenmaske oft hinten schmal und gerade, Schnabel schwarz. Mantel im Jugendkleid (selten in Mitteleuropa) mit schwächerer V-Zeichnung als Odinshühnchen. Erstes Winter- wie Schlichtkleid, aber Schirmfedern schwarzbraun. Im Flug breiter weißer Flügelstreifen, grauer Bürzel, im Schlichtkleid hellere vordere Armdecken als Odinshühnchen, im Prachtkleid Kontrast zwischen dunklem Bauch und hellen Unterflügeln. Ruft hart und scharf "pick" oder "kitt", am Brutplatz auch "pick...tjörr". In Mitteleuropa seltener Gast, meist im Spätherbst nach Stürmen an der Küste, ausnahmsweise im Binnenland. Überwintert vor Westafrikas Küste.

Odinshühnchen
Phalaropus lobatus - Red-necked Phalarope   L 18-19 cm, S 31-34 cm - Z
Dreht sich schwimmend oft im Kreis, um Plankton und Mückenlarven aufzuwirbeln, die es rasch aufpickt. Hat im Gegensatz zum Thorshühnchen sehr dünnen und spitzen Schnabel. Männchen im Prachtkleid blasser als Weibchen. Im reinen Schlichtkleid (in Europa kaum zu sehen) graue Oberseite mit dunkleren Schaftstrichen und deutlicheren weißen Federrändern als Thorshühnchen, Maske oft hinten verbreitert und abwärts gebogen. Jungvögel oberseits mit rostgelben Längsbändern. Flug schnell und nervös, breiter weißer Flügelstreif. Flugruf kurz und spitz "kitt" oder "kirrik", auch am Brutplatz ständig geäußert, wenn mehrere Weibchen ein Männchen jagen. Brütet häufig auf Tümpeln in der Tundra und im Fjäll. Zieht vereinzelt durch Mitteleuropa, Altvögel im Mai und Juni/Juli, Jungvögel etwas häufiger im August/September. Überwintert hauptsächlich im Persischen Golf und Indischen Ozean.

Thorshühnchen

Odinshühnchen

Skua
Stercorarius skua - Great Skua　　　　　　　　L 53-66 cm, S 125-140 cm - ZW
Die größte Raubmöwe, im Vergleich zu den anderen Arten auffallend schwer, kurzschwänzig und breitflügelig, noch kompakter als Silbermöwe. Neben der Silhouette ist das sich vom düster braunen Gefieder ober- und unterseits leuchtend weiß abhebende Feld auf den Handschwingen bestes Kennzeichen. Bei Jungvögeln, die insgesamt dunkler als Adulte sind und helle Flecken an den Spitzen der Schulterfedern und Flügeldecken haben, fällt der weiße Halbmond oberseits oft weniger auf. Brütet lokal in schütteren Kolonien auf atlantischen Inseln. Am Nest sehr aggressiv. Warnt kurz und tief "tück, tück", ruft auch dunkel wimmernd "a-äch". Schmarotzt bei anderen Meeresvögeln, nimmt aber auch lebende Fische, Eier und Vögel. Einzelvögel erscheinen selten, aber regelmäßig an der deutschen Nordseeküste, besonders im Herbst, ausnahmsweise im Binnenland.

Spatelraubmöwe
Stercorarius pomarinus - Pomarine Skua　　　　　L 65-78 cm, S 113-125 cm - Z
Im Flug größer und schwerer als Schmarotzerraubmöwe, mit breiteren Flügeln, runderem Bauchprofil und kräftigerem Schnabel. Im Prachtkleid mit langen, breiten mittleren Steuerfedern, die an der Spitze gedreht sind und dick aussehen. Kommt in einer hellen und einer selteneren dunklen Morphe vor. Helle Vögel ähneln Schmarotzerraubmöwe, sind aber oberseits, auf dem Steiß und dem Brustband dunkler schwarzbraun. Brustband und Flanken bei Weibchen und jüngeren Vögeln oft quer gefleckt, bei älteren Vögeln aber gleichmäßiger schwarzbraun; viele Männchen haben einzig einen dunklen Keil auf den Brustseiten. Im Schlichtkleid Kopf und Brust braun meliert (manchmal auch Bauch) und mittlere Steuerfedern weniger verlängert (aber an schwarzen, ungezeichneten Unterflügeldecken als adult zu erkennen). Während des Wegzugs (Juli-November) sind Altvögel normalerweise noch im Prachtkleid, manchmal aber mit ausgefallenen mittleren Steuerfedern. Jungvögel sind juvenilen Schmarotzerraubmöwen äußerst ähnlich. Die Zeichnung ist variabel, die meisten Individuen wirken im Freiland einheitlich dunkelbraun mit heller Querbänderung auf Unterflügeln, Bürzel und Steiß, einem etwas helleren Nacken und unterseits einem hellen Feld an der Basis der Handschwingen. Bei mittlerer Entfernung ist auch ein weißer Halbmond auf den Unterhanddecken sichtbar, so daß ein arttypischer doppelter heller Fleck entsteht. Ganz ungezeichnet teerschwarze Exemplare (aber mit hellem Doppelfleck) kommen vor, genauso wie hellere mit beigegrauem Kopf und gleichfarbigen breiten Federrändern. Schnabel kräftiger als bei Schmarotzerraubmöwe, mit hell blaugrauer Basis und scharf abgesetzter dunkler Spitze. Typisch sind ferner eine verwaschene Quermaserung des Nackens, das Fehlen heller Handschwingenspitzen (bei einigen der hellsten Individuen aber vorhanden) und die fast unmerklich verlängerten, abgerundeten mittleren Steuerfedern. Zwischen erstem und drittem Sommer verschwindet die Bänderung des Jugendkleides langsam, bis im fünften Kalenderjahr das vollständige Prachtkleid gezeigt wird. Brütet in der Tundra, ernährt sich überwiegend von Lemmingen, daher von Jahr zu Jahr stark wechselnder Bruterfolg. Schmarotzt auch und ist dabei aggressiver, tötet z.B. auch Möwen. Jungvögel werden im Herbst später und seltener als Schmarotzerraubmöwen an der Küste gesehen, meist erst im Oktober/November. Ausnahmsweise im Binnenland. Heimzug vor allem im Mai.

Skua　　　　　　　Spatelraubmöwe　　　　　Schmarotzerraubmöwe

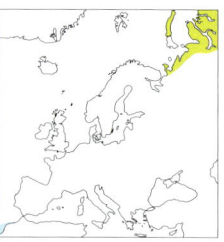

Schmarotzerraubmöwe
Stercorarius parasiticus - Arctic Skua   L 46-67 cm, S 97-115 cm - Z

Schmarotzt bei anderen Vögeln, indem sie ihnen in der Luft geschickt hinterherjagt, bis sie ihre Beute fallenlassen oder aus dem Kropf hervorwürgen. Möwen, Seeschwalben und Alke sind die häufigsten Opfer. Flug elegant, schnell und etwas falkenartig. Im Prachtkleid mit völlig dunklen Flügeln und stark verlängerten, spitzen mittleren Steuerfedern, kommt in einer hellen und einer dunklen Morphe vor, beide mit einer gewissen Variation und Zwischenformen. Helle Individuen sind weiter nördlich häufiger, an der Ostsee brütet vor allem die dunkle Morphe. Jungvögel variieren in der Farbe, die hellsten sind unterseits graubeige (meliert) und haben einen rahmfarbenen Kopf, die dunkelsten sind völlig teerschwarz. Typisch ist ein rostoranger oder zimtbrauner Ton im Nacken und auf den Federrändern (vgl. Falken- und Spatelraubmöwe). Wichtige Kennzeichen sind Längsstreifung von Kopf und Nacken und helle Handschwingenspitzen. Im Flug mit flacherem Bauch, schmaleren Flügeln und längeren, spitzeren mittleren Steuerfedern als Spatelraubmöwe. Achseln und Unterflügeldecken oft dunkel gebändert, Grundfarbe stimmt aber mit dem Rumpf überein, wodurch die Decken oft dunkler und weniger gemustert aussehen als bei der Spatelraubmöwe. Vögel mit dunklen, ungezeichneten Unterflügeldecken kommen vor. Alle Jungvögel haben ein deutliches helles Feld an der Basis der Handschwingen, die Großen Handdecken zeigen aber nie wie bei der Spatelraubmöwe einen zweiten hellen Fleck. Auf der Oberseite ist der Bürzel generell dunkler und weniger regelmäßig gemustert - eine Faustregel ist, daß der Bürzel aus der Entfernung nie heller leuchtet als der Nacken (bei Spatelraubmöwe umgekehrt). Hellste Individuen oberseits oft mit rostbeigem Fleck auf der Basis der Handschwingen, dazu bezeichnende helle Basis am gespreizten Schwanz. Ruft am Brutplatz langgezogen, etwas miauend "giah", der Dreizehenmöwe vergleichbar, und wiederholt kurz "kök". Brütet an vogelreichen Meeresküsten Nordeuropas, oft in lockeren Kolonien. Zieht an den Küsten vor allem im September/Oktober, kommt im April/Mai zurück und erscheint sehr selten im Binnenland.

Falkenraubmöwe
Stercorarius longicaudus - Long-tailed Skua   L 35-58 cm, S 92-105 cm - A

Kleinste Raubmöwe, schmalflügelig und langschwänzig, mit schlankem Körper, voller Brust, kleinem Kopf und kurzem, aber kräftigem Schnabel. Im Prachtkleid mit stark verlängerten mittleren Steuerfedern, heller Brust, die zum Bauch hin langsam dunkler wird, Mantel und Oberflügeldecken braungrau und zu den braunschwarzen Schwungfedern kontrastierend. Im Prachtkleid keine dunkle Morphe. Jungvögel sehr variabel, generell aber grauer als Schmarotzerraubmöwe und mit weiter herausragenden mittleren Steuerfedern mit stumpf gerundeten Spitzen. Die hellsten Individuen haben rahmfarbenen Kopf und weißen Bauch (juvenile Schmarotzerraubmöwen nie mit weißem Bauch), die dunkelsten sehen einfarbig dunkel braungrau aus, haben oberseits aber immer einige helle Federränder. Artkennzeichnend für das Jugendkleid sind schmale, gleichbreite hellere Federränder auf dem Mantel, eine Kombination von einheitlich getöner, ungemusterter Brust und quergemaserten Flanken und ein hellerer Fleck vom Bauch herauf bis zur Brust. Unterschwanzdecken und Unterflügel oft gleichmäßig schmutzig weiß und dunkelgrau gebändert, ohne die beige oder rostfarbene Tönung der Schmarotzerraubmöwe. Handschwingenspitzen relativ rund, normalerweise dunkel, manchmal aber mit schmaler, heller Borte. Nur die äußeren zwei oder drei Handschwingenschäfte weiß. Schnabel kurz, aber relativ hoch, innere Hälfte blaugrau, äußere schwarz, oft entlang der Schneidekanten ausgedehnt. Brütet im Hochfjäll und in der Tundra. Bruterfolg von der Häufigkeit der Lemminge abhängig, daher jahrweise stark schwankender Bestand. Seltener Durchzügler an der Küste, meist im September, ausnahmsweise im Binnenland.

257

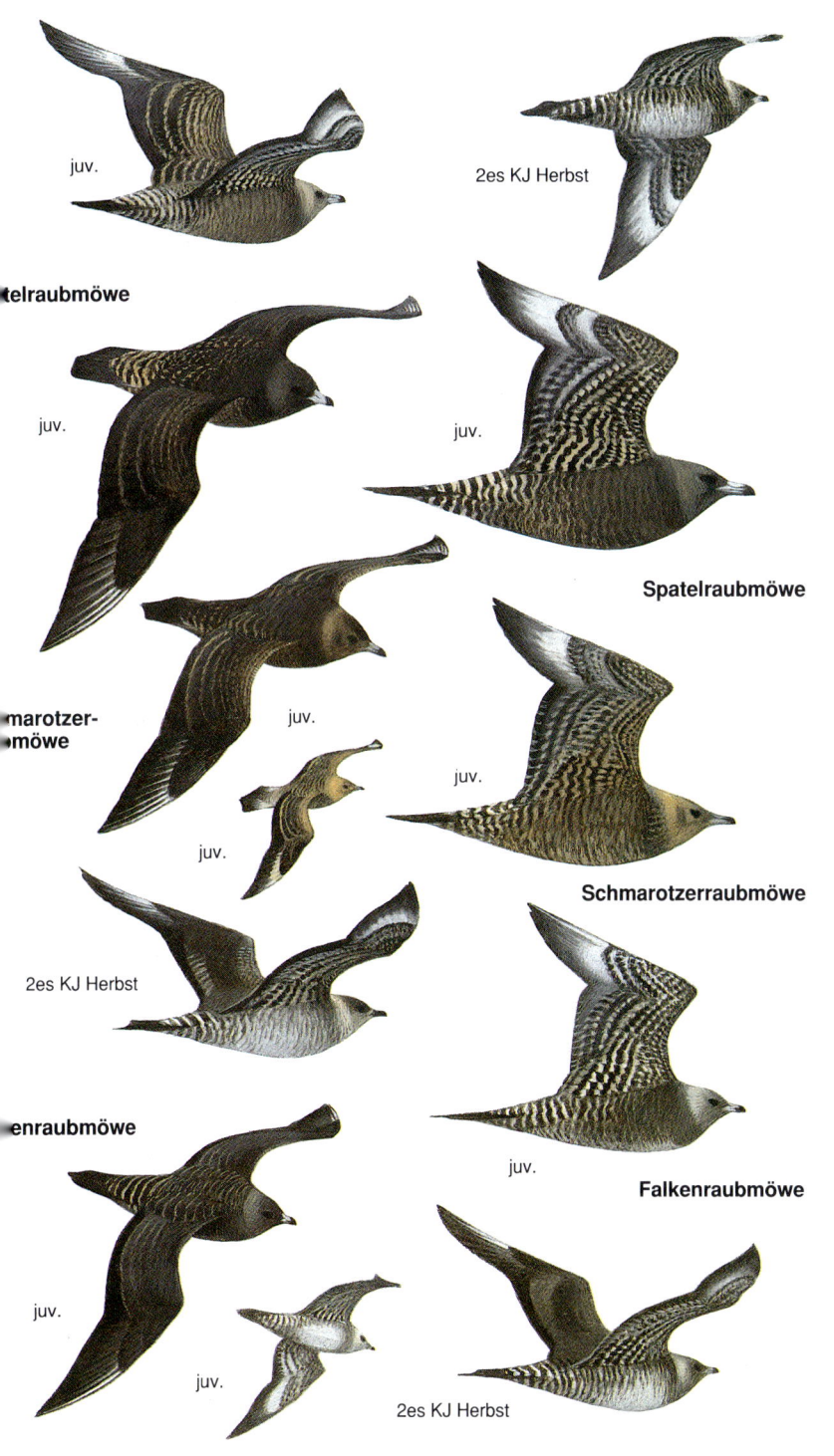

Schwarzkopfmöwe
Larus melanocephalus - Mediterranean Gull   L 36-38 cm, S 98-105 cm - BZW
Etwas größer als die ähnliche Lachmöwe, aber mit heller grauem Mantel und breiteren Flügeln, die bei Altvögeln ganz weiße Spitzen haben. Im Prachtkleid mit schwarzer, weit in den Nacken reichender Kapuze, im Schlichtkleid mit kennzeichnenden dunklen Ohrdecken. Schnabel kräftig, mit stumpfer Spitze, bei Altvögeln blutrot mit schwarzer Binde, im ersten Kalenderjahr schwärzlich mit dunkel fleischfarbener Basis. Das Jugendkleid mit grob braun gemustertem Mantel wird bereits im August abgelegt. Im ersten Winterkleid (und erstem Sommer) einer Sturmmöwe im ersten Winter ähnlich, aber mit hellerem Mantel und kontrastreicherer Zeichnung der breiteren, kürzeren Flügel mit dunkleren äußeren, hellen inneren Handschwingen, schwärzlichem Armschwingenband und hellgrauen Großen Armdecken, Ohrdecken dunkel. Im zweiten Winter und Sommer wie Altvogel, aber noch mit in der Ausdehnung variierenden schwarzen Flecken in der Flügelspitze. Ruft zur Brutzeit nasaler, tiefer und jammernder als die Lachmöwe "eüär" oder "geäh", sonst schweigsam. Brütet an flachen Ufern oder auf Inseln in der Nähe des Mittelmeeres oder größerer Seen, oft in großen Kolonien. Breitet sich seit einiger Zeit aus, brütet schon vereinzelt an vielen Stellen Mitteleuropas und ist hier ganzjährig in geringer Zahl zu sehen.

Dünnschnabelmöwe
Larus genei - Slender-billed Gull   L 42-44 cm, S 102-110 - A
Ähnelt einer Lachmöwe ohne Kapuze, ist aber größer, hat eine langgestreckte Körperform, längeren Hals, und im Flug werden die längeren und breiteren Flügel langsamer bewegt. Gruppen fliegen oft in großmöwenartiger Formation. Unterscheidet sich im Jugend- und ersten Winterkleid von der Lachmöwe durch den längeren, bleich orangebeigen Schnabel (anfangs mit schwarzer Spitze), die ab Herbst helle Iris, den unauffälligeren Ohrfleck, der das Auge kleiner erscheinen läßt, die blasseren Flügel und den "langnasigen" Eindruck mit weiter auf den Oberschnabel reichender Befiederung. Altvögel im frischen Gefieder unterseits rosa überhaucht, Schnabel und Beine tief dunkelrot. Ruft rauher und tiefer als Lachmöwe. Kommt ziemlich spärlich und lokal an flachen, oft salzhaltigen Seen, Lagunen und Deltas am Mittelmeer und in Mittelasien vor.

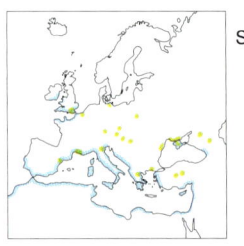

Schwarzkopfmöwe

Dünnschnabelmöwe

Zwergmöwe
Larus minutus - Little Gull L 25-27 cm, S 70-77 cm - bZ
Deutlich kleiner als Lachmöwe, mit leichterem und elastischerem Flug, schnappt wie die Trauerseeschwalbe Insekten von der Wasseroberfläche. Flügel bei Altvögeln unterseits grauschwarz, oberseits hellgrau und ohne dunkle Spitzen, aber mit weißem Hinterrand, der sie rund wirken läßt. Im Prachtkleid gesamter Kopf schwarz, im Schlichtkleid (Abb. S. 271) mit grauer Kappe und dunklem Ohrfleck. Mantel im Jugendkleid schwarzbraun, im ersten Winter grau. Das Zickzackband auf den Oberflügeln ist unterschiedlich deutlich und im ersten Sommer oft stark abgenutzt, einzelne Vögel haben dunkle Handschwingen. Kapuze im ersten Sommer oft angedeutet. Im zweiten Winter und Sommer noch mit Schwarz in der Flügelspitze und heller grauen Unterflügeln. Abb. der Kleiderfolge auf S. 15. Ruft kennzeichnend wiederholt, hart, seeschwalbenartig "kjeck", oft wie "kiee-kjeck-kjeck", oder nasal "eüv", Jungvögel etwas rauh, raspelnd "eähk". Balzt uferschnepfenartig schrill "ke-veü, ke-veü, ke-veü ...". Brütet an flachen, oft vegetationsreichen Seen und Sümpfen, überwintert aber auf dem offenen Meer. Die Mehrzahl der Jungvögel zieht Ende Juli-September, Altvögel im Oktober/November, Heimzug im Mai.

Lachmöwe
Larus ridibundus - Black-headed Gull L 38-44 cm, S 94-105 cm - BZW
Die in Europa am weitesten verbreitete und bekannteste Möwe. Im Flug in allen Kleidern leicht am weißen Keil auf dem Vorderrand des Handflügels erkennbar, der schmal auch auf dem Unterflügel vorhanden ist. Kopf im Prachtkleid mit schokoladenbrauner Kapuze, die nicht in den Nacken reicht, im Schlichtkleid weiß mit dunklem Ohrfleck, Schnabel und Beine dann heller rot (Abb. S. 267 und 269). Einige Armdecken und Schwanzendbinde bis in den ersten Sommer braun. Farbabweichungen sind relativ häufig und führen leicht zu Fehlbestimmungen. Brütet in oft großen Kolonien an Seen, in Sümpfen und an der Küste. Sehr anpassungsfähig, Nahrungssuche an Gewässern aller Art, auf Feldern, Mülldeponien und in Städten. Stimme charakteristisch, besonders in Kolonien sehr laut, nasal "aühr" und "kriäh", warnend "ke-ke-ke". Außerhalb der Brutzeit auch auf Parkteichen in Städten.

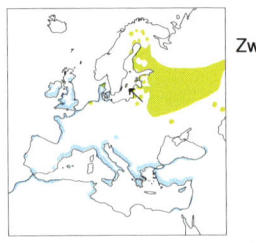

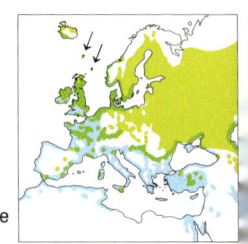

Sturmmöwe 2er W   Dreizehenmöwe SK

Sturmmöwe
Larus canus - Common Gull   L 38-44 cm, S 106-125 cm - BZW
Kleiner als Silbermöwe, mit runderem Kopf und daher freundlicherem Gesichtsausdruck, dunkler Iris, gelblichgrünen Beinen und kleinerem, grüngelbem Schnabel ohne roten Gonysfleck. Im Schlichtkleid mit braungrauer Fleckung auf Hinterkopf und Nacken, weniger gelbem Schnabel und oft einem dunklen Ring vor der Schnabelspitze. Mantel im Jugendkleid braun, im ersten Winterkleid (Abb. S. 269) grau. Im Spätfrühling des zweiten Kalenderjahres braune Flügeldecken und mittelgrauer Mantel oft sehr hell und ausgeblichen. Zweites Winterkleid wie Schlichtkleid, aber Vorderrand des Handflügels ausgedehnter schwarz. Die Rufe haben einen speziellen "Sturmmöwenklang", besonders häufig nasal "keaü" oder langgezogen gellend "gliiü", warnt hartnäckig wiederholt "gliü-gliü-gliü". Lebt von Fischen und im Wasser lebenden Tieren, Insekten, Larven, Vogeleiern und -jungen. Wird häufig zusammen mit Lachmöwen auf frisch gepflügten Äckern gesehen. Brütet in Mitteleuropa an Küsten, besonders der Ostsee, lokal im Binnenland, wo sie besonders im Winterhalbjahr in größerer Zahl erscheint.

Dreizehenmöwe
Rissa tridactyla - Kittiwake   L 38-40 cm, S 95-108 cm - BW
Eine Möwe des offenen Meeres, die in großen Kolonien in Felswänden am Nordatlantik brütet, in Deutschland nur auf Helgoland. Im Flug der Sturmmöwe am ähnlichsten, hat aber ganz schwarze, wie in Tinte getauchte Flügelspitzen. Ein gutes Kennzeichen aus größerer Entfernung ist, daß die Handschwingen vor der schwarzen Spitze wesentlich heller als der Mantel und die Armdecken sind. Im Jugend- und ersten Winterkleid (Abb. S. 270) oberseits mit auffallendem Zickzackmuster, vor hellem Himmel häufig schmalflügelig wirkend, und breitem schwarzem Nackenband. Im ersten Sommer- und Schlichtkleid diffus graues Nackenband und schwarzer Fleck auf den Ohrdecken. Juvenile und Immature können mit Zwergmöwen verwechselt werden (bei denen oft ein dunkles Nackenband als Rest des Jugendkleides stehenbleibt), sind aber größer, haben proportional größere Kopf- und Schnabelpartie, breitere Flügelbasis und stetigeren, kraftvolleren Flug. Bei schwachem Wind Flügelschlagfrequenz höher als bei Sturmmöwe, bei gutem Wind elegantes Gleiten in tiefen Bögen ähnlich Sturmtauchern. Ruft am Brutplatz sehr laut, gellend, etwas nasal "keh-veckeü", auch rauher "kek-kek-kek". Frißt marine Kleintiere, Fische und Fischreste. Bei Stürmen auch in Küstennähe, besonders im Herbst ausnahmsweise im Binnenland.

Sturmmöwe

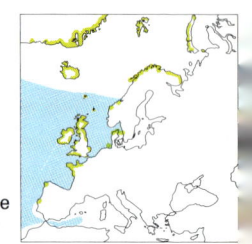

Dreizehenmöwe

Ringschnabelmöwe
Larus delawarensis - Ring-billed Gull   L 43-47 cm, S 118-132 cm - A

Der Sturmmöwe sehr ähnlich, aber ungefähr 10% größer und mit breiteren Flügeln. Steht oft aufrechter, hat etwas längere gelbe Beine, kräftigeren Schnabel und wirkt vollbrüstiger und vorderlastiger. Altvögel mit schwarzer Schnabelbinde, heller Iris und weniger Weiß in der Flügelspitze. Im ersten Winterkleid (Abb. S. 279) von gleichalter Sturmmöwe durch rosa Schnabel mit scharf abgesetzter schwarzer Spitze (äußerste Spitze oft hell), rosa Beine, hellen Mantel mit etwas planlos plazierter bräunlicher Pfeilzeichnung (fehlt manchmal) und hellen Federrändern, stärkere, meist U-förmige Markierungen auf Hals-, Brustseiten und Flanken, dunklere Schirmfedern mit schmalerem hellem Rand und unregelmäßig gemusterte, etwas unordentlich wirkende Armdecken unterschieden. Im Flug Schwanzendbinde weniger deutlich abgesetzt, auf äußeren Steuerfedern zur Basis hin in 2-3 schmale Binden aufgebrochen, Oberschwanzdecken gefleckt, große Armdecken heben sich als helles Feld kontrastreich ab. Im zweiten Winterkleid noch Reste der Schwanzendbinde, dunkle Flecke auf einzelnen Armschwingen (beides bei gleichalter Sturmmöwe meist fehlend), Handflügel ausgedehnt schwarz mit nur einem weißen Fleck, Iris meist hell, Beine gelblich. Kann auch mit Silbermöwe im zweiten Winter bis dritten Sommer verwechselt werden. Regelmäßiger Gast aus Nordamerika auf den Britischen Inseln, im übrigen Europa Ausnahmeerscheinung.

Aztekenmöwe
Larus atricilla - Laughing Gull   L 36-41 cm, S 102-115 cm

Nordamerikanische Ausnahmeerscheinung. In allen Kleidern ziemlich unverkennbar, auffallend schlank und langflügelig, mit kennzeichnender dunkelgrauen Oberseite und ohne Weiß in der Flügelspitze. Beine dunkel, Schnabel lang, schwärzlich, mit tropfender, im Winter blutroter Spitze. Kapuze im Prachtkleid rußschwarz, weiße Klammer um das Auge und dunkelroter Schnabel mit schwarzem Band vor der Spitze. Im ersten Winterkleid rußig dunkel, Unterflügel dunkelgrau, Hals, Brust und Flanken grau.

Präriemöwe
Larus pipixcan - Franklin's Gull   L 32-36 cm, S 91-97 cm - A

Ausnahmeerscheinung aus Nordamerika. Kleiner als Lachmöwe, kurzbeinig, ziemlich breitflügelig, mit rundem Kopf und dunkler grauem Mantel als Sturmmöwe. Im Prachtkleid mit kohlschwarzem Kopf und blutrotem Schnabel. In allen übrigen Kleidern Ohrdecken und gesamter Hinterkopf rußig dunkel mit weißen Augenklammern.

Bonapartemöwe
Larus philadelphia - Bonaparte's Gull   L 28-30 cm, S 85-90 cm

Nordamerikanische Ausnahmeerscheinung. Klein, elegant und etwas seeschwalbenartig. Im Prachtkleid mit schieferschwarzem Kopf und Schnabel und weißer Augenklammer, Beine hell rot. Handschwingen unterseits immer weiß und durchscheinend (bei Lachmöwe grau), mit nur schmalem dunklem Hinterrand. Im Schlichtkleid lachmöwenartig, aber mit schwarzem Schnabel und grauem Nackenband. Im ersten Winter Oberflügelzeichnung reiner, mit schwärzerem Diagonalband, Große Handdecken innen ungezeichnet grau, außen schwarz, innere Handschwingen heller als bei Lachmöwe.

Elfenbeinmöwe
Pagophila eburnea - Ivory Gull   L 40-43 cm, S 106-118 cm - A
Unverkennbar, Altvögel ganz weiß, junge und immature oberseits mit im Umfang variierender dunkler Fleckung und schwarzgrauer Zeichnung am Schnabelansatz. Körper wirkt im Flug groß und spulenförmig, Flügel an der Basis breit, Handflügel spitz. Die Vorwärtsbewegung ist erstaunlich leicht und elegant, und die im Gleitflug schwach gekrümmten Flügel werden etwas über die Horizontale gehoben. Lebt von Fischen, marinen Kleintieren, Aas, Exkrementen und von Eisbären oder Seehunden zurückgelassenen Beuteresten. Ein hocharktischer Vogel der Packeiszone, nur ausnahmsweise im Winter an nordwest-europäischen Küsten.

Schwalbenmöwe
Larus sabini - Sabine's Gull   L 27-32 cm, S 83-92 cm - Z
Langflügelig, mit kleinem Kopf, weichen Bewegungen und elegantem Flug; der leicht gegabelte Schwanz ist oft schwer zu sehen. Dunkelgraue Kapuze des Prachtkleids bleibt meist bis Oktober erhalten. Im Schlichtkleid mit weißem Gesicht und dunkler Nackenkappe. Grauer Mantel und Flügeldecken dunkler als bei Dreizehen- und Zwergmöwe. Jugendkleid mit dunkel graubraunem Mantel, Nacken und Scheitel und schwarzbraunen äußeren Handschwingen, scharf abgegrenzt zum dreieckigen, weißen Flügelhinterrand. Entlang der Großen Unterarmdecken mit dunklem Schatten (bei adulten schwächer). Eine hocharktische Art, die vor der westafrikanischen Küste auf dem offenen Atlantik überwintert. Zieht regelmäßig durch die Nordsee, wird aber meist nur nach Weststürmen im September/Oktober in Landnähe gesehen.

Rosenmöwe
Rhodostethia rosea - Ross's Gull   L 29-31 cm, S 83-91 cm - A
Etwas größer als Zwergmöwe, mit langen, spitzen Flügeln, keilförmigem Schwanz und seeschwalbenartigem Flug. Rosafarbene Unterseite (variabel; oft schon im ersten Sommer vorhanden), graue Unterflügel und breit weißer Flügelhinterrand, der den Flügel in der Mitte in einem flachen Keil einschneidet, sind beste Kennzeichen. Kopf klein, rund und mit auffällig kurzem Schnabel. Im Prachtkleid mit schwarzem Halsring, im Winter mit grauem Nackenband und Kommafleck auf den Ohrdecken. Mittlere Steuerfedern verlängert, bilden einen herausgeschobenen Zapfen und sind bei Jungvögeln an der Spitze schwarz gefärbt, was eher den Eindruck eines schwarzen Flecks als einer Schwanzbinde erzeugt. Immature Vögel mit mehr Weiß auf inneren Handschwingen als gleichalte Zwergmöwen und mit rein weißen Armschwingen. Brütet in der Eismeertundra, überwintert in der Packeiszone, nimmt Plankton von der Wasseroberfläche und erscheint ausnahmsweise vor Nordeuropas Küsten.

Dreizehenmöwe

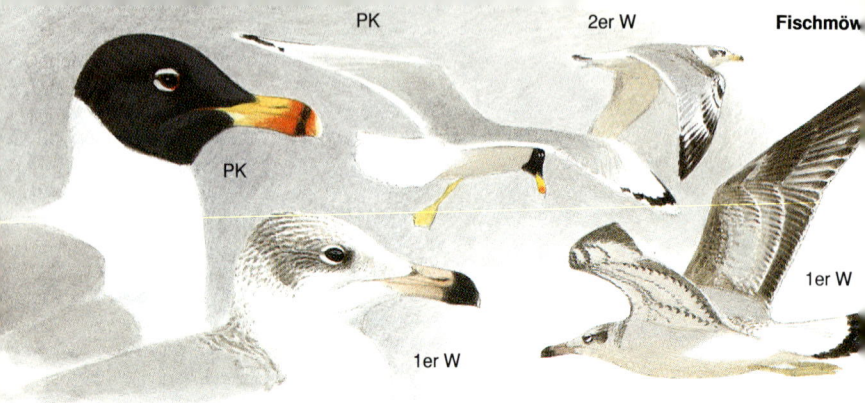

Fischmöwe

Larus ichthyaetus - Great Black-headed Gull   L 57-61 cm, S 155-170 cm - A

So groß wie Mantelmöwe, in der Kleiderfolge ähnlich Schwarzkopfmöwe, mit langem, kräftigem Schnabel, flacher Stirn und langem Kopf. Altvögel mit schwarzem Band im weißen Handflügel. Im Prachtkleid unverkennbar, sonst am ehesten mit immaturer Weißkopfmöwe zu verwechseln. Weiße Augenklammer und dunkle Ohrdecken (ähnlich Schwarzkopfmöwe) im Schlichtkleid und bei Immaturen (dann auf den Nacken reichend) immer auffallend. Im Jugendkleid scharfe Grenze zwischen grauer Brust und weißem Bauch, scharf abgegrenzte schwarze Schwanzendbinde bleibt bis zum zweiten Sommer erhalten. Mantel und Große Armdecken schon im ersten Winter grau. Brütet in Mittelasien westwärts bis zum Kaspischen und Schwarzen Meer, überwintert an Küsten Indiens und Arabiens, selten am östlichen Mittelmeer.

Korallenmöwe

Larus audouinii - Audouin's Gull   L 48-52 cm, S 127-138 cm

Kleiner, merklich heller und schmalflügeliger als Weißkopfmöwe, macht einen eleganten Eindruck, Altvögel durch graue Beine und dunkelroten Schnabel mit schwarzer Spitze eindeutig gekennzeichnet. Im Flug nur wenig Weiß in den schwarzen Handschwingenspitzen und ohne kontrastierenden weißen Flügelhinterrand. Jungvögel ähnlich Weißkopfmöwe im ersten Winter, alle Schwungfedern und Großen Decken gleichmäßig dunkel, ohne hellere innere Handschwingen, Unterflügel gleichmäßig gebändert, Schwanz fast ganz dunkel und zu weißlichen Oberschwanzdecken kontrastierend. Kopf, Hals und Brust mit gleichmäßig grauem Grundton, Unterseite grau meliert und mit dunkleren Flecken auf den hinteren Flanken, Mantel schwarzbraun mit deutlich abgesetzten beigen Federrändern. Bekommt im ersten Winterkleid im Zentrum graubraune, breit grau gesäumte, manchmal überwiegend graue Mantelfedern. Im zweiten Winter einer Schwarzkopfmöwe im ersten Winter ähnlich, mit scharf abgesetzter schwarzer Schwanzendbinde und großem weißen Feld auf den Mittleren Armdecken, durch braune Kleine Armdecken begrenzt. Schnabel erst schmutzig oliv mit dunklem vorderen Drittel, wird dann grüngelb und nach 2-3 Jahren rot. Brütet relativ selten und lokal in Kolonien auf kleinen Inseln im Mittelmeer, bleibt im Winter in deren Nähe, einige ziehen westwärts zur afrikanischen Küste, Jungvögel Ende Juli/August, ältere im September/Oktober.

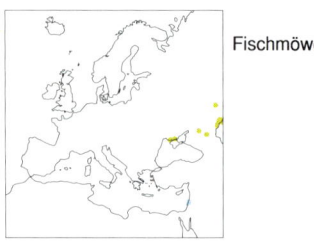

Fischmöwe

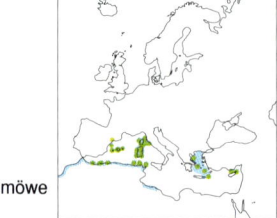

Korallenmöwe

Silbermöwe
Larus argentatus - Herring Gull L 55-67 cm, S 130-158 cm - BZW
Die häufigste Großmöwe, besonders an der Nordseeküste in großen Kolonien brütend, außerhalb der Brutzeit auch in zunehmender Zahl im Binnenland. Größer als Sturmmöwe, mit gelber Iris, rotem Fleck am gelben Schnabel und fleischfarbenen Beinen. Ist erst im vierten Kalenderjahr ausgefärbt. Altvögel durch hellgraue Oberseite, im Flug von unten durch Fehlen des dunklen Hinterrands von Hand- und äußerem Armflügel unterschieden. Immature können mit unausgefärbten anderen Großmöwen verwechselt werden (s. dort und Abb. S. 278, 280, 281), zumal Farbabweichungen nicht selten sind. Im ersten Winterkleid mit braun gemustertem Mantel, im zweiten mit 20-80% grauen Federn und einer sich aufhellenden Iris. Im ersten Sommer manchmal auch auf Flügelspitzen sehr ausgeblichen und aus großer Entfernung mit den weißflügeligen Arten zu verwechseln. Ruf ein variables, kurzes oder langgezogenes tiefstimmiges "Auü", warnt mit glucksenden "ag-ag-ag". Nahrung vielseitig, Fisch und Fischreste, Eier, Vogeljunge, Aas, Abfall, wird häufig auf Mülldeponien gesehen. *Karte S. 276*

Weißkopfmöwe
Larus cachinnans - Yellow-legged Gull L 55-67 cm, S 130-158 cm - BZW
Ist früher als Unterart der ähnlichen Silbermöwe angesehen worden, aber meist etwas größer, robuster, langhalsiger, hochbeiniger und hat längere, den Schwanz weiter überragende Flügel. Altvögel mit dunklerem Mantel, gelben Beinen, orangerotem Lidring und weniger Weiß in der ausgedehnten schwarzen Flügelspitze. Im Schlichtkleid nur schwache, sich rasch ganz abnutzende Kopfstrichelung. Vom Jugendkleid bis ersten Sommer mit bräuneren Flügeln und scharf abgesetzter dunkler Schwanzendbinde eher herings- als silbermöwenähnlich. Immature mit hellerer Unterseite und weißerem Kopf als Silbermöwe, Mantel im zweiten Winter schon ganz grau. Stimme ähnlich Heringsmöwe. Brütet oft an Binnengewässern, breitet sich aus und brütet lokal in Mitteleuropa. Verschiedene Unterarten, in Nordost-Europa *omissus*, im Mittelmeerraum *michahellis*, auf den atlantischen Inseln *atlantis* und vom Schwarzen Meer ostwärts *cachinnans*. In der östlichen Türkei und Armenien brütet die neuerdings oft als eigene Art angesehene **Armeniermöwe** *L. (c.) armenicus* mit schwarzem Schnabelring und dunklerer Iris. *Karte S. 276*

Eismöwe
Larus hyperboreus - Glaucous Gull L 62-68 cm, S 142-162 cm - W
Größer als Silbermöwe, im Flug mit auffallend breitem Arm- und relativ kurzem Handflügel. Altvögel mit weißen Flügelspitzen, Kopf und Brust im Schlichtkleid kräftig gefleckt. Im ersten Winterkleid graubeige meliert mit schmutzig weißen Handschwingen, wirkt aus der Entfernung sandfarben, Schnabel rosa mit deutlich abgesetzter schwarzer Spitze. Gefieder bleicht zum Frühjahr aus, macht im Mai/Juni schmutzig weißen Eindruck mit einzelnen neuen braungrauen Mantelfedern und neuen Mittleren Armdecken. Mantel im zweiten Winter oft fleckig, Schnabel mit weniger deutlich markierter dunkler Spitze, Iris meist heller. Kreuzt sich auf Island mit Silbermöwe, Hybriden haben dunkle Pigmentierung an der Flügelspitze. Rufe und Verhalten wie Silbermöwe. Erscheint besonders im Winter selten an der Nordseeküste, ausnahmsweise im Binnenland. *Karte S. 276*

Polarmöwe
Larus glaucoides - Iceland Gull L 52-60 cm, S 130-145 cm - A
Im Gefieder in allen Kleidern der Eismöwe entsprechend, ist aber durchschnittlich kleiner als Silbermöwe. Von der Eismöwe am besten durch strukturelle Merkmale zu unterscheiden: Schnabel kürzer und Flügel länger (überragen Schwanz mindestens um Schnabellänge), Kopf runder und freundlicher wirkend, Beine kürzer. Im ersten Winterkleid Schnabelbasis braungrau oder braunrosa, Grenze zur dunklen Spitze diffus, aus der Entfernung häufig ganz dunkel wirkend, Helligkeit des Kleingefieders sehr variabel. Im zweiten Winter mit gelbgrauer Schnabelbasis und dunklem Außenteil, aber heller äußerster Spitze. Unterart *kumlieni* aus dem Nordosten Kanadas (ausnahmsweise in Westeuropa) hat dunkelgraue Zeichnung auf den Handschwingenspitzen. Stärker ans Meer gebunden als Eismöwe. Nächste Brutplätze auf Grönland. Im Winterhalbjahr sehr selten an der Nordseeküste, ausnahmsweise im Binnenland. *Karte S. 276*

Silbermöwe
juv.
PK
Eismöwe
SK
Polarmöwe
SK

Mantelmöwe
Larus marinus - Great Black-backed Gull L 64-78 cm, S 150-170 cm - bZW

Größte Möwe nordeuropäischer Küsten. Altvögel nur mit Heringsmöwe zu verwechseln, aber bedeutend größer, breitflügeliger, mit mehr Weiß auf der Flügelspitze, graurosa Beinen und mächtigem Schnabel. Im Jugend- und ersten Winterkleid ähnlich junger Silbermöwe, doch Schwanz meist heller, mehr weiß meliert, Endbinde deutlicher, außerdem schwächerer Kontrast zwischen dunkleren äußeren und helleren inneren Handschwingen. Im Spätwinter und ersten Sommer hellerer, weniger stark gezeichneter Kopf, gegen den der Schnabel "kolossal" wirkt. Im zweiten Winter oft weiße Flecken auf 1-2 äußersten Handschwingen. Erst im zweiten Sommer variabler Anteil schwarzer Mantelfedern, im dritten Winter auch schwarze Flügeldecken. Schnabel erst im fünften Kalenderjahr ausgefärbt. Stimme tiefer als Silbermöwe. Brütet häufig bis spärlich meist in einzelnen Paaren, lokal aber auch in Kolonien und fast immer auf Inseln oder Schären entlang nordeuropäischer Küsten, nur ausnahmsweise in Deutschland, hier aber ganzjährig zu sehen, besonders im Winterhalbjahr, aber nur ausnahmsweise im Binnenland.

Heringsmöwe
Larus fuscus - Lesser Black-backed Gull L 52-67 cm, S 128-148 cm - BZ

Bedeutend kleiner als Mantelmöwe, mit kleinerem Schnabel und gelben Beinen, im Flug schmaler und schlanker. Westeuropäische Unterart *graellsii* oberseits schiefergrau (kann mit Silbermöwe verwechselt werden), Unterart *fuscus* in den Ostseeländern oberseits hingegen dunkel wie Mantelmöwe, hat allerdings nur kleinen weißen Fleck vor der Spitze der äußersten Handschwinge. In Südwest-Skandinavien Unterart *intermedius*, die farblich dazwischen liegt. Im ersten Lebensjahr unterscheiden sich junge Heringsmöwen von Silbermöwen durch einheitlich dunkle Oberflügel und Schwungfedern ohne deren helles "Fenster" auf den inneren Handschwingen, dunklere Unterflügel, eine dunklere, deutlichere Schwanzendbinde und einen insgesamt dunkleren Gesamteindruck, Hals und Nacken aber häufig heller. Im Stehen überragen die Flügelspitzen den Schwanz sehr weit. Zugvogel, Immature im zweiten, oft auch im dritten Kalenderjahr, bleiben im Süden und werden relativ selten in Nordeuropa gesehen. Zieht im Juli-Mitte Oktober, und kommt ab Ende Februar (*graellsii*) und im April (*fuscus*) zurück, überwintert aber in zunehmendem Maße, besonders *graellsii*. Verhalten wie Silbermöwe, brütet aber lokal in größeren Kolonien, Nahrungssuche häufig auf Feldern.

Silbermöwe

Mantelmöwe
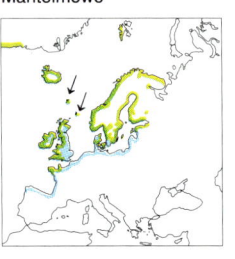

Heringsmöwe

Weißkopfmöwe
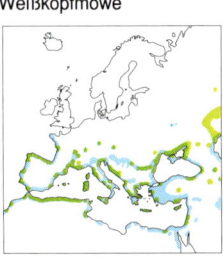

Eismöwe
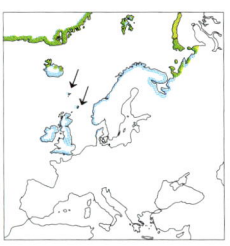

Polarmöwe

Mantelmöwe

Heringsmöwe

fuscus

graellsii
PK

Lachseeschwalbe juv. Brandseeschwalbe juv.

Lachseeschwalbe
Gelochelidon nilotica - Gull-billed Tern L 35-38 cm, S 95-110 cm - bZ
Der Brandseeschwalbe ähnlich, aber mit mehr möwenartigem Flug, kräftigerem Körper, breiteren Flügeln, kürzerem Schwanz, grauem Ton auf Bürzel und Oberschwanzdecken, fehlendem Kontrast zwischen dunklen äußeren und hellen inneren Handschwingen und mit kürzerem, kräftigerem, ganz schwarzem Schnabel; stehend mit möwenartig langen, schwarzen Beinen. Im Jugendkleid dunkle Markierungen auf Mantel und Flügeldecken variabel, manchmal so kräftig wie bei juveniler Brandseeschwalbe, manchmal fast ungezeichnet, aber Flügel meist gleichmäßig hellgrau, Kopf überwiegend weiß mit dunklen Ohrdecken und Strichelung auf hinterem Scheitel. Kopfmuster im Schlichtkleid ähnlich, aber Ohrdecken dunkler und Scheitel reiner weiß. Jagt vorwiegend über Land nach Insekten, Reptilien, Krabben und Kleinsäugern. Flugruf kennzeichnend dunkel nasal "tju-väck", auch quakend "kvä-kvä-kvä". Brütet im Norden nur noch sehr selten in Dänemark und Schleswig-Holstein, in Südeuropa häufiger.

Brandseeschwalbe
Sterna sandvicensis - Sandwich Tern L 36-41 cm, S 98-105 cm - BZ
Eine große, schlanke und schmalflügelige und auffallend helle Seeschwalbe, sieht fast völlig weiß aus, nur Kopfplatte schwarz; schwarzer Schnabel mit gelber Spitze. Im Stehen kurze Beine und angedeutete Haube im Vergleich zur Lachseeschwalbe kennzeichnend. Weiße Stirn des Schlichtkleids erscheint ab Juli. Äußere Handschwingen im Sommer deutlich dunkler als innere. Im Jugendkleid dunkle Musterung auf Mantel (ab August durch einfarbig graue Federn ersetzt), Flügeldecken und Steuerfedern, braun gestreifter Scheitel mit dunkler Stirn (die dann weiß wird, aber nicht so ausgedehnt wie bei Lachseeschwalbe). Wird oft durch die kennzeichnende kratzende, rauhe, durchdringende und ein wenig hastig vorgetragene Stimme, "krii-vi", "kirr-räck", oft auch nur kurz "irk", entdeckt. Jungvögel im Herbst rufen dünner. Brütet in oft großen Kolonien ausschließlich an Meeresküsten und erscheint nur ausnahmsweise im Binnenland. Rüttelt über dem Wasser und macht aus großer Höhe Sturzflüge nach Fischen. Zieht nach der Brut im Juli in fischreiche Gebiete der Nordsee und erst später als andere Seeschwalben im September ins Winterquartier (Küste Westafrikas); kehrt sehr früh ab Ende März zurück.

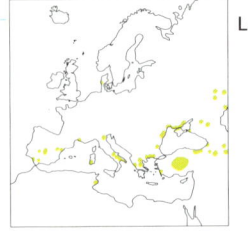

Lachseeschwalbe

Brandseeschwalbe

Flußseeschwalbe
Sterna hirundo - Common Tern L 31-35 cm, S 82-95 cm - BZ

Häufiger Brutvogel der Küsten, in weiten Teilen Europas auch an großen Binnenseen und Flüssen. Der Küstenseeschwalbe sehr ähnlich, hat aber längere Beine, längeren Schnabel, größeren Kopf mit flacherer Stirn und breitere Handflügel. Im Prachtkleid kürzere, nur bis zur Flügelspitze reichende Schwanzspieße, hell roter Schnabel mit schwarzer Spitze und hellerer Bauch. Die fünf bis sechs mauserbedingt älteren und stärker abgenutzten äußeren Handschwingen sind im Frühjahr etwas, im Sommer auffallend dunkler grau als die weißen inneren und bilden einen dunklen Keil auf dem Oberflügel. Handflügel unterseits mit breiterem, verwaschen dunklem Hinterrand. Im Jugendkleid von der Küstenseeschwalbe durch leuchtend mohrrübenrote Schnabelbasis und Beine und dunkleren Flügelvorderrand unterschieden. Dunkle Schuppung der Oberseite variabel, manchmal sehr auffallend, oft schwach und bräunlich. Unter dem Auge oft weiß, Stirn häufig bräunlich. Im Flug dunklere und gleichmäßiger gefärbte Handschwingen, Armflügel-Vorderrand mit breitem dunklem Band, Armschwingen grau mit weißen Spitzen. Im Schlichtkleid Stirn weiß und Schnabel schwärzlich (auch im ersten Winter). Ruft am Brutplatz laut, langgezogen, klirrend "krrii", schnell "kje kje kje kje ..." oder "kirri-kirri-kirri ...", während des Zuges meistens kurz "kipp". Warnt langgezogen "krrii-äh". Fängt stoßtauchend Fische. Kommt im April zurück, zieht im Juli-September ab. *Karte S. 286*

Küstenseeschwalbe
Sterna paradisaea - Arctic Tern L 33-35 cm, S 80-95 cm - BZ

Mehr an die Küste gebunden als die ähnliche Flußseeschwalbe. Ist zierlicher als diese, hat kürzere Beine, kürzeren Schnabel, kleineren, runderen Kopf und schlankere Flügel. Im Prachtkleid Schnabel dunkel rot (ohne schwarze Spitze), Unterseite kräftiger grau getönt, längere Schwanzspieße, die deutlich über die Flügelspitzen hinausragen. Die Handschwingen sind einfarbig silbergrau, wirken unterseits insgesamt weiß durchscheinend mit schmalem, scharf abgegrenztem schwarzem Hinterrand. Im Jugendkleid Schnabel anfangs mit roter Basis, später ganz schwärzlich, deutliche schwarze Maske um die Augen, Oberseite grauer, weniger gemustert und ohne bräunliche Töne. Im Flug kurzflügeliger als junge Flußseeschwalbe, insgesamt heller und sauberer wirkend, mit meist nur schwachem, immer aber weniger deutlich abgegrenztem und weiter vom Flügelvorderrand entfernten dunklen Band auf den Kleinen Armdecken und weißen Armschwingen. Stimme meist höher als Flußseeschwalbe, am Brutplatz jämmerlich, gereiht "pi-pi", auch spröde klirrend "krrir", verjagt andere Vögel trocken ratternd "kt-kt-kt-kt", ruft bei Annäherung von Menschen langgezogen "krii-err". Brütet häufig in Kolonien an der Nordsee und nordeuropäischen Küsten, in Skandinavien auch im Binnenland in der Tundra und auf Fjälls. Lebt zumeist von kleinen Fischen. Absolviert die längste Zugstrecke aller Vogelarten, verbringt das Winterhalbjahr in der Antarktis. Kommt Ende April/Mai zurück (auch regelmäßig durch das mitteleuropäische Binnenland), zieht im August/September ab. *Karte S. 286*

Rosenseeschwalbe
Sterna dougallii - Roseate Tern L 33-38 cm, S 75-80 cm - A

Brütet sehr selten und lokal an westeuropäischen Küsten, in Mitteleuropa eine Ausnahmeerscheinung. Altvögel oberseits heller als Fluß- und Küstenseeschwalbe, unterseits schwach rosa gefärbt. Stehend Schnabel und Beine länger als bei Flußseeschwalbe, Schwanzspieße ragen weiter über die Flügelspitze als bei Küstenseeschwalbe. Schnabel während der Brutzeit schwarz mit in der Ausdehnung variabler roter Basis (maximal die Schnabelhälfte einnehmend). Im Flug auffallend kurzflügelig, langschwänzig (doch werden Steuerfedern im August/September gemausert!) und im Helligkeitsgrad wie Brandseeschwalbe, äußere 3-4 Handschwingen dunkler, Unterflügel ohne dunklen Hinterrand, äußere Steuerfedern ganz weiß. Im Jugendkleid Oberseite mit markanten U-förmigen Markierungen, ähnlich junger Brandseeschwalbe, und ausgedehnt dunkler Kappe; Schnabel und Beine schwarz. Stirn erst ab September weiß, dann auch graue Mantelfedern. Am Brutplatz laut, häufigster Ruf charakteristisch zweisilbig "tchü-vi", an Dunklen Wasserläufer erinnernd, aber krächzender, kennzeichnender Warnruf geradlinig raspelnd "aahrk"; Jungvögel rufen ähnlich Brandseeschwalbe "kirr ipp". Brütet an britischer und irischer Küste, überwintert an den Küsten Westafrikas. *Karte S. 286*

juv.

ußseeschwalbe

PK

juv.

istenseeschwalbe

PK

juv.

senseeschwalbe

PK

Zwergseeschwalbe
Sterna albifrons - Little Tern L 22-24 cm, S 48-55 cm - BZ

Die kleinste europäische Seeschwalbe, wirkt etwas verkümmert und hat deutlich schnellere und ruckartigere Flügelbewegungen als die übrigen Seeschwalben und kurzen Schwanz. Stirn immer weiß, Beine gelb, Schnabel im Prachtkleid gelb mit schwarzer Spitze, im Schlichtkleid dunkel. Jungvögel oberseits mit dunkelbraunem Schuppenmuster und anfänglich warm beigem Ton, der bald ausbleicht, ist aber immer an geringer Größe und beiger Färbung von Beinen und Schnabelbasis zu erkennen. Sehr laut, Rufe erinnern etwas an Brandseeschwalbe, z.B. kurz "äich" und rollend "kyrri-ik, kyrri-ik, kyrri-ik"; Jungvogel ruft heller "piip". Brütet auf sandigen oder mit feinem Kies bedeckten Stränden. Zieht im Juli-September, zurück April/Mai.

Raubseeschwalbe
Sterna caspia - Caspian Tern L 47-54 cm, S 130-145 cm - bZ

Mächtigste europäische Seeschwalbe, gut sturmmöwengroß, mit gewaltigem, rot leuchtendem Schnabel (bei Jungvögeln mohrrübenrot). Im Flug werden die langen, spitzen Flügel mit tiefen, auffallend langsamen und elastischen Schlägen bewegt, Handschwingen auf der Unterseite dunkel. Schwarze Kopfplatte im Schlichtkleid auf Zügeln, Stirn und Scheitel weiß gesprenkelt. Jungvögel haben braun gesprenkelten Scheitel, leicht dunkel gefleckten Mantel und undeutliche dunkle Zeichnung auf den Spitzen der Schwungfedern, Flügeldecken und Steuerfedern. Die Stimme ist unverkennbar, ankommende Vögel melden sich meist mit ihrem sehr lautstarken, raspelnden "Kekre-vesche" (wie ein Metallblech, daß über einen rauhen Betonboden gezogen wird). In Familiengruppen, die man im Spätsommer öfter sieht, lassen die Eltern ein kurzes, raspelndes "Krech" hören, und die Jungen antworten piepsig pfeifend "üi-vi, ui-vi". Fischt vorzugsweise in Süß- oder Brackwasser. In der Ostsee sucht sie von ihren auf abgeschiedenen Inseln oder Halbinseln direkt am offenen Meer gelegenen Brutplätzen aus nahegelegene Süßgewässer oder Buchten mit Brackwasser auf, um dort zu fischen, besonders, nachdem die Jungen flügge sind. Zieht im August/September durchs Binnenland und kommt im April/Anfang Mai zurück. In Deutschland ausnahmsweise Brutvogel an der Ostsee, sonst seltener Durchzügler.

Zwergseeschwalbe
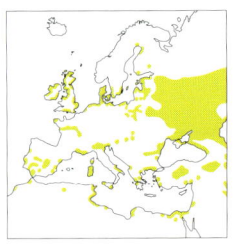

Raubseeschwalbe
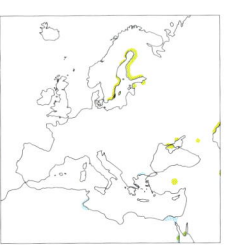

Rüppellseeschwalbe

Flußseeschwalbe
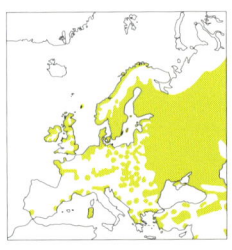

Küstenseeschwalbe
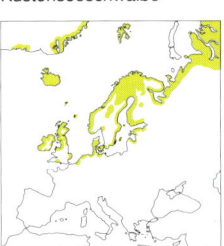

Rosenseeschwalbe

Zwergseeschwalbe

juv.

Raubseeschwalbe

Königsseeschwalbe *Sterna maxima* - Royal Tern   L 45-50 cm, S 112-120 cm
Ungefähr 20 % kleiner als die ähnliche Raubseeschwalbe, mit längerem und schmalerem, orange gefärbtem Schnabel. Im Flug schlanker und schmalflügeliger, mit längerem, deutlicher gegabeltem Schwanz. Leicht mit Eilseeschwalbe zu verwechseln, hat aber stärker orangefarbenen Schnabel, helleren Mantel, weißlichen Bürzel (bei Eilseeschwalbe grau) und ist kräftiger gebaut. Völlig schwarze Kopfplatte nur zu Beginn der Brutzeit, sonst zieht sich das Weiß der Stirn weit auf den Scheitel und umschließt oft das Auge. Eine in erster Linie amerikanische Art, die aber auf der Banc d'Arguin in Mauretanien brütet. In Westeuropa Ausnahmeerscheinung.

Eilseeschwalbe *Sterna bergii* - Crested Tern   L 46-49 cm, S 118-125 cm
So groß wie Königsseeschwalbe, aber leichter, Flügel und Körper sind schlanker, Mantel ist bedeutend dunkler und der Bürzel grau. Schnabel gelb, oft mit grünlichem Ton (besonders bei Jungvögeln), Befiederung oberhalb der Schnabelbasis auch im Prachtkleid weiß. Bewohnt den Indischen und Pazifischen Ozean, nächste Brutplätze am Roten Meer.

Rüppellseeschwalbe
Sterna bengalensis - Lesser Crested Tern   L 35-37 cm, S 100-107 cm
Der Brandseeschwalbe ähnlich, aber Schnabel gelborange und an der Basis kräftiger. Deutlich kleiner als Königsseeschwalbe und mit grauem Bürzel und Schwanz. Schnabel der Jungvögel graugelb bis gelborange, Stirn und Scheitel bis direkt hinter das Auge reichend hell, Gefieder insgesamt weniger dunkel gemustert als bei Eilseeschwalbe. Nächste Brutplätze am Roten Meer und in Libyen. Hat im Ebro- (Spanien) und Po-Delta (Italien) gebrütet, einzelne Vögel haben im europäischen Mittelmeerraum Reviere in Kolonien der Brandseeschwalbe besetzt. Ruft etwas weicher als Brandseeschwalbe. In Westeuropa Ausnahmeerscheinung. Zieht im August-Oktober von Libyen entlang der nordafrikanischen Küste auf den Atlantik hinaus, überwintert im tropischen Westafrika, zurück im Mai/Juni.   *Karte S. 286*

Schmuckseeschwalbe *Sterna elegans* - Elegant Tern   L 38-41 cm, S 102-110 cm
Ähnelt der Rüppellseeschwalbe sehr, hat aber etwas längeren, schmaleren, leicht abwärts gebogen wirkenden Schnabel. Bürzel und Schwanz sind heller und sehen im Freiland weiß aus. Brütet entlang der Pazifikküste in Kalifornien und Mexiko, ist wenige Male in Westeuropa gesehen worden.

Forsterseeschwalbe *Sterna forsteri* - Forster's Tern   L 33-36 cm, S 86-89 cm
Im Prachtkleid der Flußseeschwalbe ähnlich, aber mit längerem, kräftigerem und heller orange gefärbtem Schnabel mit schwarzer Spitze, längeren Beinen und die Flügel deutlich überragenden Schwanzspießen. Oberseite silbrig grau mit artkennzeichnenden helleren Handschwingen, Unterseite rein weiß. Im Jugend- und Schlichtkleid mit einer charakteristischen schwarzen Maske um das Auge herum, weißem Scheitel, schwarzem Schnabel und sehr heller, kontrastloser Oberseite. Eine nordamerikanische Art, die ausnahmsweise in Westeuropa erscheint.

Zügelseeschwalbe *Sterna anaethetus* - Bridled Tern   L 30-32 cm, S 77-81 cm
Knapp flußseeschwalbengroß, mit dunkel braungrauer Oberseite, einem schmalen hellen Halsband hinter dem schwarzen Scheitel und weißer Stirn, die sich als Überaugenstreif bis hinter das Auge zieht. Schnabel und Beine schwarz. Tropische Art, nächste Brutplätze in Mauretanien und am Roten Meer, in Westeuropa Ausnahmeerscheinung.

Rußseeschwalbe *Sterna fuscata* - Sooty Tern   L 33-36 cm, S 82-94 cm - A
Größer als die ähnliche Zügelseeschwalbe, mit auffallend langen, spitzen Flügeln und einem rauchschwalbenartig langen und gegabelten Schwanz. Auf Mantel und Scheitel rußschwarz, weiße Stirn (nicht bis hinter das Auge ausgezogen), Schnabel und Beine schwarz. Flügelunterseiten mit kontrastierenden dunklen Handschwingen. Jungvögel sehr dunkel braungrau auf Mantel, Kopf, Brust und Flanken, oberseits mit helleren Federrändern. Eine tropische Art, die in großen Kolonien auf isolierten Inseln brütet und auf dem offenen Meer Fische von der Oberfläche aufliest, ohne zu tauchen. Ausnahmsweise von Ende Mai-August in Europa festgestellt.

Trauerseeschwalbe
Chlidonias niger - Black Tern   L 22-24 cm, S 63-68 cm - BZ
Eine kleine, dunkle Seeschwalbe, die mit leichtem, etwas unstetem Flug wie eine große Schwalbe gemächlich über dem Wasser jagt, rüttelt und die Beute elegant von der Oberfläche schnappt. Das dunkle Prachtkleid wird zeitig, ab Juni, durch ein helleres Schlichtkleid ersetzt, im Juli/August meist mit hellen Stellen am Kopf und hellen Flecken auf der Unterseite. Jungvögel unterscheiden sich von juvenilen Weißflügel-Seeschwalben durch eine einheitlicher gefärbte graue Oberseite (einschließlich Bürzel) und einen kleinen dunklen "Zapfen" an den Brustseiten vor dem Flügelansatz. Ruft u.a. nasal und gellend "kjä" oder "kjäck", krächzend "kerre" und als Kontaktruf kurz "kick". Brütet, oft kolonieweise, an flachen, vegetationsreichen Seen und Sümpfen. Wegzug Juni-August, beginnend mit den Altvögeln (einzelne Jungvögel werden bis Oktober gesehen) und überwiegend entlang der Küsten nach Westafrika, zuvor gewaltige Konzentrationen am Ijsselmeer in den Niederlanden. Heimzug im Mai durch das europäische Binnenland.

Weißflügel-Seeschwalbe
Chlidonias leucopterus - White-winged Black Tern   L 20-23 cm, S 63-67 cm - Z
In Verhalten und Aussehen der Trauerseeschwalbe ähnlich, aber kontrastreicher. Im Prachtkleid Oberflügel, Bürzel und Schwanz hell leuchtend, Unterflügeldecken schwarz. Oberseite im Schlichtkleid generell heller als bei Trauerseeschwalbe, dunkle Kappe begrenzter, dunkle Partie auf dem hinteren Scheitel hat bisweilen helle Federränder, die einen hellgrauen Eindruck erzeugen. Jungvögel mit helleren Flügeln und hellerem Schwanz als Trauerseeschwalbe, Mantel wirkt gegen die helleren Flügel, den weißen Bürzel und die weißen äußeren Steuerfedern kontrastierend dunkel. Der am Flügelansatz gelegene "Zapfen" der Trauerseeschwalbe fehlt im Jugend- und Schlichtkleid. Hat außerdem kürzeren Schwanz, runderen Kopf, kürzeren Schnabel und breitere Flügel als Trauerseeschwalbe. Ruft rauh und, u.a. "kuäck" und "krreck", manchmal ähnlich Flußseeschwalbe, ferner etwas zwergseeschwalbenartig, aber weicher "kvärr-keck". Ist mehr an saisonal mit Wasser gefüllte Sümpfe und Feuchtgebiete in Südost-Europa gebunden. Einzelne Vögel erscheinen alljährlich besonders im Mai mit durchziehenden Trauerseeschwalben in Deutschland.

Weißbart-Seeschwalbe
Chlidonias hybridus - Whiskered Tern   L 23-25 cm, S 70-75 cm - Z
Im Auftreten wie Trauerseeschwalbe, hat aber schnelleren und stetigeren Flug, taucht auch. Altvögel oberseits gleichmäßig grau mit silbrigen Flügeln, im Prachtkleid mit grauer Unterseite und weißen Wangen. Jungvögel schwer von juvenilen Weißflügel-Seeschwalben zu unterscheiden, Mantel jedoch brauner mit etwas Beige, Flügel mehr einfarbig hell und kontrastlos. Hat meist diffusen Schatten am Flügelansatz, stärker gestreiften Scheitel und dickeren Schnabel. Juvenile mausern ab Ende August ins erste Winterkleid (die Flügel allerdings nicht), dann mit schwarzem Schnabel und hellerem (aus der Entfernung weiß wirkendem) Scheitel als die übrigen *Chlidonias*-Arten. Ruft hölzern "krrrt", heiser krächzend "ährk" oder "eirk", in derselben Tonlage wie der Stelzenläufer. Lokal häufig an Sümpfen und Seen Südeuropas, in Deutschland vereinzelt im Mai zwischen durchziehenden Trauerseeschwalben.

Trauerseeschwalbe	Weißflügel-Seeschwalbe	Weißbart-Seeschwalbe

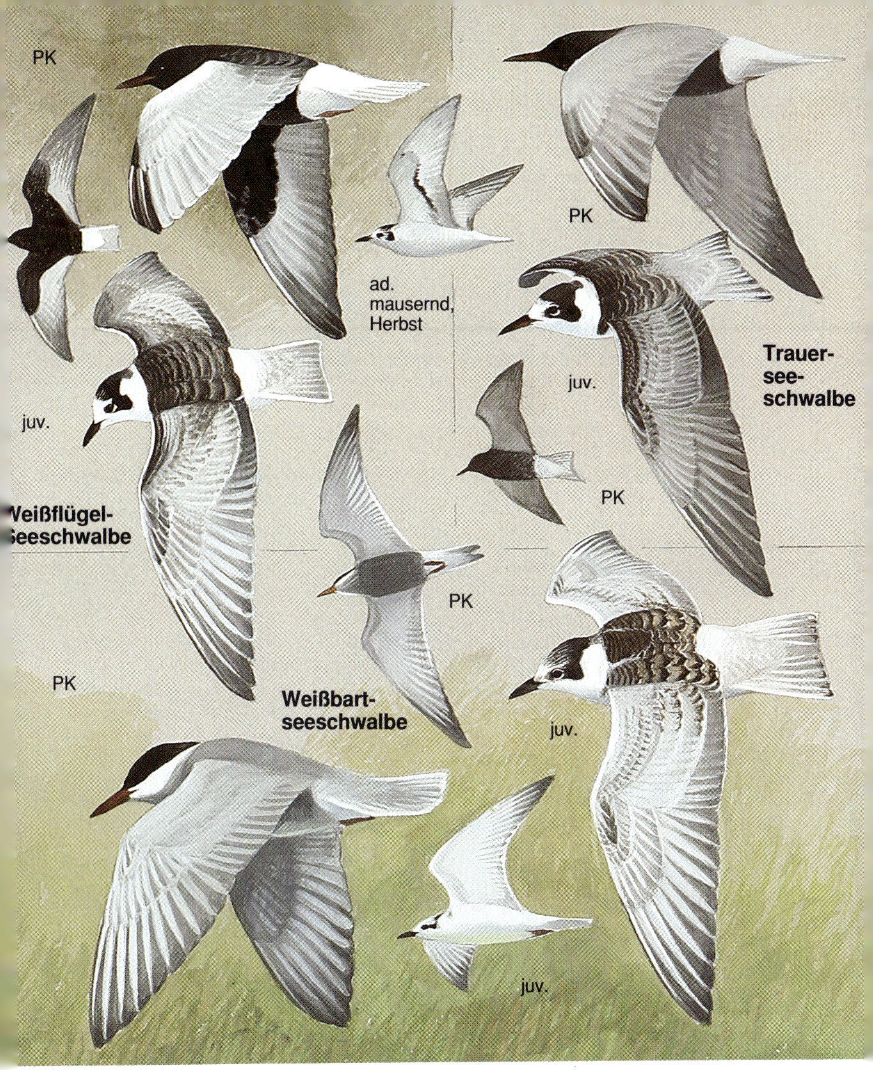
PK
PK
ad.
mausernd,
Herbst
juv.
Trauer-
see-
schwalbe
juv.
PK
Weißflügel-
eeschwalbe
PK
PK
Weißbart-
seeschwalbe
juv.
juv.

Weißflügel-
PK
Trauer-
juv.
SK
Trauer-
PK
Weißbart-
PK

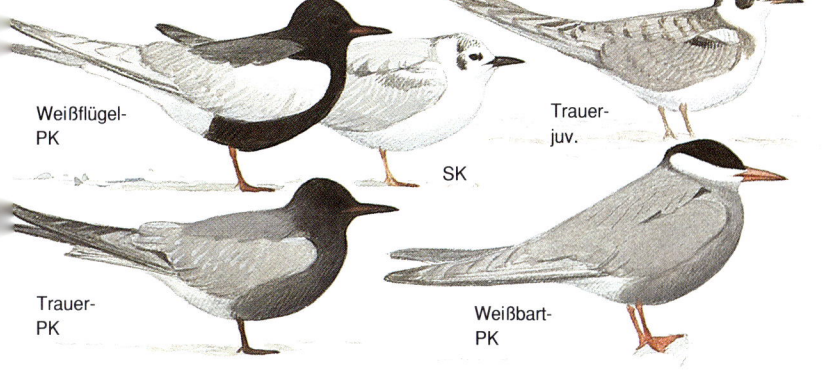

Trottellumme
Uria aalge - Guillemot L 38-45 cm, S 64-73 cm - BW
Ein ausgeprägter Hochseevogel, der nur zum Brüten an Meeresklippen kommt und wie alle Alke ein schwarzweißes Gefieder trägt. Unterscheidet sich vom Tordalk durch die Schnabelform und die etwas heller grauschwarz gefärbte Oberseite mit einem Braunstich am Kopf; Oberseite bei nördlichen Populationen dunkler. Eine häufige Variante ("Ringellumme") hat einen weißen Augenring und Lidstrich. Im Flug ein wenig größer als Tordalk, mit längerer und spitzerer Front und hinten deutlich sichtbaren Füßen. Unterflügel dunkler, mit schmutziger Zeichnung der Decken, dunkleren Achselfedern und helleren Schwungfedern als der Tordalk. Im Schlichtkleid mehr Weiß an den "Schläfen", durchschnitten von einem schwarzen Augenstreif. Manchmal bilden die dunklen Halsseitenflecken ein geschlossenes Band. Im südlichen Teil des Brutgebietes wird das Schlichtkleid nur im Herbst getragen, und bereits im November/Dezember tragen viele eine ganz dunkle Kopfzeichnung (im Spätherbst können mausernde für Dickschnabellummen gehalten werden), Jungvögel zeigen das erste Winterkleid aber bis weit in den Mai hinein. Brütet in großen, dichten Kolonien an Felswänden am Meer, in Deutschland nur auf Helgoland. Am Brutplatz laut, mit hoch schnarrendem "Arrr" oder "Uarrr", Jungvögel klagen pfeifend "pi-vy". Frißt hauptsächlich Fische. Jungvögel springen vor Erreichen der Flugfähigkeit zwischen Juni und August ins Meer. Brutfelsen werden ab Januar wieder besetzt.

Dickschnabellumme
Uria lomvia - Brünnich's Guillemot L 39-43 cm, S 65-70 cm - A
Ein arktischer Alk, der nur selten im Nordseegebiet gesehen wird und vor deutschen Küsten eine Ausnahmeerscheinung ist. Der Trottellumme sehr ähnlich, aber oberseits schwärzer (doch eine Nuance heller als Tordalk), etwas kleiner als die Trottellummen im Eismeer, aber mindestens so groß wie deren südliche Populationen. Hat einen kürzeren Hals, kürzeren und gröberen Schnabel, im Sommer einen weißen Schnabelwinkel, dazu fehlt die dunkle Flankenzeichnung der Trottellumme. Im Schlichtkleid am Kopf dunkler als die beiden anderen großen Alke und oft auch auf Kehle und Wangen unregelmäßig schwarz gefleckt, was ihr einen mehr dunkelköpfigen Eindruck verleiht. Trägt das Schlichtkleid zumindest bis zum zeitigen Frühjahr. Jungvögel kommen in zwei Formen vor, entweder ähnlich Prachtkleid mit schwarzbrauner Kehle, oder Kehle und Wangen weiß. Im Flug kompakt, etwas gebeugt und mit etwas nach unten zeigendem Schnabel, Unterflügel heller als bei Trottellumme, aber ohne Kontrast zwischen Decken und Schwungfedern wie beim Tordalk.

Tordalk
Alca torda - Razorbill L 37-39 cm, S 63-67 cm - BW
Oberseits schwärzer als Trottellumme und mit hohem, weiß markiertem Schnabel. Im Flug mehr Weiß an Steiß und Bürzel, Füße unsichtbar (fließen mit dem Schwanz zusammen), Unterflügeldecken weiß und Schwungfedern schwärzer, etwas nach oben strebender Schnabel. Im Schlichtkleid mit mehr Schwarz am Kopf als Trottellumme. Jungvögel im Herbst mit einem kleineren Schnabel als adulte (können mit Dickschnabellumme verwechselt werden). Brütet oft in Kolonien der Trottellumme, aber meist weniger zahlreich, in Deutschland nur einige Paare auf Helgoland. Während des Balzflugs langsame Flügelschläge. Ruft knarrend "urr".

Trottellumme Dickschnabellumme Tordalk

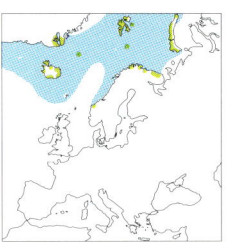

Gryllteiste
Cepphus grylle - Black Guillemot L 30-32 cm, S 52-58 cm - W

Ähnelt keinem der anderen Alke, kann aber im Schlichtkleid, vor allem im Flug, mit anderen hellen Schwimmvögeln verwechselt werden. Ist aber an der geradlinigen Flugbahn mit schnellen, schwirrenden Flügelschlägen und den auffälligen weißen Flügelflecken meist leicht zu erkennen. Jugendkleid ähnlich Schlichtkleid, aber mit dunklerer Stirn und dunkel gebändertem Flügelfleck. Ist im Sommer des zweiten Kalenderjahres schwarz, behält aber weiterhin die dunkel gezeichneten Armdecken und sieht manchmal ganz schwarz aus. Kommt in geringeren Konzentrationen als andere Alke vor, ist aber weiter verbreitet. Am Brutplatz läßt sie fast irritierend hohe, gepreßte Pfiffe hören, "piiiiih". Von dem Brutplatz unter Steinen oder Felsblöcken aus äußern brütende Vögel, und später die Jungen, schwer zu lokalisierende pfeifende und piepsende Geräusche. Lebt von Fischen und anderen kleinen Tieren, die bei Tauchgängen am Meeresgrund gefangen werden. Bevorzugt im Gegensatz zu den anderen Alken flachere Küstengewässer und zieht weniger. Viele bleiben in der Ostsee, solange es die Eissituation zuläßt. Wird ausnahmsweise an der deutschen Nordseeküste gesehen, regelmäßiger an der Ostsee.

Papageitaucher
Fratercula arctica - Puffin L 26-29 cm, S 47-63 cm - W

Im Sommer unverkennbar. Im Anschluß an die Brutsaison verliert er die äußeren Schnabelteile und bekommt einen schmaleren und überwiegend gelben Schnabel. Das Gesicht und vor allem der Zügel werden im Schlichtkleid dunkler grau. Jungvögel haben einen noch dünneren Schnabel und können dann vor allem im Flug mit dem Krabbentaucher verwechselt werden (s. unten). Hat einen typischen Alkenflug mit einer geraden Bahn und schnellen Flügelschlägen, am Brutplatz manövriert er aber geschickter als Trottellumme und Tordalk. Er ist deutlich kleiner als die Trottellumme, mit dunkleren, grauen Unterflügeln. Brütet in selbstgegrabenen Erdhöhlen auf grasbewachsenen Hängen und Abstürzen, oft in gewaltigen Kolonien. Frißt Fisch. Brütet an nordeuropäischen Küsten, verbringt den Winter auf dem offenen Meer (auch im westlichen Mittelmeer) und erscheint sehr selten vor der deutschen Nordseeküste.

Krabbentaucher
Alle alle - Little Auk L 17-19 cm, S 40-48 cm - W

Kann trotz seiner geringen Größe (nur so groß wie ein Star) mit anderen Alken verwechselt werden. Auf dem Wasser sind der kurze, rundliche Hals und Kopf mit dem fast verschwindend kleinen Schnabel auffällig. Fliegend sind das spulenförmige und schnabellose Profil und die sehr schnellen Flügelschläge ausgezeichnete Merkmale. Die Flügel sind relativ lang, unterseits schwarz mit einem weißen Streif mitten auf dem Armflügel (den man aber kaum einmal erkennen kann). Das Jugendkleid ähnelt dem Schlichtkleid, ist aber brauner und im Ton matter. Ein arktischer Alk, der in millionenfacher Anzahl auf Spitzbergen und Grönland in gewaltigen Kolonien an Schotterhängen und unter Steinen brütet. Überwintert auf dem offenen Meer, regelmäßig südlich bis zur Nordsee, wird vor allem nach starken Weststürmen an der deutschen Nordseeküste gesehen, manchmal im Herbst in größerer Anzahl. Ausnahmsweise auf der Ostsee und im Binnenland.

Gryllteiste Papageitaucher Krabbentaucher

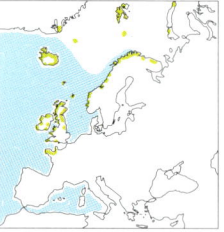
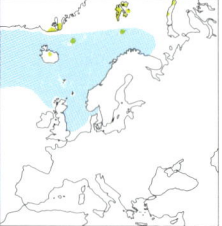

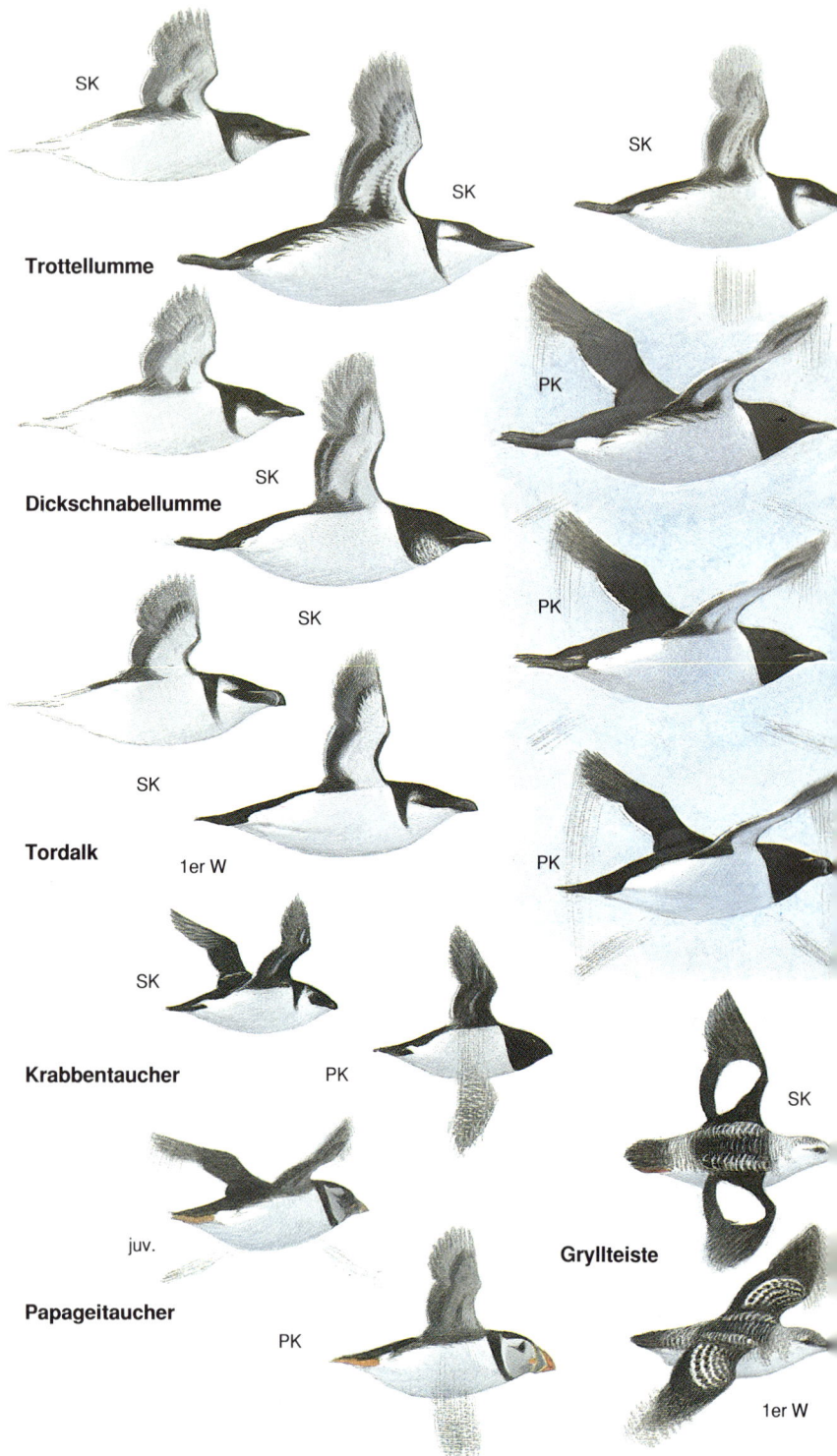

Wellenflughuhn
Pterocles lichtensteinii - Lichtenstein's Sandgrouse   L 24-26 cm, S 48-52 cm

Das kleinste Flughuhn, nur so groß wie Turteltaube. Männchen mit kennzeichnendem Diadem, Weibchen dicht dunkel gemasert, wirkt aus der Entfernung grau mit freundlichem Auge und hellem Augenring. Drückt sich bei Annäherung und ist am Tage schwer zu sehen. Nachts am aktivsten, kommt in der Abenddämmerung zum Trinken an Wasserlöcher, ruft dann kräftig "küitall". Übrige Laute etwas schnurrend "trrr" und froschartiges "küark-küark-küark". Brütet in steinigen Halbwüsten mit einzelnen Bäumen oder Büschen, oft in ausgetrockneten Flußbetten mit Akazien, in der Westpaläarktis im Süden der Sinai-Halbinsel, in Israel, Jordanien, Südalgerien und Südost-Marokko.

Kronenflughuhn
Pterocles coronatus - Crowned Sandgrouse   L 27-29 cm, S 52-63 cm

Kleiner als das Sandflughuhn. Männchen aus der Entfernung wie gegerbtes Leder gefärbt, mit schwarzem Schild um den Schnabelansatz. Weibchen grauer und dicht quergefleckt und gebändert, mit ungezeichnetem gelbem Kinn und ohne deutlichen Augenring. Im Flug mit ober- und unterseits kontrastierenden dunklen Schwungfedern, vgl. Wellen- und Tropfenflughuhn. Ruft laut, etwas gackernd "tchagá-tchagarrá". Schließt sich im Winter in Trupps zusammen, besucht vor allem morgens in Schwärmen Wasserstellen. Brütet relativ häufig in Wüsten und Halbwüsten mit steinigem oder sandigem Untergrund. Die Verbreitung erstreckt sich fleckweise über die nördliche Sahara von Südmarokko östlich bis Israel.

Tropfenflughuhn
Pterocles senegallus - Spotted Sandgrouse   L 30-35 cm, S 53-65 cm

Etwas größer als Kronenflughuhn, aus der Entfernung oberseits recht einfarbig graubeige oder olivgrau, mit dunklen Flecken auf Mantel und Flügeln. Weibchen mit dunklem Augenstreif, Scheitel und Brust gestreift. Im Flug oberseits mit hellen Handschwingen, aber dunklem Flügelhinterrand. Dunkler Bauchfleck am besten im Flug zu sehen. Ruft im Flug laut und brodelnd "küit-tu". Außerhalb der Brutzeit in kleinen Trupps, selten mehr als 50 Individuen. Lebt in wüstenartigen Steppen oder Sandwüsten der Nordsahara von Marokko bis Libyen, dann wieder von Ostägypten bis Nordost-Jordanien.

Sandflughuhn   Spießflughuhn

Sandflughuhn
Pterocles orientalis - Black-bellied Sandgrouse   L 33-35 cm, S 70-73 cm - A
Wird meist morgens auf dem Weg zu den Wasserstellen gesehen. Fliegt mit raschen Flügelschlägen gerade und schnell, an Goldregenpfeifer erinnernd. Unterseits schwarzer Bauch und schwarze Schwungfedern, oberseits beige Färbung mit blaugrauen Schwungfedern kennzeichnend. Erregt die Aufmerksamkeit häufig durch den Flugruf, weich rollend "tjürrl (tjurr) ... tjürrl ..." (l mehr rollend als r, ähnlich einer halben Turteltauben-Balzstrophe), im Auffliegen langgezogener "achürrr". Kommt in Steppen und Halbwüsten vor, auch auf Hochplateaus und magerem Weideland. Selten und lokal auf der Iberischen Halbinsel, relativ häufig in Nordafrika und der Türkei.

Spießflughuhn
Pterocles alchata - Pin-tailed Sandgrouse   L 31-39 cm, S 54-65 cm - (A)
Kleiner als Sandflughuhn, im Flug von weitem durch verlängerte Steuerfedern und fehlenden schwarzen Bauch, auf dem Boden durch dunklen Augenstreif leicht von diesem zu unterscheiden. Männchen oberseits grünlich. Stimme härter, ähnlich Reiherente "katarr-katarr". Am Brutplatz Balzflüge in Paarformation und mit schwindelerregendem Abtauchen in weichen Kurven, dabei pfeifendes Flügelgeräusch. Lokal und ziemlich selten in ähnlichem Gelände wie das Sandflughuhn, aber in Südwest-Europa weiter verbreitet. Versammelt sich im Winter zu großen Gruppen, manchmal zu Tausenden. hat in Europa aber durch Lebensraumzerstörung abgenommen.

Steppenflughuhn
Syrrhaptes paradoxus - Pallas's Sandgrouse   L 30-41 cm, S 63-78 cm - A
Mittelasiatische Art, die früher manchmal invasionsartig in Europa erschien. Schlanker als Spießflughuhn, hat ähnlich verlängerte Steuerfedern und kennzeichnende nadelartig zugespitzte längste Handschwinge (besonders Männchen). Im Flug mit ganz hellen Unterflügeln, dunklem Bauchfleck (wie Rauhfußbussard), Kopf und Brust des Männchens ohne Schwarz, Weibchen mit schmalem Kehlband und gefleckten Halsseiten.

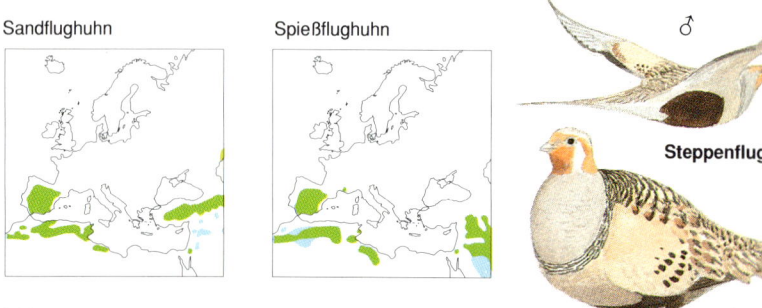

Sandflughuhn   Spießflughuhn   Steppenflug

Sandflughuhn

Spießflughuhn

Hohltaube　　　　　　　　　　　　　　Ringeltaube

Ringeltaube
Columba palumbus - Woodpigeon　　　　　　　　　　L 40-42 cm, S 75-80 cm - BZW
Ist immer an der von Ferne leuchtenden weißen Zeichnung auf Flügeln und Hals zu erkennen, doch fehlt der Halsring im Jugendkleid noch, und die Iris ist anfangs dunkel. Im Flug schwerer, vollbrüstiger und langschwänziger als die Hohltaube, beim Auffliegen und Landen klatschendes Flügelgeräusch. Steigt im Balzflug mit schnellen, klatschenden Flügelschlägen auf und gleitet dann auf steifen Schwingen abwärts. Singt dumpf blasend "du-duuh, duduuh du", mit einsamem Klang und eulenähnlichem Charakter. In Europa die häufigste und am weitesten verbreitete Taube, ist in allen Waldtypen häufig, auch in Stadtparks und Gärten. Frißt verschiedene Beeren, Samen und Knospen. Im Herbst sind Bucheckern und Eicheln die wichtigste Nahrung. Sucht morgens und abends oft regelmäßig auf Äckern und Feldern nach Nahrung. Während des Zuges nordöstlicher Populationen Mitte September/Oktober und im März/April tritt sie häufig in großen Schwärmen auf.

Hohltaube
Columba oenas - Stock Dove　　　　　　　　　　L 32-34 cm, S 63-69 cm - BZ
Deutlich kleiner als die Ringeltaube, wohlproportioniert, mit kürzerem Schwanz, schnellerem Flügelschlag und stetigerem Flug. Kann mit Straßentauben verwechselt werden, hat aber kein Weiß im Gefieder und nur undeutliche schwarze Binden auf dem Armflügel. Ältere Vögel sind heller, mit silbrig glänzenden Mittleren und Großen Armdecken, jüngere sind dagegen auf den Flügeln einheitlicher grau. Das Männchen läßt ein schnell wiederholtes, zweisilbiges "oo-uo, oo-uo, oo-uo ..." hören. Am Brutplatz zeigen die Vögel mit V-förmig gestellten Flügeln einen Balzflug ähnlich Straßentauben. Die Wahl des Brutgebietes hängt in erster Linie vom Vorkommen geeigneter Bruthöhlen ab, z.B. Schwarzspechthöhlen, Nistkästen, Löcher in Steinmauern. Kommt spärlich, lokal auch häufig, in offenen Wäldern und der Kulturlandschaft vor. Nahrung wie Ringeltaube, oft beide Arten gemeinsam auf Feldern. Zieht wie die Ringeltaube, aber im Frühjahr oft etwas zeitiger und im Herbst später.

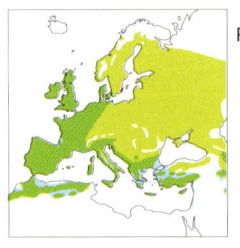

Ringeltaube

Hohltaube

juv.

Ringeltaube

Hohltaube

Silberhalstaube
Columba trocaz - Long-toed Pigeon L 38-40 cm, S 72-76 cm
Brütet auf Madeira in großer Höhe in feuchten Lorbeerwäldern. Ähnlich Ringeltaube, aber viel dunkler und mit von lila und grün glänzenden Federn umgebenem, undeutlich silberglänzendem Halsfleck. Kurze Flügel ganz dunkel. Auf La Palma, Gomera und Teneriffa (Kanaren) brütet die sehr ähnliche **Bolles Lorbeertaube** (*C. bollii*), dazu die **Lorbeertaube** (*C. junoniae*).

Felsentaube
Columba livia - Rock Dove L 31-34 cm, S 63-70 cm
Die Stammform der **Straßentaube** *C. l.* forma *domestica* und zahlreicher gezüchteter Formen. In Westeuropa an felsigen Küsten, in den Mittelmeerländern hauptsächlich in felsigen Berg- und Wüstengebieten. Unterscheidet sich von Hohl- und Ringeltaube durch schwarze Flügelbinden und weißen Rücken. Beim Balzflug mit angehobenen Flügeln und einem gurrenden "duu-ru-duu" segelnd. Auch Straßentauben brüten mancherorts an Klippen und sind häufig kaum von Felsentauben zu unterscheiden. Viele Zuchtformen sind jedoch sehr bunt und können besonders im Flug mit zahlreichen anderen Vogelarten verwechselt werden.

Türkentaube
Streptopelia decaocto - Collared Dove L 31-33 cm, S 47-55 cm - BJ

Türkentaube

Eine kleine, schlanke und langschwänzige Taube, beigebraun mit schwarzem Halsring. Im Streckenflug mit längerem Schwanz, hellerem Gesamteindruck und helleren Unterflügeln als Turteltaube, Schwanzzeichnung weniger kontrastreich mit breiteren weißgrauen Spitzen und ohne dunkles Subterminalband. Segelt im Balzflug mit schwach herabgebogenen Flügeln und gespreiztem Schwanz. Jungvögel grauer und noch ohne Halsband. Balz schnell wiederholt und dumpf "kuh-kuu, ku", ruft heiser "chrää". Stammt ursprünglich aus Asien, hat sich in diesem Jahrhundert aber nach Nordwesten ausgebreitet und kommt ganzjährig häufig in Parks und Wohngebieten vor.

Felsentaube   Turteltaube   Palmtaube

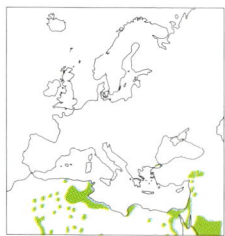

Felsentaube

Türkentaube

Turteltaube

Orientturteltaube — **Turteltaube juv.**

Turteltaube
Streptopelia turtur - Turtle Dove   L 26-28 cm, S 47-53 cm - BZ
Eine kleine, leichte Taube mit etwas ruckartigem Flug. Beim Auffliegen und Landen ist die Schwanzzeichnung auffallend. Rotbraune Oberseite, dunklere Unterflügel und ein kürzerer Schwanz unterscheiden sie von der Türkentaube. Jungvögel im Gesamteindruck mehr graubraun oder graubeige, ohne dunkle Federzentren und Halsfleck. Vom westlichen Nordafrika bis nach Libyen und im Nahen Osten kommt die hellere und mehr graubraune Unterart *arenicola* vor. Häufig in Kulturlandschaften mit lichten Laubwäldern, Gehölzen und Gärten, auch in Oasen und verbuschtem Gelände mit einzelnen Bäumen. Am Brutplatz häufig zurückgezogen. Balzt mit einem namengebenden, weich schnurrenden "Torr, torr ..." oder "Türr, türr". Lebt von Kräuter- und Grassamen. Zieht im August/September ab, zurück Mitte April/Mai.   *Karte S. 304*

Orientturteltaube
Streptopelia orientalis - Rufous Turtle Dove   L 33-35 cm, S 53-60 cm - A
Asiatische Ausnahmeerscheinung, meist im Winterhalbjahr. Wie eine große Turteltaube, aber kräftiger und insgesamt dunkler. Altvögel auf Mantel und Flügeldecken ähnlich Turteltauben, dunkle Federzentren aber größer, undeutlicher abgesetzt und an der Spitze runder. Orientturteltaube sieht dunkelbraun mit heller Schuppenzeichnung, Turteltaube hell rotbraun mit dunkelbraunen Flecken aus. Flügeldecken im ersten Winter dunkler und mit deutlichen hellgrauen Spitzen, die helle Flügelbinden bilden (bei Altvögeln weniger auffallend). Schwanz mit grauer Endbinde (bei mittelasiatischer Unterart *meena* weiß) ohne schwärzliches Subterminalband der Turteltaube. Halsfleck mit graublauen statt weißen Federn durchsetzt. Flugweise eher an Ringeltaube erinnernd. Balzt "hru-hru uh-uh".

Palmtaube
Streptopelia senegalensis - Palm Dove   L 25-27 cm, S 40-45 cm - (A)
So groß wie Turteltaube, aber rundflügeliger und langschwänziger. Schwanzzeichnung wie Turteltaube, doch werden die weißen Spitzen zur Mitte hin langsam blaugrau und sind nicht scharf abgesetzt. Variiert in der Färbung, Gesamteindruck meist dunkel mit intensiv braunroter Oberseite und blaugrauen Flügeldecken. Das Fehlen von dunklen Federzentren auf der Oberseite und die dunkle Musterung auf den Brustseiten unterscheidet sie jederzeit von der Turteltaube. Sieht manchmal sehr verschmutzt und nichtssagend aus, besonders in Großstädten wie z.B. Istanbul. Balzt ähnlich Türkentaube, aber schwächer, eher pumpend und fünfsilbig, z.B. "puu pu puU-pUu-hu". Kommt in Städten und Dörfern, bewirtschaftetem Gelände und Oasen vor.   *Karte S. 304*

Kaptäubchen
Oenas capensis - Namaqua Dove   L 26-28 cm, S 28-33 cm
Eine sehr kleine, langschwänzige Taube mit kupferroten Unterflügeln. Gesicht und Brust des Männchens schwarz. Eine afrikanische Art, selten in Südisrael, ausnahmsweise in Nordafrika.   *Nicht abgebildet*

Kuckuck
Cuculus canorus - Cuckoo   L 32-34 cm, S 55-65 cm - BZ

Langschwänzig und spitzflügelig, mit einer etwas falkenartigen Silhouette. Wird oft im schnellen, geraden Flug mit etwas lahmen Flügelschlägen gesehen. Die Flügel werden nicht über den Körper angehoben, der im Profil durch den angehobenen Kopf im Hohlkreuz zeigt. Unterscheidet sich vom Sperber durch die spitzen Flügel. Das Weibchen ähnelt dem Männchen, hat aber ein angedeutetes braunes Brustband. Jungvögel haben oberseits helle Federränder, sind unterseits auch auf Brust und Kehle quergebändert und haben einen deutlichen weißen Nackenfleck. Sie sind in der Grundtönung meist dunkler, mehr schiefergrau, oft auch bräunlich. Besonders bei Weibchen kommt gelegentlich eine rotbraune Morphe vor. Ruft im Mai/Juni sein wohlbekanntes "kuck-kuh", meist von einer Baumspitze aus. Durch die Nähe von Rivalen aufgehetzt, läßt das Männchen auch ein glucksendes und heiseres "gog-gog-gog-chä-chä-chä" hören. Das Weibchen hat einen regenbrachvogelartigen, explosiv brodelnden Triller. Kommt häufig in offener Landschaft mit einzelnen Büschen und Bäumen und in offenen Waldgebieten vor. Führt im Hochsommer ein verstecktes Leben, ernährt sich von Insekten, vor allem von behaarten Schmetterlingsraupen, die von anderen Vogelarten gemieden werden. Im Spätsommer sieht man häufig Jungvögel von Zäunen und niedrigen Büschen aus nach Larven spähen. Der Kuckuck legt seine Eier eins nach dem anderen in die Nester anderer Vogelarten. Die Kuckucksjungen stoßen die übrigen Eier oder Jungen aus dem Nest und werden dann vom Wirtspaar aufgezogen. Jedes Weibchen ist auf die Art spezialisiert, deren Eier ihren eigenen ähneln. Über 100 verschiedene Wirtsvogelarten sind in Europa festgestellt worden, besonders häufig Wiesenpieper, Heckenbraunelle, Rohrsänger, Bachstelze und Gartenrotschwanz. Zieht von Ende Juli-Anfang September ins tropische Afrika, zurück Ende April-Mai.

Hopfkuckuck
Cuculus saturatus - Oriental Cuckoo   L 30-32 cm, S 51-57 cm

Dem Kuckuck sehr ähnlich, alle Unterschiede im Aussehen gering und teilweise individueller Variation unterliegend. Ist etwas kleiner, wirkt etwas kurzschwänziger und straffer, in der Haltung nicht so schlapp wie der Kuckuck. Kopf erscheint größer, Schnabel kräftiger. Oberseits etwas dunkler grau, unterseits mit durchschnittlich breiteren Bändern (variiert und überlappt sich mit dem Kuckuck) auf mehr gelblichbeigem oder rahmfarbenem Grund, besonders am Steiß. Auf den Unterschwanzdecken eher quergestellte Flecken (manchmal fehlend) als schmale, gleichbreite Bänder wie beim Kuckuck. Färbung der Weibchen variiert wie beim Kuckuck von Grau bis kräftig Rotbraun, braune Vögel sind aber kräftiger gezeichnet, besonders auf der Oberseite, wo Bürzel und Schwanz gleichmäßig breite schwärzliche Bänder tragen (beim Kuckuck stärker aufgebrochen und unregelmäßig gemustert). Stimme bestes Kennzeichen, ruft zweisilbig "pu-pu", beide Töne von gleicher Länge und Höhe, im Charakter ähnlich Wiedehopf, meist sechs- bis achtmal mit größerer Geschwindigkeit als beim Kuckuck wiederholt. Nach einem Ortswechsel oft eingeleitet mit einer hastigen Reihe von fünf bis sieben "pu"-Lauten. Lebt in der Taiga Asiens, westwärts bis ins östlichste Europa, und überwintert in Südost-Asien. Bevorzugt geschlossenere Wälder als der Kuckuck, auch in dichter Gebüschlandschaft anzutreffen, oft scheu und zurückgezogen. Ist in Europa wenige Male außerhalb Rußlands angetroffen worden.

Kuckuck

Hopfkuckuck

Häherkuckuck

Clamator glandarius - Great Spotted Cuckoo L 38-40 cm (juv. 35 cm), S 58-66 cm - A
Ein südeuropäischer Kuckuck, im Flug unverkennbar mit unverhältnismäßig langem
Schwanz und typischem Kuckucksflug. Jungvögel mit bronzefarbenen Handschwingen
und einer schwarzen Haube, im Frühjahr des zweiten Kalenderjahres noch bronzefarben und mit schwarzen Ohrdecken.
Ruf ein streitsüchtig klingendes "Krry krry krry", das dem
schnatternden Ruf des Buntspechtes am ähnlichsten ist.
Kommt relativ selten und teilweise unregelmäßig in offener
oder halboffener Landschaft vor. Legt die Eier (manchmal
mehrere in ein Nest) in Nester von Krähen, besonders Elstern
und Blauelstern. Die Jungen wachsen zusammen mit den
Küken des Wirtspaares auf. Nahrung vor allem größere
Insekten. Kommt ab Ende März zurück, zieht im August/
September. In Mitteleuropa Ausnahmeerscheinung.

Gelbschnabelkuckuck
Coccyzus americanus - Yellow-billed Cuckoo L 28-32 cm, S 40-48 cm
Kleiner als Kuckuck, aber mit ähnlich schlankem Profil, Flügel und Schwanz lang. Oberseits braun mit rostfarbenem Feld auf den Handschwingen. Schwanz unterseits schwarz mit auffälligen weißlichen Spitzen und Außenfahnen an den äußeren Steuerfedern (s. Abb.), bei Jungvögeln dunkelgrau mit schmutzig weißen Spitzen, immer aber kontrastreicher gezeichnet als beim Schwarzschnabelkuckuck. Deutlicher heller Augenring und gelblicher Unterschnabel. Zurückgezogen, aber weniger scheu als der Kuckuck, sitzt oft gut versteckt im Astwerk. Eine sehr selten und nicht jedes Jahr auftretende Ausnahmeerscheinung aus Nordamerika, meist im Herbst auf den Britischen Inseln.

Schwarzschnabelkuckuck
Coccyzus erythrophthalmus - Black-billed Cuckoo L 27-31 cm, S 38-42 cm - A
Erscheint noch seltener aus Nordamerika in Westeuropa als der ähnliche Gelbschnabelkuckuck. Handschwingen nie deutlich rostfarben wie bei diesem, Jungvögel haben aber oft einen wärmeren Braunton auf den Außenfahnen der Handschwingen. Der Schwanz ist kontrastloser, unterseits grau mit etwas helleren Spitzen. Adulte mit schwarzem Schnabel und rotem Lidring. Bei Jungvögeln, die am wahrscheinlichsten in Europa anzutreffen sind, ist der Lidring weniger auffallend und beige, der Schnabel ist an der Basis oft grau.

Halsbandsittich
Psittacula krameri - Ring-necked Parakeet L 38-42 cm, S 42-48 cm - (BJ)
An vielen Stellen eingebürgert, auch in Deutschland verwildert brütend. Durch hellgrünes Gefieder und langen Schwanz unverkennbar. Schreit kreischend "kii-ak".

Schleiereule
Tyto alba - Barn Owl L 33-39 cm, S 85-93 cm - BJ

Ein mittelgroßer, nachtaktiver und heller Vogel mit einem typischen herzförmigen Gesichtsschleier und schwarzen Augen. Die westliche und südliche Nominatform *alba* ist sehr hell, unterseits weiß bis gelbweiß. Das Männchen hat unterseits wenige oder gar keine Flecken, das Weibchen zumindest an den Flanken einige. Geht im nördlichen/östlichen Europa langsam in die Unterart *guttata* über, die oberseits dunkler ist, unterseits intensiv rostgelb mit dunklen Punkten. Im Flug sind die ruckartig und steif bewegten Flügel kürzer und der Kopf größer als bei der ebenfalls hellen Sumpfohreule, insgesamt macht sie aber einen helleren und einfarbigeren Eindruck. Der Revierruf des Männchens, der auch im Flug geäußert wird, ist ein ungefähr zwei Sekunden anhaltendes, hell vibrierendes Fauchen. Warnt im Flug mit einem geradlinigen, gellenden, attackiert Eindringlinge mit einem schnellen, messerscharfen Schrei. Junge betteln mit langgezogenem Zischen. Brütet auf Dachböden und in Nischen in Scheunen, Kirchen und Bäumen, jagt über offener Kulturlandschaft, in der Morgen- und Abenddämmerung am aktivsten, die Rufe hört man aber nur nachts. Lebt vor allem von kleinen Nagetieren und einzelnen Kleinvögeln. Hauptsächlich Standvogel, Junge wandern aber im ersten Jahr umher. Nimmt zur Zeit besonders im Norden ab.

Sumpfohreule
Asio flammeus - Short-eared Owl L 34-42 cm, S 90-105 cm - BZW

Bei stehenden Vögeln gelbe Augen mit schwarzer, einen dämonischen Ausdruck verleihender Umrandung kennzeichnend; Gefieder grob gefleckt, kurze "Mausohren" nur bei Erregung aufgestellt. Unterscheidet sich im Flug von der Waldohreule durch schlankere, spitzere Flügel mit einfarbig schwarzbrauner Spitze, oft auffälligem gelbem Feld auf den Handschwingenbasen und breitem, weißem Hinterrand, leicht keilförmigen Schwanz mit wenigen breiten, dunklen Querbändern und häufig scharfer Grenze zwischen dunkler Brust und hellem Bauch. Die Flügel werden ruckartig und etwas steif bewegt, im Gleitflug leicht V-förmig gehalten. Eher tagaktiv als andere Eulen, jagt meist abends und früh am Morgen und ist deshalb ziemlich leicht zu sehen. Das Männchen ruft dumpf pumpend "du-du-du-du-du", das Weibchen heiser "tjäää-opp". Brütet in offenem Gelände wie Heiden, Mooren, Feuchtwiesen und Feldern. Ernährt sich in erster Linie von Nagetieren, von deren Häufigkeit ihr Vorkommen abhängt; nimmt in schlechten Nagetierjahren aber auch Vögel, Vogeljunge und andere kleine Tiere. Nordöstliche Populationen ziehen im September-November nach Süden und kehren im April/Mai zurück.

Kapohreule
Asio capensis - Marsh Owl L 35-37 cm, S 82-99 cm

Eine afrikanische Eule, die im Nordwesten Marokkos ein isoliertes Vorkommen hat. Wie kleine Sumpfohreule, aber mit fast ungezeichneter dunkelbrauner Oberseite und dunklem Brustband. Iris dunkel. Im Flug wie Sumpfohreule mit rostbeige gefärbten Handschwingenbasen. Häufigster Ruf ein einzelnes oder gereihtes, tiefes frosch- oder krähenartiges "Kaa", auch im Flug. Bewohnt Sumpfgebiete.

Schleiereule

Sumpfohreule

Kapohreule

alba *guttata*

Schleiereule

Sumpfohreule

Waldohreule
Asio otus - Long-eared Owl L 35-37 cm, S 84-95 cm - BZW

Unterscheidet sich vom Waldkauz durch die orangeroten Augen und die langen, im Flug und Ruhezustand aber angelegten Federohren. Die Flügel werden mechanisch, ruckartig und steif bewegt, als wären sie geschient. Kann dann mit Sumpfohreule verwechselt werden, hat aber kürzere, breitere und rundere, im Gleitflug waagerecht gehaltene Flügel mit verwaschener Bänderung der Spitze und meist ohne auffallenden hellen Hinterrand, eine einfarbig düster wirkende, gleichmäßiger gestreifte Brust- und Bauchpartie und einen geraden oder leicht gerundeten, mit vielen undeutlichen Binden versehenen Schwanz. Nachtaktiv, jagt aber vor allem in der Morgen- und Abenddämmerung, selten tagsüber. Männchens ruft in Intervallen von ungefähr 3 Sekunden "huu", pumpend und hohl, als würde kurz in eine leere Flasche geblasen. Das Weibchen hat ein helleres und langgezogeneres "Huüüü", häufiger antwortet es weich und nasal "kääeh". Jungvögel verraten sich durch hell pfeifende Bettelrufe, etwa "piie". Brütet relativ häufig in alten Krähen- und Greifvogelnestern in dichten Nadelwäldern, offenem Wald oder Feldgehölzen, jagt in offenerem Gelände Mäuse und Kleinvögel. In großen Teilen Europas Standvogel, nordöstliche Populationen ziehen aber nach Süden und finden sich im Winter oft auch in städtischen Parks zu Schlafgemeinschaften zusammen.

Uhu
Bubo bubo - Eagle Owl L 60-75 cm, S 160-188 cm - BJ

Die größte Eule Europas, doppelt so lang wie eine Waldohreule und mit 2-4 kg etwa zehnmal so schwer; kann einen Habicht töten. Hat auffällige Federohren. Im Flug sind der kurze Schwanz, die breiten Flügel und der etwas spitze Kopf auffallende Kennzeichen. Der Flügelschlag ist flach, steif und überraschend schnell. In der Paläarktis mit vielen in Größe und Farbton variierenden Unterarten vertreten, im Süden generell kleiner und heller (kleinste Unterart die iberische *hispanus*), in Nordafrika im Nahen Osten *ascalaphus*, die deutlich kleiner und heller ist und in extremen Wüstengebieten hell sandfarben und bleich braun gemustert sein kann. Östlich des Ural lebt in Sibirien die Unterart *sibiricus*, die größer und heller mit grauweißem Grundton ist. Auch die Variationen innerhalb eines Gebietes können erheblich sein, manche skandinavischen Vögel sind oberhalb fast einheitlich dunkelbraun, andere rostbeige und grob braun gefleckt. Das Männchen ruft im Spätwinter am intensivsten von Sonnenuntergang bis einige Stunden danach weitreichend "HU o" oder "U-hu" (hört man bis zu 5 km weit), in Abständen von etwa acht Sekunden wiederholt. Das Weibchen antwortet mit einem gleichartigen Ruf, aber etwa eine Oktave höher, oft etwas heiser und weniger emphatisch und ruft auch heiser kläffend "VÄ ev". Junge betteln heiser und gepreßt "tju Üsch". Warnt gellend scharf "kä-kä käKÄu" und mit Schnabelknappen. Brütet in sehr unterschiedlichen Lebensräumen, von großen Wäldern zu Wüstengebieten, sucht sich aber Felsen, Abstürze und Schluchten, die geschützte Brutnischen bieten. Lebt von kleineren Säugetieren und mittelgroßen Vögeln, an der Küste oft von Möwen und Enten. Jagt gerne Ratten auf Müllkippen. Ausgeprägter Standvogel, Jungvögel ziehen aber im ersten Jahr auf der Suche nach einem eigenen Revier umher. In Mitteleuropa viele zur Wiedereinbürgerung ausgesetzte Volierenvögel, die auch in Städten und an Industrieanlagen brüten.

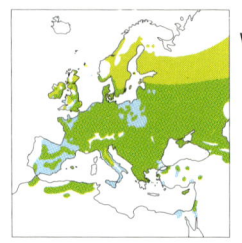

Waldohreule

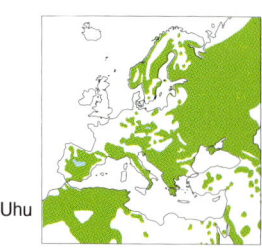

Uhu

Waldohreule

Uhu

Schnee-Eule

Nyctea scandiaca - Snowy Owl L 55-65 cm, S 142-166 cm - A

Eine fast uhugroße Eule, an baumlose Fjällheiden und die Tundra Nordeuropas gebunden. Männchen kleiner als Weibchen, hat keine oder nur wenige dunkle Flecken. Jungvögel kräftig dunkel gefleckt und während der Tagesruhe oft verblüffend schwierig zu entdecken. Flug kraftvoll mit auffallend spitzen Flügeln. Männchen balzt kurz, dumpf und leicht stöhnend "goh", etwa alle vier Sekunden wiederholt, und warnt rauh "kräk-kräk-kräk", wie ein aufgeregtes Stockentenweibchen. Weibchen warnt ähnlich, aber mit höherer und krächzenderer Stimme und hat auch einen gellenden, pfeifenden Schrei, "siiüüe". Jungvögel betteln mit einem ähnlichen Laut. Ist von Lemmingen und anderen Nagern so abhängig, daß sie in manchen Jahren mit der Brut fast ganz aussetzt. Weicht im Winter innerhalb Skandinaviens etwas nach Süden aus und erreicht ausnahmsweise Mitteleuropa, wo vorwiegend entflogene Volierenvögel gesehen werden.

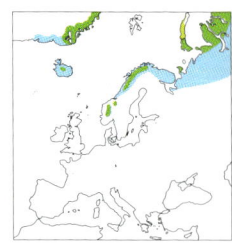

Sperbereule
Surnia ulula - Hawk Owl   L 36-41 cm, S 74-81 cm - A

Mehr tagaktiv als andere Eulen, sitzt oft wie ein großer, dicker Raubwürger auf einer erhöhten Warte. Im Flug wie ein großer Sperber mit langem Schwanz und kleinen, spitzen Flügeln, die mit schnellen, flachen Schlägen bewegt werden. Wird in Skandinavien oft auf offenen Stellen in Waldgebieten und in offenen Wäldern im Bereich der Baumgrenze gesehen. Brütet in hohlen Bäumen, selten in alten Krähennestern, ernährt sich vorwiegend von Wühlmäusen und Lemmingen, daher starke Häufigkeitsschwankungen. Männchen balzt mit langgezogenem (4-6 Sekunden), schnell zitterndem oder brodelndem Triller, "prüllüllüllü ...", meist in den dunkelsten Stunden, manchmal auch tagsüber. Weibchen antwortet mit einem langgezogenen, heiseren und etwas zischenden Laut, der am Ende abrupt abgeschnitten wird, "kschüülipp". Dieser Ruf wird mit Variationen bei Unruhe und als Bettelruf der Jungvögel benutzt. Am Nest warnt das Paar in hart ausgestoßenen Reihen "ki-ki-ki-ki ..." oder "keü-keü ...", dem Turmfalken ähnlich. Normalerweise Standvogel, tritt gelegentlich aber invasionsartig in Südskandinavien, ausnahmsweise auch in Mitteleuropa auf.

Waldkauz
Strix aluco - Tawny Owl L 37-39 cm, S 94-104 cm - BJ

Eine krähengroße, rundliche Eule mit ganz schwarzen Augen. Die Grundfarbe variiert zwischen grau und rotbraun. Im Flug wirken die Flügel verhältnismäßig kurz, im Gleitflug werden sie schwach nach unten gebogen. Brütet häufig in offenem Misch- oder Laubwald, auch in Dörfern und städtischen Parks und Alleen in Baumhöhlen. Auf Grund der streng nächtlichen Lebensweise sieht man ihn meist erst spät in der Abenddämmerung, manchmal entdeckt man ihn tagsüber, von warnenden Meisen verraten, dicht an den Baumstamm gedrückt auf einem Zweig sitzend. Das Männchens balzt recht hell und im Ton wie ein Holzblasinstrument klingend "puuuh", nach 1-4 Sekunden gefolgt von "pu hu'u'u'u'u'u-'u'u", der letzte Teil langgezogen und vibrierend. Manchmal wird der erste oder zweite Teil weggelassen. Das Weibchen hat eine zischende und krächzende Variante desselben Rufes, antwortet auch mit einem jammernden "klä-WITT" oder "keü-VIK" (auch vom Männchen geäußert). Warnruf klingt ähnlich. Vom Männchen ist auch ein ungewöhnlich langgezogener, brodelnder Triller zu hören. Junge betteln zischend "chii-epp". Ernährt sich vor allem von kleinen Nagetieren, nimmt aber auch Igel, Vögel, Frösche, Larven usw. Standvogel.

Fahlkauz
Strix butleri - Hume's Tawny Owl L 37-38 cm, S 95-98 cm

Ein Wüstenvogel, dessen nächste Brutplätze in Ägypten und Israel liegen und der lokal auch auf der Arabischen Halbinsel verbreitet ist. Proportioniert wie der Waldkauz, aber kleiner und heller. Die Unterseite ist hell mit einer ockerfarbenen Maserung, die Oberseite grauer mit einer kontrastreicheren dunklen und hellen Bänderung auf den Schwung- und Steuerfedern. Das Gesicht ist schmutzig weiß mit einer kennzeichnenden rotgelben Iris und einem dunklen Band mitten auf der Stirn. Das Männchen balzt fünfsilbig "vuuu, huhu huhu", die ersten Silben werden langgezogen, der Endsilbe fehlt der vibrierende Charakter des Waldkauzes. Brütet in Höhlen in Felswänden oder Gebäuden entlang von Schluchten und ausgetrockneten Flußbetten, oft in der Nähe einer Quelle und von Akazien oder Palmenhainen.

Waldkauz

Fahlkauz

Habichtskauz
Strix uralensis - Ural Owl   L 58-62 cm, S 124-134 cm - A(bJ)

Wirkt wie ein großer, ausgeblichener Waldkauz mit langem Schwanz. Der Revierruf des Männchens ist ein dumpf bellendes "VU hu ...", ungefähr vier Sekunden Pause, "vuhu-o VU ho", bis zu zwei Kilometer hörbar. Stößt in der Paarungszeit auch eine Reihe dunkler, in der Tonhöhe schwach ansteigender und am Schluß abfallender Töne aus, etwa "vuvuvuvuvuvuvuvu". Das Weibchen hat eine Variante desselben Rufes, aber rauher und heiserer im Ton. Das Männchen kündigt mit seinem Revierruf an, daß es mit Nahrung kommt, das Weibchen antwortet dann heiser zweisilbig "kü VEÜ". Als Warnruf dient ein hundeähnliches Bellen, "vraff" oder "vraff-aff", beim Weibchen tiefer und weicher als beim Männchen. Bei der Paarung läßt das Weibchen ein heiseres Zwitschern hören. Die Jungen betteln waldkauzartig zischend "pchiiepp". Brütet spärlich, lokal häufiger, in Nadel- oder Mischwäldern Nordeuropas, in Mitteleuropa lokal auch in alpinen Buchenwäldern. Die Nahrung besteht hauptsächlich aus kleinen Nagetieren, die auf Kahlschlägen, Lichtungen, in Mooren und anderem offenen Gelände gefangen werden. Ist Bestandsschwankungen weniger unterworfen als andere Nagetierspezialisten, was darauf hindeutet, daß verschiedene Vögel, z.B. Haselhühner, Birkhühner und Tannenhäher, in schlechteren Nagetierjahren eine wichtige alternative Nahrungsquelle darstellen. Brütet in abgestorbenen Bäumen mit Höhlen, in Nistkästen oder seltener in Reisignestern. Ist am Nest sehr aggressiv, vertreibt andere Eulenarten häufig aus dem Revier und schlägt Menschen, die sich den Jungen nähern, kraftvoll ins Gesicht.

Bartkauz
Strix nebulosa - Great Grey Owl   L 64-70 cm, S 134-158 cm

Eine unverkennbare, große graue Eule mit kennzeichnenden "Jahresringen" im Gesicht. Sitzt und horcht oder späht von einem Busch, Baum oder Pfahl aus nach Wühlmäusen, meistens 1-4 m über dem Erdboden. Wird im Sommer den ganzen Tag über jagend beobachtet. Der Flug ist ruhig und ausgeglichen, gleitet auch lange Strecken. Ein breites dunkles Band auf dem langen Schwanz, zwei helle Felder auf den breiten Flügeln und der große Kopf sind im Flug bezeichnend. Den nur bei Dunkelheit geäußerten Revierruf des Männchens hört man maximal aus ungefähr 400 m Entfernung. Er ist dumpf und schwer zu lokalisieren, und die Stärke wird, unabhängig von der Entfernung, immer als konstant empfunden. Im Ton erinnert er an die Rohrdommel. Er besteht in der Regel aus einer sechs bis sieben Sekunden währenden Serie von zehn bis zwölf langsam hervorgepumpten, dumpfen "hu"-Lauten, die sich beschleunigen und in der Stärke zum Ende hin etwas absinken. Bei Unruhe ein ungefähr doppelt so schneller, aber schwächerer Ruf. Das Weibchen antwortet dem Männchen mit einem hohen und überraschend weichen "kjiepp-kjiepp-kjiepp". Bei der Fütterung und der Paarung äußert es einen hohen, krächzend trillernden Laut (die Jungen haben ähnliche Bettelrufe), pfeift auch schwach "kjo" oder eifriger "koijo", kombiniert mit einem tiefen Zittern. Wenn man sich dem Nest nähert, knacken beide Geschlechter mit dem Schnabel und warnen dumpf und rauh "huch-huch-huch". Das Weibchen hat stark beunruhigt auch einen scharfen, hohen Schrei. Kommt in Nadel- oder Mischwäldern mit Feldern, Mooren und anderem offenem Gelände vor, in der Häufigkeit vom Nagetiervorkommen abhängig. Brütet in großen Reisignestern oder auf Baumstümpfen.

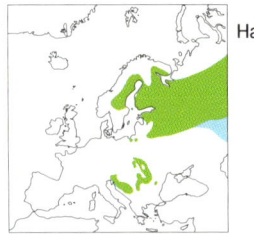

Habichtskauz

Bartkauz

Sperlingskauz

Sperlingskauz
Glaucidium passerinum - Pygmy Owl   L 16-18 cm, S 34-36 cm - BJ
Die kleinste europäische Eule ist an ihrer gnomenhaften Größe leicht zu erkennen. Die weißen Überaugenstreifen sind kurz, der Flug erinnert an den Star. Sitzt am liebsten auf einer Fichtenspitze, schlägt den Schwanz seitwärts und pfeift, am intensivsten in der Abend- und Morgendämmerung, rhythmisch wiederholt und gimpelartig "pjüh" (aus der Nähe wie "pjük"), erregt manchmal mit einem schnell vibrierenden Zusatz, "pjüüüü". Das Weibchen ruft fein "sii", nicht unähnlich einem Haselhuhn, die Bettelrufe der Jungen klingen ähnlich, manchmal verdoppelt "tsii-tsii". Im Herbst hört man auch eine schnelle, etwas ruckartige Reihe heller Pfiffe, die zum Schluß ansteigt und schneller wird, "tjett, tjütt, tjütt, tjitt, tjitt". Ist tagsüber und in der Dämmerung aktiv, frißt Nagetiere und Kleinvögel, die bei seiner Anwesenheit intensiv warnen. Der Flug über offenes Gelände ist buntspechtartig, mit einer schnellen Flügelschlagserie, gefolgt von einem Gleitflug in einem tiefen Bogen. Brütet ziemlich häufig in Nadel- oder Mischwäldern Nordeuropas in alten Spechthöhlen und ist zumeist an Moorrändern oder Lichtungen anzutreffen. In Mitteleuropa spärlich in Bergwäldern. Besucht im Winter auch offeneres und stärker bewirtschaftetes Gelände, in dem Kleinvögel zahlreich sind, legt sich in Höhlen Futtervorräte an.

Rauhfußkauz
Aegolius funereus - Tengmalm's Owl   L 24-26 cm, S 52-58 cm - BJ
Eine kleine, großköpfige Eule. Aufenthalt und Auftreten machen eine Verwechslung mit dem Steinkauz unwahrscheinlich. Der Rauhfußkauz ist ausgeprägt nachtaktiv und versteckt sich tagsüber oft in dichten Nadelbäumen. Das Männchen balzt im Winter und Frühjahr am intensivsten, aber auch im Herbst, immer jedoch nachts, mit einer schnellen, etwas vibrierenden, hohl flötenden Reihe "po po po po po" (variiert individuell in Länge und Tonhöhe). Der Gesang wird über lange Zeiträume mit Pausen von einigen Sekunden emsig vorgetragen und kann bei Unruhe in eine ununterbrochene vibrierende Serie übergehen. Ruft auch nasal "küweük" und warnt hart "kipp", "kepp" und "zjuck". Die ausgeflogenen Jungen haben ein schokoladenfarbenes Kleid und betteln heiser pfeifend "ksrii". Ist vom Nagetiervorkommen abhängig, daher in manchen Jahren häufig, in anderen sehr spärlich. Brütet in Baumhöhlen, vor allem vom Schwarzspecht, auch in Nistkästen. Bevorzugt alten, hochstämmigen und mit Laubbäumen durchsetzten Nadelwald, in Skandinavien aber auch im Fjällbirkenwald. Wandert in manchen Jahren aus und tritt dann weit vom eigentlichen Brutgebiet entfernt auf.

Sperlingskauz

Rauhfußkauz

Zwergohreule
Otus scops - Scops Owl L 19-20 cm, S 50-54 cm - bA
Kann in Südeuropa wegen der geringen Größe mit dem Steinkauz verwechselt werden, hat aber Federohren und ein fein quer meliertes Kleid. Bei angelegten Federohren wirkt der Kopf jedoch rund. Die Grundfarbe variiert zwischen warm braun bis fast grau. Ausgeprägt nachtaktiv, am Tage ruhend nur schwer zu entdecken. Stöbert man sie auf, fliegt sie eine kürzere Strecke davon. Dabei erscheint sie drosselgroß mit relativ langen Flügeln, die Flugbahn ist gerade, Flügelschlagserien wechseln mit Gleitstrecken auf schwach abwärtsgebogenen oder waagerecht gehaltenen Flügeln ab, dann etwas an Ziegenmelker erinnernd. Revierruf ein sperlingskauzartiger, frischer Pfiff, "kuá", von nahem wie "tjuuk", taktfest im Abstand von zwei bis drei Sekunden wiederholt, manchmal im Duett mit dem Weibchen, dessen Ruf dann etwas höher ist und ängstlicher hervorgepreßt wird. Kann mit dem Ruf der Geburtshelferkröte verwechselt werden (dieser ist jedoch kürzer, wie das Zeitsignal im Radio). Warnt hoch gellend "piäää". Kommt häufig in südeuropäischen Kulturlandschaften mit Pflanzungen, Gärten und Wäldchen vor, oft in Parks oder Alleen in Ortschaften. Hauptsächlich Zugvogel ins tropische Afrika, zieht im September/Oktober, zurück im Februar-April. Überwinterer können ab Neujahr rufen. Lebt vor allem von Insekten. Brütet ausnahmsweise in Süddeutschland.

Streifenohreule
Otus brucei - Striated Scops Owl L 20-21 cm, S 54-57 cm
Der grauen Form der Zwergohreule sehr ähnlich, aber insgesamt heller und gleichmäßiger gefärbt, weiße Punkte auf Schulterfedern und helle Flecke zwischen dunklem Unterseitenmuster fehlen. Die Strichelung ist deutlicher und sauberer, die Grundfarbe variiert geographisch etwas von wärmer graubeige bis fast ganz grau. Männchen balzt monoton wiederholt oder pumpend, etwas taubenähnlich "bop-bop-bop-bop". Verhalten und Auftreten wie Zwergohreule. Kommt in trockenen Kulturlandschaften, Parks, Gärten und Oasen vor. Verbreitung lückenhaft, von Usbekistan südlich bis Pakistan, im südwestlichen Zipfel der Arabischen Halbinsel, westlich bis zum Iran. Lokal und selten im Süden Israels und den angrenzenden Teilen der Sinai-Halbinsel und im Südosten der Türkei. Teilweise Zugvogel.

Steinkauz
Athene noctua - Little Owl L 21-23 cm, S 50-56 cm - BJ
In weiten Teilen Europas die einzige Eule ihrer Größenklasse, häufiger tagaktiv als die Zwergohreule und leicht bestimmbar. Wird meist abends als eine Art braungrauer, gedrungener und breitköpfiger, auf einer erhöhten Warte sitzender Klumpen gesehen. Tagsüber am Ruheplatz überrascht, meist niedrig in einem Baum sitzend, fliegt er in tiefen Bögen nur eine kurze Strecke davon. Bewegt sich auf dem Erdboden ganz frei, auch hüpfend. Knickst bei Beunruhigung wie ein Rotkehlchen. Revierruf langgezogen, leicht ansteigend "guu-ah". Lockt kürzer und kräftiger "kiU", ruft beunruhigt aufgeregt, fast flußseeschwalbenartig "kip-kip-kip ...". Jungvögel betteln typisch langgezogen, gleichmäßig summend "hssss". Kommt in offenem, oft bewirtschaftetem Gelände und in Halbwüsten vor, oft bei Gärten, Alleen und Gebäuden, die Höhlen zum Brüten bieten. Lebt von Nagern, Kleinvögeln, Insekten, Larven und Schnecken. Standvogel, im Norden stark abnehmend.

Zwergohreule

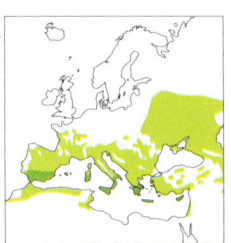

Steinkauz

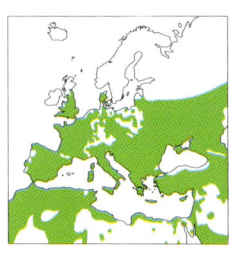

Streifenohreule

Schnee-Eule

Rauhfußkauz

Sperlingskauz

Jungeulen im Ästlingsstadium

Sperbereule   Habichtskauz   Bartkauz

Rothals-Ziegenmelker

Ziegenmelker
Caprimulgus europaeus - Nightjar   L 26-28 cm, S 54-60 cm - BZ
Ein nachtaktiver Vogel. Scheucht man ihn tagsüber von seinem Ruheplatz auf, fliegt er oft nur ein kurzes Stück, um sich dann wieder auf einem dicken Ast niederzulassen. Der Flug ist weich und eulenartig, mit langen Gleitstrecken auf steifen Flügeln und an Kuckuck erinnernder Silhouette. Das Männchen hat auf den drei längsten Handschwingen und den zwei äußeren Steuerfederpaaren weiße Flecke, die dem etwas dunkleren Weibchen fehlen. Fällt besonders durch den nächtlichen, trocken schnurrenden Gesang auf, ein zwischen zwei Tönen wechselndes "rrrrrrrrr ...", mit kurzen Pausen stundenlang vorgetragen. Während des Balzflugs klatscht das Männchen mit den Flügeln und fliegt abwechselnd mit langsamen Flügelschlägen und auf angehobenen Flügeln gleitend, wobei die weißen Flecke gezeigt werden. Flugruf nasal "krü-ek". Fängt im Flug Insekten, wobei der extrem breite Rachen als Kescher dient. Bevorzugt offene Waldgebiete, Lichtungen, Kahlschläge oder Heiden, am liebsten trockenen, lichten Kiefernwald. Zieht im August/September und kommt im Mai zurück.

Rothals-Ziegenmelker
Caprimulgus ruficollis - Red-necked Nightjar   L 30-32 cm, S 58-64 cm
Etwas größer als der Ziegenmelker, unterscheidet sich von diesem durch die hellere, beigegraue Färbung und den Rostton auf Hals und Teilen des Kopfes. Beide Geschlechter zeigen deutliche weiße Flecken auf den drei längsten Handschwingen und auf den zwei äußersten Steuerfedern, beim Weibchen sind sie kleiner und etwas diffuser. Wird ungefähr eine Stunde nach Sonnenuntergang aktiv. Der laute und durchdringende Gesang, hartnäckig und monoton wiederholt "küttock-küttock", klingt wie Doppelschläge auf einen trockenen Baumstamm. In Teilen Nordafrikas kommt die blassere, grauere Unterart *desertorum* vor, die mit dem kleineren Pharaonenziegenmelker verwechselt werden kann, der aber nur auf den Innenfahnen der Handschwingen helle, im Flug kaum erkennbare Flügelflecken hat. Der Rothals-Ziegenmelker kommt im Südwesten relativ häufig in trockenem, buschigem Gelände mit einzelnen Bäumen oder Gehölzen, in lichtem Wald oder bewirtschaftetem Gelände mit offenen, sandigen oder steinigen Stellen vor. Zieht im Oktober (November) und kommt Ende April zurück.

Ziegenmelker

Rothals-Ziegenmelker

Nubischer Ziegenmelker
Caprimulgus nubicus - Nubian Nightjar   L 21-22 cm, S 46-53 cm
Deutlich kleiner als Ziegenmelker, mit kürzerem Schwanz und runderen Flügeln. Im Flug mit auffälligen weißen Flecken auf den äußeren Handschwingen und Steuerfedern (beim Weibchen weniger ausgedehnt) und Rostfärbung von innerem Hand- und äußerem Armflügel. Gesang ein hohles, mit Pausen von 1-4 Sekunden etwas unregelmäßig wiederholtes "Kiüv-kiüv", an entfernt bellenden Hund erinnernd. Brütet im nördlichen Ostafrika und südlichen Arabien, kommt in der Westpaläarktis nur im Aravatal (Südisrael, Südjordanien) vor. Bewohnt Wüsten und Halbwüsten, meist mit Büschen und Gestrüpp.

Pharaonenziegenmelker
Caprimulgus aegyptius - Egyptian Nightjar   L 24-26 cm, S 58-68 cm - A
So groß wie ein Ziegenmelker, aber bedeutend heller graubeige oder sandfarben, ohne auffällige Zeichnung. Im Flug kontrastieren die dunkleren Handschwingen (auf den Innenfahnen weiß und dunkel gebändert) mit den hellen Flügeldecken. Aus bestimmten Winkeln ist auf den äußeren Handschwingen zwar ein von den hellen Flecken der Innenfahnen gebildetes Band erkennbar, aber kein leuchtend weißer Fleck wie bei männlichem Ziegenmelker oder beiden Geschlechtern des Rothals-Ziegenmelkers. Balzt mit Serien schneller "korr"-Rufe, die am Ende jeder Serie etwas absacken. Brütet in Wüsten oder Halbwüsten mit spärlicher Busch- oder anderer Vegetation, meist in der Nähe von Wasser, in Zentralasien, dem Irak, Teilen Irans und in Nordafrika. Langstreckenzieher ins tropische Afrika, in Europa Ausnahmeerscheinung.

Nachtfalke
Chordeiles minor - Common Nighthawk   L 23-25 cm, S 59-68 cm
Durch seine ausgesprochen langen und spitzen Flügel und den schwach gegabelten, kurzen Schwanz gekennzeichnet. Auf dem Boden etwas kleiner und dunkler als Ziegenmelker, mit ungemustert dunklen und bis zur Schwanzspitze reichenden Handschwingen. Männchen mit weißem Kehlfleck, beide Geschlechter mit auffälligen weißen, ovalen Flecken auf den Handschwingenbasen. Nordamerikanische Ausnahmeerscheinung in Westeuropa.   *Abb. S. 329*

Haussegler
Apus affinis - Little Swift L 12 cm, S 34-35 cm
Erinnert durch geringe Größe, weißen Bürzel und langsameren, fledermausartigen Flug mit schnellen Schlagserien und kurzen Gleitstrecken etwas an Mehlschwalbe. Flügel relativ kurz, unterseits ziemlich hell, Schwanz kurz, gerade abgeschnitten, mit grauen äußeren Steuerfedern. Weißer Kehlfleck oft groß, manchmal kleiner (jüngere Individuen?). Stimme variabel, ähnlich Mauersegler, aber schneller, rauh zwitschernd und weniger langgezogen und schreiend, z.B. wiederholt "viv" oder hell, fast insektenartig "stiv sti sti sti sti sti ...". Brütet in Ortschaften Nordafrikas und des Mittleren Ostens in Mauerlöchern und Mehlschwalbennestern. Teilweise Standvogel, der Großteil überwintert südlich der Sahara und kommt ab Februar zurück.

Kaffernsegler
Apus caffer - White-rumped Swift L 14 cm, S 34-36 cm
Ähnlich Haussegler und zwischen diesen leicht zu übersehen, hat aber gegabelten Schwanz, spitzere Flügel, schmaleren weißen Bürzelfleck und weißen Armschwingen-Hinterrand. Brütet im Atlasgebirge und lokal im südlichsten Spanien (Provinzen Cádiz, Córdoba und Almería, nimmt dort zu), gern in alten Rötelschwalbennestern. Verläßt Spanien meist im September/Oktober, kommt oft erst spät im Mai zurück.

Stachelschwanzsegler
Hirundapus caudacutus - Needle-tailed Swift L 19-20 cm, S 50-53 cm
Deutlich größer und kräftiger als Mauersegler, mit spindelförmigem Körper, schwach gerundetem, kurzem Schwanz, kraftvollem, reißendem Flug und einzigartiger Färbung: Unterseite schwarzbraun, Kehle und Steiß weiß, Flügel oberseits mit Metallglanz, Mantel und Rücken hell schimmernd. Aus der Nähe weißer Strich auf innersten Schirmfedern und stachelartige Fortsätze der Steuerfedern sichtbar. Asiatische Ausnahmeerscheinung.

Haussegler

Kaffernsegler

Alpensegler
Apus melba - Alpine Swift   L 20-22 cm, S 54-60 cm - BZ

Größer und mit merklich langsameren Flügelschlägen als der Mauersegler, erinnert manchmal sogar an Baumfalken. Unterseite weiß mit braunem Brustband. Rufe mauerseglerartig, aber weniger schneidend hoch, abwechselnd mit langsam rollenden Reihen, oft ein erst beschleunigtes, dann langgezogenes "Tjitt ritt ritt ritt itt itt itititit tjett ett ett ett ett ...". Häufig, meist in südlichen Gebirgen, in Deutschland nur in Freiburg/Breisgau. Brütet in Felsspalten und Nischen höherer Gebäude. Kommt meist im April zurück, zieht im September.

Fahlsegler
Apus pallidus - Pallid Swift   L 16-17 cm, S 42-46 cm

Wird auf Grund seiner Ähnlichkeit mit dem Mauersegler, der auch im Mittelmeerraum brütet, innerhalb seines Verbreitungsgebietes oft übersehen, ersetzt diesen direkt am Mittelmeer weitgehend. Vor dunklem Hintergrund ist er an seiner ins Grau spielenden braunbeigen Farbe zu erkennen. Gegen den Himmel oft schwer zu bestimmen, aber hellere Schwungfedern und Große Armdecken kontrastieren zum dunklen Flügelvorderrand. Der größere helle Kehlfleck und das schwache Schuppenmuster auf den Körperseiten sind im Freiland oft nicht zu sehen. Vorsicht, im Herbst sind adulte Mauersegler ausgeblichen und sehen im Vergleich zu den rußschwarzen Jungvögeln braun aus! Stimme gepreßter, rauher, tiefer als Mauersegler, am Ende deutlicher abfallend "vrij". Brütet besonders in Gebäuden. Kommt zeitiger, in Nordafrika ab Ende Februar, und zieht später als der Mauersegler im September/Oktober (November).

Mauersegler
Apus apus - Swift   L 16-17 cm, S 42-48 cm - BZ

Die einzige Seglerart in ganz Nordeuropa. Unterscheidet sich von Schwalben durch das vollständig dunkle Gefieder und schmalere, sichelförmige Flügel, die beim Flügelschlag nie wie bei Schwalben angelegt werden. Vollkommen an ein Leben im Luftraum angepaßt und daher über allen Lebensräumen zu beobachten. Bei schlechtem Wetter sieht man Mauersegler oft in großer Anzahl zusammen mit Schwalben über Seen und anderen Feuchtgebieten. Brütet häufig kolonieweise unter Dachziegeln und in Nischen von Gebäuden oder Mauern, manchmal auch in Baumhöhlen und Nistkästen. Fängt seine Nahrung, Insekten und Spinnen, indem er sie mit seinem breiten Rachen "keschert". Während der oft ausgedehnten Jagdflüge wird die Nahrung in Form eines daumennagelgroßen Ballens im Kropf gesammelt. Der Mauersegler ist völlig von für Fluginsekten günstigen Witterungsbedingungen abhängig und kann lange Strecken zurücklegen, um ungünstigen Wetterlagen auszuweichen. Junge (teilweise aber auch Erwachsene) sind dafür auf eine einzigartige Weise angepaßt: Nach einigen Tagen mit Futtermangel fallen sie in einen energiesparenden Halbschlaf und können damit bis zu 10-15 Tage Hunger (wobei das Wachstum aufhört) überstehen. Gruppen von Mauerseglern fliegen oft im "Formationsflug" mit rasender Geschwindigkeit um die Brutplätze herum, oft über Hausdächer, und geben rollende, schneidende Schreie von sich, oft im Chor mit den unter den Dachziegeln sitzenden. Zieht Anfang August, manchmal wegen verzögerter Brut auch später, und kehrt erst Anfang Mai zurück.

Alpensegler

Fahlsegler

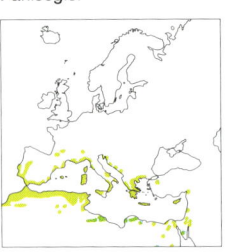

Mauersegler

Eisvogel

♀

Eisvogel
Alcedo atthis - Kingfisher L 16-17 cm, S 24-26 cm - BZW

Trotz oder gerade wegen seiner Farben ist es recht schwierig, den Eisvogel zu Gesicht zu bekommen. Es ist meist der Ruf, ein durchdringendes und ganz typisches hartes "ziii" oder "zrii", durch den man auf ihn aufmerksam wird. Oft sieht man ihn nur vorbeifliegen, wobei der türkisblaue Rücken aufblitzt. Der Flug ist schnell, mit schwirrenden Flügelschlägen, unterbrochen von kurzen Gleitstrecken. Sitzt oft lange auf einem über das Wasser hängenden Ast und hält nach Fischen und Wasserinsekten Ausschau. Brütet an klaren Fließgewässern, manchmal auch Teichen, in deren Steilufern er eine bis zu einem Meter lange Brutröhre gräbt. Während der Zugzeit und im Winter an Gewässern aller Art, auch Schilfseen und Meeresküsten. In strengen Wintern mit weitgehend vereisten Gewässern kommt es zu starken Verlusten, doch wirkt sich besonders die Gewässerverschmutzung negativ auf den Bestand aus.

Braunliest
Halcyon smyrnensis - White-breasted Kingfisher L 26-28 cm, S 40-43 cm

Drosselgroß, mit langem Schwanz und langen Flügeln, die im Flug relativ langsam bewegt werden. Auffälliger hellblauer Handwurzelfleck. Jungvögel matter gefärbt. Sehr lautes, etwas explosives Schnattern, an den Flugruf des Grünspechtes erinnernd, Gesang klarer, trillerpfeifenartig "kil-kil-kil-kil-kil". Spärlich an baumbestandenen Ufern von Seen, Flüssen und Bächen, auch in bewirtschaftetem Gelände und Palmenhainen, nicht immer in Wassernähe. Lebt außer von Fischen vorwiegend von an Land erbeuteten Insekten und Eidechsen.

Graufischer
Ceryle rudis - Pied Kingfisher L 24-26 cm, S 45-47 cm

Unverkennbarer schwarzweißer Eisvogel, Weibchen mit nur einem Brustband. Sitzt oft frei, rüttelt häufig und taucht aus großer Höhe. Rufe hoch und durchdringend, vibrierend oder pfeifend. Im Mittleren Osten lokal häufig an Teichen, Flußmündungen und Lagunen.

Gürtelfischer
Ceryle alcyon - Belted Kingfisher L 28-35 cm, S 47-52 cm

Sehr groß, Oberseite und Kopf blaugrün. Beide Geschlechter mit blaugrauem Brustband, beim Weibchen darunter ein zweites rostrotes Band. Ans Wasser gebunden, fischt auch an Meeresküsten. Aufsehenerregende, lachende oder hart ratternde Stimme. Nordamerikanische Ausnahmeerscheinung.

Eisvogel Braunliest Graufischer

Smaragdspint
Merops orientalis - Little Green Bee-eater L 22-25 cm, S 29-30 cm
Deutlich kleiner als Blauwangenspint, ohne dessen rostfarbene Kehle, aber mit schwarzem Band unterhalb der blauen Kehle. Ruft hell und scharf "tri-tri-tri ..." und "tri-it". Tropische Art, in der Westpaläarktis über Niltal und Rotes Meer nordwärts bis Südisrael.

Blauwangenspint
Merops persicus - Blue-cheeked Bee-eater L 27-31 cm, S 46-50 cm
Ober- und Unterseite einheitlich smaragdgrün, Unterflügeldecken und Kehle rostrot. Mittlere Steuerfedern stärker verlängert als beim ähnlichen Bienenfresser, nie Braun auf der Oberseite, Stimme etwas höher. Kommt in offenen, halbwüstenartigen Landschaften vor, oft an Wasserstellen. Ausnahmeerscheinung in Europa.

Bienenfresser
Merops apiaster - Bee-eater L 27-29 cm, S 44-49 cm - BG
Ein unverkennbarer Vogel. Sitzt oft auf Leitungsdrähten, jagt in einem sehr grazilen und elastischen Segelflug, abgelöst von schnellen Flügelschlagserien mit einer fast maximalen Amplitude (270 Grad) im Flug nach Insekten. Jungvögel etwas variabel gefärbt, oberseits aber fast vollständig grün (Scheitel jedoch braunrot; vgl. Blauwangenspint), verlängerte Steuerfedern fehlen oder sind nur angedeutet. Zieht in Trupps, die oft in großer Höhe vorbeifliegen und sich dann durch die Rufe verraten. Ruft rollend "schrrrück", "schrry" oder "krüt", mit durchdringendem, glockenartigem Klang und ist einige hundert Meter weit zu hören. Relativ häufig in offenen oder halboffenen Landschaften Südeuropas, brütet meist kolonieweise in selbstgegrabenen Röhren in Sandgruben, erodierten Steilhängen, manchmal direkt in flachem Erdboden. Lebt vor allem von größeren Insekten wie Hummeln, Libellen, Schwebfliegen usw. Kommt im April/Mai zurück, zieht im August/September ab. Nahezu alljährlich brüten einzelne Paare in Deutschland.

Smaragdspint

Blauwangenspint

Bienenfresser

Blauwangenspint

juv.

Bienenfresser

Blauracke
Coracias garrulus - Roller L 30-32 cm, S 66-73 cm - bA

Aus der Nähe unverkennbar, kann aber aus größerer Entfernung, besonders im Flug, mit einer Taube oder einer Krähe verwechselt werden. Der geradlinige Flug erinnert in erster Linie an die Hohltaube, der Körper ist aber schlanker, die Flügel sind größer, stärker gerundet und etwas kiebitzartig, der Schwanz ist länger und auffallend dünn. Jungvögel sind heller, eher blaß türkisblau und fahl bräunlich mit weißlicher Strichelung auf Hals und Brust. Späht oft von einem erhöhten Sitzplatz nach großen Insekten, die sie mit rotschwanzartigen Ausfällen auf dem Boden aufsammelt oder manchmal auch direkt in der Luft erhascht. Ist meist sehr aktiv und bewegt sich häufig zwischen verschiedenen Sitzplätzen. Telefon- und Stromleitungen sind beliebte Aussichtsposten, und dort, wo sie häufiger vorkommt, ist die Blauracke ein Charaktervogel der Straßenränder. Am Brutplatz führt das Männchen ein Flugspiel vor, manchmal vom Weibchen gefolgt, indem es mit ruckartigen Flügelschlägen in einer spiralenförmigen Bahn hoch über die Bäume fliegt, um sich dann mit einem akrobatischen Wurf zur Seite zur Erde zu stürzen, die ganze Zeit begleitet von krächzenden Lauten. Bei anderen Gelegenheiten ruft sie hart und klangvoll "rack" oder "rack-ack", als würde man zwei getrocknete Walnüsse zwischen den Handflächen rollen. Brütet in Baumhöhlen, ist aber zur Jagd auf offenes, sonnenbeschienenes Gelände angewiesen und wird daher oft in lichten Wäldern, Feldgehölzen oder Alleen gesehen. Lebt von Käfern, Heuschrecken, und anderen Insekten, Larven, kleinen Fröschen usw. In Deutschland nur noch im Osten extrem seltener Brutvogel, sonst eine Ausnahmeerscheinung.

Wiedehopf
Upupa epops - Hoopoe L 26-28 cm, S 42-46 cm - BZ

Trotz seines kontrastreichen Kleides ist der Wiedehopf auf dem Boden nur schwer zu entdecken. Im Flug dagegen ist seine Erscheinung ein Feuerwerk, das am ehesten an einen Schmetterling denken läßt. Es ist ein verblüffendes Erlebnis, einen Wiedehopf im Fernglas zu verfolgen, der mit runden Flügeln über Ackerstreifen und einige Steinmauern flattert, sich plötzlich auf die Erde hinabstürzt und wie von Zauberhand verschwindet. Beunruhigt drückt er sich oft hart auf den Boden und fliegt nicht auf, bis man direkt vor ihm steht. Die Federhaube ist meistens angelegt, und wenn der Vogel sich pickend und stochernd auf dem Boden bewegt, sieht er schlank und klein aus. Der Revierruf ist ein weitreichendes, hohles, dreisilbiges "Pu-pu-pu", einer Rauhfußkauz-Strophe am ähnlichsten. Ruft auch tiefer und heiser zischend "ah-ah-ah-ah". Häufig in südlichen Kulturlandschaften, in denen helle Wälder, Parks, Gärten und Olivenhaine mit Wiesen und Äckern vermischt sind, auch in Oasen. Brütet in Baumhöhlen, Mauernischen und Erdlöchern. Ernährt sich von Insekten und Larven, die mit dem langen, gebogenen Schnabel aus Spalten und weichem Boden hervorgeholt werden, besonders von in Tierkot lebenden Wirbellosen. Im nördlichen Mitteleuropa inzwischen als Brutvogel sehr selten, zieht im April/Mai und August-Oktober.

Blauracke Wiedehopf

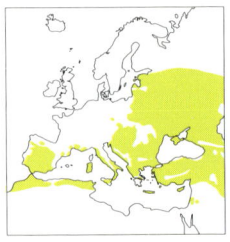
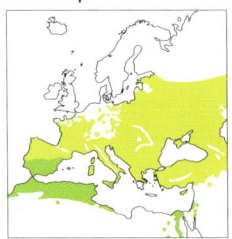

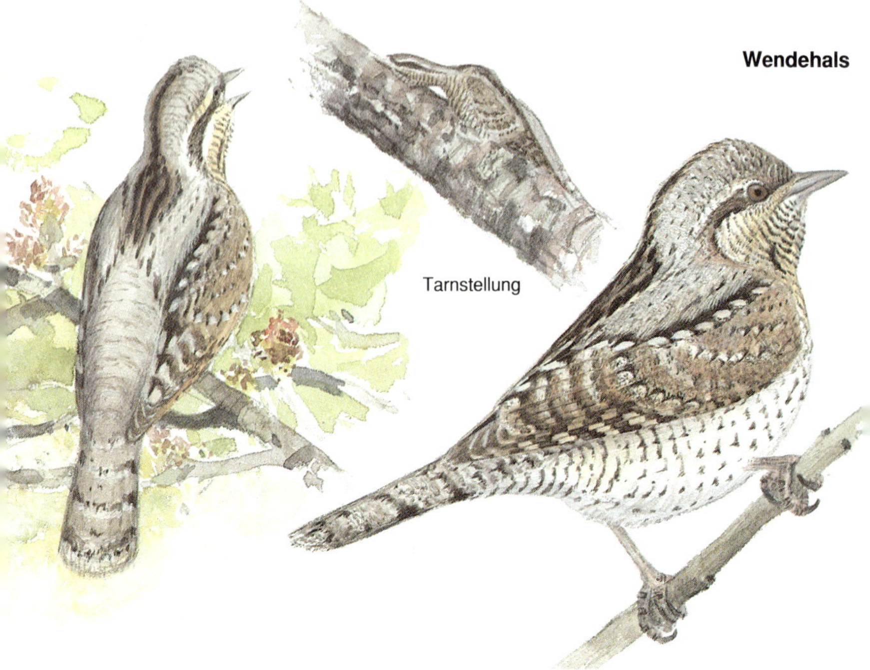

Tarnstellung

Wendehals
Jynx torquilla - Wryneck L 16-17 cm, S 25-27 cm - BZ

Durch seinen langgezogenen Körper, die etwas teilnahmslosen Bewegungen und sein zurückgezogenes Verhalten, kombiniert mit einer ziegenmelkerartigen Färbung, hat der Wendehals einen eigenen, von den eigentlichen Spechten abweichenden Charakter. Bei kurzem Hinsehen kann er mit großen Singvögeln, vor allem jungen Sperbergrasmücken, verwechselt werden. Im schwach wellenförmigen Flug gleitet er lange Strecken mit zusammengelegten Flügeln. Nach der Ankunft am Brutplatz im Mai fällt er vor allem durch die Stimme auf, die nasal, klagend und einförmig wie "wähd-wähd-wähd-wähd ..." klingt. Brütet in offenen Laub- oder Laubmischwäldern, Obstplantagen, Parks und Gärten in Baumhöhlen oder Nistkästen. Lebt hauptsächlich von Ameisen in den unterschiedlichen Entwicklungsstadien, die sowohl vom Boden wie auch von Bäumen genommen werden. Kehrt im April/Mai aus dem tropischen Afrika zurück, zieht im August-Oktober ab.

Wendehals

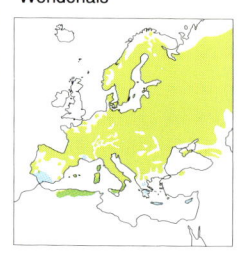

Grauspecht

Grünspecht

Atlasgrünspecht

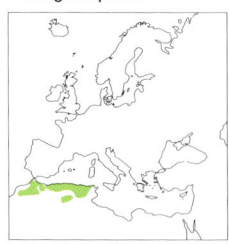

Schwarzspecht

Dryocopus martius - Black Woodpecker L 45-47 cm, S 64-68 cm - BJ

So groß wie eine Dohle, völlig schwarz, beim Männchen ganzer Scheitel rot, beim Weibchen nur rote "Briefmarke" im Nacken. Kann im Flug mit einer Krähe verwechselt werden. Über längere Distanzen ist die Flugbahn relativ geradlinig, der Flügelschlag flatternd und ungleichmäßig, als würde der Vogel "Wasser treten" und versuchen, sich über der Oberfläche zu halten, wobei jedes Absinken mit einigen besonders kräftigen Flügelschlägen kompensiert wird. Den für andere Spechte so typischen Bogenflug sieht man vor allem kurz vor der Landung. Im Flug läßt er eine Serie abgehackter Rufe wie "prrii, prrii, prrii, prrii, prrii" oder etwas weicher "krück, krück, krück ..." hören. Lacht im Frühjahr grünspechtartig, aber heller und metallischer "kly, kly, kly, kly, kly". Im Sitzen auch langgezogen, metallisch flötend "kliiiöö". Als Unterlage für das Trommeln wird meist der größte abgestorbene Baum oder ein Strommast gewählt, der Trommelwirbel hat eine fast unglaubliche Lautstärke und ist weit zu hören. Die Länge ist variabel, typisch sind

20 Schläge in zwei Sekunden, doch sind Rhythmus und Stärke immer gleichbleibend. Weibchen trommeln manchmal kürzer. Der Schwarzspecht kommt spärlich bis ziemlich häufig in Hochwald, sowohl reinem Kiefer- wie auch Laubwald, am häufigsten aber in älterem Mischwald vor. Bruthöhle mit ovalem Einflugloch. Lebt von verschiedenen Insekten und Larven, besonders von Ameisen. Standvogel, zieht aber manchmal im Herbst etwas.

Atlasgrünspecht ♂

♂ Grauspecht

Grünspecht
sharpei ♂

♂

Grünspecht

Grauspecht
Picus canus - Grey-headed Woodpecker L 25-26 cm, S 38-40 cm - BJ

Grau- und Grünspecht ähneln sich, doch ist der Grauspecht etwas kleiner und schlanker, hat eine weniger deutliche "Räubermaske" und dunkle Augen, weniger (Männchen) oder gar kein Rot auf dem Scheitel, und macht insgesamt einen graueren Eindruck. Flugprofil mit kleiner Kopf- und Schnabelpartie, schlankerem, spulenförmigem Körper und längerem Schwanz. Im Frühling ist der Grauspecht ziemlich scheu und zurückgezogen und gibt sich meist durch seine Stimme zu erkennen. Sie klingt erbärmlicher und mehr pfeifend als beim Grünspecht wie "püpüpü-pü-pü-pü pü pü". Der Ton ist weich und klagend, die Strophe bricht am Ende gleichsam resignierend ab. Im Flug an Buntspecht erinnernd kurz "kvick". Trommelt öfter als Grünspecht, mit schwachem, lahmem, zum Ende aber etwas kräftiger werdendem Wirbel. Brütet in Mitteleuropa in Hochwäldern, Gehölzen, Parks und größeren Gärten, oft bei Flüssen oder anderen Gewässern. In Skandinavien in Nadelmischwäldern mit älteren Espenbeständen. Besucht im Winter auch Futterhäuser und Meisenknödel, frißt sonst Insekten und Insektenlarven. Sehr ortstreu. *Karte S. 340*

Grünspecht
Picus viridis - Green Woodpecker L 31-33, S 40-42 cm - BJ

Größer als der Grauspecht, aus der Nähe durch seine typische Kopfzeichnung nicht zu verkennen. Der auf der Iberischen Halbinsel vorkommenden Unterart *sharpei* fehlt die schwarze Gesichtszeichnung, der Wangenstreif des Männchens ist überwiegend rot. Besonders das Männchen fällt im Flug durch den leuchtend gelben Bürzel auf. Flugruf etwas gellend "ky-ky-kyck" hören. Der Revierruf, meist in der Morgendämmerung, ist ein kräftiges, lachendes, etwas abfallendes "kly-kly-kly-kly-kly-kly-kly", runder und klangvoller als beim Grauspecht. Weibchen ruft dünner, eher grauspechtartig "py-py-py-py-py-py-py", ist aber im Ton weniger piepsend als beim Grauspecht. Trommelt ausgesprochen selten, und dann wie der Grauspecht schwach, zitternd und kraftlos. Kommt in Laub- oder Laubmischwäldern, Alleen und einzelnen Baumgruppen in bewirtschaftetem Gelände vor. Außer auf Bäumen sucht er seine Nahrung auch auf dem Erdboden, besonders in Ameisenhaufen, in die er große Löcher wühlt. Sehr stationär. *Karte S. 340*

Atlasgrünspecht
Picus vaillantii - Levaillant's Green Woodpecker L 30-32 cm, S 41-43 cm

Der spanischen Unterart des Grünspechtes sehr ähnlich, hat aber zwischen dem ganz schwarzen Wangenstreif und den dunkelgrauen Zügeln einen weißen Bartstreif. Weibchen mit dunkel grau oder schwarz gesprenkeltem Scheitel, nur auf dem Nacken rot. Stimme wie Grünspecht. Kommt nur im Atlasgebirge in Nordafrika vor, vor allem in Wäldern oder an Hängen mit einzelnen Bäumen. *Karte S. 340*

1es KJ Herbst

♂

Gelbbauch-Saftlecker

Gelbbauch-Saftlecker
Sphyrapicus varius - Yellow-bellied Sapsucker L 18-20,5 cm, S 32-34 cm
Nordamerikanische Ausnahmeerscheinung. Schwarzweiße Kopfstreifung ähnlich Dreizehenspecht, Mantel und Rücken quergebändert, Bauch schwefelgelb, aber deutliches weißes Flügelfeld, Scheitel rot, bei Männchen auch Kehle. In Europa bisher nur unausgefärbte Vögel, die blasser gefärbt und braun gesprenkelt sind.

Mittelspecht
Dendrocopos medius - Middle Spotted Woodpecker   L 20-22 cm, S 33-34 cm - BJ
Wird oft mit dem Buntspecht verwechselt, unterscheidet sich aber durch geringere Größe, vollständig roten Scheitel, unvollständige Wangenzeichnung und Zeichnung der Unterseite. Der Mittelspecht ist rastloser als sein größerer Verwandter. Abweichend von diesem sammelt er oft Raupen von äußeren Ästen in Baumkronen und sitzt oft diagonal wie ein Singvogel. Ruf ähnelt im Ton dem des Buntspechtes, wird aber regelmäßiger in einer Serie wiederholt, "kyck-kyck-kyck-kyck". Trommelt im Frühling äußerst selten, schwach wie Kleinspecht. Läßt dafür seine quäkende Stimme ertönen, etwas unregelmäßig und mit deutlichen Pausen "kvää, kvää, kvää, kvää...kvää, kvää...kvää". Ist an Eichen gebunden und lebt von verschiedenen Insekten, die in geringerem Umfang aus dem Holz gehackt werden, wie der kleine Schnabel bezeugt.

Blutspecht
Dendrocopos syriacus - Syrian Woodpecker   L 22-23 cm, S 34-38 cm
Unterscheidet sich vom Buntspecht vor allem durch das Fehlen einer Verbindung zwischen Nacken und Wangenstreif, hat an den Steuerfedern aber auch weniger Weiß und einen blasser roten Steiß. Sieht im Freiland auf dem Kopf und an den Halsseiten weißer und einfacher gezeichnet aus. Beim Männchen ist der rote Nackenfleck etwas größer. Der Buntspecht (vor allem die Unterart *pinetorum*) ist innerhalb des Verbreitungsgebiets des Blutspechts in den weißen Partien generell etwas mehr gedämpft graubeige. Jungvögel vom Mittelspecht am bis zum Schnabel reichenden Wangenstreif unterscheidbar. Stimme ähnlich Buntspecht, im Ton aber runder und weicher; hat auch eine langgezogene, schnatternde Reihe. Der Trommelwirbel beginnt wie beim Buntspecht, wird aber am Ende schwächer. Häufig in offenen Waldgebieten, Parks, Gärten und Alleen. Der Buntspecht ist in Südost-Europa eher an bergiges Gelände gebunden, während der Blutspecht in der tiefgelegenen Kulturlandschaft zu finden ist.

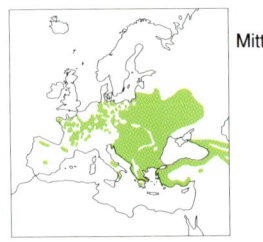

Mittelspecht

Blutspecht

Weißrückenspecht lilfordi ♂

numidus ♂ Buntspecht

Buntspecht
Dendrocopos major - Great Spotted Woodpecker   L 22-23 cm, S 34-39 cm - BJW
Der häufigste der schwarz, weiß und rot gefärbten Spechte. Weibchen ohne Rot im Nacken, Jungvögel mit rotem Scheitel und heller rosafarbenem Steiß. Durch den Kontakt mit Baumstämmen wird der Bauch oft etwas düster beige. Die in Süd- und Mitteleuropa vorkommenden Unterarten sind in den hellen Partien generell mehr graubeige als nördliche Populationen. Unterart *numidus* in Teilen Nordafrikas mit mehr Rot auf Brust und Bauch. Häufigster Ruf ein metallisches "kyck" oder "kick", bei Erregung schnell wiederholt, wie ein Schnattern, das in ein trockenes Klappern übergehen kann. Sein Trommelwirbel ist der schnellste aller Spechtarten und besteht aus ungefähr 10-15 Schlägen in einer Sekunde; einzelne Vögel lassen manchmal einen langgezogeneren Wirbel hören. Trommelt auf abgestorbene Äste und Stämme, oft auch auf Telefonmasten und Blechschornsteine. Häufig in Wäldern, Gärten, Parks und Gehölzen. Lebt von Insekten und deren Larven, von unterschiedlichen Baumsamen, besonders Koniferenzapfen, von Eiern und Vogeljungen, besucht auch Futterhäuser.

Weißrückenspecht
Dendrocopos leucotos - White-backed Woodpecker   L 24-26 cm, S 38-40 cm - BJ
Der größte der Buntspechte, macht einen schwereren und stämmigeren Eindruck als der Buntspecht. Der Anteil weißer Rückenbänder variiert und wird zudem durch das Aufplustern darunterliegender weißer Federn beeinflußt. Jungvögel mit rotem Scheitel. Die auf dem Balkan und in der Türkei beheimatete Unterart *lilfordi* macht einen dunkleren Gesamteindruck, hat einen dunkel quergebänderten Hinterrücken und Bürzel, eine schmalere weiße Bänderung auf dem Vorderrücken und gröber gestreifte Flanken. Lockruf "köck", leiser, dunkler und im Ton weicher als Buntspecht, manchmal zu einer schnatternden Reihe ausgedehnt. Bei Erregung ruft er rollend und schnarrend "prrrrrrr". Der Trommelwirbel ist deutlich länger als beim Buntspecht, oft ungefähr zwei Sekunden, am Anfang etwas träge, beschleunigt sich aber zum Schluß und ist dem des Dreizehenspechts am ähnlichsten. Ist an ältere Wälder mit morschen und umgefallenen Laubbäumen gebunden, oft an See- oder Flußufern. Die moderne Forstwirtschaft hat zu starkem Bestandsrückgang geführt.

Buntspecht

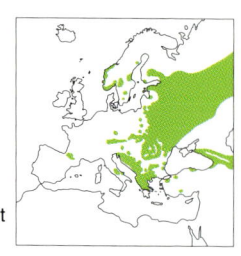

Weißrückenspecht

Kleinspecht
Dendrocopos minor - Lesser Spotted Woodpecker   L 14-15 cm, S 25-27 cm - BJ
Seine geringe Größe unterscheidet ihn sofort von allen übrigen Spechten. Das Fehlen von Rot auf dem Steiß verleiht vor allem dem Weibchen ein auffallend schwarzweißes Aussehen. Hüpft oft im äußeren Kronenbereich auf kleinen Zweigen, zieht es aber vor, die für Spechte typische Längshaltung beizubehalten. Ruft buntspechtartig, aber schwächer "kick" und hoch und schnell "ki-ki-ki-ki-ki-ki-ki-ki". Trommelwirbel (beider Geschlechter) im Vergleich zum Buntspecht anhaltender und schwächer, gut eine Sekunde lang, oft schnell zweimal mit kurzer Unterbrechung wiederholt. Brütet in Laub- oder Laubmischwäldern, oft Weichholzauen, auch in Parks und Gärten. Hackt seine Höhle in weiche, modrige Baumstämme oder größere Äste. Lebt oft zurückgezogen und ist leicht zu übersehen, schließt sich im Herbst gern umherziehenden Meisen an. Im Winter gern im Schilf, das er auf der Jagd nach Larven und Puppen sorgfältig untersucht.

Dreizehenspecht
Picoides tridactylus - Three-toed Woodpecker   L 21-22 cm, S 32-35 cm - BJ
Ein unverkennbarer Specht mit weißem Rücken, schwarzen Flügeln und ohne Rot im Gefieder. Scheitel des Männchens gelb, des Weibchens meliert. Die in Mitteleuropa vorkommende Unterart *alpinus* ist deutlich dunkler als nördliche Vögel, mit dunkel gemasertem Rücken und schmutzigen Flanken. Ruft wie der Buntspecht "kick", aber weicher und flüssiger, mehr wie "kjyck", doch variabel. Flügge Junge äußern einen vokalos rollenden Ruf, der an eine beunruhigte Wacholderdrossel erinnert. Beide Geschlechter trommeln im Spätwinter und Frühjahr emsig. Der Trommelwirbel beginnt prüfend, wird stärker, setzt sich gleichmäßig und wohlartikuliert fort und dauert ungefähr 1,3 Sekunden. Er ähnelt am ehesten dem Trommelwirbel des Schwarzspechts, ist aber schwächer und weniger gleichmäßig. Ziemlich häufig in Fichten- oder Fichtenmischwäldern, aber auch im Bergbirkenwald Nordeuropas, oft in etwas sumpfigen Bereichen. Im Bayerischen Wald, den Alpen und in Südost-Europa in Bergwäldern. Lebt überwiegend von Insekten und deren Larven, die unter der Borke im unteren Teil von abgestorbenen oder halbtoten Fichten verborgen sind. "Ringelt" Baumstämme, um an den Saft zu gelangen (s. Abb. oben). Standvogel, nördliche Populationen weichen dem Winter manchmal etwas aus.

Kleinspecht

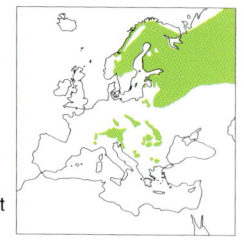

Dreizehenspecht

Feldlerche
Alauda arvensis - Skylark   L 18-19 cm - BZW

Einer der häufigsten Vögel auf Wiesen und Feldern und die verbreitetste Lerche Europas. Robust und rundbäuchig, stellt die Scheitelfedern oft zu kleiner Haube auf, doch nie so lang und spitz wie bei der Haubenlerche. Schnabel relativ kurz und kräftig. Gefiederfärbung variabel, im Norden meist warm beigebraun, einige Individuen aber heller graubeige, andere besonders nach der Mauser im Herbst oberseits kräftig braunrot. Im Süden, noch stärker im Nahen Osten und Südrußland, im Gesamteindruck grauer. Jungvögel dunkel gesprenkelt und mit durch ockerfarbene Federränder geschuppter Oberseite, ab Juli oft auffallend ausgeblichen (Abb. S. 18). Alt- und Jungvögel durchlaufen im Spätsommer eine Vollmauser. Im Flug durch weißlichen Flügelhinterrand von Hauben- und Heidelerche unterschieden. Ruft fliegend angenehm, aber variabel "tchrüp", "trrüvi" oder ähnlich. Gesang allgemein bekannt und unverkennbar, ein anhaltender Fluß trillernder und jubilierender Töne, oft mit eingewobenen Nachahmungen. Singt meistens im flatternden, stillstehenden Flug in großer Höhe von Sonnenauf- bis Sonnenuntergang. Lebt von Insekten und anderen kleinen Tieren, Pflanzenteilen und Samen. Kommt im Februar/März, im Norden allerdings erst Anfang Mai, zieht Ende September-Anfang November nach Südwesten. Schließt sich im Herbst und Winter auf Stoppelfeldern und Brachflächen zu Schwärmen zusammen, überwintert regelmäßig in Mitteleuropa.

Kleine Feldlerche
Alauda gulgula - Oriental Skylark   L 16 cm

Eine zentralasiatische Art, die im Winter selten in Israel erscheint. Etwas kleiner als Feldlerche, hochbeiniger und mit proportional etwas längerem und spitzerem Schnabel, kürzerem Schwanz und geringerer Handschwingenprojektion. Flugsilhouette etwas an Heidelerche erinnernd, aber nicht so kurzschwänzig. Zeigt im Vergleich zu den Feldlerchen innerhalb ihres Verbreitungsgebietes stärker rostfarbene Federränder auf Schwungfedern und Ohrdecken, äußere Steuerfedern und Flügelhinterrand sind matt rostbeige. Nahrungssuche anders als Feldlerche im Schutz von höheren Kräutern und niedrigen Büschen in offener Kultur- und Steppenlandschaft, drückt sich wie die Heidelerche, fliegt erst bei dichter Annäherung auf. Stimme trocken und etwas surrend "bazz bazz" oder "bazz-trrr".

Heidelerche
Lullula arborea - Woodlark   L 15 cm - BZ

Ähnlich Feldlerche, doch in Gesamteindruck und Verhalten recht verschieden. Hat einen kurzen Schwanz, einen kontrastreicher gezeichneten Kopf mit breiten weißlichen Überaugenstreifen, die sich fast im Nacken treffen, und rostbraune, ungestreifte Ohrdecken. Alula und Handdecken haben oberseits breite helle Spitzen, die ein kennzeichnendes schwarzweißes Muster am Flügelvorderrand bilden. Im Flug sind kurzer Schwanz, breite Flügel und der tiefe Wellenflug, bei dem schnell flatternde Schlagserien mit Gleitstrecken bei eingezogenen Flügeln wechseln, bezeichnend. Erregt oft durch ihren angenehmen Flugruf die Aufmerksamkeit, jodelnd oder flötend "didlui" oder "tytli-uit", ohne den r-Laut der Feldlerche. Der weiche, wehmütig klingende Gesang besteht aus Reihen wiederholter Jodelmotive, manchmal schneller werdend, manchmal in der Tonhöhe abfallend oder plötzlich abbrechend. Singt nachts und morgens. Kommt auf Waldlichtungen, in Heiden, in hügeligem Gelände mit vereinzelten Bäumen, auf Bergwiesen oder auf kleineren bewirtschafteten Flächen vor. Lebt zumeist von Insekten und Samen. In Mitteleuropa spärlich und lokal verbreitet. Zieht Ende September/Oktober (November), kommt im Februar/März zurück, überwintert aber auch vereinzelt.

Feldlerche

Heidelerche

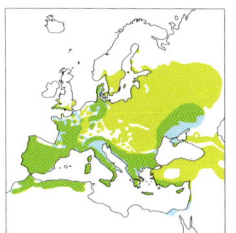

Herbst

Feldlerche

Frühjahr

Kleine Feldlerche

Heidelerche

Haubenlerche

Haubenlerche
Galerida cristata - Crested Lark L 17 cm - BJ

Hat eine lange, spitze Haube, einen kräftigen Schnabel und im Vergleich zur Feldlerche eine grauere und weniger deutliche Oberseitenzeichnung. Grundfarbe variabel und oft den örtlichen Bodenfarben angepaßt. Manche nordafrikanischen Vögel sind z.B. sandfarben und weniger gemustert, während andere wärmer und mehr rostfarben getönt sind. Auch die Schnabellänge variiert. Im Flug kurzer Schwanz mit rostroten oder zimtfarbenen Außenkanten und breite Flügel, die weich und flatternd bewegt werden. Ruft auffliegend meist "dü-i", in den verschiedensten Situationen variabel, aber sehr typisch weich flötend "tüi-tüü-tiuu", der Heidelerche nicht unähnlich. Singt langsamer und klarer als Feldlerche, die Motive werden nicht wie bei dieser in langen Reihen wiederholt, verschiedene Lockruf- und Nachahmungsvarianten gehen ins Repertoire ein. Singt von einem exponierten Sitzplatz oder im Singflug aus großer Höhe. Sucht oft auf trockenen, sandigen Böden nach Nahrung. Die Haubenlerche ist in Mitteleuropa so etwas wie ein "Hinterhofvogel", da sie hier an Straßen, Eisenbahnlinien und in Industriegebieten brütet, aber immer seltener wird. Im Mittelmeerraum ein häufiger Charaktervogel in vielen tiefer gelegenen Kulturlandschaften.

Theklalerche
Galerida theklae - Thekla Lark L 17 cm

Sehr schwer von der Haubenlerche zu unterscheiden, besonders in einigen Teilen Nordafrikas. In Südwest-Europa unterscheidet sie sich durch kürzere Haube, kürzeren und rundlicheren Schnabel (Unterschnabel oft konvex) und gröbere, deutlicher abgesetzte Brustflecke. Die Theklalerche hat graue bis sandfarbene, die Haubenlerche rostfarbene Achseln (im Freiland schwer zu sehen). Zimtfarbener Bürzel kontrastiert im Gegensatz zur Haubenlerche deutlich zum Rücken. In Nordafrika haben viele Vögel längere Schnäbel, dünnere Brustzeichnung und stärker sandfarbene Oberseite. Stimme ähnlich Haubenlerche, Gesang aber generell intensiver, mit schnelleren Trillern und mehr finkenartig. Kommt in steinigerem und buschigerem Gelände vor, an Berghängen oft in größerer Höhe und bevorzugt unberührte, weniger bewirtschaftete Gebiete. Sitzt gerne in Büschen, was die Haubenlerche selten tut. Standvogel.

Dupontlerche
Chersophilus duponti - Dupont's Lark L 18 cm

So groß wie eine Feldlerche, mit gedrungenem Körper, kurzem Schwanz, aber langem, etwas gebogenem Schnabel. Farbgebung ähnlich Feldlerche, im frischen Kleid mit hellen Federrändern, die wie bei jungen Lerchen oder Wachteln einen schuppigen Eindruck erzeugen. Kein Weiß im Flügel. Im zentralen Algerien und in Libyen die im Vergleich zur spanischen Nominatform *duponti* hellere und überwiegend rostrote Unterart *margaritae*. Lebt versteckt und fliegt ungern, verbirgt sich hinter Pflanzen und steht manchmal aufrecht, wobei der Hals auffallend lang wirkt. Gesang etwas hänflingsartig zwitschernd, mit eingewobenen zwei- bis viersilbigen Flötentönen. Ruft charakteristisch, etwas blechern "tju-tjyh". Kommt in Busch- und Grassteppen vor, im Winter auch mit anderen Lerchen auf Feldern. Im zentralen Spanien lokal relativ häufig. Lebt von Insekten und Samen, hackt oft in loser Erde und Sand, auch in Tierlosung.

Haubenlerche Theklalerche Dupontlerche

Stummellerche *heinei* Frühjahr   Kurzzehenlerche *longipennis* Frühjahr

Kurzzehenlerche
Calandrella brachydactyla - Short-toed Lark   L 14 cm - A
So groß wie ein Hänfling, deutlich kleiner als Feldlerche und mit relativ spitzem und finkenartigem Schnabel. Gefieder etwas variabel, macht aber immer einen hellen Eindruck. Kopf mit breitem hellem Überaugenstreif, dunklem Augenstreif und meist rost- oder zimtfarbenem Scheitel. Brust hell und meist nur auf den Seiten schwach gestrichelt, im Frühling mit variablem dunklen Halsseitenfleck. Kleine Armdecken oft ungezeichnet, Mittlere Armdecken häufig dunkel. Schirmfedern sehr lang, fast bis zur Flügelspitze reichend. Mittelasiatische Vögel der Unterart *longipennis* generell grauer, mit schmaler Oberseitenstreifung und kleinerem Schnabel als südeuropäische Nominatform *brachydactyla*. In Nordafrika ist *rubiginosa* heller, mehr sandfarben und hat immer einen rostfarbenen Scheitel. Singt im wie ein Jojo hüpfenden Flug eine charakteristische kurze, springende Strophe "pytt, tjyll yll yll yll yll", manchmal mit kleinen Trillern und in Pausen eingeflochtenen Nachahmungen. Flugrufe finkenartig, oft doppelt "tjilp tjelp", "tjypp tjylypp", "pyjü" oder "tjipp" ähnlich Brachpieper. Manchmal mit einem r-Laut (vor allem beim Auffliegen) und dann mehr feldlerchenartig, z.B. "chrryt". Häufig in trockenen Steppen, Halbwüsten und auf mageren Äckern. Erscheint ausnahmsweise in Deutschland.

Stummellerche
Calandrella rufescens - Lesser Short-toed Lark   L 13-14 cm - A
Variiert geographisch und ist manchmal schwer von der Kurzzehenlerche zu unterscheiden. Spanische Unterart *apetzii* dunkler, mehr graubraun und kräftiger gezeichnet, mit deutlicher Brust- und Flankenstrichelung (wie kleine Feldlerche), ohne auffälligen Augen- und Überaugenstreif, mit runderem Kopf, kürzerem und eher gleichmäßig dickem, nicht konischem Schnabel, kürzeren Schirmfedern und größerer Handschwingenprojektion (ca. 12 mm) als Kurzzehenlerche. Nominatform *rufescens* von den Kanaren ist eher braunrot, nordafrikanische Unterart *minor* beträchtlich heller und stärker warm sandfarben als die spanische, mit schmalerer Strichelung. Zentralasiatische Vögel, vor allem der Unterart *heinei*, haben überwiegend schmalere Bruststrichel und oberseits graueren Grundton. Unterart *aharonii* in der zentralen Türkei sehr grau mit schmaler, deutlicher Brustzeichnung. Flugruf typisch, limikolenartig surrend "tchrrr(y)" oder doppelt "trr chrrr", manchmal fast vokallos oder härter "tjirr", "drrrit" oder "djürrrüp", doch nicht immer anders als bei Kurzzehenlerche. Gesang kontinuierlich und variiert, enthält viele Nachahmungen, oft von Kurzzehen- und Haubenlerche. Kommt in flachem, steppenartigem Gelände vor, gerne in Salzsteppen. Überwiegend Standvogel, nördliche Populationen ziehen.

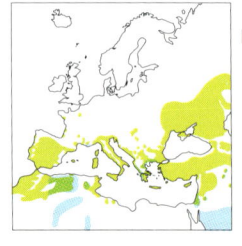

Kurzzehenlerche

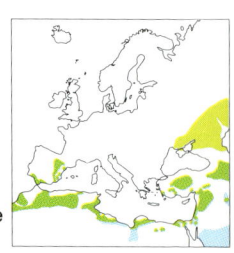

Stummellerche

Bergkalanderlerche
Melanocorypha bimaculata - Bimaculated Lark L 17 cm
Kleiner und kurzschwänziger als die Kalanderlerche und mit deutlicherer Gesichtszeichnung, im Frühjahr und Sommer meist heller und wärmer beige. Im Herbst Kopfmuster mit reinem weißem Überaugenstreif, rostfarbener Wange, dunklerem Schnabelfirst und dünneren dunklen Strichen auf dem Rücken. Im Flug leichter von Kalanderlerche zu unterscheiden: Flügel beträchtlich länger, spitzer, heller, gleichmäßiger gefärbt und ohne weißen Hinterrand, Schwanz mit weißen Spitzenflecken wie Steinsperling. Macht im Auffliegen einen etwas wachtelartigen Eindruck. Flugrufe eher denen der Feldlerche entsprechend, "krryit", "tjürrüp", auch "pchi-pcherp" oder "tjipp". Gesang kalanderlerchenartig. Kommt in Steppen und Halbwüsten vor, oft an steinigen Berghängen oder im steinigen Flachland, ersetzt die Kalanderlerche teilweise oberhalb 1500 m Höhe. Hauptsächlich Zugvogel.

Kalanderlerche
Melanocorypha calandra - Kalanderlerche L 18-19 cm - A
Eine große und kräftig gebaute Lerche mit großem Kopf, grünlingsartig derbem Schnabel und schwarzem Halsseitenfleck, der beim Weibchen kleiner und im Herbst manchmal kaum sichtbar ist. Im Flug charakteristisch mit dunklen, unterseits völlig schwarzen Flügeln mit breit weißem Hinterrand. Die Kombination von schwarzen Flügeln, zusammengelegtem Schwanz und steifen Flügelschlägen lassen sie größer erscheinen. Singflug oft sehr hoch und kreisförmig mit einem Fluß von kurzen Phrasen oder einzelnen "Wörtern", oft Nachahmungen und charakteristischen, schnell klirrenden oder vibrierenden Lauten, z.B. "pitjür ir ir ir" oder "klitra a'a'a'a", an singende Grauammer erinnernd und wahrscheinlich eine Mischung von Nachahmungen und eigenen Lauten. Flugrufe grob, rauh, manchmal klirrend "kchyrryk". Häufig in Steppen offener Kulturlandschaft Südeuropas. Im Westen Standvogel, im Winter lokal große Trupps.

Bergkalanderlerche

Kalanderlerche

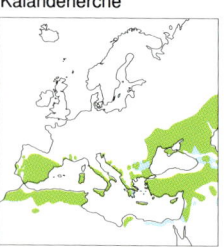

Ohrenlerche

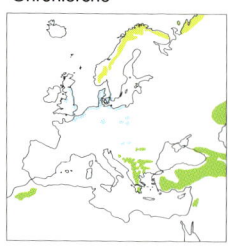

Ohrenlerche
Eremophila alpestris - Shore Lark L 15-17 cm - W

Ist durch ihre schwarze und schwefelgelbe Kopfzeichnung leicht kenntlich. Im Winter weniger kontrastreich und ohne schwarze "Hörner". Oberseite auffallend grau oder sandfarben, Männchen besonders schwach gestreift und aus der Entfernung einfarbig wirkend. Bei der auf dem Balkan beheimateten Unterart *balkanica* und der in Kleinasien vorkommenden *penicillata*, die zu einer südlichen Unterartengruppe gehören, ist das Schwarz auf den Wangen mit dem schwarzen Brustband verbunden. Verglichen mit der abgebildeten *penicillata* (S.359), aus dem Taurusgebirge und der südlichen Türkei, ist die Unterart des Balkan auf dem Nacken wärmer rosa gefärbt und hat eine hellgelbe Gesichtszeichnung. Im marokkanischen Atlasgebirge kommt die wie die nördliche Gruppe (z.B. Unterart *flava* in Skandinavien) gefärbte Unterart *atlas* vor. Lebt am Brutplatz zurückgezogen, verbirgt sich hinter Steinen und kleinen Hügeln und macht beunruhigt oft erst durch ihren Ruf auf sich aufmerksam: variabel "piih", auch ausgesprochen schneeammerartig "püü", manchmal kombiniert mit goldammerartigem "tjü", auch scharf "tsiepp" (*penicillata*). Der Flugruf ist zwei- oder dreisilbig, kurz, hoch, und kräftig, "tsie-tui-tsiee" oder "tsie-tsiee". Der Gesang ähnelt im Ton dem der Schneeammer und besteht aus einer etwas holperigen, bisweilen zu einem anhaltenderen Lerchengezwitscher gereihten Strophe. Brütet spärlich und lokal in baumlosen Fjäll- oder Bergheiden, bevorzugt auf trockenen, steinigen Plateaus oder Bergrücken. Im Winter in offenem, heideartigem Gelände, auf Strandwiesen und an Sandstränden. Hat in den letzten Jahrzehnten in Skandinavien abgenommen.

Karte S. 356

Saharaohrenlerche
Eremophila bilopha - Temminck's Horned Lark L 13-14 cm
Kleiner als Ohrenlerche, oberseits ungestreift sandfarben, mit schwarzweißer Kopf- und Brustzeichnung. Stimme wie Ohrenlerche. Kommt lokal und relativ selten in tiefer gelegenen Wüsten- und Halbwüsten Nordafrikas und des Mittleren Ostens vor.

Weißflügellerche
Melanocorypha leucoptera - White-winged Lark L 19 cm - A
Flügel mit breitem weißem Hinterrand, schwarzem Streif und braunen Deckfedern. Beim Männchen Scheitel, Kleine Decken und Oberschwanzdecken rostfarben, beim Weibchen blasser und gestreift. Brütet in Steppen Kasachstans, in Europa Ausnahmeerscheinung.

Mohrenlerche
Melanocorypha yeltoniensis - Black Lark L ♂ 21 cm, ♀ 19 cm - A
Männchen schwarz, im Winter mit breiten hellen Federrändern, Schnabel grau. Weibchen kleiner und ähnlich Kalanderlerche, aber mit dunklen Beinen und ohne weißen Flügelhinterrand. Brütet in feuchten Steppen Kasachstans, in Europa Ausnahmeerscheinung.

Steinlerche
Ammomanes deserti - Desert Lark L 16-17 cm
Feldlerchengroß, etwas gedrungen, aber langschwänzig und mit relativ kräftigem, an der Basis orangegelbem Schnabel. Gefiederfärbung variiert geographisch und entspricht meist der Bodenfarbe des Lebensraumes. Oberseits normalerweise dumpf graubeige, Brust schwach gestrichelt, Schwanz rostfarben mit diffus abgesetzter dunkler Endbinde. Lockruf tief "tjü" oder "tji-lü", im Ton etwas haubenlerchenartig. Singt von einer Warte oder im Flug, variationsreicher als die Sandlerche, melodisch, etwas melancholisch und plaudernd, oft in zwei- oder dreisilbigen Phrasen "tjür-rür-rir", "tjürrüvie" oder ähnlich. Relativ häufig, vor allem in hügeligen Halbwüsten oder Wüsten mit steinigem Gelände, an Berg- oder Erosionshängen. Wenig scheu, besucht oft Oasen und Rastplätze an Straßen. Brütet in weiten Teilen Nordafrikas und des Nahen Ostens bis in die südöstliche Türkei.

Sandlerche
Ammomanes cincturus - Bar-tailed Desert Lark L 15 cm
Etwas kleiner als Steinlerche, oberseits im allgemeinen heller und wärmer sandbeige, unterseits weißer und ohne Bruststrichelung. Wirkt großköpfiger, mit rundem Scheitel und kürzerem Schnabel. Hat einen Rostton auf den Schirmfedern und den übrigen Schwungfedern, zeigt im Flug scharf abgesetzte Schwanzendbinde und dunklere Handschwingenspitzen. Sehr aktiv, läuft ruckweise, sieht langbeinig aus. Gesang charakteristisch, einfach, etwas einsam klingend, die letzte Silbe langgezogen und weiter hörbar "dir-dul-DYY". Flugruf kurz klingelnd "prrit" oder "sii-uy". Spärlich bis häufig in weiten Teilen der Sahara und des Nahen Ostens. Bevorzugt offene Ebenen, leicht wellige Wüsten oder halbwüstenartige Gebiete mit Sand oder Kies.

Einödlerche
Eremalauda dunni - Dunn's Lark L 14,5 cm
Der Sandlerche ähnlich, hat aber einen kräftigeren und meistens geschwollener wirkenden Schnabel und eine deutlichere Gesichtszeichnung, besonders Wangenstreif und dunkler Streif unter dem Auge kräftiger. Scheitel, Mantel und Brustseiten gestreift. Scheitel, Mantel und Rücken meist mit rostfarbenem Grundton, der zum graueren Nacken kontrastiert, durch Abnutzung aber blasser wird. Schwanz im Unterschied zu den ähnlichen Arten mit schwarzen äußeren Steuerfedern, die Schirmfedern reichen fast bis zur Flügelspitze. Kommt in flachen oder leicht welligen Wüstengebieten vor. Hat eine lückenhafte Verbreitung im südlichen Teil der Sahara und auf der südlichen Arabischen Halbinsel, erscheint unregelmäßig nordwärts bis Israel und Jordanien.

Knackerlerche
Rhamphocoris clotbey - Thick-billed Lark L 17 cm
Unverkennbar. Weibchen mit schwächerer Zeichnung an Kopf und Brust, Jungvogel einheitlich sandfarben. Im Flug langflügelig, mit großem Kopf und schwarzen Handschwingen mit breit weißem Hinterrand. Flugrufe etwas variabel, oft kurz tropfend "pritt", "blitt-blitt" oder "ku-ipp". Gesang hell, plaudernd und mit klingelnden Tonfolgen von einer Warte oder im Flug vorgetragen. Kommt vor allem in den Steinwüsten Nordafrikas südlich des Mittleren Atlas von Marokko bis Tunesien, in Saudi Arabien und Jordanien vor. Verbreitung im Mittleren Osten unzureichend bekannt.

Wüstenläuferlerche
Alaemon alaudipes - Hoopoe Lark L 18-20 cm
Eine große, langgestreckte und helle Lerche mit langem, abwärts gebogenem Schnabel. Die schwarze Bruststreifung variiert individuell. Im Flug kontrastierender weißer Flügelstreif und -hinterrand. Bewegt sich außerordentlich schnell, flieht lieber laufend als fliegend. Singt morgens einsam klagend in der Wüste eine ungefähr 10-15 Sekunden dauernde Reihe von erst beschleunigten, dann gedehnten, in der Mitte langgezogenen und klingelnden Flötentönen, etwa "düü düüüh düüüh ...". Bemerkenswerter Singflug, bei dem das Männchen sich am höchsten Punkt der Flugbahn halb dreht und wieder zur Erde sinkt. Relativ häufig in flachen oder leicht welligen Wüsten und Halbwüsten mit offenen Sandstellen in Nordafrika und im Mittleren Osten.

Felsenschwalbe
Ptyonoprogne rupestris - Crag Martin L 14,5 cm - BZ
Größer als die Uferschwalbe, mit kraftvollerem Flug und oft schwindelerregend schnellen Sturzflügen. Oberseits kalt graubraun, Schwungfedern aber dunkler, unterseits hell sandfarben mit kontrastierenden dunklen Unterflügeldecken, schmutziger Kehle und braunem Steiß. Weiße Flecken vor der Schwanzspitze nur bei gespreiztem Schwanz sichtbar. Schweigsam, besonders außerhalb der Brutzeit. Die Stimme erinnert an einen entfernten Finkenvogel oder eine Kurzzehenlerche, z.B. "tjipp", "tjüpp" oder "tjirr". Brütet an Felswänden oder Gebäuden in Bergregionen und tiefen Schluchten. Das Nest besteht aus einem halben Lehmnapf, oft in Spalten oder Höhlen angelegt. Brütet von Meereshöhe aufwärts bis in ungefähr 2500 m Höhe, fliegt zur Nahrungssuche aber noch höher. Im Winter in tieferen Lagen, patrouilliert entlang geschützter Berghänge oder Hügel, oft an Flüssen oder großen Teichen. In den nördlichen und hochgelegenen Teilen des Verbreitungsgebietes Zugvogel.

Steinschwalbe
Ptyonoprogne fuligula - Rock Martin L 12,5 cm
Kleiner und blasser als die Felsenschwalbe, in Aussehen und Bewegungsweise dieser aber sehr ähnlich. Hat eine helle, ungestreifte Kehle und weniger kontrastreiche dunkle Unterflügeldecken. Eine in erster Linie afrikanische Art, ersetzt die Felsenschwalbe in der Sahara und den Tropen. Ruft hell "siip" oder "siip-siip" und trockener "ptrrr". Kommt in Schluchten und an Felsen in Wüstengebieten, in Ägypten auch häufig an Baudenkmälern vor. Jahresvogel.

Braunkehl-Uferschwalbe
Riparia paludicola - Brown-throated Sand Martin L 12 cm
Sehr klein, mit einem weichen, flatternden Flug. Sieht schmutzig und unauffällig aus, ohne hervortretende Merkmale, aber mit dunkler Kehle. Jungvögel (ab Januar) oberseits mit heller Schuppung wie juvenile Uferschwalbe. Stimme tief raspelnd wie Uferschwalbe, aber weicher, weniger trocken "tjrrr", auch rauh "stih". Lebt an Flüssen oder anderen Wasserflächen Marokkos, Nistweise wie Uferschwalbe. Jahresvogel.

Uferschwalbe
Riparia riparia - Sand Martin L 12 cm - BZ
In Nordeuropa die einzige Schwalbe mit brauner Oberseite. Unterseite mit deutlichem Brustband und dunklen Unterflügeldecken. Jungvögel sehen oberseits durch hellbeige Federränder schuppig aus. Typische Stimme ein trockenes, vokalloses, kratzendes Raspeln. Brütet kolonieweise in selbstgegrabenen Röhren in Sandgruben oder Steilufern von Flüssen, daher nur lokal verbreitet. Sucht oft an Flüssen, Teichen und flachen Seen im Flug nach Insekten und Spinnen. Viele brüten zweimal jährlich, nördliche Vögel allerdings nur einmal. Ab Ende Juni (Jungvögel der ersten Brut) kann man an den Schlafplätzen in Schilfgebieten große Konzentrationen von Uferschwalben sehen. Zieht im August-September ins tropische Afrika, zurück im April/Mai.

Felsenschwalbe

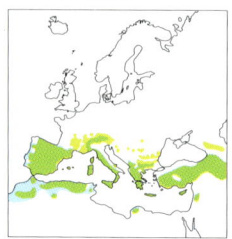

Steinschwalbe

Braunkehl-Uferschwalbe

Uferschwalbe

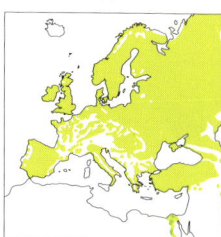

Rötelschwalbe
Hirundo daurica - Red-rumped Swallow L 16-18 cm - A

Wirkt im Flug gemächlich, gleitet oft und kontinuierlich. Die verlängerten Steuerfedern sind kürzer, aber etwas breiter als bei der Rauchschwalbe und werden oft zusammengelegt. Jungvögel mit kürzeren Schwanzspießen. Im Flug von unten leicht an schwarzen Unterschwanzdecken und heller Kehle von Rauchschwalbe zu unterscheiden. Segelt häufig lässig an einem Hang auf und ab und fängt Insekten in der Luft. Schweigsam, gibt im Flug aber kurze, recht kräftige, meist nasale und raspelnde Laute von sich, z.B. "üviht", "kchväht" oder "tchrrit", manchmal haussperlingsartig tschilpend. Der Gesang klingt wie der einer wenig inspirierten Rauchschwalbe, ist im Ton aber nasaler und raspelnd. Lokal häufig in bergigen und felsigen Gebieten mit zum Brüten geeigneten geschützten Grotten und Höhlen. Brütet auch in Ruinen, Gebäuden und unter Brücken. Baut einen Lehmnapf mit tunnelartigem Eingang. Zugvogel, zurück im März/April, einzelne bereits im Februar. In Mitteleuropa Ausnahmeerscheinung.

Rauchschwalbe
Hirundo rustica - Swallow L 19-22 cm - BZ

Die bekannteste Schwalbe Europas, durch die stark verlängerten Schwanzspieße nur mit der Rötelschwalbe (s. oben) zu verwechseln. Die Oberseite ist ganz dunkel, ohne hellen Bürzel, aber mit hellen Fenstern auf den Steuerfedern. Die Unterseite variiert, ist in Nordeuropa weiß oder schwach rahmfarben, in Kleinasien eher rostfarben und in Ägypten bei der Unterart *savignii* kräftig braunrot. Jungvogel hat im Herbst höchstens ungefähr 1 cm verlängerte Steuerfedern und ist heller, mit einem rostbeigen Ton auf Stirn und Kehle und graubraunem Brustband. Ruft klingelnd und munter "vitt" oder "vitt vitt", aufgeregt schärfer "siflitt". Der Gesang ist oft imponierend, ein anhaltendes, kristallklares Gezwitscher mit eingewobenen Nachahmungslauten, das gelegentlich durch ein typisches, wie ein ungeöltes Scharnier klingendes Knirschen abgerundet wird. Die Rauchschwalbe ist in der bebauten Landschaft mit Dörfern und Bauernhöfen häufig. Während der Zugzeit versammelt sie sich mit anderen Schwalben über Sümpfen und Schilfseen mit vielen Fluginsekten. Übernachtet dann im Schilf. Baut ihr Nest, eine halbe "Lehmtasse", an Balken und Nischen in Kuhställen, Wirtschaftsgebäuden, unter Brücken oder in anderen Gebäuden. Zieht im August-Oktober nach Afrika, zurück Ende März/April. Einzelne überwintern im südlichsten Spanien und Portugal, im Mittelmeerraum erscheint sie schon im Februar. Die Unterart *savignii* ist entlang des Nils ein Standvogel.

Mehlschwalbe
Delichon urbica - House Martin L 12,5 cm - BZ

Ist sofort an ihrem weißen Bürzel zu erkennen. Jungvögel zeigen im Herbst einen dunklen Schatten auf den Brustseiten, was aus bestimmten Winkeln den Eindruck erweckt, als hätten sie ein Brustband. Ruft hell, aber rauh "prrit". Der Gesang, oft von einem Leitungsdraht aus vorgetragen, ist eine zwitschernde Wiederholung des Rufs. Brütet in Kolonien an Gebäuden und Felswänden. Kommt in sehr unterschiedlichem, offenem oder halboffenem Gelände vor, oft in der Nähe von Wasser, aber nicht notwendigerweise in besiedelten Gegenden. Nahrung wie Rauchschwalbe, jagt aber häufig in größerer Höhe. Zieht im August-Anfang Oktober ins tropische Afrika, zurück im April/Mai.

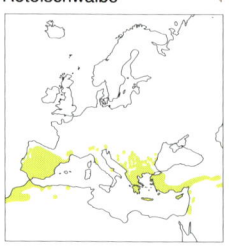
Rötelschwalbe

Rauchschwalbe

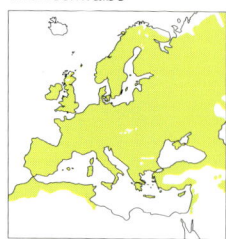
Mehlschwalbe

Bergpieper
Anthus spinoletta - Water Pipit L 16 cm - BZW

Im Prachtkleid sehr bunt mit rosa gefärbter Brust und auf die Brustseiten und Flanken reduzierter Strichelung, grauem Kopf mit weißem Überaugenstreif und braungrauem Rücken. Beine dunkelbraun bis schwärzlich, Schwanzaußenkanten weiß. Im Schlichtkleid mit kräftiger Bruststreifung und braungrauer Oberseite, heller als Strandpieper, Überaugenstreif und Flügelbinden deutlicher als bei diesem. Brütet relativ häufig oberhalb der Waldgrenze auf Alpenwiesen. Im Winter vorzugsweise an Ufern und in Feuchtwiesen, in Norddeutschland dann bis hinab auf Meereshöhe. Die im Winter im Mittleren Osten auftauchende mittelasiatische Unterart *coutellii* ist im Schlichtkleid in den hellen Partien brauner und schmutziger. Ruft scharf, etwas gedehnt "fist", "piht" oder "hüiz tjytt", Gesang ähnlich Wiesenpieper, Strophen oft länger, im absinkenden Balzflug vorgetragen.

Strandpieper
Anthus petrosus - Rock Pipit L 16 cm - W

Ein großer, dunkler Pieper mit langem Schnabel und schwarzen oder dunkel braunvioletten Beinen und grauen Schwanzaußenkanten. Skandinavische Vögel (Unterart *littoralis*) können im Prachtkleid fast so bunt wie Bergpieper sein, sind aber meist oberseits düster braungrau, unterseits schmutzig beige mit dunkelgrauer Bruststrichelung. Brutvögel der Britischen Inseln und Nordwest-Frankreichs (Unterart *petrosus*) sind etwas dunkler mit stärkerer Streifung der kaum rosa getönten Brust. Im Schlichtkleid ausgesprochen düster graubraun, mit einem Olivton auf der Oberseite und großen, verwaschenen Brustflecken. Oft fehlt ein deutlicher Überaugenstreif, aber Augenring hell. Ruft etwas gedehnt "piist", dem Baumpieper am ähnlichsten, aber weniger summend, schriller und im Ton vokaler. Im Gegensatz zum ganz ähnlichen Ruf des Bergpiepers meist in größeren Abständen einzeln vorgetragen, etwas voller und länger. Gesang wie Bergpieper. Ganzjährig an steinige Ufer und Felsküsten gebunden, in Skandinavien relativ häufig. Wintergast an der deutschen Küste, ausnahmsweise im Binnenland.

Pazifischer Wasserpieper
Anthus rubescens - Buff-bellied Pipit L 15 cm - A

Eine nordamerikanische und ostasiatische Art, in Europa Ausnahmeerscheinung. Ähnlich Bergpieper, aber kleiner, mit schlankerem, kürzerem Schnabel, schwächerem Zügel- und deutlicherem Kinnstreif, im Schlichtkleid bei der amerikanischen Unterart *rubescens* gelblicherer Unterseite mit schmalerer, deutlicherer Brust- und Flankenstrichelung. Sibirische Unterart *japonicus* (Wintergast im Mittleren Osten) unterseits weißlich mit kräftigerer Bruststrichelung. Ruft etwas dünner, schärfer und länger als Wiesenpieper.

Strandpieper

Bergpieper
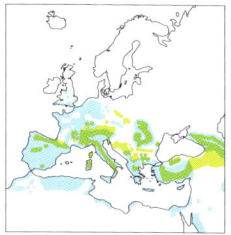

Baumpieper

Wiesenpieper
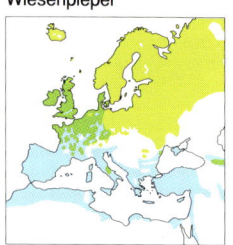

Rotkehlpieper
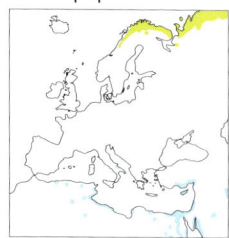

Baumpieper
Anthus trivialis - Tree Pipit   L 15 cm - BZ
Dem Wiesenpieper sehr ähnlich und am besten durch die Stimme zu unterscheiden. Ist aber mehr ein Waldvogel, und aufgescheucht setzt er sich am liebsten auf einen Ast. Bewegt sich am Boden oft etwas schleichend und geduckt, mit abwägenden Schritten, häufig vorsichtig mit dem Schwanz wippend. Robuster gebaut als der Wiesenpieper, hat einfarbigeren Mantel, zu dem die im Zentrum dunkleren, an den Spitzen helleren Mittleren Armdecken deutlicher kontrastieren, mehr gelbbeige Brust mit oft deutlichem Kontrast zum weißen Bauch, kräftige Bruststreifung, die auf den Flanken in feine Schaftstriche übergeht (beim Wiesenpieper auch Flanken kräftig gestreift), durch kurzen Zügelstreif unterbrochenen Augenring, deutlicheren gelblichen Bartstreif und kürzere, stärker gebogene Hinterkralle. Flugruf charakteristisch kurz und scharf, etwas dissonant "bzzit" oder "pssip", manchmal auch feiner "ziet". Steigt mit schnellen Flügelschlägen ziemlich gerade zum Singflug auf, um sich dann langsam zum Ausgangspunkt oder einer Baumspitze absinken zu lassen. Der Gesang, kraftvoller und variabler als beim Wiesenpieper, mit buchfinkenähnlichem Auftakt, besteht aus trillernden, sich anfangs beschleunigenden Reihen, die in ein langgezogenes "Zia zia zia zii" übergehen. Warnt rhythmisch wiederholt "tzytt". Häufig in den verschiedensten Waldtypen, soweit sie offenes Gelände zur Nahrungssuche bieten, zur Zugzeit auch auf freien Flächen. Kommt im April/Mai zurück und zieht im August-Oktober. *Karte S. 366*

Wiesenpieper
Anthus pratensis - Meadow Pipit   L 14,5 cm - BZW
Etwas kleiner als Baumpieper, mit deutlicher gestreiftem Mantel und Bürzel und eher gleichmäßig kräftiger Brust- und Flankenstreifung. Bartstreif schmaler und undeutlicher, Zügel schwach gezeichnet, um das Auge herum oft verwaschen hell, Gesichtsausdruck etwas "blinzelnd". Oberseite im frischen Gefieder oft mit auffallend grünlichem Schimmer. Charakteristische Rufe im Auffliegen spitz und dünn "psit, psit...psit". Im Flug auch feiner tschilpend "tjytt" oder "tjitt", hell klingelnd heckenbraunellenartig "tisitisi", und mürrisch "tjytt ytt ytt ytt ...". Warnt hartnäckig "stitt-itt". Der Gesang ist einfacher und mechanischer als beim Baumpieper, meist in drei bis vier Abschnitte aufgeteilt: beschleunigte, schnelle "tsip"-Rufe, dünner, gedehnter "tsyht" und ein schwirrender Triller (manchmal fast vokallos), meist in der genannten Reihenfolge. Führt einen erst ansteigenden, dann langsam absinkenden Singflug vor, singt aber auch von einer Buschspitze oder einer Warte. Stellt oft den Schwanz schwach auf. Brütet spärlich bis häufig in offenem Wiesengelände, auf Strandwiesen, Mooren und Heiden, ziehend oft auf überschwemmten Wiesen und an Ufern. Kommt im März/April an, zieht im September-November, überwintert aber auch regelmäßig. Nur auf den Kanaren und Madeira brütet der **Kanarenpieper** *Anthus berthelotii*, kleiner als Wiesenpieper, oberseits grauer, unterseits schwächer gestreift, Gesicht blaß, Scheitelstrichelung und rahmweißer Überaugenstreif deutlich, zwei helle Flügelbinden. Singt klagend wiederholt "tsirii", ruft tief "zick" und weich rollend "krii". Bewohnt alle Lebensräume, zieht nicht. *Karte S. 366*

Rotkehlpieper
Anthus cervinus - Red-throated Pipit   L 15 cm - Z
Altvögel sind leicht an der ziegelroten Färbung der Kehle von allen anderen Piepern zu unterscheiden (vgl. aber Bergpieper), die sich weit auf Brust, Gesicht und Überaugenstreif erstrecken kann. Im ersten Winter sind diese Partien noch schmutzig weiß bis warm ockerfarben. Im Vergleich zum Wiesenpieper fallen dann rahmfarbene Längsstreifen der eher braun als oliv getönten Oberseite, dunkle Streifung von Bürzel und Oberschwanzdecken, kräftigere weißliche Flügelbinde, kontrastreicher gestrichelte Flanken und deutlicherer schmaler Augenring auf. Flugruf charakteristisch lang gedehnt und sehr hell "spiiih", oft etwas abfallend, manchmal eher wie "spyyh". Gesang ähnlich Wiesenpieper, aber hitziger, besteht aus mehr, aber kürzeren Strophen mit eingewobenem "Spiih". Ruft auch zweisilbig rollend "tjürrüp", warnt eindringlich wiederholt "tjy" oder "tjytt", noch weicher "styh". Brütet in offenem Gras- oder Moorland mit Weidicht im äußersten Norden Europas. Zieht Ende April-Mitte Mai und im September/Oktober durch Mitteleuropa, rastet dann besonders in feuchten Wiesen, wo er leicht zu übersehen ist. *Karte S. 366*

Waldpieper
Anthus hodgsoni - Olive-backed Pipit   L 14,5 cm - A
Etwas kleiner als Baumpieper, mit olivgrün getöntem, kaum gestreiftem Mantel, kräftigerer Bruststreifung und typischem Kopfmuster: Überaugenstreif breit, vor dem Auge gelblich, darüber und dahinter weißlich, zum Scheitel hin dunkel begrenzt. Am Hinterrand der Ohrdecken ein kleiner weißlicher und schwärzlicher Doppelfleck. Schlägt den Schwanz häufig abwärts. Im abgetragenen Gefieder oberseits kühler graubraun. Verhalten und Habitatwahl wie Baumpieper. Ruft "tsiip", ähnlich Baumpieper, aber mehr vokal und weniger surrend. Alljährlich im Oktober aus Sibirien kommende Ausnahmeerscheinung.

Petschorapieper
Anthus gustavi - Pechora Pipit   L 14 cm
Einem Rotkehlpieper im ersten Kalenderjahr sehr ähnlich, wippt aber mit dem kürzeren Schwanz und bewegt sich ruckartiger (ähnlich Baumpieper). Oberseite noch kontrastreicher mit schwärzlichen und gelblichweißen Längsbändern und deutlichen weißlichen Flügelbinden, Kopf wirkt ungezeichnet und kontrastiert zu dunklen Halsseitenflecken. Ein dunkler Fleck oder kurzer Zügelstreif durchbricht den Augenring am Vorderrand (bei Rotkehlpieper geschlossen). Ohrdecken und Nacken aus der Nähe fein gestrichelt, Schnabel kräftiger als bei Rotkehlpieper und mit rosa Basis. Sicherstes Kennzeichen sind die kürzeren Schirmfedern mit deutlicher Handschwingenprojektion (fehlt Rotkehlpieper). Zurückgezogen und in dichter Bodenvegetation kaum zum Auffliegen zu bewegen. Meist stumm, doch Ruf charakteristisch hart "tsepp". Sehr seltene ostsibirische Ausnahmeerscheinung, besonders Ende September/Anfang Oktober.

Spornpieper
Anthus richardi - Richard's Pipit   L 18 cm - A
Feldlerchengroß und sichtbar größer als Brachpieper, hochbeiniger und langschwänziger, mit kräftigerem Schnabel und sehr langen Hinterkrallen. Hat dunkel gestrichelte Brust und stärker gestreiften Rücken, ist auf dem Zügel weniger gezeichnet, Augenstreif ist hinter dem Auge deutlicher als davor (bei Brachpieper umgekehrt). Im frischen Gefieder auf Flanken und relativ dünn gestrichelter Brust warm ockerfarben oder rostorange getönt. In Europa im Herbst meist Vögel im ersten Kalenderjahr mit noch großem Jugendkleidanteil, die durch gröbere Streifen und Flecken auf Brust und Halsseiten und einen größeren Anteil von Mantelfedern mit dunklen Zentren im Gesamteindruck der Feldlerche ähnlich sind. Auch nach der Mauser fallen oft einzelne stehengebliebene juvenile Armdecken oder Schirmfedern mit weißlicheren Rändern als bei Altvögeln auf. Charakteristischer Flugruf lautstark "pschrrip" oder "prrrip", haussperlingsartig und mit einem besonderen groben, etwas nasalen Charakter. Gesang einfach, aus ein paar tschilpenden oder trillernden Phrasen, die 2-4 mal wiederholt werden. Brütet in Sibirien, erscheint von Mitte September-Anfang November in sehr geringer Zahl im westlichen Europa, besonders an Küsten.

Steppenpieper
Anthus godlewskii - Blyth's Pipit   L 17 cm
Gefieder ähnlich Spornpieper, aber Schwanz, Beine und Hinterkralle kürzer, Schnabel kürzer und spitzer, Gestalt und Bewegungen mehr wie Brachpieper. Dunkle Zentren der Mittleren Armdecken mehr rechteckig und zu den hellen Spitzen schärfer und gerader abgegrenzt als beim Spornpieper (nur Altvögel; juvenile Armdecken wie bei Spornpieper). Ruft wie Brachpieper kurz und sehr hart "tjep", auch langgezogener, wie Spornpieper, aber weicher und höher. Sehr seltene mittelasiatische Ausnahmeerscheinung.

Langschnabelpieper
Anthus similis - Long-billed Pipit   L 19 cm
Etwas größer als der ähnliche Brachpieper, oberseits dunkler und kühler grau, mit längerem Schnabel, kürzerer Hinterkralle, längerem und dunklerem Schwanz. Brust, Flanken und Ränder der Armdecken und Schirmfedern rostbeige bis braunrosa. Singt abwechslungsreicher als Brachpieper mit 2-4 langsam im geraden Flug oder von einer Warte vorgetragenen Tönen. Ziemlich selten an trockenen Hängen im Libanon, in Westsyrien, Nordisrael und Westjordanien.

Brachpieper
Anthus campestris - Tawny Pipit L 16,5 cm - BZ

Ein sehr großer und fahler Pieper, nahezu ungestreift sandfarben, nur auf den Brustseiten meist einige dünne Strichel. Dunkler Zügel, weißlicher Überaugenstreif und dunkle Mittlere Armdecken fallen im sonst recht einfarbigen Gefieder auf. Im ersten Herbst oft noch mit einzelnen juvenilen Federn und dann ähnlich Spornpieper (s. dort) gestreift, aber Zügel dunkel, Schnabel feiner. Wippt stelzenartig mit dem Schwanz. Rufe ziemlich variabel, typisch ähnlich Haussperling "tschilp", gedehnt "tsiip", auch kurz "tjüp". Der Gesang besteht aus vorsichtig wiederholtem "Ziryh" oder "Tzirlüh", im Ton etwas wehmütig und metallisch. Singflug in tiefen Bögen mit einer Strophe im Gefälle jedes Bogens; singt auch von exponierten Warten. Brütet spärlich in trockenem, heideartigem Gelände mit schütterer Vegetation und offenen Erd- oder Sandflecken. Während des Zuges auch auf trockenen Feldern, oft im selben Biotop wie die Kurzzehenlerche. In Südeuropa auch im Gebirge und auf Alpenwiesen. Zieht im August/September, zurück Anfang Mai, in Südeuropa früher.

Bachstelze
Motacilla alba - White Wagtail L 18 cm - BZ

Ein allgemein bekannter und häufiger Vogel. Männchen der in fast ganz Europa vorkommenden Unterart *alba* mit schwarzem Scheitel und Nacken in scharfem Kontrast zum grauen Rücken, Weibchen mit grauem Nacken, der sich zum Scheitel hin langsam schwarz verfärbt (im zweiten Kalenderjahr manchmal ganzer Scheitel grau). Mausert im August/September ins Schlichtkleid mit weniger schwarzem Kopf und schwach zitronengelbem Ton auf den hellen Kopfpartien. Das schwarze Brustband unterscheidet sie immer von den übrigen Stelzen. Jungvögel kontrastlos grau, aber mit dunkler grauem, dreieckigem Fleck auf der Brustmitte. Bei britischer Unterart *yarrellii* ("Trauerbachstelze"; lokal auch an kontinentaler Nordseeküste) sind Männchen oberseits völlig schwarz mit rußgrauen Flanken, Weibchen auf dem Mantel dunkelgrau, Scheitel, Bürzel und Oberschwanzdecken sind aber schwarz. Die marokkanische Unterart *subpersonata* hat auffallend mehr Schwarz am Kopf, *dukhunensis* im äußersten Osten Europas mehr Weiß im Flügel. Ruft wohlklingend und munter "tsi-litt" oder "pe-vitt". Gesang etwas hitzig und zwitschernd mit lockrufartigen Tönen. Kommt häufig in den meisten offenen, sonnenbeschienenen und insektenreichen Lebensräumen vor, oft in Wassernähe. Zieht Ende August-Oktober und kommt ab März zurück, überwintert aber auch vereinzelt.

Brachpieper

Bachstelze

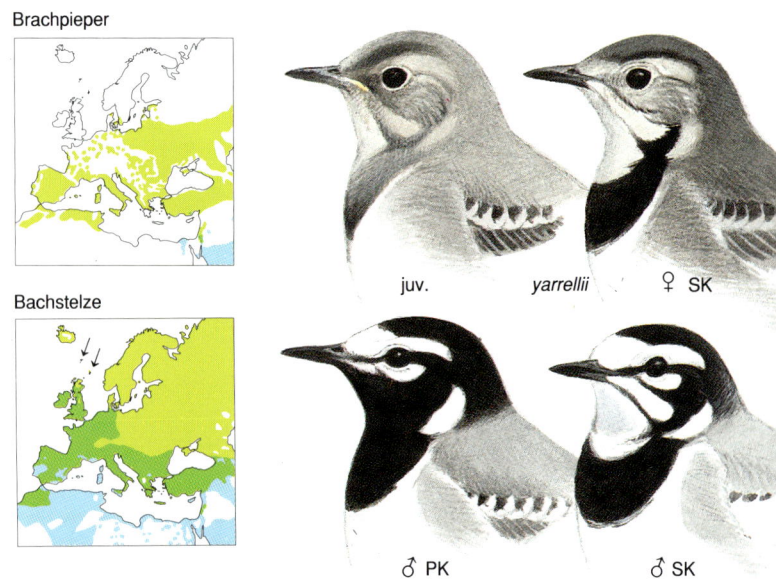

juv. *yarrellii* ♀ SK

♂ PK ♂ SK

subpersonata

Gebirgsstelze   Schafstelze

Gebirgsstelze
Motacilla cinerea - Grey Wagtail   L 18-19 cm - BZW

Unterscheidet sich von der Schafstelze durch merklich längeren Schwanz, völlig grauen Mantel und dunkel kontrastierende, braunschwarze Flügel. Männchen im Prachtkleid mit schwarzer Kehle und leuchtend gelber Unterseite, Weibchen mit blasseren Flanken und weißlicher bis mehr oder weniger schwarzer Kehle. Jungvögel nur auf Steiß und Oberschwanzdecken gelb, Brust rahmfarben. Im Flug sind der lange Schwanz und besonders von unten der weiße Flügelstreif auffallend. Der Ruf ist bachstelzenartig, aber schärfer, deutlicher artikuliert und höher im Ton, "stitt" oder "tzi-titt", bei Alarm länger "süü-it". Der Gesang besteht aus einer Reihe von lockrufartigen Tönen. Ist an fließendes Wasser gebunden. Bewegungen elegant und flink, wippt mit Schwanz und Hinterkörper. In weiten Teilen Europas Standvogel, zieht aber im Norden des Verbreitungsgebiets und verläßt höhere Berglagen.

Schafstelze
Motacilla flava - Yellow Wagtail   L 17 cm - BZ

Eine in der Westpaläarktis in mehreren Unterarten weit verbreitete Stelze, unterseits mehr oder weniger gelb, oberseits meist grünlich. Die Männchen zeigen je nach Unterart verschiedene Kopfmuster (Abb. S. 376). In Südskandinavien, West- und Mitteleuropa brütet die Nominatform *flava* mit blaugrauem Kopf, weißem Überaugenstreif und gelber Kehle. Auf den Britischen Inseln und der benachbarten kontinentalen Nordseeküste lebt die "Englische Schafstelze" *flavissima* mit grünlichgelbem Kopf, im nördlichen Skandinavien die "Nördliche Schafstelze" *thunbergi* mit dunkelgrauem Kopf, schwarzen Ohrdecken und ohne Überaugenstreif. In Südeuropa kommen *iberiae* auf der Iberischen Halbinsel und in Teilen Südfrankreichs, *cinereocapilla* in Italien und den angrenzenden Teilen des Balkan und die "Maskenstelze" *feldegg* auf dem Balkan und rund um das Schwarze Meer vor. Östlich schließen sich die gleichfalls schwarzköpfige *melanogrisea*, die ähnlich der Nominatform, aber heller und intensiver gefärbte *beema* in den Steppengebieten und die gelbköpfige, manchmal als eigene Art betrachtete *lutea* von der unteren Wolga an. Im Jugendkleid blaß mit dunklem Kinnstreif und Brustband, Schlichtkleid sehr variabel. Ruft "tsieh" oder "psiu", bei *feldegg*, *cinereocapilla* und östlichen Unterarten rauher "tsrrie". Gesang eine tschilpende und kratzende Aneinanderreihung der Rufe. Brütet ziemlich häufig in üppigem und feuchtem Wiesengelände und in Sümpfen. Rastet häufig auf Wiesen und fängt von Weidevieh aufgescheuchte Insekten. Zieht Mitte August/September, zurück im April/Mai.

Gebirgsstelze   Schafstelze   Zitronenstelze

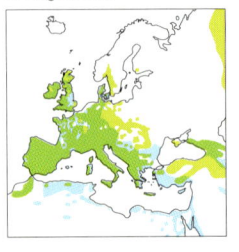
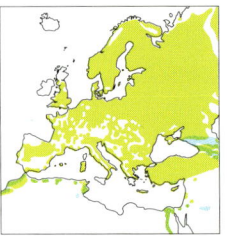
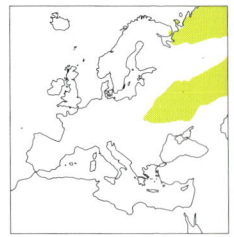

Zitronenstelze
Motacilla citreola - Citrine Wagtail   L 18 cm - A

In der Gestalt und Schwanzlänge einer Bachstelze ähnlich. In allen Kleidern Mantel grau, zwei deutliche Flügelbinden, Schirmfederränder und Unterschwanzdecken weiß. Männchen im Prachtkleid mit gelbem Kopf und schwarzem Nackenband unverkennbar. Bei Weibchen variieren Ausdehnung und Intensität der Gelbfärbung, typisch ist ein breiter gelber Überaugenstreif, der sich um die Ohrdecken herum fortsetzt. Im ersten Winter durch grauen Mantel und weißlichen Bauch der Bachstelze im Schlichtkleid (aber ohne dunkles Brustband) und grauen jungen Schafstelzen ähnlich (aber nie mit gelblichen Unterschwanzdecken). Kopfmuster dann charakteristisch: breiter Überaugenstreif vor dem Auge meist beige getönt, dahinter breit und oft rein weiß, zieht sich ganz um die dunkleren Ohrdecken herum (manchmal weniger auffallend); Brustseiten oft graubraun getönt, manchmal Kehlband aus dunklen Punkten; Gesamteindruck meist bachstelzenartig grau und weiß, einige haben warm gelbbeigen Ton auf Kopf und Brust, sind aber nie so intensiv gelb wie Altvögel. Ruft scharf "tsrrip", höher, rauher und durchdringender als Schafstelze, häufig gereiht. Kann auch weich wie Schafstelze rufen, deren östliche Unterarten andererseits oft so rauh wie Zitronenstelzen klingen. Brütet in asiatischen Feuchtgebieten, hält sich gerne am und im Wasser auf. Breitet sich momentan nach Westen aus (Bruten in Litauen und Anatolien). Einzelne erscheinen alljährlich im westlichen Europa, meist Jungvögel im September/Oktober, auch Altvögel im Mai/Juni.

Karte S. 374

Zitronenstelze

Seidenschwanz
Bombycilla garrulus - Waxwing   L 18 cm - W

An der Haube, dem braunen Gefieder und den bunten Flügel- und Schwanzabzeichen leicht erkennbar. Bei Jungvögeln sind im Winter nur die Außenfahnen der Handschwingen hell und bilden eine weißliche Linie, bei Altvögeln ist die Linie gelb und mit weißlichen Haken versehen, gebildet von den hellen Handschwingenspitzen. Die wie aus Plastik wirkenden kleinen, roten Plättchen an den Armschwingenspitzen sind bei jungen Weibchen am schwächsten ausgebildet (oder fehlen), bei alten Männchen am stärksten. Jungvögel sind grauer und oft bis in den Oktober ohne schwarzes Lätzchen. Im Flug ähnlich Star, fliegt aber schneller, graziler und hat schlankeres Profil. Ruft silberhell schwirrend "sirr", hört sich bei fliegenden Schwärmen wie wogendes Klingeln an. Einfacher Gesang aus aneinandergereihten Rufen. Brütet spärlich im nördlichsten Nadelwaldgürtel Europas, meist in älteren Wäldern mit beerenreicher Bodenvegetation. Lebt im Winterhalbjahr hauptsächlich von Beeren, im Frühjahr und Sommer auch von Insekten, die er fast so elegant wie ein Bienenfresser in der Luft fängt. Wenig scheu. Erscheint im Winter in jährlich stark wechselnder Zahl, manchmal aber invasionsartig in großen Trupps in Mitteleuropa und ist dann in Gärten, Parks, Bäumen mit Misteln und an Orten mit beerentragenden Sträuchern zu sehen.

Wasseramsel
Cinclus cinclus - Dipper   L 18 cm - BJ

Ein lustiger Singvogel mit kurzem, oft gestelztem Schwanz, rundem Bauch, rußschwarzem und kaffeebraunem Gefieder und blendend weißem Brustlatz. Die skandinavische Nominatform hat einen schwarzbraunen, die mitteleuropäische Unterart *aquaticus* (und die britische *hibernicus*) einen rotbraunen Bauch. Kommt an schnell fließendem Wasser, am liebsten an steinigen Stromschnellen und Bächen vor, im Winter auch an langsam fließenden Flüssen. Im typischen Umfeld aus Steinen, weißem Schaum und dunkel fließendem Wasser leicht zu übersehen. Taucht oft plötzlich auf, angekündigt durch den scharfen, durchdringenden Ruf "ztiittz", eilt dicht über dem Wasser schwirrend vorbei und setzt sich auf einen gischtumspülten Stein, um mit dem Körper zu wippen und zu knicksen. Von dort taucht sie auf den Gewässergrund, um nach Insektenlarven, Schnecken, Fischeiern und anderen kleinen Wassertieren zu suchen. Gesang leise, rauh und zwitschernd. Standvogel, der erst beim Zufrieren der Gewässer ausweicht. Viele nordeuropäische Vögel ziehen im Oktober/November teilweise bis ins nördliche Mitteleuropa.

Seidenschwanz

Wasseramsel

Seidenschwanz

♂

Wasseramsel

juv.

Zaunkönig
Troglodytes troglodytes - Wren L 9,5 cm - BJW
Nach den Goldhähnchen der kleinste Vogel Europas, rostbraun mit einem kurzen, meist aufgestellten Schwanz. Hält sich gern in Bodennähe in dichter Vegetation auf, oft in Reisighaufen, an alten Steinmauern oder efeubewachsenen Grabsteinen, liebt die Nähe von Wasser und kommt in Wäldern, Parks und Gärten vor. Meist fällt er durch seinen sehr lauten und schmetternden Gesang auf, eine anhaltende, hitzig schwirrende, sehr hohe Strophe mit vibrierendem Charakter. Lockruf trocken "tjeck" oder eher rollend "tjerr", oft zu einem harten Schmettern ausgedehnt, auch mechanisch wiederholt "tjett ... tjett ...". Nordöstliche Brutvögel ziehen im Winter nach Mitteleuropa.

Heckenbraunelle
Prunella modularis - Dunnock L 14,5 cm - BZW
Ein zurückgezogener, Pflanzendickicht liebender Vogel mit einem auffallend dunklen Gesamteindruck und blaugrauer Kopf- und Brustfärbung. Die Bewegungen sind langsam und sperlingsartig, am Boden oft sehr geduckt, der dünne Schnabel erinnert aber eher an einen Insektenfresser. Vögel im ersten Kalenderjahr haben oft einen braunen Ton auf dem Kopf und sehen sehr unscheinbar aus. Das Männchen singt besonders in der Morgendämmerung von der Spitze eines niedrigen Busches seine angenehm quietschende Reihe, die im Ton an einen Zaunkönig erinnert, aber einen langsameren Rhythmus hat. Lockruf hart und deutlich "sih" oder "stie". Ziehende Vögel rufen klingelnd und sehr hoch "sissississ". Brütet in unterholzreichen Wäldern, Fichtenschonungen und von Dänemark aus südlich auch in Gärten, Parks und entlang von Buschreihen in der Agrarlandschaft. Lebt hauptsächlich von verschiedenen Sämereien, im Sommer zum großen Teil von Insekten. Zieht im September/Oktober, kommt zeitig zusammen mit Rotkehlchen und Drosseln Ende März zurück. Überwintert auch häufig in Deutschland und besucht dann Futterhäuser.

Alpenbraunelle
Prunella collaris - Alpine Accentor L 18 cm - BJ
Sieht etwas wie eine überdimensionierte, lerchengroße Heckenbraunelle aus. Die hervorstechendsten Kennzeichen sind die kontrastierenden dunklen Großen Armdecken, eingefaßt von zwei weißlich punktierten Flügelbinden, ein helles Feld auf den Armschwingen, die rostfarbene Flankenstreifung und eine gelbe Unterschnabelbasis. Der Flug ist bogenförmig und finkenartig. Recht häufig hört man ihre Stimme, ohne den Vogel zu entdecken oder den Ursprung des Rufes lokalisieren zu können, ein rollendes, ein- bis dreisilbiges "Tjyrrüpp", etwas einer leisen Trillerpfeife ähnelnd, oder ein etwas hänflingartiges "Tjü-tjü-tjü", auch kürzer und kräftiger "tchy" oder "pyrrt", manchmal kombiniert "tchy ... tchyrr". Der Gesang ist in der Länge variabel, melodisch und hell klingelnd, mit eingefügten trillerpfeifenartigen und knirschenden Lauten, ähnelt Steinschmätzer und Hausrotschwanz. Kommt spärlich bis häufig im Gebirge oberhalb der Baumgrenze vor, im Winter in tieferen Lagen und oft an Rastplätzen und bei Almhütten. Bevorzugt Südlagen und sucht die Nahrung gerne im Bereich der Schneegrenze. Nur ausnahmsweise weit nördlich des Brutgebiets.

Zaunkönig Heckenbraunelle Alpenbraunelle

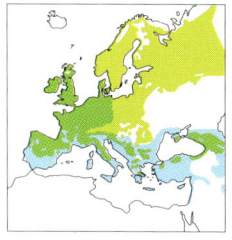
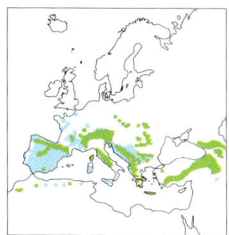

Zaunkönig

Heckenbraunelle

juv.

Alpenbraunelle

Bergbraunelle
Prunella montanella - Siberian Accentor   L 14,5 cm
Körperbau und Bewegungsweise wie Heckenbraunelle, hat aber einen breiten, intensiv ockergelben Überaugenstreif, eine ockergelbe Kehle und Brust. Die Ohrdecken sind schwärzlich, der Scheitel im Zentrum graubraun mit schwarzen Rändern am Scheitelseitenstreif. Die Halsseiten sind grau. Mantel und Flanken tragen rostbraune oder kastanienbraune Streifen. Ruft dreisilbig "sirisi". Der Gesang erinnert an den der Heckenbraunelle, ist aber kräftiger und rauher. Hält sich wie die Heckenbraunelle im Gestrüpp und in Büschen auf. Brütet in einem schmalen Gürtel Nordsibiriens vom Ural ostwärts bis zur Pazifikküste und lokal im mittelsibirischen Gebirge. Langstreckenzieher, der im östlichen China und in Korea überwintert. Sehr seltene Ausnahmeerscheinung in Nordwest-Europa, meist im Oktober.

Schwarzkehlbraunelle
Prunella atrogularis - Black-throated Accentor   L 15 cm
So groß wie Heckenbraunelle und am ehesten mit der Bergbraunelle zu verwechseln. Hat eine kennzeichnende schwarze Kehle und einen weniger rostbraunen, aber gröber und dunkler längsgestreiften Mantel. Im Herbst verdecken die hellen Federränder bei einigen Individuen (besonders Weibchen im ersten Kalenderjahr) die schwarze Kehle, doch haben sie im Unterschied zur Bergbraunelle einen weniger intensiv gelb gefärbten Überaugenstreif, und die Federränder auf der Kehle und dem Bartstreif sind im Kontrast zur ockerfarbenen Brust schmutzigweiß, die Ohrdecken außerdem oft weniger intensiv schwarz und die Flankenstriche graubraun statt rostbraun. Gesang ähnlich Heckenbraunelle, doch in anderem Rhythmus und rauher. Kommt im Gestrüpp in Wäldern oder verbuschtem Gelände bis hinauf zur Baumgrenze vor. Brütet im Ural (Zugvögel) und im Bereich des Tienschangebirges. Überwintert vom südlichen Brutgebiet bis Nordpakistan, im westlichen Europa nur im Oktober 1987 in Finnland und Juni 1988 in Schweden angetroffen.

Steinbraunelle
Prunella ocularis - Radde's Accentor   L 15,5 cm
Etwas größer als die Heckenbraunelle, mit schwarzen Ohrdecken, schwarzem Scheitel und einem kontrastierenden breiten weißen Überaugenstreif. Mantel im frischen Gefieder olivbraun und schwarz gestreift, bekommt im abgenutzten Kleid einen helleren, graubeigen Ton. Unterseite warm graubeige mit einer dunkleren, ausgedehnten, diffusen Strichelzeichnung auf den Brustseiten und Flanken. Brust ungezeichnet hell currygelb, Kehle beigeweiß. Hat oft einen angedeuteten dunklen Kinnstreif und im abgetragenen Gefieder ein Halsband aus dunklen Punkten. Das Weibchen hat einen weniger kontrastreich gefärbten Kopf als das Männchen. Am eher rein weißen Überaugenstreif kann sie im Herbst von der Schwarzkehlbraunelle unterschieden werden, wenn bei dieser die schwarze Kehle verdeckt ist. Gesang ähnlich Heckenbraunelle, aber mit stärker hervorgehobenem klirrendem Klang. Kommt in den Bergen des Kaukasus in 2000-3000 m Höhe an steinigen Hängen mit Wäldern oder Büschen, besonders gern Zedern und Wacholder, vor. Steigt im Winter bis auf 1000 m Höhe hinab.

Bergbraunelle  Schwarzkehlbraunelle  Steinbraunelle

Rotkehlchen
Erithacus rubecula - Robin L 14 cm - BJZW
Durch seine aufrechte Haltung, den runden Körper und die rote Brust ist dieser allgemein bekannte und beliebte Vogel ziemlich unverkennbar. Bewegt sich am liebsten auf dem Boden, ist oft wenig scheu, lebt in der Brutzeit aber zurückgezogen. Der Gesang ist unverkennbar: ein rieselnder Bach glasklarer Töne mit launischen Tempowechseln. Charakteristisch ist ein fein tickendes "tick", oft wiederholt "tick-ick-ick ...", als würde man ein mechanisches Spielzeug aufziehen. Ruft daneben dünn saugend "siih", und von Nachtziehern hört man ein dünnes "Sie" oder "Sisie". Brütet häufig in unterschiedlichen Waldtypen, in Gärten und Parks. Lebt von auf dem Boden lebenden Insekten und verschiedenen Beeren und Früchten. Nordöstliche Vögel ziehen im September-November und kehren im März-April zurück. Im Winter in Mitteleuropa oft an Futterhäusern.

Sprosser
Luscinia luscinia - Thrush Nightingale L 16,5 cm - BZ
Ähnelt der Nachtigall sehr und vertritt sie im Nordosten Europas. Der Sprosser ist oberseits etwas dunkler braun (mehr wie Singdrossel), Brust und Flanken sind dunkler und werden als diffus gefleckt wahrgenommen. Der Schwanz ist deutlich rostrot, besonders wenn er ausgebreitet wird, im Ton aber dumpfer als bei der Nachtigall. Am zusammengelegten Flügel sind meist 8 statt 7 Handschwingenspitzen sichtbar. Gesang sehr charakteristisch und oft aus einem Kilometer Entfernung noch zu hören. Er besteht aus klaren, saugenden Pfiffen, kennzeichnenden blechern flötenden, tiefen, mehrfach wiederholten Schlägen, etwa "tschuck-tschuck-...", und klappernden Reihen, wobei jedes Motiv mehrfach mechanisch wiederholt wird. Langsamer, einförmiger, tiefer und härter als Nachtigall, doch gibt es erhebliche Variationen. Singt meistens nachts und am Morgen. Ruft beunruhigt lautstark saugendes "hiit" (nicht ansteigend), kurz und scharf "tsitt" und "tsiterr". Warnt am Nest trocken knarrend "errr". Kommt in Gebieten mit dichter, schattiger Buschvegetation, auch in Kulturlandschaften mit Laubwäldchen in üppigen Gärten, bevorzugt in Wassernähe relativ häufig vor. Zieht im August nach Ostafrika, zurück im Mai. Einzelne Vögel erscheinen ausnahmsweise westlich des Verbreitungsgebietes.

Nachtigall
Luscinia megarhynchos - Nightingale L 16,5 cm - BZ
Ein durch seinen Gesang bekannter Vogel mit unscheinbar braunem Gefieder und rostbraunem Schwanz. Unterscheidet sich vom östlichen Sprosser nur durch eher beigebraune, wärmer getönte Oberseite, deutlicher rostroten Schwanz (wie weiblicher Gartenrotschwanz) und weniger gefleckte Brust. Halsseiten und der undeutliche Überaugenstreif haben einen samtgrauen Ton, der Steiß ist gelblichbeige, die Beine sind blaß gelbrosa. Im Herbst Oberseite und Brust etwas dunkler, kann dann fleckig wirken. Singt nachts und tagsüber laut und flötend, mit schluchzendem, ansteigendem Crescendo von Pfeiftönen, tiefen Schlägen und wiederholten Motiven von Flötentönen. Gesang variabler, schneller und melodischer als Sprosser, der östlichen Orpheusgrasmücke auffallend ähnlich. Warnt leicht ansteigend "hüit" oder "hüi", auch rauh "errk". Kommt lokal häufig in Dickichten, feuchten Wäldern und Parks vor, aber auch in trockeneren Gebieten wie der Macchia und bebautem Gelände rund um das Mittelmeer. Zieht Ende Juli-Anfang Oktober, kommt in Mitteleuropa im April zurück.

Rotkehlchen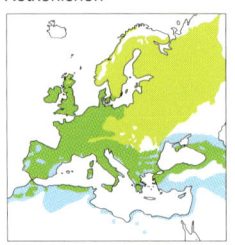

Sprosser

Nachtigall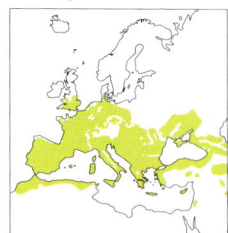

Rubinkehlchen

Rubinkehlchen
Luscinia calliope - Siberian Rubythroat   L 16,5 cm
Männchen mit rubinroter Kehle, weißem Überaugen- und Bartstreif unverkennbar. Weibchen ähnlich Nachtigall oder weiblichem Blaukehlchen, doch mit deutlichem Überaugen- und dunklem Zügelstreif, einfarbig braunem Schwanz und ohne Brustband, Kehle oft rötlich. Ruft laut flötend "ii-lü" oder grob "tjack". Gesang anhaltend, erzählend, mit drosselartigen Pfiffen und meisterlichen Nachahmungen. Bewohnt unterholzreiche Nadelwälder und Dickichte an Flüssen in der sibirischen Taiga. Westlich des Ural extrem seltene Ausnahmeerscheinung.

Heckensänger
Cercotrichas galactotes - Rufous Bush Robin   L 15,5 cm - A
Am charakteristisch gefärbten, oft gefächerten und rhythmisch geschlagenen Schwanz und der markanten Kopfzeichnung leicht zu erkennen. Unterart *galactotes* in Südwest-Europa und Nordafrika oberseits rostbraun, *syriacus* auf dem Balkan und in der Türkei graubraun, *familiaris* in Mittelasien noch grauer. Singt von einer Warte oder im schmetterlingsartigen Balzflug, bei dem er mit angehobenen Flügeln und ausgebreitetem Schwanz herabgleitet. Gesang kurz, mit deutlichen Pausen zwischen einzelnen Phrasen, melodisch und drosselartig, mit Nachahmungen, Trillern und oft singdrosselartigem "teviü". Übrige Laute sehr variabel, oft etwas heiser und angestrengt hervorgepreßt, z.B. "djük", "tchiep" oder härter "tiütt" und tief rollend "schrrr". In Südeuropa relativ selten in halboffenem, trockenem Gelände mit Büschen, gern in Feigenkaktusbeständen. Wenig scheu, aber während des Zuges sehr zurückgezogen. Kommt im Mai zurück, im Mittleren Osten und in Nordafrika zeitiger.

Weißkehlsänger
Irania gutturalis - White-throated Robin   L 16,5 cm
Kleine Drossel mit langem, schwarzem, oft aufgestelltem Schwanz. Singt von exponierter Warte oder im gleitenden Singflug, dabei Flügel und Schwanz steif ausgebreitet, plaudernde, dünne Strophen, manchmal länger anhaltend. Knirschende Töne und hölzernes "Tjrr r'r'r'r" werden mit Flötenpfiffen gemischt, etwas an Maskengrasmücke und teilweise Hausrotschwanz erinnernd. Ruft laut "tsi-tjytt". Brütet an buschbestandenen Berghängen mit Kermeseichen und Wacholder. Zieht im August-Anfang September, zurück Mitte April-Anfang Mai. In Europa Ausnahmeerscheinung oder Gefangenschaftsflüchtling.

Heckensänger   Weißkehlsänger

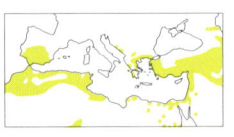

♀/♂ 1er S   Blaukehlchen   ♀ 1er W
Blauschwanz

Blauschwanz
Tarsiger cyanurus - Red-flanked Bluetail   L 14 cm - A

Männchen unverkennbar, aber im ersten Sommer (verteidigen schon ein Revier) noch wie Weibchen gefärbt: olivbraun mit rostfarbenen Flanken und einem besonderen Gesichtsausdruck, hervorgerufen durch kantigen Kopf (zugespitzt), "hochnäsigen" Schnabel, hellen Augenring und helles Lätzchen. Der blaue Schwanz wirkt manchmal nur dunkel. Singt meistens von Mitternacht bis zum Sonnenaufgang, in der Regel von einer Baumspitze aus, eine relativ kurze Strophe, im Ton wie beim Gartenrotschwanz, meistens mit einem rollenden oder schwingenden Schlußschwung, z.B. "tsiüsyly-tsiüsyly-tjütirrrr". Warnt schwach und kurz "hüit". Brütet in tiefen, ungestörten Nadelwäldern, oft in hügeligem Gelände. Ist in Asien weit verbreitet, im nordöstlichen Europa selten und lokal. Einzelne Brutnachweise und Beobachtungen singender Männchen stammen aus dem Nordosten Finnlands. Führt ein verborgenes Dasein und ist meist sehr scheu, besonders während des Gesanges. Sehr seltene Ausnahmeerscheinung im übrigen Europa.

Blaukehlchen
Luscinia svecica - Bluethroat   L 14 cm - BZ

Neben der Kehlzeichnung sind im Freiland die rostrote Schwanzbasis und der breite, helle Überaugenstreif wichtige Kennzeichen. Kommt als Nominatform *svecica* mit rotem Kehlfleck häufig in Skandinavien, Nordost-Europa und lokal in den Alpen vor, in Mitteleuropa (nördlich bis zum Finnischen Meerbusen) als Unterart *cyanecula* mit weißem Kehlfleck, im mittleren Rußland als Unterarten *volgae* und *pallidogularis* mit meist rotem Kehlfleck und in der Türkei als Unterart *magna* mit völlig blauer Kehle. Kehlzeichnung variabel, Blau und Rot bei Männchen im zweiten Kalenderjahr oft reduziert, bei alten Weibchen manchmal wie bei Männchen ausgebildet. Bunte Kehle im Herbst teilweise oder ganz von hellen Federrändern verdeckt. Ist zurückgezogen, hüpft mit oft aufgestelltem Schwanz auf dem Boden in Büschen und Gestrüpp. Gesang sehr variabel, voll ausgeprägt ein endloses Hervorsprudeln von hellen, fein klingenden Tönen, hastig trippelnd oder trillernd, oft mit beschleunigten Glockentönen wie z.B. "tri tri tri tri tri ...", oder "ting, ting, ting ..." und eingefügten Nachahmungen und Lockrufen. Ruft "tschack", oft "tsi-tchak-tschack", wie der Schlag einer Fahnenstangenleine. Brütet im Fjäll in üppigem Fjällbirkenwäldern und in Gebieten mit Weiden, oft an Fließgewässern, in Mitteleuropa gern entlang sumpfiger Ufer und an Grabenrändern mit Büschen und Schilf. Zieht im August/September, zurück im April/Mai.

Blauschwanz

Blaukehlchen

Gartenrotschwanz

Phoenicurus phoenicurus - Redstart   L 14 cm - BZ

Durch seine aufrechte Haltung und den rostroten, in regelmäßigen Abständen zitternden Schwanz sehr charakteristisch. Männchen mit schwarzer Kehle, leuchtend weißem Stirnband und rostroter Unterseite auffallend. Weibchen kann mit Hausrotschwanz verwechselt werden, ist aber unterseits nie düster grau, sondern auf dem Bauch oft warm beige oder schwach rostfarben getönt, hat immer helle Kehle, ferner hellen Augenring und rostigen Ton auf Brust und Flanken. Die bunte Zeichnung des Männchens liegt im Herbst teilweise unter hellen Federrändern verborgen. In Griechenland und Kleinasien kommt die Unterart *samamisicus* (Abb. S. 392) mit dunkler grauer Oberseite, wenig Weiß auf der Stirn und deutlichem weißem Armschwingenfeld (auch bei Weibchen hell) vor. Der Gartenrotschwanz singt bereits im ersten Morgenlicht intensiv, oft von einer hohen Baumspitze aus. Der Gesang ist klar und etwas wehmütig, fast immer durch "hüitt" und ein rollendes "Tüi-tüitüi-tüi" eingeleitet, am ähnlichsten dem Trauerschnäpper. Die Unterart *samamisicus* hat einen etwas abweichenden Gesang, langsamer und knirscher. Der Lockruf ist fitisartig, wird aber oft zusammen mit dem Unruhelaut zu einem artcharakteristischen "hüit-tick-tick" verbunden. Brütet in schütteren Wäldern, oft auf Kiefernwaldheiden, in Parks, und Gärten. Das Nest wird in natürlichen Höhlen oder in Nistkästen angelegt. Die Nahrung besteht aus Insekten und deren Larven, seltener aus Beeren und Früchten. Zieht im August/September (Oktober), zurück Ende April/Mai.

Hausrotschwanz

Phoenicurus ochruros - Black Redstart   L 14 cm - BZ

Männchen dunkelgrau mit in unterschiedlichem Umfang rußschwarzem Kinn und ebensolcher Brust (manchmal auch Mantel) und mit weißem Armschwingenfeld. Weibchen wie ein rußiges oder schmutziges Gartenrotschwanz-Weibchen, immer mit dunklerem Kinn und Bauch. Männchen im Frühling des zweiten Kalenderjahres sehr variabel, oft wie Weibchen gefärbt, manchmal mit schwarzer Kehle, selten schwarz wie Adulte, aber nie mit weißem Armschwingenfeld. Im Jugendkleid einfarbig wie Weibchen, juveniler Gartenrotschwanz dagegen geschuppt wie junges Rotkehlchen. Die auf der Iberischen Halbinsel und in Marokko vorkommende Unterart *aterrimus* ist kohlrabenschwarz mit einem grauen Käppchen (Abb. S. 393). Von der Türkei an ostwärts lebende Unterarten haben anders als die europäische *gibraltariensis* rostroten Bauch, wenig bis kein Weiß im Flügel (*semirufus* Abb. S. 393, *ochruros, phoenicuroides*) und können mit Gartenrotschwanz verwechselt werden. Der Gesang klingt angestrengt hervorgepreßt, beginnt oft scharf und zaunkönigartig "svi-svi-svi-svi-svi", gefolgt von einem charakteristischen vokallosen Knirschen, wie von feinem Kies oder kleinen Metallkugeln. Singt von hohen Warten, z.B. Felsen, Schornsteinen oder Fernsehantennen, oft schon vor Sonnenaufgang. Ruft "tsip", beunruhigt "tsip-tsip-tsip", häufig von "tack-tack-tack" gefolgt. In Südeuropa an bergiges Gelände gebunden, sonst in Ortschaften, in denen Häuser und Industrieanlagen den ursprünglichen Felslebensraum ersetzen. Brütet in Nischen und Halbhöhlen, gern an Gebäuden. Jagt Fluginsekten oft nach Fliegenschnäpperart oder vor Wänden rüttelnd. Zieht im September bis November, kehrt ab März zurück, überwintert aber regelmäßig in geringer Zahl in Mitteleuropa.

Gartenrotschwanz   Hausrotschwanz   Diademrotschwanz

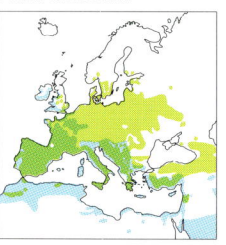
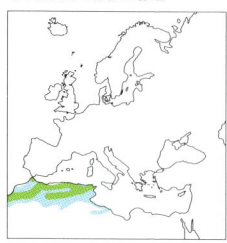

Gartenrotschwanz

Hausrotschwanz

Diademrotschwanz
Phoenicurus moussieri - Moussier's Redstart   L 13 cm
Nur in Nordwest-Afrika, häufig in schütteren Bergwäldern bis 3000 m Höhe, im Winter in tieferen Lagen. Männchen unverkennbar, Weibchen kleiner, kurzschwänziger und häufig mit mehr hagebuttenroter Unterseite als weiblicher Gartenrotschwanz, mit Tendenz zu hellem Flügelfeld. Gesang eine recht lange Strophe, zwischen knirschenden "ir"-Lauten (girlitzartig) und eher vokalen "svisvi"-Lauten wechselnd. Ruft dünn ähnlich Nachtigall "hih", warnt variationsreich steineknirschend "trrrr".   *Karte S. 390*

Riesenrotschwanz
Phoenicurus erythrogaster - Güldenstädt's Redstart   L 18 cm
So groß wie Steinrötel, deutlich größer als Gartenrotschwanz. Männchen unverkennbar, Weibchen allein an der Größe bestimmbar. Brütet in 4000-5500 m Höhe in mittelasiatischen Gebirgen, isoliert im Kaukasus, steigt im Winter in Tälern auf 1000 m hinab.

Schwarzschwanz
Cercomela melanura - Blackstart   L 14 cm
Ganz grau mit schwarzem Schwanz. Charaktervogel in Felswüsten mit einzelnen Akazien und Büschen, kommt im Süden Israels, Jordaniens, auf der Sinai-Halbinsel und weiter südlich vor. Der Gesang besteht aus kurzen, mit deutlichen Pausen versehenen rollenden, tief flötenden Pfiffen, oft morgens und abends vorgetragen.

Riesenrotschwanz ♀

♂

Hausrotschwanz
semirufus ♂

Schwarzschwanz ♂

Braunkehlchen
Saxicola rubetra - Whinchat L 12,5 cm - BZ
Ein kurzschwänziger, bunter Vogel, der aufrecht auf Buschspitzen sitzt. Der breite weiße oder beige Überaugenstreif tritt in allen Kleidern hervor. Männchen mit schwärzlichen Ohrdecken und weißen Flecken auf Schultern und Handdecken. Im Herbst Geschlechter gleich gefärbt, beige bis kräftig rotocker und oberseits typisch gepunktet. Weiße Schwanzbasis außer bei der Landung schwer zu sehen, Oberschwanzdecken und Bürzel immer braun gefleckt. Gesang sehr variabel, oft unzusammenhängend und launisch, basiert auf einem schnell vorgetragenen, knirschendem Gezwitscher, durchsetzt mit Nachahmungen. Singt oft nachts, warnt hartnäckig "jü teck-teck". Brütet in offenem oder verbuschtem Wiesengelände, oft in Feuchtgebieten, auch in trockenerer Heide. Kommt im Mai, zieht im August/September.

Schwarzkehlchen
Saxicola torquata - Stonechat L 12,5 cm - BZ
Mit runderem Kopf, längerem Schwanz und größerer Handschwingenprojektion als das Braunkehlchen. Wippt ständig mit dem ganz schwarzen bis schwarzbraunen Schwanz. Kehle beim Männchen schwarz, beim Weibchen braun bis graubeige. Bei der im größten Teil Europas vorkommenden Unterart *rubicola* ist das Männchen mit schwärzlichem Rücken (im Herbst und im zweiten Kalenderjahr mit braunen Federrändern) und rostorange gefärbter Brust sehr kontrastreich gezeichnet. Die auf den Britischen Inseln lebende Unterart *hibernans* ist düsterer, unterseits mehr braunrot und oberseits mit breiteren braunen Federrändern. Im frischen Herbstkleid haben Weibchen nicht selten eine helle Kehle, der Überaugenstreif des Braunkehlchens fehlt aber. Gesang monotoner als der des Braunkehlchens, wiederholt unterschiedliche kurze, zwitschernde Strophen und erinnert etwas an Neuntöter. Singt zuweilen im Flug. Wirkt nervös, ruft unrein schnalzend "track" oder "track-track", hell "vit", oft "vit-track-track". Brütet in offenem, buschreichem Gelände, auf Brachflächen, typischerweise im Gebirge und hügeligem Gelände. Charaktervogel in den Mittelmeerländern. Sitzt gerne auf Steinen. Brutbestand in Deutschland abnehmend, kehrt oft schon im Februar zurück. Im Osten Europas und in Sibirien brütet das "**Sibirische Schwarzkehlchen**" der Unterart *maura*, manchmal als eigene Art betrachtet. Oberschwanzdecken und Bürzel sind weiß oder schwach ocker getönt, Männchen zeigen im Prachtkleid unterseits mehr Weiß, das weiße Halsband reicht weiter in den Nacken, und bei Weibchen ist die Kehle nie dunkel. Im Schlichtkleid heller als westliche Schwarzkehlchen (ähnelt bei oberflächlicher Betrachtung Braunkehlchen) mit bei Weibchen und Vögeln im ersten Winter heller Kehle, angedeutetem Überaugenstreif, hellem Flügelfeld und angedeuteter heller Flügelbinde. Westlich des Brutgebietes Ausnahmeerscheinung, meist im Oktober/November. Auf den östlichen Kanaren (Fuerteventura) lebt der **Kanarenschmätzer** *S. dacotiae*, ähnlich Schwarzkehlchen, doch unterseits weiß mit rostbraunem Brustfleck und weißem Überaugenstreif.

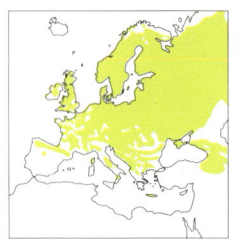

Steinschmätzer

Oenanthe oenanthe - Northern Wheatear L 15-16 cm - BZ

Die einzige Steinschmätzerart in Mittel- und Nordeuropa und hier an der auffallenden Schwanzzeichnung leicht bestimmbar. Männchen mit schwarzer Maske und gelbockerfarbener Brust. Mausert im Juli/August ins Schlichtkleid, Geschlechter danach schwer unterscheidbar, doch Zügel des Männchens schwarz. Männchen im zweiten Kalenderjahr mit braunen statt schwarzen Schwungfedern. In Grönland und auf Island brütet die etwas größere Unterart *leucorhoa*, im Herbst unterseits meist intensiver rostfarben und generell mit breiterer schwarzer Schwanzendbinde. Bei der nordafrikanischen Unterart *seebohmi* Männchen mit schwarzer Kehle, Weibchen ähnlich Männchen oder mit schwarzem Zügel

und dunkelbraunen Ohrdecken. Gesang eine hastige Reihe knirschender und quietschender Töne, mit Nachahmungen vermischt, auch im Flug und nachts. Ruft hart, aber trotzdem etwas saugend "hiht", beunruhigt "tjack". Brütet in offener Landschaft, oft mit Steinen und Mauern (Bruthöhlen), in Deutschland aber recht spärlich. Zieht im August-Oktober ins tropische Afrika, Heimzug im April/Mai und dann oft auf Feldern rastend. Die Unterart *seebohmi* ist teilweise Standvogel, weicht im Winter aber auch südwärts bis Mauretanien aus.

Isabellsteinschmätzer
Oenanthe isabellina - Isabelline Wheatear   L 16 cm

Ähnlich weiblichem Steinschmätzer im Schlichtkleid, aber insgesamt fahler, größer, robuster, hochbeiniger, kurzschwänziger, mit kräftigerem, längerem Schnabel und geringerer Handschwingenprojektion. Unterflügel und Achselfedern hell (bei Steinschmätzer dunkel), Schwanzendbinde durchschnittlich breiter, weißes Feld auf Oberschwanzdecken und Bürzel kleiner. Flügel durch breitere beige Federränder heller und nicht deutlich zum Mantel kontrastierend, Armdecken ohne schwärzliche Zentren, so daß die schwarze Alula auffallend hervorsticht. Überaugenstreif vor und über dem Auge weißlich und am

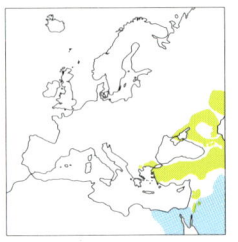

deutlichsten, Ohrdecken hell (bei Steinschmätzer Überaugenstreif vor dem Auge beige, erst darüber und dahinter breit weiß, Ohrdecken dunkler als Scheitel). Männchen kaum kontrastreicher als Weibchen, Zügel oft deutlicher schwarz. Häufiges Schwanzwippen. Singt von Warten oder im Flug lang, klangvoll, lerchenähnlich, mit vielen Imitationen und Pfeiftönen. Ruft pfeifentenähnlich "wiiu" und abfallend "tjüb". Brütet in Erdhöhlen von Nagern. Häufig in steppenähnlichen Gebieten vom Schwarzen Meer bis Mittelasien. Kommt im März/April, zieht im August/September.

Wüstensteinschmätzer
Oenanthe deserti - Desert Wheatear   L 14-15 cm - A

Schwanz ganz schwarz (nur Basis schmal weiß). Männchen warm sandfarben, Kehle und Flügel schwarz (meist durch schwarze Linie verbunden), beige Federränder auf innersten Armdecken und Schirmfedern. Männchen im zweiten Kalenderjahr graubeige, weniger kontrastreich und mit braunen Flügeln. Weibchen hell sandbeige, Ohrdecken braun getönt, undeutlicher heller Überaugenstreif, Kehlzeichnung variabel (meist hell, manchmal dunkel). Beide Geschlechter mit von äußeren Schulterfedern gebildetem hellem Rand entlang des Flügels. Mittelasiatische Unterart *atrogularis* im Vergleich zur im westlichen Nordafrika vorkommenden *homochroa* oberseits eher braungrau und auf der Brust mehr ockerfarben, *deserti* im Mittleren Osten liegt farblich dazwischen. Schwarze Kehle im Schlichtkleid teilweise von hellen Federrändern verdeckt, Oberseite dann generell dunkler und grauer. Singt kurz, etwas wehmütig pfeifend, monoton wiederholt, z.B. "dijerrüü", manchmal eingefügt kurz, trocken knirschend "knestr" (Marokko). Ruft "tji-y", warnt scharf "teck" oder trocken knatternd, wie feine Schläge auf ein trockenes Holzstück. Lebt in trockenen Sand- und Kiessteppen, Halbwüsten, meist mit niedrigen Einzelbüschen, in Asien bis in 4000 m Höhe. In Europa Ausnahmeerscheinung aus Mittelasien.

Mittelmeer-Steinschmätzer
Oenanthe hispanica - Black-eared Wheatear   L 14,5 cm - A

Etwas schlanker und langschwänziger als Steinschmätzer, bewegt sich weniger gerne auf dem Boden und sitzt waagerechter, auf dem zweiten bis vierten Steuerfederpaar mehr Weiß, auf den äußeren Steuerfedern mehr Schwarz an der Spitze. Beide Geschlechter mit entweder dunkler oder heller Kehle. Im Westen die Unterart *hispanica*, von Italien ostwärts *melanoleuca*. Sehr variabel, s. Abb. S. 396 und 398! *Hispanica* auf dem Kopf durchschnittlich weniger schwarz und mit reinerem und intensiverem Ockerton auf Mantel und Scheitel, *melanoleuca* im Spätfrühling oft ganz schwarz und weiß gezeichnet. Männchen im ersten Sommer mit braunen Schwung- und Schulterfedern, auf Scheitel und Mantel oft dunkler und grau gesprenkelt. Bei Weibchen von *melanoleuca* geht im Frühjahr die nougat- bis nußbraune Färbung von Scheitel und Mantel in dunkelbraune Schulterfedern über, Ohrdecken und Kehle sind in unterschiedlicher Ausprägung dunkel, Brust oft rostfarben (am dunkelsten neben Flügelbug), Bauch schmutzig weiß oder beige. Im Herbst Brust dunkler, zur hellen Kehle kontrastierend (vgl. Nonnensteinschmätzer). Graubrauner Mantel und Scheitel, heller Überaugenstreif oder deutliche Schuppenzeichnung fehlen meist. Weibliche *hispanica* oberseits überwiegend heller und wärmer rostbeige, häufiger mit hellerem Überaugenstreif. Singt von exponierten Sitzplätzen oder im Flug ziemlich einförmig wiederholte Strophen mit deutlichen Pausen, nicht so forciert und lebhaft vorgetragen wie beim Steinschmätzer. Strophen variieren, können vokal trillernd wie der Flugruf der Feldlerche, quietschend wie beim Girlitz oder härter rollend, z.B. "tjockeryllerott-etytt" wie beim Trauersteinschmätzer klingen. Rufe tief raspelnd "gsch", manchmal gedehnter "kcheüp" und heiser "schrrr". Relativ häufig in offener Landschaft, Macchia, bewachsenen Hängen mit exponierten Felsen, nie in völlig baum- oder strauchlosem Gelände. Zieht im August/September (Oktober), zurück im März/April. Ausnahmsweise nördlich des Brutgebietes, meist im Frühjahr.

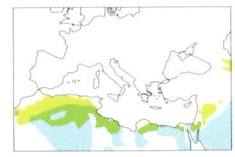
Wüstensteinschmätzer

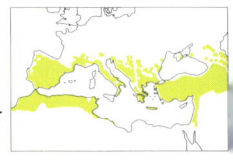
Mittelmeer-Steinschmätzer

Nonnensteinschmätzer
Oenanthe pleschanka - Pied Wheatear   L 14,5 cm - A

Gestalt und Verhalten wie Mittelmeer-Steinschmätzer, Schwanzzeichnung identisch. Beim Männchen fließt das Schwarz von Kehle, Flügeln und Mantel zusammen, Kopfplatte und Nacken sind weiß. Im Herbst schwarze Kehle teilweise durch helle Federränder verdeckt, besonders zur ockerfarbenen Brust hin, wo sie manchmal ein helles Band bilden; Mantel und Scheitel graubraun, durch helle Federränder geschuppt wirkend, deutlich heller Überaugenstreif charakteristisch, Flügel mit rahm- oder rostfarbenen Federrändern. Junge Männchen im Herbst variabel, Mantel meist dunkler als bei adulten, Federränder auf den Flügeln schmaler und schmutziger, Brust oft dunkler. Weibchen ähnelt sehr östlichem Mittelmeer-Steinschmätzer, ist im Frühling/Sommer insgesamt dunkler, oberseits mehr graubraun, mit schwachem, hellem Überaugenstreif (vor allem hinter dem Auge); Kehle variabel, normalerweise dunkel getönt (im abgetragenen Kleid oft schwarz), zur Schnabelbasis hin hell, untere Kehle und Brust schmutzig braun oder etwas fleckig, oft mit schwachem Rostton auf den Brustseiten und deutlich zum schmutzig weißen Bauch kontrastierend. Weibchen mit den dunkelsten Kehlen sind auf Nacken und Teilen des Kopfes heller grau. Weibchen im Herbst düster graubraun, mit rostigerem Ton auf Brust, Flanken und Ohrdecken, fast immer mit stärker getönter Kehle als Mittelmeer-Steinschmätzer, meist ohne dessen Kontrast zwischen heller Kehle und dunklerer Brust, oberseits mit hellen Federrändern geschuppt und mit deutlicherem Überaugenstreif (Abb. S. 398). Beide Geschlechter treten äußerst selten in einer weißkehligen Morphe auf. Singt wie Mittelmeer-Steinschmätzer, Strophen häufig etwas kürzer und wirken stärker hervorgepreßt, etwas an Hausrotschwanz erinnernd. Ruft variabel trocken "tzek", manchmal rauh und doppelt "trret-trret" wie Zaunkönig, auch gedehnt klappernd und vokal "psjiep" wie Schafstelze. Brütet an Felsabstürzen, in Schluchten und an Hängen. Sitzt oft waagerecht, fängt Insekten in der Luft oder auf der Erde. Zieht im September/Oktober, zurück im März/April. Ausnahmsweise im Herbst nordwestlich des Brutgebietes.

Felsensteinschmätzer
Oenanthe finschii - Finsch's Wheatear   L 14,5 cm

Relativ robust und großköpfig. Männchen an der Kombination von breitem, schwarzem Band, das zwischen ausgedehnt schwarzer Kehle und schwarzen Flügeln verläuft, und hellem Mantel (im frischen Gefieder graubraun, abgetragen cremeweiß) zu erkennen. Schwungfedern und Handdecken mit hellen Spitzen. Weibchen oberseits grau, Ohrdecken braun getönt, Kehle bei adulten meist dunkel markiert. Schwarze Schwanzzeichnung ankerförmig mit schmalem weißem Endband. Im Singflug oft kurze Strophen ähnlich Mittelmeer-Steinschmätzer, aber variabler, vom Sitzplatz aus ein plaudernder, melodischer Gesang mit sowohl vokalen wie auch harten, raspelnden und klappernden Tönen. Ziemlich selten, bevorzugt Felsklippen und Schluchten. Kurzstreckenzieher.

Trauersteinschmätzer
Oenanthe leucura - Black Wheatear   L 18 cm

Von den anderen Steinschmätzern durch Größe und ganz dunkles, beim Männchen schwarzes, beim Weibchen schwarzbraunes Gefieder unterschieden, nur Bürzel und äußere Schwanzbasis weiß. Gesang blaumerlenartig mit nur wenigen knirschenden Tönen, aber oft mit groben rollenden Lauten, z.B. "schrl rl rl rl" und feiner "schi" oder "sti", manchmal mehr plaudernd. Brütet spärlich besonders im Bergland an trockenen, steinigen Hängen, oft mit einzelnen Bäumen oder Büschen, die als Sitzwarten genutzt werden.

Nonnensteinschmätzer

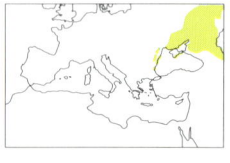

Felsensteinschmätzer

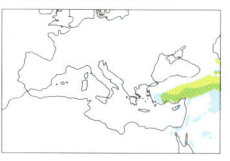

Trauersteinschmätzer

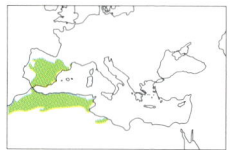

Nonnensteinschmätzer
♀ PK
♀ SK
♂ PK
♂ 1er W

**sen-
inschmätzer**
♀ SK
♂

rauersteinschmätzer
♀
♂

Zypernsteinschmätzer
Oenanthe (pleschanka) cypriaca - Cyprus Pied Wheatear L 13,5 cm
Meist als Unterart des Nonnensteinschmätzers betrachtet, gleicht diesem in Verhalten und Gesamteindruck, ist aber etwas kleiner. Männchen mit Nonnensteinschmätzer nahezu identisch, Weibchen unterscheidet sich durch ausgedehntere schwarze Zeichnung und dunkleren Gesamteindruck. Weibchen im frischen Gefieder ähnlich Männchen im Schlichtkleid, wird aber auf Scheitel und Nacken langsam dunkler, im Frühsommer wieder heller und dann oft schwer vom Männchen unterscheidbar. Beide Geschlechter im frischen Gefieder (Herbst) auf Brust und Bauch kräftig braunocker. Gesang deutlich anders als beim Nonnensteinschmätzer, besteht aus einer monoton wiederholten Reihe von elektrischen oder zikadenartigen Lauten, "bizz bizz bizz bizz bizz". Brütet ausschließlich auf Zypern in bis zu 3000 m Höhe. Bevorzugt offenes, hügeliges Gelände mit Felsen oder Steinen und einzelnen Büschen oder niedrigeren Bäumen. Kommt ab Anfang März, zieht Ende September/Oktober (November), erscheint dann selten in Ägypten und Israel.

Schwarzrücken-Steinschmätzer
Oenanthe lugens - Mourning Wheatear L 14,5 cm
Kleiner als Kappensteinschmätzer, schlanker und wohlproportioniert, eher mit Nonnensteinschmätzer zu verwechseln, hat aber kürzeren und schmaleren schwarzen Latz und nicht bis auf den Mantel reichenden hellen Nacken. Innenfahnen der Handschwingen und äußeren Armschwingen beim Männchen weißlich, daher im Flug helles Handschwingenfeld (bei der in Ägypten und weiter nördlich bis Syrien vorkommenden Unterart *lugens* am auffallendsten, aber auch bei der im westlichen Nordafrika verbreiteten Unterart *halophila* zu sehen). Unterflügel mit starkem Kontrast zwischen hellen Schwungfedern und schwärzlichen Decken und Achselfedern. Steiß rostfarben, bei ausgeblichenem Gefieder weniger auffallend. Bei *lugens* gleicht das Weibchen dem Männchen, während die Weibchen von *halophila* (möglicherweise auch Weibchen von *lugens* im ersten Winter) auf Mantel und Scheitel hell braungrau gefärbt sind und in unterschiedlicher Ausprägung dunkle Ohrdecken und ein dunkles Kinn haben. Gesang wie Mittelmeer-Steinschmätzer. Kommt relativ häufig in Wüsten oder Halbwüsten vor, meist an steinigen oder kiesigen Hängen oder Plateaus mit einzelnen Bäumen oder höheren Büschen, sitzt oft auf Leitungen.

Kappensteinschmätzer
Oenanthe monacha - Hooded Wheatear L 17,5 cm
Ein großer, langgestreckter, großflügeliger und sehr langschnäbliger Steinschmätzer. Eine Besonderheit ist die Gewohnheit, größere Insekten in der Luft zu fangen und Schmetterlinge in meisterlichem Flug in großer Höhe hartnäckig zu verfolgen. Männchen kann aus bestimmten Perspektiven für Saharasteinschmätzer gehalten werden, da die schwarze Brust weit zum Bauch herabreicht und die großen Flügel den weißen Bauch oft verdecken. Im frischen Schlichtkleid schwarze Partien durch helle Federränder etwas gedämpft, besonders bei Männchen im ersten Kalenderjahr, die ockerfarbenen Ton auf Scheitel, Bauch und Rändern der schwarzen Federn (einschließlich Schwanz) haben. Weibchen oberseits grau sandfarben mit hellerem, beigem Bauch; im frischen Gefieder oberseits dunkler, unterseits mehr rostbeige und auf dem Bürzel leicht rostorange; Schwanz etwas ausgeblichen rotocker mit braunen mittleren Steuerfedern und braunen Spitzen auf den übrigen (auf Außenfahnen des äußersten Paares ungefähr 2 cm hinaufreichend). Gesang kurze Phrasen wechselnder, klarer, drosselartiger Töne, gemischt mit klickenden Geräuschen. Ausgeprägte Wüstenart, oft nur spärlich verbreitet in kargen, vegetationsarmen Schluchten und an felsigen Berghängen. Hauptsächlich Standvogel.

Zypernsteinschmätzer   Schwarzrücken-Steinschmätzer   Kappensteinschmätzer

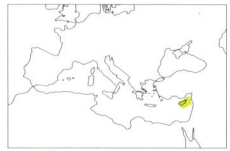  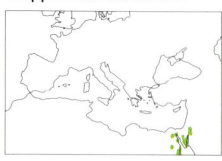

Fahlbürzel-Steinschmätzer
Oenanthe moesta - Red-rumped Wheatear   L 16 cm

Etwas größer als Steinschmätzer, auffallend robust und großköpfig mit rostbeigem Bürzel und fast vollständig schwarzem Schwanz mit rostroter Basis (diese beim stehenden Vogel kaum sichtbar). Grauer Scheitel des Männchens geht langsam in rußschwarzen Mantel über, Unterseite schmutzig weiß mit schwarzer Kehle. Jüngere Männchen bekommen im Anschluß an ihr Jugendkleid (ab Juli) braungrauen Rücken und leichten Rostton auf Scheitel. Weibchen hell sandfarben mit in unterschiedlichem Maße rostfarbenem Kopf und Bürzel, Schwanz rostfarben mit diffus abgesetztem braunem Endband und ebensolchen mittleren Steuerfedern. Vögel im Mittleren Osten (Unterart *brooksbanki*) meist mit grauerem Mantel und fahler rostfarbenem Bürzel. Gesang variabel, plaudernd, mit rollenden Phrasen sowohl pfeifender wie auch rauher, holpriger Töne. Relativ häufig in Nordafrika in offenem, flachem, wüstenartigem Gelände, meistens in Gebieten mit vegetationsfreien Flächen und kleinen, gern als Sitzwarten benutzten Büschen. Brütet in Erdhöhlen von Nagern oder zwischen Steinen.

Rostbürzel-Steinschmätzer
Oenanthe xanthoprymna - Red-tailed Wheatear   L 15 cm

So groß wie Steinschmätzer und wie dieser etwas vorderlastig mit kurzem Schwanz und etwas kräftigerem Schnabel. Zwei Unterarten, von denen die westliche *xanthoprymna* in der Osttürkei und dem Westiran brütet und spärlich in Ägypten, auf der Sinai-Halbinsel und der Arabischen Halbinsel überwintert. Bürzel rostrot mit kontrastierender weißer Schwanzbasis (diese beim stehenden Vogel gerade sichtbar, gelegentlich mit leichter Rosttönung). Männchen oberseits schmutzig grau mit kontrastierender schwarzer Kehle und deutlichem weißlichem Überaugenstreif. Flügel rußschwarz mit breiten hellen Federrändern auf Großen Decken und Schwungfedern, daher nicht auffällig vom Mantel abgehoben, werden im abgenutzten Gefieder allerdings dunkler und am Flügelbug schwärzlich. Unterseite im frischen Gefieder mit braunrosa Ton, der jedoch ausbleicht und im Sommer eher schmutzig weiß wird. Einige Weibchen dieser Unterart ähneln den Männchen, während andere auf der Kehle schmutzig grau sind, einen schwachen Rostton auf den Ohrdecken haben und die Rostfärbung des Bürzels weniger intensiv ist. Bei der mittelasiatischen Unterart *chrysopygia* (vom Kaukasus ostwärts) haben beide Geschlechter eine hellere, braune Kehle und eine rostrote Schwanzbasis wie das Blaukehlchen. Gesang ein typischer variabler Steinschmätzergesang mit kurzen Phrasen, die zwischen melodischen Pfiffen und holperigen Lauten wechseln. Lebt im Bergland, vor allem an kargen Hängen mit Steinblöcken und Abstürzen bis in über 4000 m Höhe vor. Im Winter in tieferen Lagen, auch in bewirtschaftetem Gelände.

Saharasteinschmätzer
Oenanthe leucopyga - White-crowned Black Wheatear   L 17 cm - (A)

Ein großer, tief schwarzer Steinschmätzer, einzige Art mit fast vollständig weißen äußeren Steuerfedern, Altvögel mit weißer Kopfplatte. Im Jugendkleid und bis ins zweite Kalenderjahr mit ganz schwarzem Kopf und dann dem Trauersteinschmätzer ähnlich. Es fehlt die hervorstechende schwarze Schwanzendbinde, doch tragen besonders jüngere Vögel dunklere Flecken an den Spitzen der äußeren fünf Steuerfederpaare. Gesang variabel, oft ruhig und phrasiert, aus einigen klaren Flötentönen und verschiedenen Nachahmungen bestehend, auch mit knirschenden Einlagen. Eine ausgeprägte Wüstenart, die bis in die zentrale Sahara vordringt, steinige Schluchten und ausgetrocknete Flußbetten mit einzelnen Akazien bevorzugt, auch in Dörfer und Oasen eindringt.

Fahlbürzel-Steinschmätzer   Rostbürzel-Steinschmätzer   Saharasteinschmätzer

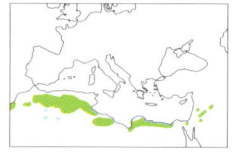
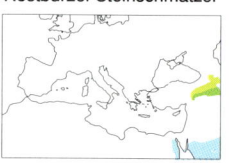
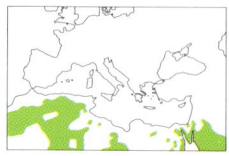

Steinrötel
Monticola saxatilis - Rock Thrush L 19 cm - A

Eine kleine, kurzschwänzige Drossel mit langem Schnabel. Männchen sehr auffällig graublau und hagebuttenrot mit leuchtend weißem Rücken (variiert in der Ausdehnung). Weibchen heller als weibliche Blaumerle, oberseits hell gefleckt und mit rostrotem Schwanz. Steigt beim typischen Singflug mit ausgebreitetem, leuchtendem Schwanz lerchenartig flatternd auf und sinkt dann zum Sitzplatz herab. Gesang wie Blaumerle, aber mit weicheren, flüssigeren Strophen, im Ton an Rotdrossel erinnernd. Ruft hell "diü", "tchak" und gedehnt, weich rasselnd "kschrrrrr" wie ein Rotkopfwürger. Kommt im Gebirge vor, oft höher als die Blaumerle, typischerweise auf steinigen Bergwiesen und an schütter bewachsenen Hängen, lokal aber auch in tieferen Lagen. Nahrung Insekten, Larven, Eidechsen und andere Kleintiere, dazu Beeren. Zieht Ende August/September ins tropische Afrika, Heimzug von März-Anfang Mai.

Blaumerle
Monticola solitarius - Blue Rock Thrush L 20,5 cm - (A)

Männchen unverkennbar schlehenblau, im frischen Schlichtkleid mit feinen beigegrauen Federrändern, im ersten Sommer vereinzelt mit weibchenartiger Zeichnung vor allem auf Kehle, Bauch und Steiß. Weibchen variabel, manche oberseits mit deutlich bläulichem Ton, dunkler und langschnäbeliger als das Weibchen des Steinrötels, dazu mit dunkelbraunem statt rostrotem Schwanz. Im Herbst mit wärmer beige gefärbten Federrändern. Gesang im Ton amselartig kurze, flötende Phrasen, z.B. "tjü sri, tjürr titi ...", oft wiederholt, mit langen Pausen, von einer Warte oder im Flug vorgetragen. Vorgesang tief, mit einem ununterbrochenen Strom gleichartiger Laute, oft mit starenartig knirschenden Tönen. Sonst ziemlich schweigsam, ruft manchmal "tschak", kleiberartig "viht viht" und hoch "tsii". Kommt in den Bergen oft an sonnenwarmen Schluchten und Steinhängen vor, bis auf Meereshöhe hinab, und ist im Winter oft an Küstenklippen, bei Ruinen und Gebäuden. Scheu und zurückgezogen, verschwindet häufig im geschmeidigen Flug mit weich federnden Flügelschlägen hinter einem Bergkamm. Sitzt nicht selten auf Felsgraten und fängt wie ein Grauschnäpper Insekten. Nahrung wie Steinrötel. Teilweise Standvogel, im Winter aber in tieferen Lagen; viele europäische Vögel, vor allem Weibchen, ziehen jedoch nach Nordafrika.

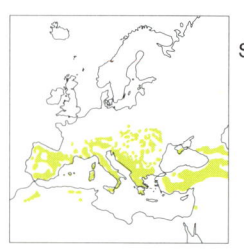

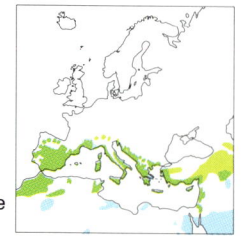

Grauwangendrossel
Catharus minimus - Grey-cheeked Thrush L 18 cm - A
Sehr seltene Ausnahmeerscheinung aus dem arktischen Kanada. Deutlich kleiner als Singdrossel, mit runderem Kopf und proportional kürzerem Schnabel. Oberseits graubraun, Flanken diffus grau und nur schwach gefleckt, was für die gesamte Gattung charakteristisch ist. Graue Ohrdecken und diffuser Augenring (meist schmutzig weiß, eine etwas spitze Klammer hinter dem Auge). Brust beige, im Frühjahr oft nur schwach getönt, mit deutlichen schwarzen, sich abschwächend in die grauen Flanken übergehenden Flecken. Schnabel schwarz mit hell gelbrosa gefärbter Unterschnabelbasis. Unterflügel mit zwei hell beigerosa oder weißlichen Streifen, einer für *Catharus*-Drosseln typischen und im Flug gut sichtbaren Zeichnung. Ruft etwas gedehnt, hell, leicht nasal "viüh(r)", normalerweise höher als Wilsondrossel. Sehr heimlich, versteckt sich niedrig in dichter Vegetation.

Zwergdrossel
Catharus ustulatus - Swainson's Thrush L 18 cm - A
Sehr seltene nordamerikanische Ausnahmeerscheinung. Oberseits wärmer und mehr olivfarben getönt als Grauwangendrossel, mit deutlichem hellbeigem oder rostgelbem Augenring. Brust meist kräftig beige, Halsseiten manchmal schwach rostgelb mit dunklen Flecken, die langsam heller werden und in die hellgrauen Flanken übergehen. Gleichmäßig dicker Augenring, oft in einem Überaugenstreif über dem Zügel fortgesetzt, ist bestes Kennzeichen gegenüber ähnlichen Arten. Unterflügel mit auffällig hellbeigem Band. Ruft kurz, tief "kück" oder "wünk", wie auf ruhige Wasserfläche treffender großer Wassertropfen. Heimlich.

Einsiedlerdrossel
Catharus guttatus - Hermit Thrush L 17 cm - A
Nordamerikanische Ausnahmeerscheinung. Unterscheidet sich durch schwach rostfarbenen Schwanz (wie Sprosser), zur Spitze hin etwas dunkler und leicht gegabelt, und zimtfarbenen Bürzel von Grauwangen- und Zwergdrossel. Schwanzfärbung nicht immer leicht zu sehen, da sich diese Gattung gewöhnlich im dichten Buschwerk aufhält. Auch Federränder auf Handschwingen und Decken mit wärmer braunem Ton, im Kontrast zur übrigen Oberseite, außerdem Flanken beige. Augenring komplett, aber dünn und mehr schmutzig weiß, Kopfzeichnung ähnelt am ehesten Grauwangendrossel, Schnabel ist aber weniger kontrastreich oder zweifarbig. Flügelunterseite mit ockerfarbigen Binden. Stelzt den Schwanz oft und senkt ihn langsam wieder ab. Ruft sehr tief "küöck".

Wilsondrossel
Catharus fuscescens - Veery L 17 cm
Verhalten und Auftreten wie Einsiedlerdrossel. Die am wärmsten getönte *Catharus*-Art, oberseits weich rostbraun, am intensivsten auf dem Bürzel. Artkennzeichnend ist die stark reduzierte Fleckenzeichnung auf der Brust, mit lediglich diffusen braungrauen Flecken. Flanken grau. Zuckt beunruhigt mit den Flügeln und schlägt den Schwanz. Ruft charakteristisch, aber variabel "viiär" oder "veärr", etwas klagend und gedehnt.

Walddrossel
Hylocichla mustelina - Wood Thrush L 19 cm
Hat sich erst zweimal von Nordamerika nach Europa verflogen. Größer als die oben beschriebenen Arten, oberseits leuchtend fuchsbraun, unterseits mit scharf begrenzten runden Flecken. *Nicht abgebildet*

Wanderdrossel
Turdus migratorius - American Robin L 25 cm - A
Größe und Verhalten wie Amsel, oberseits einfarbig braungrau, unterseits rostrot. Kopf schwarzgrau mit auffallenden weißen Markierungen um das Auge und über dem Zügel, weiße Kehle dunkel gestrichelt. Ruft "tjöt", auch gereiht, im Flug ähnlich Rotdrossel "siili". Nordamerikanische Ausnahmeerscheinung. *Nicht abgebildet*

Erddrossel
Zoothera dauma - White's Thrush L 28 cm - A
Etwas kräftiger, aber kurzschwänziger als Misteldrossel. Unverkennbar, gesamtes Gefieder mit halbmondförmigen Flecken übersät. Im wellenförmigen Flug fallen schwarz und weiß gebänderte Unterflügel auf. Sehr scheu und zurückgezogen, hält sich normalerweise in schützender Vegetation am Boden auf. Schweigsam, ruft manchmal gedehnt "ziie". Eigentümlicher Gesang ein alle 25 Sekunden wiederholter hoher, langgezogener, absterbender Pfeifton. Meist hört man ihn in zwei Tonlagen gleichzeitig, wahrscheinlich von zwei Individuen (Paar?). Brütet in Sibirien westwärts bis zum Südural, erscheint im Herbst ausnahmsweise in Europa.

Schieferdrossel
Zoothera sibirica - Siberian Thrush L 22 cm - A
Singdrosselgroß und langschnäbelig. Männchen schieferschwarz mit weißem Bauch und Überaugenstreif und scharfer, schwarzweißer Unterflügelbänderung; im ersten Winter und Sommer unterschiedlich stark ausgebildete gelbliche Sprenkel auf Ohrdecken, Kehle und unvermauserten äußeren Großen Armdecken. Weibchen warm braun mit breitem Überaugenstreif und stark gefleckter Unterseite. Flugruf singdrosselartig, aber weicher "zitt". Ausnahmeerscheinung aus Sibirien östlich des Jenissej.

Weißbrauendrossel
Turdus obscurus - Eye-browed Thrush L 22 cm - A
Etwas kleiner als Singdrossel, insgesamt recht blaß mit ungefleckter, verwaschen rostbräunlicher Unterseite, weißem Überaugenstreif und dunklem Zügel. Bei adulten Männchen sind Kopf und Kehle blaugrau. Männchen im ersten Winter und Weibchen oberseits olivbraun, Ohrdecken und Brustseiten grauer, Kehle hell, im Herbst mit hellen Tropfenflecken auf Spitzen der Großen Armdecken. Flugruf an Rotdrossel erinnernd langgezogen und gepreßt "siih". Sehr seltener Herbstgast aus Asien.

Naumanndrossel
Turdus naumanni - Dusky Thrush L 24 cm - A
Eine in zwei Unterarten ausnahmsweise in Europa und dem Mittleren Osten erscheinende Drossel. Die "Rostflügeldrossel" *eunomus* brütet in einem breiten Gürtel im Norden Sibiriens, wirkt im Freiland dunkel, Männchen oberseits schwarz und braun meliert, unterseits mit pfeilförmigen dunklen Flecken und rostroten Flügeln. Die Nominatform *naumanni* ("Rostschwanzdrossel") hat eine südlichere Verbreitung, sieht weniger kontrastreich aus, hat unterseits rostrote Flecken, einen rostroten Schwanz, aber oft grauweiße Federränder auf den Flügeln wie eine Rotdrossel. Erinnert im Flug an Rotdrossel, doch ganzer Unterflügel blaß rostfarben. Flugruf etwas gepreßt "gih", oft doppelt wie Wacholderdrossel, auch "tschak-tschak".

Bechsteindrossel
Turdus ruficollis - Black-throated Thrush L 24 cm - A
So groß wie eine Amsel, aber etwas kurzschwänziger. Oberseits grau, mit helleren grauen Federrändern auf den Flügeln und schmutzig weißem, fast vollständig ungefleckter Bauch. Unterflügeldecken rostrot. Zwei asiatische Unterarten, die ausnahmsweise im Herbst in Europa erscheinen. "Schwarzkehldrossel" *atrogularis* mit schwarzer Brust, im frischen Kleid durch helle Federränder blasser wirkend. Weibchen und manche Männchen im ersten Winter weniger auffallend, aber am grauen Mantel und fast ungefleckten Bauch im Kontrast zum dunkel gefleckten Brustgürtel zu erkennen. Bei der Unterart *ruficollis* ("Rotkehldrossel") sind die äußeren Steuerfedern rostrot, bei Männchen und adulten Weibchen auch Brust und Überaugenstreif. Männchen im ersten Winter sind weniger intensiv als adulte gefärbt, junge Weibchen unterscheiden sich von jungen "Schwarzkehldrosseln" durch gelblicheren Überaugenstreif und schwächere, eher bräunliche Brustfleckung, sind aber manchmal kaum von jungen Naumanndrosseln zu unterscheiden. Flugruf tief "sipp", im Auffliegen und beunruhigt ein- bis dreifach "tschack". Brütet vom Ural an ostwärts bis zum Baikalsee, überwintert westlich bis zum Iran. Europäische Nachweise meist Männchen im Winterhalbjahr.

♂ torquatus
♂ alpestris
♀ 1er W

Ringdrossel
Turdus torquatus - Ring Ouzel L 24 cm - BZ

Wie eine Amsel mit weißem Brustband, helleren Flügeln und oft auffallendem beigegelbem Schnabel mit schwarzer Spitze. Weibchen braun mit dunklem Schuppenmuster auf dem Brustband. Im frischen Kleid im Herbst beide Geschlechter mit deutlicheren hellen Federrändern stärker geschuppt. Weibchen im ersten Kalenderjahr noch ohne helleres Brustband. In allen Kleidern mit auffallend hellen Federrändern auf den Flügeln, die auch im Flug (mit längerem Schwanz und schnelleren Flügelschlägen als Amsel) sichtbar sind und die Flügel im Gegenlicht durchscheinend wirken lassen. Die in den Alpen vorkommende Unterart *alpestris* hat breitere und auffälligere helle Federränder als die nördliche Nominatform, manche Männchen eine dunkel braungraue Grundfarbe. Gesang variabel, schwatzend, mit Grundthema aus zwei bis vier flötenden Pfiffen, z.B. "tjyli, tjyli" oder "tschrryt tschrryt", manchmal mit einer nachfolgenden zwitschernden Reihe wie bei der Rotdrossel. Im Auffliegen oder beunruhigt "tock ock ock ock", härter und tiefer als Amsel, mehr wie gegeneinander geschlagene Steine, manchmal nur "tchepp", auch hell rollend "tjüirr". Ziemlich scheu, sitzt aber eher frei in einem Busch oder Baum als die Amsel, die meist in einen Busch hinein flüchtet. Brütet in Nordeuropa ziemlich spärlich an Abstürzen oder felsigen Hängen, in Skandinavien im Fjäll, am Atlantik lokal bis auf Meereshöhe hinab. In Mittel- und Südeuropa häufig in den Bergen, oft in alpinem Nadelwald. Beide Unterarten überwintern im Mittelmeergebiet. Zieht von März-Mai und im September/Oktober. *Karte S. 416*

Wacholderdrossel   Misteldrossel

Amsel
Turdus merula - Blackbird   L 25 cm - BJZW

Das Männchen dieser allgemein bekannten Art ist ganz schwarz mit orangegelbem Schnabel und Lidring, das Weibchen dunkelbraun, auf Kehle und Brust etwas heller. Jungvögel dunkelbraun mit ockerfarbenen Flecken und Schaftstrichen. Männchen im ersten Sommer mit braunen Schwungfedern und einem dunklen Ton auf dem Schnabel. Hält sich hauptsächlich auf dem Boden auf, flieht oft in einen Busch hinein, protestiert dabei schnalzend "tjack", das in einen gellenden, metallischen Schrei übergeht. Gibt sich darüberhinaus durch ein schneidendes, hohes "Srii" und ein fein saugendes "Tsiih" zu erkennen. Den Gesang hört man bereits im Februar, mit einem ersten Höhepunkt im Vorfrühling und einem zweiten vor der zweiten Brut im Juni. Die Strophen bestehen aus einigen wohlartikulierten, sich windenden oder jodelnden Flötentönen, gefolgt von einem mehr zwitschernden zweiten Teil. Brütet häufig in allen Waldtypen mit reicher Bodenvegetation, in Parks und Gärten. Die Nahrung besteht aus Würmern, Schnecken und Insekten, dazu kommen verschiedene Beeren und Früchte. Teilweise Zugvogel, vor allem Jungvögel ziehen im Oktober/November. Besucht im Winter häufig Futterhäuser.

Wacholderdrossel
Turdus pilaris - Fieldfare   L 25,5 cm - BZW

Häufig und im Norden die am meisten gesehene gefleckte Drossel, auch in Deutschland stark zunehmend. Durch grauen Kopf, rotbraunen Mantel und pfeilförmige Flecken unterseits eigentlich unverkennbar (manche Individuen aber so blaß oder so leuchtend gefärbt, daß Verwechslungen mit seltenen Arten vorkommen). Im Flug mit weißen Unterflügeln und einem weißen Keil am Flügelansatz. Stimme vielfältig und charakteristisch, meist krächzend "tschack-tschack-tschack (-tschacharrr)", wie das Geräusch einer großen Heckenschere, im Streckenflug fein "sii". Der Gesang, im Flug oder von einer Baumspitze vorgetragen, ist ein unmusikalisch plauderndes Knirschen und Zwitschern. Vergesellschaftet sich häufig mit anderen Drosseln auf kurzgrasigen Feldern, wo sie die Würmer mit dem Gehör lokalisiert und hervorholt. Frißt auch viele Früchte und Beeren. Brütet oft in lockeren Kolonien, am liebsten in hochstämmigen Birkenwäldern, Auwäldern und häufig in Stadtparks, aber auch in baumloser Tundra an menschlichen Bauwerken. Zieht spät, oft in Trupps im Oktober/November (vor dem ersten Schnee, daher in Schweden auch Schnee-Elster genannt), und nordöstliche Populationen überwintern in Mitteleuropa.

Ringdrossel   Amsel   Wacholderdrossel

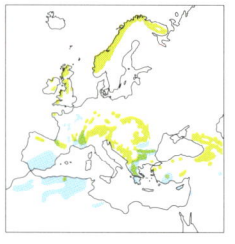
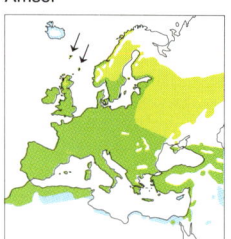

Rotdrossel
Turdus iliacus - Redwing L 21 cm - bZ

Leicht an ihrer markanten Gesichtszeichnung und den rostroten Flanken zu erkennen. Aus der Entfernung stellt der weiße bis rostbeige Überaugenstreif das auffälligste Kennzeichen dar. Unterscheidet sich im Flug von der Singdrossel durch rostrote Unterflügeldecken und den fein saugenden Ruf "tsüiip". Der Gesang besteht aus zwei Teilen: zuerst einige laute Flötentöne, dann ein tiefes, meistens lang anhaltendes und hitziges Gezwitscher. Die Flötentöne variieren stark, da die Vögel aber einander nachahmen, hört man innerhalb eines Gebietes meistens nur einen Typ. Eine häufige Variante klingt rollend "tjirre, tjerre, tjörre", in der Tonhöhe langsam abfallend, so als würde man die Drehungen einer Schallplatte durch Berührung verlangsamen. Nicht selten hört man lediglich ein hastiges "Titjeü-titjeü". Läßt auch ein gedämpftes "köck" hören und warnt mit hart schmetterndem Ruf. Brütet in niedrigerem und buschigerem Gelände als die Wacholderdrossel, Charaktervogel des Fjällbirkenwaldes. Zieht vor allem nachts von Ende September-Oktober (dann häufig der "tzieh"-Ruf vom Himmel zu hören), zurück im März-Anfang Mai, überwintert auch in geringer Zahl in Mitteleuropa.

Singdrossel
Turdus philomelos - Song Thrush L 23 cm - BZ

Häufig in Wäldern und Gärten, durch braune Oberseite und rahmweiße, gefleckte Unterseite leicht kenntlich. Im Flug durch blasser rostbeige Unterflügeldecken und kurzen Ruf "zipp" oder "tick" leicht von Rotdrossel zu unterscheiden. Kleiner und kurzschwänziger als Misteldrossel, ohne deren helle Federränder auf den Flügeln. Gesang abwechslungsreich, mit weichen Flötentönen und Nachahmungen, aus kurz abgeschnittenen Phrasen aufgebaut, die eher gesprochen als gesungen werden. Jedes Element wird zwei- bis viermal wiederholt und nach einer kurzen Pause gegen ein anderes ausgetauscht. Singt eifrig in der Abenddämmerung. Sucht auf Rasenflächen oft wenig scheu nach Nahrung. Lebt von Würmern, Schnecken, Insekten, verschiedenen Früchten und Beeren. Auf Steinen liegende zertrümmerte Schneckengehäuse sind oft das Werk von Singdrosseln. Zieht Mitte September/Oktober, etwas zeitiger als die Rotdrossel, zurück im März-Anfang Mai.

Misteldrossel
Turdus viscivorus - Mistle Thrush L 27 cm - BJZ

Eine große, schwere und etwas langschwänzige, oft aufrecht stehende Drossel. In der Färbung ähnlich Singdrossel, hat aber deutliche hellgraue Federränder auf den Flügeln. Der Flug ist ausgeprägt wellenförmig, im Gleitmoment mit taubenartig eingezogenen Flügeln. Der Bürzel ist etwas heller, mehr beige gefärbt als die übrige Oberseite, die Unterflügeldecken sind weiß, und bei der Landung sieht man häufig die charakteristischen weißen Spitzen auf den äußeren Steuerfedern (Abb. S. 416). Meist verrät sie der trocken schnarrende Flugruf "trrrr". Der Gesang erinnert im Ton an die Amsel, in der Form an eine träge Singdrossel. Er besteht aus kurzen, flötenden Strophen mit längeren Pausen. Singt oft dann, wenn andere Drosseln schweigsam sind, und nicht selten bei schlechtem Wetter, z.B. bei leichtem Regen. Brütet am liebsten in trockenen Nadelwäldern, in Westeuropa aber auch in größeren Gärten und Parks. Zieht im Oktober/November, zurück im März/April, typischerweise eine Woche vor der Singdrossel, überwintert in Mitteleuropa aber auch regelmäßig.

Rotdrossel
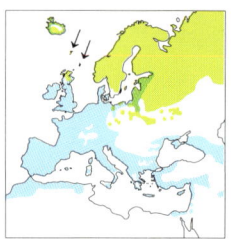

Singdrossel
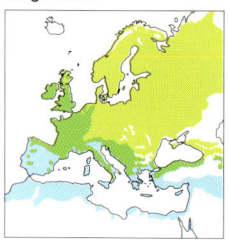

Misteldrossel
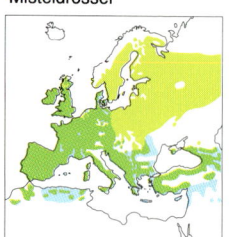

Rohrschwirl
Locustella luscinioides - Savi's Warbler   L 14 cm - BZ

Ähnelt durch die ungestreifte Oberseite am meisten dem Schlagschwirl, ist oberseits aber wärmer braun und hat eine schwächer gezeichnete Brust. Unterscheidet sich vom Teichrohrsänger durch vollen, gerundeten Schwanz, dunkler braun getönte Oberseite, schmutzig olivgraue bis braune Brusttönung, oft undeutlich gefleckt, und längere Unterschwanzdecken mit manchmal verwaschen hellen Spitzen. Seine etwas ruckartigen Bewegungen, der knicksende Schwanz und die Neigung, bei Beunruhigung in dichte Vegetation abzutauchen, kennzeichnen ihn als Schwirl. Kriecht oder läuft auf dem Boden und am Schilfgrund mit leicht abwägendem Schritt wie ein Baumpieper. Kommt vor allem in Schilfgürteln vor, singt gewöhnlich auch von einem Schilfhalm aus. Der Gesang ähnelt dem des Feldschwirls, ist aber schneller und tiefer, mehr ein hartes, fast klangloses Surren, meist mit Einzeltönen einsetzend und in den ersten Sekunden langsamer. Ruft abrupt "pitch", aufgeregt hart schnatternd, auch an das "Tschink-tschink" der Kohlmeise erinnernd. Heimzug im April, Wegzug im September.

Schlagschwirl
Locustella fluviatilis - River Warbler   L 13,5 cm - BZ

Die Kombination von ungestreifter, graubrauner Oberseite und schmutzig gestrichelter oder gefleckter Brust unterscheidet ihn von Feld- und Rohrschwirl. Hat auch ungewöhnlich lange, bräunliche, an der Spitze halbmondförmig weißliche Unterschwanzdecken. Lebt zurückgezogen und ist außer durch den Gesang schwer zu entdecken. Dieser ist lang anhaltend, klingt mechanisch, etwas elektrisch, an eine Nähmaschine erinnernd und mit deutlich voneinander getrennten Silben wie "tze tze tze tze...". Singwarte höher als bei Feldschwirl, meist 2-5 m hoch in einem Busch oder Baum. Bevorzugt feuchte Dickichte, gern an Gewässerrändern, breitet sich langsam nach Westen aus, trifft im Mai ein.

Feldschwirl
Locustella naevia - Grasshopper Warbler   L 13 cm - BZ

Zurückgezogen und nur schwer zu entdecken, wenn er nicht singt. Läuft meist am Boden in dichter Vegetation, ist jedoch wenig scheu und klettert manchmal, mit dem Schwanz eifrig knicksend (typisch für Schwirle), neugierig Krautstengel hinauf. Stöbert man ihn auf, fliegt er etwas ruckartig nur eine kurze Strecke und zeigt den stark gerundeten Schwanz. Macht einen dunklen und diffus gestrichelten Eindruck, oberseits olivbraun, unterseits schmutzig weiß oder gelblich, Brust oft dunkler mit Tendenz zur Strichelung unterhalb der Kehle, einzelne Individuen mit deutlich gestrichelter Brust. Alle haben auf den hinteren Flanken und Unterschwanzdecken dunkle Strichel. Überaugenstreif schwach. Der Gesang besteht aus einem mit hoher Frequenz vorgetragenen monotonen, an Insekten erinnernden Schwirren, das mit kurzen Pausen stundenlang vorgetragen wird. Singt meist aus einem niedrigen Busch tagsüber und nachts, am intensivsten in der Abend- und Morgendämmerung. Der Ruf ist ein hartes, etwas explosives "Stitt". Bewohnt üppiges Wiesengelände, Sumpfränder, Gebüsch, oft entlang von Gräben. Lebt wie alle Schwirle von Insekten. In Mitteleuropa die häufigste Art, kommt im April/Mai an und zieht im August-Oktober.

Rohrschwirl

Schlagschwirl

Feldschwirl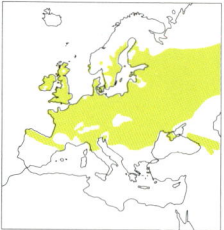

Strichelschwirl
Locustella lanceolata - Lanceolated Warbler L 12 cm - A
Sehr schwer vom Feldschwirl zu unterscheiden. Ist kleiner und kurzschwänziger, hat zudem normalerweise eine deutlicher gestrichelte Brust, besonders auf dem unteren Teil und an den Brustseiten. Scheitel und Mantel sind gestreift, beim Feldschwirl mehr gefleckt. Die Schirmfedern haben dunklere Zentren und schmalere, schärfer abgesetzte helle Federränder, und die Handschwingenprojektion ist etwas geringer. Die dunklen Schaftstriche auf den Unterschwanzdecken sind schmal und gleichbreit, bei den am stärksten gezeichneten Individuen auch keulenförmig oder oval. Beim Feldschwirl sind sie pfeilspitzenförmig, also an der Basis am breitesten und zur Spitze hin schmaler werdend. Die Grundfarbe der Unterschwanzdecken ist gewöhnlich beige bis rostbeige mit relativ deutlichen hellen Spitzen beim längsten Paar. Im Frühling gewöhnlich beige bis graubeige mit deutlich abgesetzter Brust- und Flankenzeichnung (beim Feldschwirl diffuser). Im Herbst des ersten Kalenderjahres meist tabakbraun ohne olivgrünen Ton. Singt fast wie Feldschwirl, klingt aber etwas höher, metallischer und schärfer. Hält sich in niedriger Vegetation gut verborgen und ist kaum aufzustöbern. Brütet in verbuschtem Gelände oder in Wäldern, am liebsten in feuchterem Gelände mit dichter Bodenvegetation. Sibirische Ausnahmeerscheinung im September/Oktober.

Streifenschwirl
Locustella certhiola - Pallas's Grasshopper Warbler L 13,5 cm - A
Etwas größer als der Strichelschwirl, zeigt mit betontem Überaugenstreif, dunklem Scheitel, fast ungezeichneter Unterseite und rotbraunem Bürzel Züge eines Schilfrohrsängers. Schwanz kennzeichnend, unterseits dunkel grauschwarz mit hellgrau gefärbten Spitzen (bis auf mittleres Paar), oberseits rotbraun mit dunkler Querbänderung, weiße Spitzen nur bei Fächerung erkennbar. Unterschwanzdecken ohne dunkle Strichelung. Schirmfedern mit deutlichem hellem Fleck an den Spitzen der Innenfahnen. Manche Individuen gleichen im Farbton dem Schilfrohrsänger, andere sind oberseits kräftig rostbraun wie ein Mariskensänger. Scheint teilweise im Jugendkleid zu ziehen, denn im September in Westeuropa gefangene Vögel zeigten Merkmale dieses Kleides: helleren Scheitel, weniger deutlichen Überaugenstreif und gelbliche Unterseite. Gesang ähnlich dem Auftakt des Schilfrohrsänger-Gesanges, z.B. "tick-tick-tick-tick sveje-sveje-sveje kürrekürre svi-svi-svi-svi". Bewohnt üppige Gras- oder Krautvegetation mit einzelnen Büschen, oft an Gräben, Flüssen, Sümpfen und anderen Feuchtgebieten Asiens. Extrem seltene Ausnahmeerscheinung aus Sibirien, meist im September.

Streifenprinie
Prinia gracilis - Graceful Warbler L 10 cm
Oft schwer zu sehen, aber sehr laut. Unauffällig hell graubeige mit schwach dunkel gestreiftem Mantel und langem Schwanz, der oft in verschiedene Richtungen abgewinkelt wird. Spitzen der Steuerfedern schwarz und weiß. Scheitel des Männchens mit schwachem Zimtton. Schnabel und Rachen beim Männchen zur Brutzeit schwarz, beim Weibchen braun. Flug bartmeisenartig. Singt in der Tonlage variabel, monoton wiederholt "zerrvitt", "zorr-lytt" mit typisch eindringlichem Klang, manchmal mehr wie "stir-litt" ähnlich Girlitz. Typisch ein trillerpfeifenartig rollender Laut, der häufig auf die Gesangstrophe folgt. Ruft auch kurz, mechanisch tickend "plitt plitt". Im Mittleren Osten in Gestrüpp lokal häufig, oft an Sumpfrändern mit Binsen und Tamarisken, gern in kleinen Gruppen.

Wüstenprinie
Scotocerca inquieta - Scrub Warbler L 10 cm
Im Freiland der Streifenprinie durch längeren Körper, großen Kopf mit flachem Scheitel und scheinbar weit hinten ansetzende Beine kaum ähnlich. Die Unterart *inquieta* im Mittleren Osten hat betonten dunklen Augenstreif, grauen oder grauweißen Überaugenstreif, schwarz gestricheltem Scheitel und schwach gestreiften Mantel, die Unterart *saharae* im westlichen Nordafrika wirkt fahler und hat ungestreiften Mantel. Ruft wehmütig "pi-pyh", singt variabel, meist mit ein paar kurzen, lockrufartigen Tönen, gefolgt von einem Triller. Lebt zurückgezogen in halbwüstenartigem Gelände mit Büschen, hüpft aber oft neben Gebüsch frei auf dem Boden.

Cistensänger
Cisticola juncidis - Fan-tailed Warbler   L 10 cm - A

Typisch durch seine geringe Größe, die schwarzweißen Spitzen des kurzen, runden Schwanzes und den kontrastreich gezeichneten Mantel. Schwer zu sehen, ist aber aktiv und laut. Läßt im Flug oder vom Gras aus ein einzelnes oder wiederholtes, mechanisches, hartes "Plitt" (alternativ "küitt" oder "tjett") hören, wie ein kleiner Rotschenkel. Der eigentliche Gesang ist ein taktfest wiederholtes, eingängiges "Tzet", das im wellenförmigen Flug in großen Kreisen vorgetragen wird. Fliegt mit schneller Flügelschlagserie zur Wellenspitze, ruft "tzet-et", verliert an Höhe, steigt wieder, ruft usw. Bei jeder Flügelschlagserie wird der Schwanz ausgebreitet und blinkt in der tiefen Morgensonne rhythmisch vom Himmel herab. Kommt häufig bis spärlich in offenem Grasland mit Beständen von Seggen und Simsen, auf Brachflächen, Feldern und Grashügeln vor, ist aber nicht an Wasser gebunden. Frißt Insekten. Hauptsächlich Standvogel, unternimmt gelegentlich unbeständige Brutvorstöße nach Norden (z.B. Niederlande).

Seidensänger
Cettia cetti - Cetti's Warbler   L 14 cm - bA

Sieht relativ groß und robust aus, ist kastanienbraun und matt grau gefärbt, mit hellem Überaugenstreif und abgerundetem, oft gestelztem Schwanz. Die Unterart *orientalis* im Mittleren Osten ist oberseits weniger rotbraun und unterseits heller als die südeuropäische Nominatform *cetti*. Wirkt meist nervös, ist extrem zurückgezogen und schwer zu beobachten, hat aber eine sehr laute Stimme. Der Gesang ist ein explosiver Ausbruch von herausgestoßenen und brodelnden Tönen, z.B. "plytt...plytt, plyttiplytt plitt plytti plytti plytti", oft durch Störungen ausgelöst. Ruft gedehnt rollend "pling", wie das Aufziehen eines mechanischen Spielzeugs, hart herausgestoßen "pitch", auch rohrammerartig "tih". In West- und Südeuropa häufig in Sumpfvegetation und dichtem Gestrüpp an allen Arten von Gewässern, oft an üppig bewachsenen Gräben. Frißt Insekten und Beeren. Hauptsächlich Standvogel, gelegentlich Brutvorstöße nach Norden.

Mariskensänger
Acrocephalus melanopogon - Moustached Warbler   L 12,5 cm - A

Ähnelt dem Schilfrohrsänger, hat aber sichtbar kürzere Handschwingenprojektion, braunrote, im frischen Kleid fast kastanienfarbene Oberseite, wärmer rostbraune Flanken und Brustseiten, oft mit rostfarbenem, schwach gestreiftem Brustband. Im östlichen Verbreitungsgebiet insgesamt schwächer rotbraun. Kopf kontrastreicher als bei Schilfrohrsänger mit braunschwarzem Scheitel, dunkler graubraunen Ohrdecken und weißlichem, breitem, wie abgeschnitten endendem Überaugenstreif. Lebt zurückgezogen in dichter Sumpfvegetation, gern in Binsen innerhalb von Schilfbeständen, bewegt sich viel in Bodennähe, hält den Schwanz oft angehoben und schlägt ihn nervös. Ruft bei der Nahrungssuche hart, rauh, knarrend doppelt "trr-trr", beim Schwanzknicksen hart, kurz "tcht" und aufgeregt langgezogen knarrend "tr-trrrrr". Gesang ähnlich Teichrohrsänger, aber weniger rauh, mit hellen, weichen Tönen und Trillern und kennzeichnendem gedämpft flötendem "Lü lü lü lü". Überwintert als einziger Rohrsänger in Südeuropa, brütet nördlich bis zum Neusiedlersee.

Cistensänger   Seidensänger   Mariskensänger

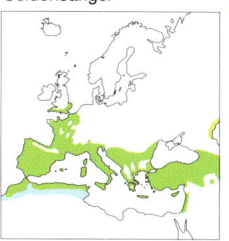
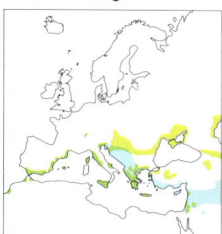

Drosselrohrsänger
Acrocephalus arundinaceus - Great Reed Warbler   L 19 cm - BZ

Fast so groß wie kleine Singdrossel, in der Färbung ähnlich Teichrohrsänger, aber mit deutlicherem Überaugenstreif, etwas grau getöntem Gesicht und kräftigerem Schnabel. Gesang ähnlich Teichrohrsänger, aber deutlich gröber und sehr lautstark, besteht aus einbis dreimal wiederholten Motiven, teils hart knarrend, teils hohe Falsettlaute und Quietschtöne. Strophen häufig durch zwei Knarrlaute eingeleitet, z.B. "krr-krr, tsep, kerretsiepp, tsiee, tsiee, kerre-kerre, krik-krik-krik, tchi, tchi ...", wie eine ungeschmierte Steinmühle. Ruft hart "krek", fast wie Teichhuhn, ausgeflogene Junge betteln froschartig "kväk". Kommt in Schilfbeständen an kleinen Teichen, Kanälen und großen Binnenseen vor, in Mitteleuropa stark abnehmend. Zieht im August/September, zurück im April/Mai.

Schilfrohrsänger
Acrocephalus schoenobaenus - Sedge Warbler   L 13 cm - BZ

Hat einen auffallenden beige- oder grauweißen Überaugenstreif, dunklen Augenstreif und durch dunkle Linie am Schnabelwinkel etwas strengen Gesichtsausdruck. Scheitel dunkel, Mantel fahl graubeige und schwach gestreift, Flügel hell getäfelt, Flanken rostbeige und Bürzel zimtfarben. Im Herbst des ersten Kalenderjahres oft deutlich braunbeiger Scheitelstreif und schwach gepunktete oder gefleckte Brust (vgl. Seggenrohrsänger). Gesang ähnlich Teichrohrsänger, aber lebhafter und variabler, mit langen vokalen Trillern und Reihen, oft durch sich beschleunigendes, knarrendes "Trr" eingeleitet und mit Imitationen angereichert. Singt von einem Zweig oder Schilfhalm, unternimmt mitten im Gesang oft einen kurzen, flatternden Singflug. Ruft hart, ähnlich Klappergrasmücke "tjeck", trocken, gerade und schnell knarrend "trrr", selten verdoppelt. Kommt in üppiger Ufervegetation vor, meist im Schilf oder in Seggensümpfen mit Büschen, auch entlang üppig bewachsener Gräben und Teiche. Zieht im August/September, zurück im April/Mai.

Seggenrohrsänger
Acrocephalus paludicola - Aquatic Warbler   L 12,5 cm - bZ

Lebt versteckt und erinnert im Verhalten etwas an einen Schwirl. Kopf mit breitem gelblichbeigem Überaugen- und Scheitelstreif etwas bekassinenartig gefärbt. Mantel mit schwarzbraunen Längsstreifen, begrenzt durch zwei breite beige Längsbänder. Bürzel und Oberschwanzdecken gestreift (beim Schilfrohrsänger nur ausnahmsweise). Schwanz abgerundet, die einzelnen Steuerfedern aber zugespitzt. Bei Altvögeln Brustseiten (oft auch Mitte) auf die Flanken herablaufend gestrichelt. Im Herbst des ersten Kalenderjahres leuchtend strohgelbe Grundfärbung, keine oder nur schwache Bruststrichelung, auffallend helle, leicht grau getönte Handschwingen und sehr helle, fast rosa gefärbte Beine. Gesang monotoner als der des Schilfrohrsängers, weitgehend aus zwei Tönen zusammengesetzt, z.B. "errr-dididi", ohne Wechsel der Geschwindigkeit. Ruft schmatzend "tjack", "tjeck" und trocken knarrend "err", tiefer als Schilfrohrsänger. Kommt selten in nassen Wiesen, Sumpfgebieten und an Wasserflächen mit zusammenhängenden Seggenbeständen im Osten Europas vor, wenige Paare in Ostdeutschland. Zieht im April/Mai und August/September (meist Jungvögel) spärlich über Westeuropa nach Westafrika.

Drosselrohrsänger   Schilfrohrsänger   Seggenrohrsänger

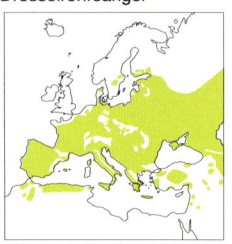 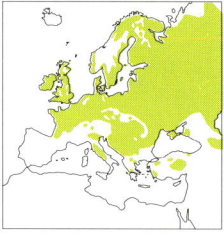 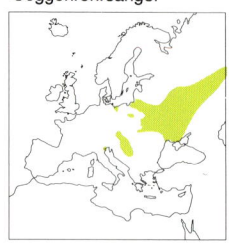

Buschrohrsänger
Acrocephalus dumetorum - Blyth's Reed Warbler   L 12 cm - A
Eine östliche, dem Sumpfrohrsänger sehr ähnliche Art. Auffallend farblos, oberseits graubeige mit schwachem Olivton auf dem Bürzel, Flügel kontrastlos, im ersten Winter etwas wärmer getönt. Gesicht mit flacherer Stirn und längerem Schnabel als Sumpfrohrsänger etwas mürrisch wirkend. Überaugenstreif über dem Zügel am deutlichsten, dominiert über den Augenring. Flügel kürzer und runder als beim Sumpfrohrsänger, Handschwingenprojektion geringer (sechs Handschwingenspitzen sichtbar). Einbuchtung der Außenfahne auf dritter und vierter Handschwinge (von außen gezählt) beginnt vor der Höhe der längsten Armschwinge (vgl. Abb. S. 11). Beine etwas dunkler als beim Sumpfrohrsänger. Gesang angenehm und variabel, voller meisterlicher Imitationen, oft langsam und mit längeren Pausen (wie bei Singdrossel). Wiederholt dasselbe Motiv fünf- bis acht-, auch zehnmal, schiebt dazwischen ein bis zwei schnalzende "tschek"-Laute ein, oft gefolgt von melodischem, ansteigendem Pfeifen oder Jodeln, z.B. "trek-trek TJÜI", oder "chrak-chrak TJÜ-I-LU". Nachtsänger, meist von Sitzplatz in 3-7 m Höhe in Baum oder Busch. Lockt ganz weich "tschek", aufgeregt "chek-tchr", beunruhigt "trrr". Kommt in buschreichem Gelände, z.B. an Wald- und Sumpfrändern, in verbuschtem Weideland und Gärten in Osteuropa vor, westlich davon Ausnahmeerscheinung.

Sumpfrohrsänger
Acrocephalus palustris - Marsh Warbler   L 12,5 cm - BZ
Außer am Gesang nur schwer vom Busch- und Teichrohrsänger zu unterscheiden. Oberseits braunbeige mit schwachem Olivton und wärmer beigem Bürzel, unterseits rahmfarben, Flanken manchmal beige. Wirkt durch runderen Kopf freundlicher als Buschrohrsänger, heller Augenring dominiert über Überaugenstreif, Flügel kontrastreicher: Schirmfedern dunkel mit deutlich hellen Rändern, Handschwingenspitzen (8 sichtbar) mit im Freiland meist erkennbaren hellen Spitzen. Einbuchtung der Außenfahne auf dritter Handschwinge hinter Höhe der längsten Armschwinge (Abb. S. 11). Gesang sehr lebhaft und voller Nachahmungen, flüssig und mit Trillern und Reihen wie beim Blaukehlchen. Webt artkennzeichnendes, nasales "tzä-bii" ein. Beide Geschlechter singen. Ruft kurz "tjeck" oder "trett" und etwas rasselnd "terrrrr", wie das Rasseln einer trockenen Samenkapsel, im Herbst manchmal weicher "teck" oder "tscheck". Häufig in Gebüsch und Brennesseln, oft an Gräben und Sümpfen, nicht immer am Wasser. Zieht im August/September, zurück Mitte Mai.

Teichrohrsänger
Acrocephalus scirpaceus - Reed Warbler   L 12,5 cm - BZ
Oberseits wärmer beige gefärbt als Sumpfrohrsänger, mit rostfarbenem Bürzel und dunkleren Beinen. Kopf langgestreckt, Stirn und Scheitel lang und flach, heller Augenring dominiert über kurzen Überaugenstreif. Gesang etwas einförmig und hervorgepreßt, eine Folge hart schnarrender und nasaler, rollender, kurzer Töne, die zwei- bis viermal wiederholt werden, manchmal mit eingefügten Nachahmungen. Erinnert am meisten an Schilfrohrsänger, ist aber langsamer, ohne Tempiwechsel und helle vokale Triller. Ruft tief "kresch", "kek-kschee" oder kürzer "kche", beunruhigt ein gedehntes Rattern, gröber und knarrender als das "Krrrrr" des Sumpfrohrsänger. Ist ans Schilf gebunden, Charaktervogel in Schilfgebieten an Seen der Ebenen, wird auf dem Zug aber auch in Büschen und anderer Vegetation gesehen. Zieht im September/Oktober, zurück ab Ende April.

Buschrohrsänger   Sumpfrohrsänger   Teichrohrsänger

 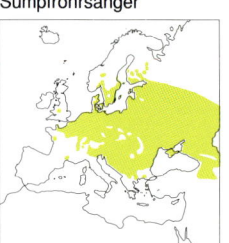 

Stentorrohrsänger
Acrocephalus stentoreus - Clamorous Reed Warbler L 18 cm
Nur mit Drosselrohrsänger zu verwechseln, aber etwas kleiner, mit proportional längerem, gerundeterem Schwanz, kürzerer Handschwingenprojektion und längerem Schnabel. Singt langsamer, stockender als Drosselrohrsänger, mit weniger hoch krächzenden Tönen und typischerweise drei- bis viermal wiederholten Motiven. Eine typische Phrase lautet "rodd-o-pätsch-iss" (wie englisch ausgesprochener wissenschaftlicher Name des Rotflügelgimpels). Lokal im Schilf oder anderer hoher Sumpfvegetation.

Dickschnabel-Rohrsänger
Acrocephalus aedon - Thick-billed Warbler L 18 cm
Drosselrohrsängergroß, mit auffallend langem, gerundetem Schwanz, kurzen Flügeln, dickem, kurzem Schnabel, hellem Zügel und fehlendem Überaugenstreif. Bewohnt Gebüsch, Waldränder, Sumpfdickicht, ist nicht an Wasser gebunden, zeigt sich auch offen. Singt ähnlich Sumpfrohrsänger, doch tiefer, aber mit hohen, klaren Pfiffen. Ruft laut "tschock-tschock". Mittelasiatische Art, zwei britische Nachweise. *Nicht abgebildet*

Feldrohrsänger
Acrocephalus agricola - Paddyfield Warbler L 12 cm - A
Etwas kleiner als Teichrohrsänger, mit kürzeren Flügeln und relativ langem Schwanz. Oberseits warm braun, dunkler als Teichrohrsänger (im Herbst des ersten Kalenderjahres bleicher graubeige, manchmal mit schwachem Olivton), mit deutlichem Rostton auf Bürzel und Schwanzbasis. Unterseite auffallend hell, Kehle weißlich mit hellem, auf die Halsseiten reichendem Keil, Flanken schwach rostbeige. Durch breiten, weißlichen, durch dunklen Scheitelseitenstreif akzentuierten Überaugenstreif etwas an Schilfrohrsänger erinnernd. Schnabel relativ kurz, durch dunkle Färbung und gelbliche Unterschnabelbasis etwas drosselartig wirkend. Bewegt sich lebhaft, knickst oft mit dem Schwanz und stellt ihn auf. Gesang schnell und hoch, dem des Sumpfrohrsängers am ähnlichsten, aber ohne Tempiwechsel und lange Triller, enthält weniger rauhe und schmatzende Laute und ist eher einförmig plaudernd. Imitiert auch. Das undeutlich schnarrende Element des Teichrohrsängers fehlt. Ruft weich und schlapp schmatzend "dzack". Brütet vom Schwarzen Meer ostwärts an flachen Seen und anderen Feuchtgebieten mit Schilf, vor allem in den trockeneren Teilen mit einzelnen Büschen. Weiter westlich Ausnahmeerscheinung.

Buschspötter
Hippolais caligata - Booted Warbler L 11,5 cm - A
Wirkt durch geringe Größe, runde Kopfform und schwachen Schnabel etwas laubsängerartig. Relativ kurzflügelig und langschwänzig, sand- oder braunbeige gefärbt, heller Überaugenstreif oft durch dunklen Augenstreif und schwachen dunklen Scheitelseitenstreif betont. Dunkler Zügelstreif häufig angedeutet. Schwanz gerade abgeschnitten, mit helleren Kanten. Kräftige graurosa Beine. Gesang klingt wie aufgedrehter Gartengrasmückengesang, ein forciertes, recht leises Geschwätz ohne Imitationen. Ruft "tseck", kurz und hart, als würden zwei Steine gegeneinander geschlagen, oft drei- bis viermal wiederholt, beunruhigt "treck-k", einem Schwarzkehlchen nicht unähnlich. Kommt in Gebüsch und Gestrüpp vor, meist in offener Landschaft und an Gewässern, auch in Gärten. Im Westen Ausnahmeerscheinung, meist im September.

Stentorrohrsänger

Feldrohrsänger

Buschspötter

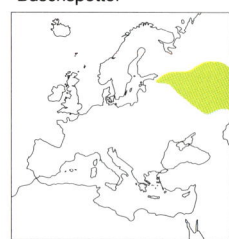

Olivenspötter
Hippolais olivetorum - Olive-tree Warbler L 15,5 cm
Merklich größer als Gelbspötter, oberseits schmutzig grau mit hellem Flügelfeld auf Schirmfedern und Großen Armdecken. Unterseits schmutzig weiß, manchmal mit schwach schwefelgelbem Schimmer auf Brust und Kehle. Hat eine lange, flache Stirn (revierverteidigende Männchen häufig mit aufgestelltem Scheitel, dann steile Stirn und kantige Kopfform), langen und kräftig gelborange gefärbten Schnabel und vor dem Auge einen hellen Überaugenstreif. Selten, lokal ziemlich häufig, in offenem, oft verbuschtem Laubwald, gern in Eichenwäldern und Olivenhainen. Relativ scheu, hält sich im Laubwerk verborgen. Bewegt sich langsam wie eine Sperbergrasmücke. Gesang grob und rauh (Drosselrohrsänger-Qualität), meist lang mahlende Reihen, aus regelmäßig wiederholten Phrasen, z.B. einem herausgestoßenen "Kutjock" oder "Kerre", zusammengesetzt. Ruft hart und scharf "tück" oder "tzeck". Zieht im August, zurück Anfang Mai.

Blaßspötter
Hippolais pallida - Olivaceous Warbler L 13 cm
Am ehesten mit Sumpf- oder Teichrohrsänger zu verwechseln, besonders im Herbst, wenn viele Individuen einen wärmer beigen Ton zeigen; ist auch Busch- und Dornspötter sehr ähnlich. Auffallend bleich und fahl, Gestalt schlank und spitz. Schlägt den Schwanz oft charakteristisch abwärts. Färbung variiert von sandbeige bis hell braungrau oder grau mit schwachem Olivton, unterseits schmutzig weiß, im frischen Kleid oft mit warm beigem Ton auf den Flanken. Kontrastarme Gesichtszeichnung mit schwachem, aber klar erkennbarem Überaugenstreif, oft "böse" wirkendem Schnabelwinkel und breiter (bei Unterart *elaeica* am östlichen Mittelmeer schmaler), von unten blaß gelb leuchtender Schnabelbasis (orange beim Teichrohrsänger). Beine dunkler und grauer als bei Buschspötter. Singt dem Teichrohrsänger verblüffend ähnlich, aber schneller und "vollmundiger". Ruft viel und dabei meist den Schwanz abwärts schlagend u.a. "tjeck" oder "tch", manchmal wie "chr" oder gedehnt "che-ch-ch", auch schilfrohrsängerartig, aber gedehnter "trrrrr". Brütet vor allem in busch- und gestrüppreichem Gelände mit niedrigeren Bäumen wie Olivenhainen, Gärten, Weidicht und Tamariskenbüschen entlang von Ufern und Gräben. Im östlichen Mittelmeerraum und Teilen Nordafrikas häufig, in Spanien ziemlich selten und wahrscheinlich teilweise durch den Orpheusspötter ersetzt. Zieht im August/September, zurück ab Mitte April.

Dornspötter
Hippolais languida - Upcher's Warbler L 14 cm
Steht in der Größe genau zwischen Blaß- und Olivenspötter. Kurzer Körper mit langem, dunklem Schwanz, der seitlich verrenkt, auf- und abwärts geschlagen oder im Kreis gedreht wird, wie bei einem aufgeregten Neuntöter. Oberseite grau mit Kontrast zu den dunkler graubraunen Schwung- und Steuerfedern. Hat einen hellen Überaugenstreif, der oberhalb des Auges am deutlichsten ist und sich dahinter noch ein kurzes Stück fortsetzt. Singt oft frei von erhöhten Warten an Blaßspötter erinnernd, doch mit Wiederholung der kurzen Phrasen, im Ton einer Dorngrasmücke ähnlich. Ruft hart "tjück". Brütet spärlich und lokal in trockenem verbuschtem Gelände oder in Anbaugebieten, hält sich oft am Boden auf. Kommt erst im Mai an und zieht zeitig ab.

Olivenspötter

Blaßspötter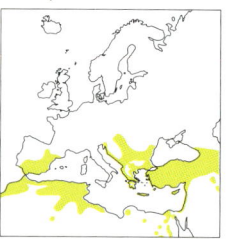

Dornspötter

Orpheusspötter
Hippolais polyglotta - Melodious Warbler L 13 cm - BZ
Vertritt den Gelbspötter im Südwesten Europas und ist ihm sehr ähnlich. Unterscheidet sich durch fehlendes oder nur schwach hervortretendes helles Flügelfeld, runderen Kopf, oberseits wärmere, mehr braungrüne Tönung. Unterseite meist mit deutlich hellgelbem Ton (mild zitronenfarben), oft mit intensiver gelb gefärbtem Brustfleck, aber variabel und manchmal gelblichbeige. Flügel kürzer als beim Gelbspötter, Handschwingenprojektion nur etwa die Hälfte der Schirmfederlänge. Beine braun, beim Gelbspötter mehr grau. Der Gesang ist anhaltend, hastig, grasmückenartig plaudernd, schneller und weniger rauh als beim Gelbspötter, bei manchen Individuen mit meisterlichen Imitationen und dann an Sumpfrohrsänger erinnernd. Hat auch einen kurzen Singflug, bei dem die relativ runde Flügelform erkannt werden kann. Ruft ähnlich Haussperling "trrr" (auch in Gesang eingebaut), meist doppelt schmetternd "tchret-tret" und kurz, weich und tief "chet" oder "tch". Bewohnt offene Wälder, Weidicht, Gärten, breitet sich derzeit nach Nordosten aus (z.B. Saarland). Kommt Anfang Mai zurück.

Gelbspötter
Hippolais icterina - Icterine Warbler L 13 cm - BZ
Nur unbedeutend größer als Fitis, wirkt durch aufrechte Haltung, spitz zulaufenden Scheitel und gerade Stirn aber größer. Unterseite meist verwaschen gelblich, deutliches helles Armschwingenfeld, gelblicher Augenring, helle Zügel und graue Beine. Einzelne Individuen unterseits schmutzig beigeweiß und besonders im Herbst ohne auffallendes Flügelfeld (bei Jungvögeln im Herbst ohnehin schwächer, bei Altvögeln abgenutzt, da Schwingen erst im Winterquartier gemausert werden). Unterscheidet sich durch Kopfform und hellen Zügel von Laubsängern, vom Orpheusspötter durch helles Flügelfeld, größere Handschwingenprojektion (fast so lang wie Schirmfedern) und Beinfarbe. Gesang meisterhaft, variabel, reich an Nachahmungen und ähnlich Sumpfrohrsänger, aber aus größerer Höhe und tagsüber vorgetragen. Wiederholt Motive, beginnt oft mit starenartigem "shrr, shrr, shrr ..." und baut ein nasal miauendes "Giiäh" ein. Ruft kennzeichnend "tett-e-üit", auch in den Gesang eingefügt, wodurch sich langsam oder untypisch singende Individuen verraten, auch nasal schmetternd "tjepp" oder "tje", aufgeregt oft kombiniert "tje tje tje te-lü". Häufig bis spärlich in offenen Laubwäldern, Parks und Gärten. Zieht im August ins tropische Afrika, zurück im Mai.

Orpheusspötter  Gelbspötter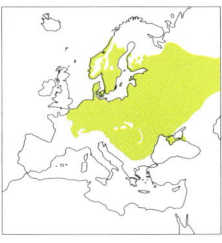

Provencegrasmücke  Sardengrasmücke  Atlasgrasmücke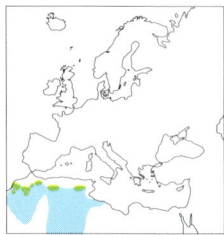

Provencegrasmücke
Sylvia undata - Dartford Warbler L 13 cm - A

Ein kleiner, dunkler Vogel mit durch langen Schwanz und kurze Flügel typischer Silhouette. Männchen oberseits ganz dunkelgrau, Kehle, Brust und Flanken aber dumpf weinrot, Kehlfedern mit kleinen weißen Spitzen, die manchmal undeutlichen Bartstreif bilden. Weibchen matter gefärbt, besonders jüngere heller und unterseits rostbeige. Bauch oft klar weiß abgesetzt. Schnabelbasis beige bis ockerfarben, Schnabelwinkel zuweilen rötlich. In neun von zehn Fällen heller Fleck neben der Alula, der bei Sardengrasmücke fehlt. Oft wenig scheu, hält sich aber meist in dichtem Gebüsch gut verborgen. Verrät sich vor allem durch die Stimme, variabel und gedehnt "tschrää" oder "tr-tchiäää". Männchen leicht zu sehen, wenn es von Buschspitze oder im Flug singt, eine kurze Strophe kratzender, recht tiefer Töne, ähnlich den Rufen, z.B. "tchüirr-trr-üirr-trr-üirr-tchirr", manchmal länger anhaltend und pendelnd, dazwischen gelegentlich tief klappernd "tö tö tö-tö". Relativ häufig in niedriger Macchia und Garrigue, oft in Ginster. Stand- oder teilweise Zugvogel. Lebt von Insekten, Spinnen, Früchten und Beeren. *Karte S. 434*

Sardengrasmücke
Sylvia sarda - Marmora's Warbler L 13 cm

Sieht meist recht einfarbig grau mit hellerem Bauch aus. Hat einen langen Schwanz und einen auffallend langen Schnabel mit hell leuchtender Basis, bei *balearica* auf Mallorca rosa bis himbeerrot, bei der Nominatform *sarda* eher gelblich. Bei adulten Männchen Iris und Lidring leuchtend rot. Beine strohgelb bis rosa. Vor allem jüngere Weibchen haben eher dunkelbraune Oberseite, weißen Augenring, schmutzig beige Beine und dunkelbraune Iris. Ruft während der Nahrungssuche gewöhnlich tief "drrrt" oder "kchürr", manchmal dem "Tschirrp" des Haussperlings nicht unähnlich, bei Beunruhigung kurz "slit". Der Gesang ähnelt in der Form dem der Provencegrasmücke, er ist aber heller und weniger rauh, oft mit einem eingefügten kurzen, klareren Triller oder einem abschließenden Schwirren. Singt von einer Buschspitze oder im Singflug. Kommt lokal häufig auf Mallorca vor allem in trockener, küstennaher Macchia, auf Korsika und Sardinien vor allem an Berghängen bis in ca. 900 m Höhe vor. Lebensweise wie Provencegrasmücke. Die Nominatform zieht nach Nordafrika, auf Mallorca hauptsächlich Standvogel.

Karte S. 434

Atlasgrasmücke
Sylvia deserticola - Tristram's Warbler L 12 cm

In Verhalten und Gestalt ähnlich Brillengrasmücke, aber langschwänziger. Männchen charakteristisch mit grauer Oberseite, intensiv rostfarbenen Federrändern auf den Armschwingen und -decken, kalt dunkel rostfarbener Kehle und Unterseite und hellem Bartstreif. Weibchen und junge Männchen von männlicher Brillengrasmücke an grauerem Mantel und stärker rostfarbener, einen weißlichen Bartstreif begrenzender Kehle unterschieden. Ruft häufig kurz und stumpf "trck" oder "trick-itt". Endemisch im Atlasgebirge in verbuschtem Gelände oder in offenen Wäldern in den Bergen oder auf Hügeln. Bewegt sich im Winter teilweise südwärts in niedriger gelegene Halbwüsten. *Karte S. 434*

Weißbart-Grasmücke
Sylvia cantillans - Subalpine Warbler   L 12 cm - A

Kleiner als Klappergrasmücke, Männchen oberseits aschgrau, unterseits auf Kehle und Brust schmutzig orange bis dunkel orangerot, mit rotem Lidring und weißem Bartstreif. Weibchen variabel, voll ausgefärbt wie Männchen im ersten Winter (manchmal ersten Sommer) mit schwach rostfarbener Kehle und angedeutetem weißem Bartstreif, meist mit orange gefärbtem Lidring und gelblichweißem Augenring. Viele Weibchen im zweiten Kalenderjahr hell graubeige, einzelne mit insgesamt schmutzig weißer Unterseite. Im Herbst ähnlich Klappergrasmücke, aber mit helleren Ohrdecken, kälter grauem Bürzel und hellen, beigen bis fleischfarbenen Beinen. Männchen singt von einem Busch, niedrig in einem Baum oder im Singflug ein anhaltendes Grasmückengeschwätz, schnell und kratzend, aber mit hellen, zwitschernden und manchmal jodelnden Tonfolgen. Vorgesang langsam, zögernd, kann an Schilfrohrsänger erinnern und Imitationen enthalten. Ruft klappergrasmückenartig, aber tiefer und weicher "che" oder "che-rr". Relativ häufig in der Macchia und im Weideland mit vereinzelten Büschen, kommt in Gebirgen bis in 1500 m Höhe vor. Zieht Ende August/September, zurück Mitte März-April. Besonders im Mai ausnahmsweise weiter nördlich.

Brillengrasmücke
Sylvia conspicillata - Spectacled Warbler   L 12 cm - A

Ähnelt einer sehr kleinen, kurzschwänzigen Dorngrasmücke. Die rostroten Flügel leuchten aus großer Entfernung, und normalerweise sind die schwärzlichen Schirmfederzentren deutlich abgesetzt. Männchen unterseits graurosa mit scharf abgesetztem weißem Kinn, grauem Kopf mit grauschwarzem Zügel (manchmal auch Stirn) und hellem Augenring. Weibchen insgesamt auffallend hell, adulte im Frühling oberseits hell graubraun, junge im ersten Herbst wärmer beige. Bei beiden Geschlechtern ist der Kontrast zwischen Ober- und Unterseite ziemlich schwach. Beine hell ocker oder fast orange, Iris der Altvögel ocker bis rotbraun, bei Weibchen bis ins zweite Kalenderjahr oft dunkel wirkend. Ruft typisch rasselnd und lang "trrrrrrr", an Klapperschlange erinnernd, auch kurz "tek". Singt meist im Flug mit schnellen, kurzen Phrasen spitz rollender und knirschender Töne, z.B. "tsi-ü-kjirrerirr etrirr chirr", dem Schwarzkehlchen am ähnlichsten. Brütet in Gebieten mit niedrigem Buschwerk und hoher Krautvegetation, typischerweise in der Garrigue und in halbwüstenartigen Buschsteppen. Bewegt sich rastlos zwischen den einzelnen Büschen, hüpft oft auf dem Boden herum und zeigt sich zwischendurch auf einer Buschspitze. Kommt im März/April zurück. Teilweise Standvogel, europäische Vögel ziehen in die Nordsahara.

Wüstengrasmücke
Sylvia nana - Desert Warbler   L 11,5 cm - A

Eine fahle Grasmücke mit hellgelber Iris, hellem Augenring und gelblichen Beinen. Asiatische Unterart *nana* oberseits hell graubraun mit leicht rostfarbenen Flügeln und deutlich rostfarbenem Schwanz und Bürzel. Die in der Sahara vorkommende Unterart *deserti* ist heller und mehr gelbbeige getönt. Ruf ein kurzes, rauhes Geräusch, gefolgt von einem Klappern, "kasch-chür-ür-ür-ür-ür-ür" (Israel), oder kurz und hell trillernd. Kurzer, klarer und schneller Gesang. Ausgeprägte Wüstenart, hüpft oft neben niedrigen Büschen im Sand, folgt gern Wüstensteinschmätzern. Asiatische Vögel ausnahmsweise im Spätherbst in Europa.

Weißbart-Grasmücke   Brillengrasmücke   Wüstengrasmücke

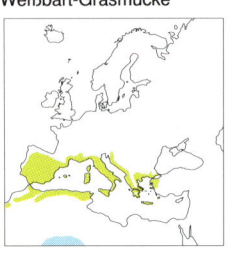 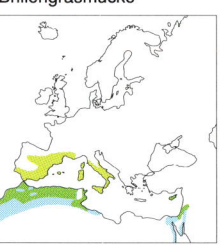 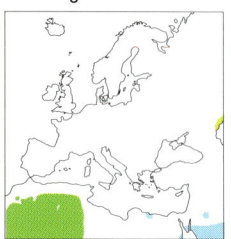

Gartengrasmücke
Sylvia borin - Garden Warbler L 14 cm - BZ

Einfarbig braunbeige und ohne auffallende Gefiederkennzeichen, Beine braungrau, kräftiger Schnabel grau. Sanfter Gesichtsausdruck mit rundem Scheitel und hellem Ring um das dunkle Auge. Aus der Nähe grauere Halsseiten, wärmer getönte Flanken und helle Spitzensäume der Handschwingen und Schirmfedern erkennbar. Lebt zurückgezogen in üppigen, mit Laubbäumen durchsetzten Wäldern und Gärten. Hält sich auch beim Singen im Laubwerk verborgen. Gesang eine laute, angenehme, leicht plappernde Strophe aus weichen, klaren Tönen, der Mönchsgrasmücke am ähnlichsten, aber ohne deren hohe Flöten- und klare Schlußtöne. Sonst recht schweigsam, warnt aber rhythmisch gereiht und heiser schmatzend "tschäck-tschäck- ...", selten langgezogen und tief "währ". Frißt Insekten und Beeren. Zieht im August/September, zurück im Mai, etwas später als Mönchsgrasmücke.

Klappergrasmücke
Sylvia curruca - Lesser Whitethroat L 13,5 cm - BZ

Oberseits braungrau mit braunen Flügeln, Scheitel und Nacken grau, Ohrdecken dunkler grau. Manche Vögel aber heller, oberseits mehr graubeige, und mit kaum wahrnehmbar dunkleren Ohrdecken, andere dumpf braun mit kontrastierenden schiefergrauen Ohrdecken. Unterscheidet sich von der Dorngrasmücke durch dunkle Beine, fehlende rostfarbene Federränder auf den Flügeln, nur schwach ausgeprägten oder ganz fehlenden Augenring (falls vorhanden, meist unter dem Auge), undeutlichen Überaugenstreif, geringere Größe und kürzeren Schwanz. Von den verschiedenen östlichen Unterarten erscheint *blythi* aus Sibirien ausnahmsweise in Europa: Im frischen Herbstgefieder oberseits heller und wärmer braun, besonders auf den Schirmfederrändern, unterseits einheitlicher weißlich, ohne den für westliche Vögel typischen Kontrast zwischen schmutzig getönter (aber nie wie z.B. bei weiblicher Weißbart-Grasmücke deutlich beiger) Brust und weißer Kehle. Der Gesang ist ein kurzes, hölzernes Klappern auf einem Ton, etwa "dedededededede", oft mit leiserem, typischem Grasmücken-Geplapper als Vorgesang. Ruf schnalzend "tjäck", bei Beunruhigung härter und lauter, bei östlichen Vögeln dagegen rauh und schnell gereiht "tschä-dä-dä-dä". Brütet in halboffenem Gelände mit Büschen, an Waldrändern und in Gärten. Zieht von August-Oktober ins östliche Afrika, zurück im April/Mai.

Dorngrasmücke
Sylvia communis - Whitethroat L 14 cm - BZ

Unterscheidet sich von der Klappergrasmücke durch hellere Iris, deutlichen weißen Augenring, helle Beine, längeren Schwanz und rostbraune Federränder auf Armschwingen und -decken. Männchen haben im Frühling auf der Brust einen zur weißen Kehle kontrastierenden rosa Ton und einen grauen Scheitel. Iris im Herbst des ersten Kalenderjahres und bei Weibchen im zweiten Kalenderjahr noch braun. Singt von erhöhter Warte, etwas keck, laut, kurz und rauh zwitschernd, auch im Singflug und dann länger. Besonders zu Beginn der Brutzeit auch ein zusammenhängendes, mehr an den Gesang der Gartengrasmücke erinnerndes Geplapper. Ruft typisch nasal "wädd wädd wädd", beunruhigt auch gedehnt "dschäär" (häufigster Ruf im Spätsommer) und härter "tjeck". Brütet an sonnenbeschienenen, offenen Orten mit Büschen und Gestrüpp, in Hecken und an Waldrändern. Zieht im August/September, zurück Anfang Mai.

Gartengrasmücke   Klappergrasmücke   Dorngrasmücke

Mönchsgrasmücke
Sylvia atricapilla - Blackcap   L 14 cm - BZ

Eine große, einheitlich graue Grasmücke, Männchen mit schwarzer, die mehr braungrauen Weibchen und Jungvögel mit rostbrauner Kopfplatte. Im Laub oft schwer zu entdecken, macht aber durch den Gesang auf sich aufmerksam: Eine schön perlende Melodie, deren Auftakt noch nach dem richtigen Ton sucht, um dann plötzlich in ein Flötenspiel von weichen, klaren Tönen überzugehen. Strophen meist kürzer als bei Gartengrasmücke (oft schwer zu unterscheiden), manchmal mit eingefügten Imitationen, oft mit lauten, wehmütig langgezogenen Flötentönen endend. Ruft hart "teck", härter und energischer als Gartengrasmücke, auch "cherr" und bei starker Beunruhigung "teck-teck-teck-tjeckcherrr". Brütet in unterholzreichen Wäldern und üppigen Gärten. Nordöstliche Populationen ziehen von September-Anfang Oktober in den östlichen Mittelmeerraum und bis Ostafrika, westlichere überwintern in Westeuropa (nordwärts bis Südengland) und im westlichen Mittelmeerraum, vereinzelt auch in Deutschland. Kehrt im April zurück.

Sperbergrasmücke
Sylvia nisoria - Barred Warbler   L 15 cm - BZ

Eine große Grasmücke, wirkt im Frühjahr aus der Entfernung dunkel, oberseits grau mit leichtem Braunton, unterseits hell mit dunkler, bei Weibchen im zweiten Kalenderjahr noch schwacher oder fehlender Sperberung. Iris bei adulten Männchen orangegelb, bei Männchen im zweiten Kalenderjahr und Weibchen schmutzig gelb, bei Weibchen im zweiten Kalenderjahr noch sepiabraun oder braunbeige. Jungvögel im ersten Herbst/Winter insgesamt sandfarben, schwach gemasert und mit dunkler Iris, daher leicht mit Gartengrasmücke zu verwechseln, doch an von hellen Rändern der Mittleren und Großen Armdecken gebildeten angedeuteten Flügelbinden, helleren Rändern auf Schirmfedern und Bürzel und meist schwacher Flankenwellung unterscheidbar (Abb. S. 447). Ist außerdem größer, langschwänziger, grobschnäbliger und bewegt sich fast wendehalsartig langsam. Singt von Buschspitze oder im schwankenden, schmetterlingsartigen Flug wie langsame Gartengrasmücke, im Ton wie tiefstimmige Dorngrasmücke und mit eingefügtem rauhem "Arrr". Fällt meist durch den wie ein Moped knatternden, langen Ruf "arrrt-at-at-at at" auf. Bevorzugt offenes, trockenes Gelände mit Dornensträuchern, oft gemeinsam mit Neuntöter. Zieht im August/September nach Ostafrika, kommt im Mai zurück, erscheint selten westlich des Brutgebiets.

Akaziengrasmücke
Sylvia leucomelaena - Arabian Warbler   L 14,5 cm

Brütet am Roten Meer nordwärts bis ins Arava-Tal im Süden Jordaniens und Israels. Kann mit Orpheusgrasmücke verwechselt werden, ist aber etwas kleiner, langschwänziger, mit geringerer Handschwingenprojektion, kleinerem Schnabel und im Freiland dunkel erscheinender Iris. Ganzer Kopf schwarz ohne kontrastierende dunklere Ohrdecken oder kreideweiße Kehle, an Samtkopf-Grasmücke erinnernd, oft mit unvollständigem weißlichem Augenring, der Orpheusgrasmücken im Frühjahr fehlt. Weibchen und Männchen im zweiten Kalenderjahr mit eher schiefergrauem oder schwarzbraunem Kopf. Langer Schwanz auffallend dunkel, zur grauen Oberseite kontrastierend, wird im Gegensatz zu anderen Grasmücken häufig abwärts geschlagen. Gesang unterschiedlich lang, ähnlich Dornspötter, auch an Kadenzen der Mönchsgrasmücke erinnernd, aber rauher, ohne die Motivwiederholungen der Orpheusgrasmücke. Ruft an Neuntöter erinnernd "tschack-tschack".   *Nicht abgebildet*

Mönchsgrasmücke

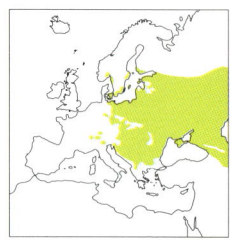
Sperbergrasmücke

Maskengrasmücke
Sylvia rueppelli - Rüppell's Warbler L 13,5 cm

Männchen unverkennbar, adulte Weibchen manchmal fast wie Männchen gefärbt, Stirn und Kehle aber meist gefleckt, doch Bartstreif deutlich hervorgehoben. Weibchen im ersten Winter und Frühjahr mit heller Kehle, von Samtkopf-Grasmücke durch graueren Rücken und hellere Federrändern auf Armschwingen und Großen Armdecken unterschieden. Stimme während der Nahrungssuche dumpf "chrr", auffliegend manchmal "chirr", beunruhigt wie kleine Sperbergrasmücke "cherr r'r'r'r'r". Außerdem tropfend oder tschilpend "plüt" oder "plit", oft zu einem seidensängerartigen Stakkato ausgedehnt. Gesang mürrisch, oft lang und einförmig "trr trr chit tit chr trr...", manchmal knirschender und vokal mit girlitzhaften Zügen. Lokal relativ häufig in Macchia, oft in Wacholdersträuchern und Kermeseichen. Kommt ab Ende März zurück, zieht im August/September.

Samtkopf-Grasmücke
Sylvia melanocephala - Sardinian Warbler L 13 cm - A

Charaktervogel im Mittelmeerraum. Klappergrasmückengroß, sehr robust, mit kurzen Flügeln, energischen Bewegungen und häufig gespreiztem Schwanz. Männchen mit samtschwarzem Kopf, grauweißer Kehle, grauem Körper, rotem Lidring und schmutzig roter Iris. Adulte Weibchen haben grauen Kopf (manchmal fast schwarz) und roten Lid- und Augenring. Jungvögel haben warm braune Ränder der Schirmfedern und weißen Augenring, Männchen bekommen roten Lid- und Augenring bereits im ersten Kalenderjahr (August/September). Die postjuvenile Mauser bezieht normalerweise die ersten Armschwingen ein, manche Vögel durchlaufen im Sommer des ersten Kalenderjahres bereits eine Vollmauser. Iris bei Männchen im ersten Kalenderjahr zimtbraun, bei Weibchen dann braun. Weibchen relativ dunkel mit deutlichem Kontrast zwischen Kehle und Brust. Unterart *momus* im Mittleren Osten hat reiner weiße Kehle und helle Schirmfederränder ähnlich Masken- und Schuppengrasmücke. Der kennzeichnende Ruf ist ein plötzlicher, aufsehenerregend lautstarker Ausbruch, der an eine stotternde Maschine denken läßt, in der Tonlage je nach Stimmung variiert, meist vier- bis sechssilbig "tjretttrett-trett-trett-trett" oder "tetüi-tick-tick-tick-tick". Warnt mit anhaltendem "Maschinenstottern", ruft auch einzeln "tjett" oder "tche" und weicher "djü". Der Gesang ist eine mühsam klingende Folge von knarrenden, knirschenden und kurz flötenden Tönen, manchmal zu einem zusammenhängenden Geplapper verbunden. Kommt in Macchia, Gebüsch und Unterholz vor. Standvogel, viele ziehen im Herbst jedoch etwas nach Süden.

Orpheusgrasmücke
Sylvia hortensis - Orphean Warbler L 15 cm - A

Deutlich größer als Klapper- und Samtkopf-Grasmücke, Altvögel mit gelber Iris. Diese bei Jungvögeln dunkel, sich langsam aufhellend und bei Weibchen im zweiten Kalenderjahr meist graubraun. Im Herbst des ersten Kalenderjahres ähnlich gleichalter Sperbergrasmücke, aber mit dunkleren Ohrdecken und ohne deren Schuppenmuster. Gesang der westlichen Nominatform einfache Wiederholung von zwei bis vier recht groben, tiefen Silben, etwa "tchrrüe, tchrrüe, tchrrüe, chrrrri-y" oder "trr chyt pjü-pjü-pjü chryt-chrytchryt". Östliche Unterart *crassirostris* singt voller, abwechslungsreich und lang, manchmal ähnlich Nachtigall. Ruft mönchsgrasmückenartig, aber tiefer "tschack" und rasselnd oder schnarrend "trrrrr", das irritiert in ein Stakkato übergehen kann. Relativ häufig in höherer Macchia, Gehölzen und offenem Wald. Scheu und meist im Laub verborgen.

Maskengrasmücke Samtkopf-Grasmücke Orpheusgrasmücke

  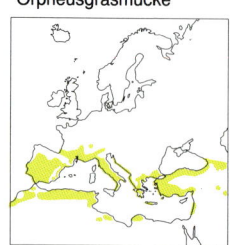

Schuppengrasmücke

Sylvia melanothorax - Cyprus Warbler   L 13 cm

Gesamteindruck ähnlich Maskengrasmücke, gleichfalls mit silbergrauen Rändern der Schirmfedern und Großen Armdecken (bei Jungvögeln jedoch braun, bei Weibchen im zweiten Kalenderjahr graubraun). Schirmfedern und ein bis zwei weitere innere Armschwingen werden im ersten Herbst gemausert. Bei Männchen Kapuze schwarz, Kehle und Brust dunkel geschuppt, weißer Bartstreif immer deutlich, Iris rotbraun mit fleischfarbenem bis rötlichem Lidring und unterschiedlich deutlichem weißem Augenring. Adulte Weibchen ähnlich Männchen, aber Kopf mehr graphitgrau und Mantel mit leichtem Braunton. Weibchen im zweiten Kalenderjahr haben dunklere Iris, graubraunen Kopf mit oder ohne einzelne dunklere Flecken, immer aber kennzeichnende Kehl- und Brustfleckung (fehlt im Herbst des ersten Kalenderjahres oft noch). Ruft im Vergleich zur Samtkopf-Grasmücke mit weicherem Stakkato "tchürr tchür tchürr", auffliegend "tchitt" oder "tchütt", singt weniger rauh als diese. Brütet ausschließlich auf Zypern, häufig in dichtem Buschwerk. Hauptsächlich Standvogel, einige Vögel ziehen und werden im Winter selten auf der Sinai-Halbinsel gesehen.

Tamariskengrasmücke

Sylvia mystacea - Ménétries's Warbler   L 12,5 cm

Etwas kleiner und kurzschwänziger als Samtkopf-Grasmücke. Aktiv, bewegt häufig den Schwanz. Männchen mit schwarzer Kapuze, die langsam in braungrauen Mantel übergeht, hellem Bartstreif und meist rosa oder schwach rotocker getönter Kehle und Brust. Auch Weibchen unterseits heller, mehr beige gefärbt, ohne die schmutzig braunen Brustseiten der Samtkopf-Grasmücke, Flügel mit helleren sandfarbenen Federrändern. Im ersten und zweiten Kalenderjahr besonders bei Weibchen heller Augenring (und braune Iris), damit der Weißbart-Grasmücke ähnlich. Iris adulter Männchen rotbraun, Lidring rot. Bewohnt Gebüsch, gern Tamarisken, oft am Wasser. Singt weicher und musikalischer als Samtkopf-Grasmücke. Ruft "tack" oder surrend "trrrt".

Berglaubsänger

Phylloscopus bonelli - Bonelli's Warbler L 11 cm - BZ

Ein kleiner, heller Laubsänger, leicht mit Zilpzalp zu verwechseln. Oberseite mit Grauton, Gesicht hell, kontrastlos, ohne deutliche Zügelmarkierung, oft mit schmalem Augenring, Unterseite weißlich. Nur Bürzel und Ränder der Flügel- und Steuerfedern auffallend grün. Westliche Nominatform etwas heller, mehr graugrün, dunklere Schirmfedern mit helleren Rändern, südöstliche Unterart *orientalis* oberseits eher schmutzig grau, mit weniger deutlichen grünen Schwungfederrändern und dem Zilpzalp noch ähnlicher. Gesang ein unauffälliger, stotternder, kurzer Triller "tji tji tji tji tji", erinnert an sehr hellen Grünlingstriller oder Gesang der Zaunammer. Ruf bei *bonelli* "tü-ie", länger und schärfer als Fitis, bei *orientalis* kurz, charakteristisch "tschipp", wie entfernter Fichtenkreuzschnabel oder junger Haussperling. Relativ häufig in Bergwäldern, vor allem in offenem oder niedrigem Eichenwald. Kommt im April zurück.

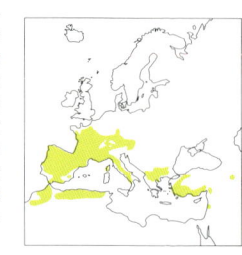

Waldlaubsänger
Phylloscopus sibilatrix - Wood Warbler L 12,5 cm - BZ

Größer als Fitis, langflügelig (sehr große Handschwingenprojektion) und durch "breite Schultern" mit kurzem, breitem Schwanz von unten dreieckig wirkend. Meist klar gefärbt, Oberseite moosgrün, Gesicht und Brust leuchtend gelb, übrige Unterseite rein weiß, Schirmfedern mit kontrastreichen gelblichweißen Rändern. Selten kommen unausgefärbte Individuen mit fast grauer Oberseite und nur schwach schmutzig gelber Gesichtstönung vor. Lieblicher Gesang eine Serie silberhell klirrender "zipp"-Laute, die sich beschleunigen und in ein metallisches Schwirren übergehen. Daneben auch ein typisches, etwas klagendes "Tüh", in einer intensiver werdenden Serie wie beim Wendehals gereiht. Hält sich oft hoch oben im Laubwerk auf, in charakteristisch waagerecht kauernder Haltung wie eine Gartengrasmücke umherhüpfend. Lokal häufig in hochstämmigen, lichten Laub- oder Mischwäldern. Zieht schon im August ab, zurück im April/Mai.

Waldlaubsänger Fitis Zilpzalp

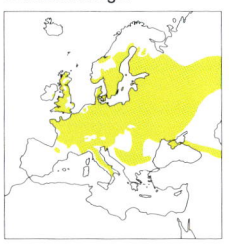

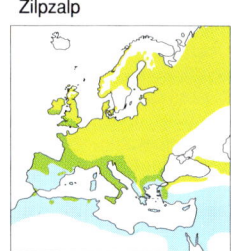

Fitis
Phylloscopus trochilus - Willow Warbler L 11,5 cm - BZ
Einer der häufigsten Vögel Mittel- und Nordeuropas, klein, graugrün und gelblich. Ähnelt dem Zilpzalp sehr, hat aber eine längere Handschwingenprojektion, hellere Beine, ist oberseits meist heller und auf Kehle, Brust und Überaugenstreif gelber. Nordöstliche Populationen sind blasser, mehr braungrau und oft ohne Gelb im Gefieder. Jungvögel sind im Herbst unterseits oft völlig gelblich, nördliche eher gelbbeige oder hell beige (besonders nordöstliche Unterart *acredula*). Altvögel im Herbst mit Kontrast zwischen gelber Brust und weißem Bauch. Gesang etwas wehmütig, schmachtend, mit buchfinkenähnlichem Beginn, in hellen Tönen davonfließend und mit weichem, absterbendem Schnörkel endend. Ruft weich "hü-it", deutlicher zweisilbig als Zilpzalp. Häufig in allen Waldformen, in Gärten und verbuschtem Gelände mit Laubbäumen. Zieht im August/September, zurück im April. *Karte S. 449*

Zilpzalp
Phylloscopus collybita - Chiffchaff L 11 cm - BZ
In ganz Europa häufig und dem Fitis sehr ähnlich, aber etwas kleiner, mit deutlich geringerer Handschwingenprojektion, oft eher düster grau- oder braungrün, mit dunkleren Beinen, besonders hinter dem Auge undeutlicherem Überaugenstreif und weniger Gelb im Gefieder. Im Herbst sind skandinavische Zilpzalpe (*abietinus*) unterseits nie wie junge Fitisse deutlich gelb. Ausnahmsweise erscheinen im Spätherbst "Sibirische Zilpzalpe" (*tristis/fulvescens*), gekennzeichnet durch brauneres Gefieder ohne Gelb, oft dunklere, tabakbraune oder rußige Wangen, tief schwarze Beine, schwarzen Schnabel und oft undeutliche graue Flügelbinde. Der namengebende Gesang besteht aus einer Reihe unregelmäßig zusammengesetzter Silben "zilp zalp zalp zilp zilp zalp ...". Ruft einsilbiger als Fitis "huit". Östliche Vögel (*tristis*) rufen "ti-Ü" mit betontem, tieferem Schlußvokal als europäische Zilpzalpe (ähnlich Tienschan-Laubsänger), andere östliche Zilpzalpe mit *tristis*-Merkmalen, die vor allem im Oktober in Nordwest-Europa erscheinen, ganz geradlinig und etwas sprosserartig "hiit" (auch von jungen "westlichen" Zilpzalpen im Herbst zu hören, sogenannter "Kükenruf"). Brütet in Wäldern, Gebüsch und Gärten, kommt ab Mitte März zurück, zieht von August-Oktober ab, überwintert zahlreich in Südeuropa und vereinzelt in Deutschland. *Karte S. 449*

Bartlaubsänger
Phylloscopus schwarzi - Radde's Warbler L 12 cm - A
Ein robuster und großköpfiger Laubsänger mit relativ dickem, kurzem Schnabel und kräftigen, hell gelb- oder graurosa Beinen. Der markante Überaugenstreif wird durch einen breiten dunklen Augenstreif, dunklere Scheitelseiten und dunkel melierte Ohrdecken betont und ist vor dem Auge oft ockerfarben. Oberseite dunkel olivgrün mit einem wärmeren grünen Ton auf den Rändern der Handschwingen. Unterseite schmutzig weiß bis schwach schwefelgelb, im Herbst des ersten Kalenderjahres mit in unterschiedlichem Maße dunkleren Brustseiten und einem auffallend rostgelbem Steiß. Gesang laut, flüssig, energiegeladen und in Stakkatofolgen endend, z.B. "tü tü-drrt tsui-tsui-tsui". Der Ruf, tiefer als beim Dunkellaubsänger, klingt schmatzend und gedämpft, etwa "tück", "twit" oder "tück-tsch" (Doppellaut arttypisch). Versteckt sich meist in dichter, bodennaher Vegetation. Erscheint im Oktober ausnahmsweise aus Sibirien in Europa.

Dunkellaubsänger
Phylloscopus fuscatus - Dusky Warbler L 11 cm -A
Oberseits deutlich braun getönt, unterseits gräulichweiß. Von östlichen Zilpzalpen durch deutlicheren Überaugenstreif und hellere, mittelbraune Beine (von gelblichrosa bis dunkelbraun variierend) unterschieden. Kann auch mit Bartlaubsänger verwechselt werden, aber nicht dickköpfig, Schnabel und Beine schlanker und dunkler, Gefieder ohne olivgrünen Ton, Unterschwanzdecken nicht auffallend rostgelb. Überaugenstreif schmaler, schmutzig weiß bis schwach rostfarben, bei Zweifarbigkeit vor dem Auge immer heller (bei Bartlaubsänger umgekehrt). Ruft kurz, tief und laut schnalzend "tschek". Singt ähnlich Bartlaubsänger, doch leiser und weniger abwechslungsreich. Verhalten wie Bartlaubsänger, besucht auch öfter höhere Vegetation. Sibirische Ausnahmeerscheinung.

Wanderlaubsänger
Phylloscopus borealis - Arctic Warbler L 12 cm - A

Etwas größer und kräftiger als Fitis, wirkt großköpfiger, hat auffallend langen, kräftigen Überaugenstreif, durch breiten dunklen Augenstreif und dunkel melierte Ohrdecken betont. Kurze weißliche Flügelbinde (im Herbst auf den Mittleren Armdecken oft eine zweite angedeutet), Schirmfedern auffallend kontrastlos. Vom sehr ähnlichen Grünlaubsänger am besten durch Stimme, ferner folgende Merkmale unterschieden: etwas größer, Schnabel kräftiger, Beine dunkler, Handschwingenprojektion etwas länger, Brustseiten und Flanken oft schmutzig verwaschen, Ohrdecken fleckiger. Überaugenstreif erreicht Schnabelbasis nicht, wohl aber Zügelstreif (bei Grünlaubsänger umgekehrt). Gesang ein monotones Hacken auf einem Ton, manchmal zwischen zwei bis drei Tonlagen wechselnd, ähnelt etwas dem Gesang des Berglaubsängers, ist aber länger (2,5-3 Sek.) und im Ende hinkend. Ruft scharf, wasseramselartig "tzri" oder "tziet", bei Beunruhigung härter und schärfer. In Skandinavien in üppigen Bachschluchten und an Fjällbirkenhängen sehr seltener und unregelmäßiger Brutvogel, häufig in Nordasien. Baut Nest ohne Federn (bei Fitis Federn immer eingeflochten). Überwintert in Südostasien, kommt erst Mitte Juni zurück. In Europa außerhalb Nordskandinaviens Ausnahmeerscheinung.

Grünlaubsänger
Phylloscopus trochiloides - Greenish Warbler L 11 cm - bG

Kleiner als Fitis, mit oft spitz zulaufendem Scheitel und flacherer Stirn, wirkt großköpfig und kurzhalsig. Sehr lebhaft, bewegt sich ruckartig und nervös. Meist kühler und grauer als Fitis, mit langem, hellgelbem bis grauweißem Überaugenstreif, kurzer, schmutzig weißer Flügelbinde (im Frühjahr selten abgenutzt) und dunkleren Beinen. Schirmfedern kontrastlos, Bauch oft einheitlich grauweiß, manchmal mit schwach beigem Ton, nie klar gelb. Gesang hitzig und impulsiv, mit bachstelzenartigem "zli-vitt" eingeleitet, mit kurzer, hackender, am Ende beschleunigter Strophe aus hellen und spitzen Tönen fortgesetzt und wie verstümmelte Zaunkönigstrophe abgeschnitten. Bewohnt meist unterholzreiche Wälder, gern an Schluchten. Erscheint Ende Mai, zieht im August nach Südosten. In Deutschland Brutzeitbeobachtungen im Bayerischen Wald und an Mecklenburgs Küste, erst ein Brutnachweis (Helgoland), sonst Ausnahmeerscheinung.

"Middendorfflaubsänger"
Phylloscopus trochiloides plumbeitarsus - Two-barred Greenish Warbler L 11 cm

Ersetzt den Grünlaubsänger, von dem er wohl nur eine Unterart ist, vom Jenissej bis Nordost-China. Gesamteindruck und Stimme wie Grünlaubsänger, aber mit deutlicher zweiter Flügelbinde auf den Mittleren und breiterer, die gesamte Federreihe entlanglaufender Binde auf den Großen Armdecken. Oberseits etwas dunkler, Schirmfedern kontrastreicher, Scheitel dunkler und Augenstreif hinter dem Auge deutlicher. Erst je einmal in England beobachtet und in den Niederlanden gefangen.

"Wacholderlaubsänger"
Phylloscopus trochiloides nitidus - Green Warbler L 11 cm

Gesamteindruck und Stimme wie Grünlaubsänger, wohl Unterart von diesem. Oberseits etwas grüner, eher wie Waldlaubsänger, Brust, Kehle und Überaugenstreif meist schwefelgelblich. Ruft öfter dreisilbig. Brütet in Bergwäldern vom Kaukasus bis Afghanistan.

Wanderlaubsänger Grünlaubsänger "Wacholderlaubsänger"

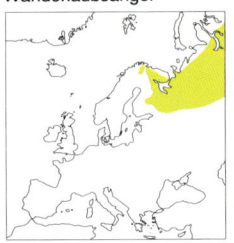
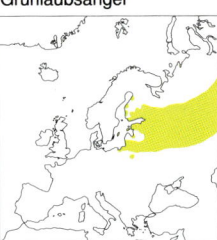

Gelbbrauen-Laubsänger
Phylloscopus inornatus - Yellow-browed Warbler L 10 cm - G
Kleiner als Zilpzalp, auffallend kontrastreich mit langem, gelblichem Überaugenstreif und doppelter Flügelbinde, Schirmfedern meist mit breiten, Schwungfedern mit schmalen weißlichen Spitzensäumen. Oft undeutlicher Scheitelstreif. Grundfarbe etwas variabel, oberseits oft warm moosgrün, manchmal eher graugrün, unterseits schmutzig weiß. Im Frühjahr/Sommer manchmal sehr verblaßt und mit abgenutzten Schwungfedern ohne helle Ränder. Ruft häufig etwas gedehnt saugend "tsüiiht", oft mit besonderem, lispelndem Ton. Gesang eine kurze Strophe lockrufartiger, spitzer Töne, z.B. "tsiüh tjeviht tjeviht". Nervös, bewegt sich ruckartig, häufig oben in Baumkronen. Seltener, aber regelmäßiger Gast aus der sibirischen Taiga, besonders im Oktober.

Tienschan-Laubsänger
Phylloscopus (inornatus) humei - Hume's Yellow-browed Warbler L 10 cm - A
Oft als Unterart des ähnlichen Gelbbrauen-Laubsängers betrachtet. Ist oberseits heller und grauer, auf den Schwungfedern weniger kontrastreich, mit nur angedeuteter oder fehlender oberer Flügelbinde. Kann daher mit Grünlaubsänger verwechselt werden, Flügelbinde jedoch breiter und deutlicher, Schirmfedern mit hellen Spitzen, oft angedeuteter Scheitelstreif. Beine schwärzlich und Schnabel dunkler als beim Gelbbrauen-Laubsänger. Ruf deutlich zweigeteilt "tze-vyt" oder "sli-vi", kann an verlangsamten Grünlaubsänger erinnern. Gesang ein langgezogener, abfallender, an Rotdrosselruf erinnernder Ton, etwa "bzzzzi", daneben ein doppeltes "Wisu-wisu". Brutvogel mittelasiatischer Gebirge, in Europa Ausnahmeerscheinung im Spätherbst/Winter.

Goldhähnchen-Laubsänger
Phylloscopus proregulus - Pallas's Warbler L 9,5 cm - A
Etwa goldhähnchengroß, wirkt großköpfig, ist auf dem Kopf breit gestreift, überwiegend kontrastreich grün, gelb und weiß gefärbt. Kann für ein Goldhähnchen gehalten werden, wird aber vor allem mit dem Gelbbrauen-Laubsänger verwechselt, hat jedoch deutlichen gelben Scheitelstreif und gelb leuchtenden Bürzel, der beim häufigen Rütteln vor Zweigen auffällt. Ruft hoch "hiiht" oder etwas gebogen "hüiiht", spitzer und geradliniger als Zilpzalp. Sibirische Ausnahmeerscheinung, alljährlich im Herbst in Westeuropa.

Wintergoldhähnchen
Regulus regulus - Goldcrest L 9 cm - BZW

Wintergoldhähnchen

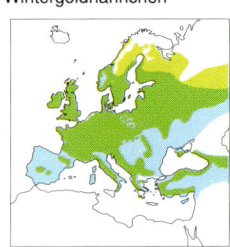

Der kleinste Vogel Europas. Männchen mit orange gefärbtem, Weibchen mit eher gelbem Scheitelstreif, der im Jugendkleid noch fehlt. Verrät seine Anwesenheit hoch in Fichtenspitzen durch ein oft dreisilbiges, feines "Sii-sii-sii". Der Gesang ist ein sehr hohes, feines, sich zwischen zwei Tönen wiegendes "sih sissisiü-sih sissisiü-sih siss sietüit". Lebt in Nadel- und Mischwäldern, auch Parks. Besonders nördliche Vögel ziehen im September/Oktober nach Mittel- und Westeuropa, Heimzug im März/April.

Sommergoldhähnchen
Regulus ignicapillus - Firecrest L 9 cm - BZ

Sommergoldhähnchen

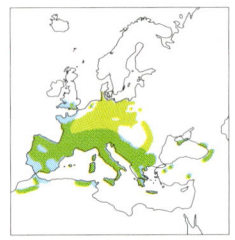

Unterscheidet sich durch seinen breiten, weißen Überaugenstreif, den dunklen Augenstreif, kräftige "Wangentaschen" und einen deutlichen Bronzeton auf Halsseiten und Schultern vom Wintergoldhähnchen. Scheitelstreif beim Männchen leuchtend orange. Singt mit einer Reihe sehr hoher, schneller werdender und ansteigender Töne "sissisisisitt". Ruft hoch wie Wintergoldhähnchen, auch eher meisenartig piepsend und rhythmisch wiederholt "piip". Wird in verschiedenen Waldtypen und Parks angetroffen. Zieht ab September nach Südwesten, Rückkehr im April, in Mitteleuropa nur ausnahmsweise im Winter zu sehen.

Trauerschnäpper
Ficedula hypoleuca - Pied Flycatcher L 13 cm - BZ
Ein rundlicher, kurzschwänziger Singvogel, der wie alle Fliegenschnäpper von Sitzwarten aus zu kurzen Flügen startet, um nach vorbeifliegenden Insekten zu schnappen. Männchen sind im Prachtkleid oberseits rußschwarz oder schiefergrau, manche aber wie Weibchen düster braungrau (dann aber an weißen Stirnflecken erkennbar). Nach der Mauser im Juli/August sind beide Geschlechter oberseits braungrau und im Freiland kaum voneinander zu unterscheiden, Männchen haben jedoch schwärzlichere Oberschwanzdecken und Steuerfedern. Vögel im ersten Kalenderjahr zeigen im August oft einzelne Mittlere Armdecken mit etwas helleren Spitzen. Im ersten und zweiten Kalenderjahr fehlt oft jegliches Weiß an den Basen der Handschwingen. Der Gesang besteht aus einer klaren, im Ton jedoch etwas wehmütigen Strophe, die sich aus drei bis sechs in wechselnder Reihenfolge vorgetragenen Motiven zusammensetzt, z.b. "tsüli tsüli tsüli wüdje wüdje tsekevii tsekevii tsekeviii shryy", manchmal mit eingefügten Nachahmungen von z.B. Baumpieper, Kohlmeise oder Mönchsgrasmücke. Der Gesang kann mit dem des Gartenrotschwanzes verwechselt werden. Lockt scharf und klar "pvitt" oder "hüitt", oft kombiniert mit schmatzendem "Tett", manchmal zu einem kurzen Schmettern ausgedehnt. Brütet häufig in den meisten Waldtypen, Parks und Gärten mit ausreichendem Nisthöhlenangebot. Zieht Mitte August-Anfang September, zurück im Mai. *Karte S. 458*

Halsbandschnäpper
Ficedula albicollis - Collared Flycatcher L 13 cm - BZ
Männchen deutlich kontrastreicher als Trauerschnäpper, mit weißem Halsband, hellgrauem Bürzel und großem, weißem Stirnfleck. Weibchen im Frühjahr vom Trauerschnäpper oft nur schwer zu unterscheiden, aber meist im Ton grauer, mit hellerem Bürzel und einem durch Aufhellung leicht angedeuteten Halsband. Die besten Kennzeichen gegenüber dem Trauerschnäpper sind bei allen braunen Vögeln neben der Stimme das von den Handschwingenbasen gebildete größere, zum Flügelrand etwas breiter werdende weiße Feld. Es unterscheidet die Arten auch im Schlichtkleid, bei adulten Männchen fallen dann zudem die schwarzen Flügel auf. Im Herbst des ersten Kalenderjahres meist von den hellen Spitzen der Mittleren Armdecken gebildete obere Flügelbinde (vgl. Halbringschnäpper). Hybriden mit Trauerschnäpper kommen vor (z.B. auf Gotland), die Männchen tragen dann ein unvollständiges oder grau getöntes Halsband und zeigen weniger Weiß auf den Handschwingenbasen. Der Gesang besteht aus einem langsamen Hin- und Herkratzen oder Zirpen von langen, gepreßten Tönen, ganz anders als Trauerschnäpper, manchmal mit an diesen erinnerndem, eingefügten klaren Tonfolgen, etwa "zitly, zitly, zitly ...". Verrät sich immer durch seinen häufig eingesetzten, artkennzeichnenden Ruf, saugend "hiip", dem Warnruf des Sprossers nicht unähnlich. Warnt hart "pick", oft in Kombination mit dem Lockruf, "hiip-pick, pick...pick...". Während der Nahrungssuche auch ein hastiges, etwas gedehntes Rattern. Brütet in Deutschland vorwiegend im Süden, im Norden Ausnahmeerscheinung, aber häufiger Brutvogel auf Gotland und Öland. Bewohnt ältere Laubwälder, Parks und schattige Gärten. Zieht Ende August, zurück in der ersten Maihälfte, oft ein paar Tage vor dem Trauerschnäpper. *Karte S. 458*

Halbringschnäpper
Ficedula semitorquata - Semi-collared Flycatcher L 12,5 cm
Ähnelt dem Halsbandschnäpper, Männchen im Prachtkleid aber nur mit halbem Halsring, in der Ausdehnung variabel. Kennzeichnend ist ferner die von den hellen Spitzen der inneren Mittleren Armdecken gebildete zweite Flügelbinde, bei Männchen im Prachtkleid weiß (manchmal mit den weißen Großen Armdecken zusammenfließend und ein großes, weißes Feld bildend), im braungrauen Schlichtkleid hell grau, bei Weibchen im Prachtkleid weißlich (fast immer vorhanden, sonst ähnlich weiblichem Halsbandschnäpper gefärbt) und bei Vögeln im ersten Winterkleid rahmfarben (aber oft auch bei gleichaltrigen Halsbandschnäppern vorhanden). Gesang ähnlich Trauerschnäpper. Ruft hoch "tsiip", lispelnder und mit unsaubereren Vokalen als Halsbandschnäpper, auch schmatzend "tsepp" und ähnlich Grauschnäpper "srii". Lebensweise wie Halsbandschnäpper, aber Vorkommen auf Balkan, Krim und Kaukasus beschränkt. *Karte S. 458*

Grauschnäpper
Muscicapa striata - Spotted Flycatcher L 14 cm - BZ
Durch sein Schnäpperverhalten und das graubraune Gefieder mit Strichelung auf Brust und Scheitel leicht zu erkennen. Die flache, lange Stirn und der spitz zulaufende Scheitel ergeben ein charakteristisches Profil. Bewegt sich bei der Jagd nach Insekten elegant und würdevoll. Wenn er mit den breiten Schnabelhälften nach einem Insekt schnappt, hört man ein Knacken. Jungvögel oberseits hell gefleckt, unterseits dunkel meliert. Von seinem meistens exponierten Sitzplatz ruft er fein zirpend "ptsirr" oder "tsiiht", oft auch "tsiit tchüpp tchüpp". Der Gesang ist unauffällig und besteht aus einigen lockrufartigen, gedehnten, zirpenden Lauten, die drei- bis viermal hin- und hergezogen werden. Häufig in offenen Wäldern, Parks und Gärten, Nest auf geschützten Absätzen, in Nischen abgebrochener Bäume, Mauerlöchern oder anderen Halbhöhlen. Zieht im September, zurück im Mai.

Braunschnäpper
Muscicapa dauurica - Brown Flycatcher L 12 cm - (A)
Sibirische Ausnahmeerscheinung. Dem Grauschnäpper am ähnlichsten, aber kleiner, Stirn ungestreift, Oberseite einheitlich braungrau, Unterseite hell mit verwaschen grauer Brust, Zügel und deutlicher schmaler Augenring hell. Schnabel breit, Unterschnabelbasis gelblich. Geschlechter gleich gefärbt, Jungvögel mit beigen Spitzen der Großen Armdecken. Ruft dünn "zi". *Nicht abgebildet*

Zwergschnäpper
Ficedula parva - Red-breasted Flycatcher L 11,5 cm - BZ
Der kleinste Fliegenschnäpper ist in allen Kleidern durch die weißen Außenflecken an der Basis des sonst dunklen Schwanzes gekennzeichnet. Wirkt immer klein, geschäftig und großäugig mit breiter, im Gegenlicht oft gelb leuchtender Schnabelbasis. Männchen erst im dritten oder vierten Kalenderjahr mit rostorange gefärbter Kehle, vorher beige. Im Herbst des ersten Kalenderjahres rostgelbe Keilflecken variabler Größe an den Spitzen von Schirmfedern und Großen Armdecken. Brütet in hochstämmigen Laub- und Mischwäldern, dort in den Baumkronen kaum zu entdecken und leicht zu überhören. Singt hell und etwas wehmütig, meist zweiteilig mit an Waldlaubsänger oder Baumpieper erinnerndem Auftakt und ähnlich Fitis abfallendem Ende. Häufigster Ruf ein trockenes, zaunkönigartiges Schmettern, auch weich und wehmütig "tyli" und schwach zischend "schrrr". Im östlichen Europa relativ häufiger, im Westen Deutschlands nur noch vereinzelter Brutvogel. Trifft Ende Mai ein, zieht von August-Oktober.

Grauschnäpper

Zwergschnäpper

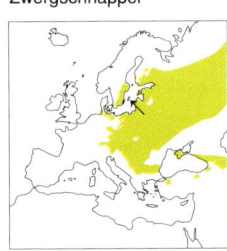

Trauerschnäpper

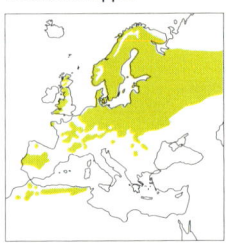

Halsbandschnäpper

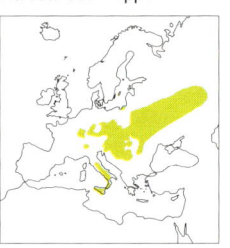

Halbringschnäpper

Bartmeise
Panurus biarmicus - Bearded Tit L 16,5 cm - BJ

Ein meisenartiger, langschwänziger Bewohner großer Schilfflächen. Männchen mit herabhängendem schwarzem Bart und schwarzen Unterschwanzdecken unverkennbar. Weibchen beige wie Altschilf, Flügelzeichnung kontrastreich wie beim Männchen, aber sonst variabel: Zügel manchmal dunkel, gelegentlich dunkle Scheitelzeichnung, häufig dunkle Mantelstriche. Jugendkleid wird nur 2-3 Monate bis zur Vollmauser getragen: strohgelb mit vom Rücken auf den Mantel reichendem breitem, schwarzem Feld oder schwarzer V-Zeichnung, Schwanz mehr oder weniger schwarz, Zügel grau bis (bei Männchen) schwarz, Iris grau (bei Altvögeln gelb). Schon im Jugendkleid Schnabel bei Männchen gelb (später orangegelb), bei Weibchen graubraun. Typischer nasaler Ruf "tsching" oder "ping", häufig schnell und nervös wiederholt, manchmal von gedehnt rollendem "Tjirrr" gefolgt. Gesang leise, dreisilbig knirschend "tschip tschip tschäär". Lebt in geselligen Trupps, hat seit 30 Jahren in Mitteleuropa geeignete Lebensräumen neu besiedelt. Bestand schwankt durch starke Verluste in strengen Wintern, die aber durch 3-4 Jahresbruten ausgeglichen werden. Zu große Populationen wandern teilweise im Herbst nach vorher durchgeführten sogenannten "Höhenflügen" in dichten Trupps ab. Nahrung im Sommer Insekten und Spinnen, im Winter Schilfsamen.

Beutelmeise
Remiz pendulinus - Penduline Tit L 11 cm - BZ

Ein kleiner, meisenartiger, an Sumpfgebiete gebundener Singvogel. Gesamteindruck hell, schwarze Maske kennzeichnend. Beim Weibchen Maske kleiner, nicht auf die Stirn reichend, Mantel heller und mehr beigebraun, Brust weniger rotbraun gefleckt. Jugendkleid hell graubeige, ohne dunkle Gesichtszeichnung. Die Beutelmeise fällt oft durch ihren Lockruf auf, fein saugend "tsii" oder "tsiüh", manchmal dreigeteilt "tsii-tii-tii". Gesang leise, fast tannenmeisenartig, mit langsamen Variationen des Lockrufs (auch Nachahmungen?). Baut ein großes, kunstvolles, beutelförmiges Nest, das außen an einem meist über das Wasser hängenden Zweig befestigt wird, manchmal auch an Schilfhalmen. Hat sich in den letzten Jahren nach Westen ausgebreitet und ist in Deutschland inzwischen an baumbestandenen Gewässern stellenweise häufig. Zieht überwiegend im September/Oktober, zurück im April.

Bartmeise

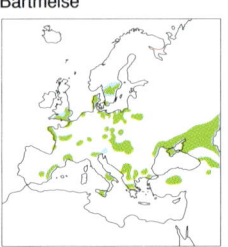

Beutelmeise

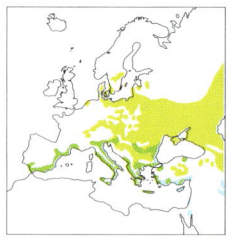

Beutelmeisennest

Trauermeise

Parus lugubris - Sombre Tit L 13,5 cm

Eine große, langschwänzige Meise mit kräftigem Schnabel. Oberseite graubraun, Kopfplatte und Kehllatz sehr ausgedehnt matt schwarzbraun und ein nur relativ schmales weißliches Wangenfeld begrenzend. Die türkische Unterart *anatoliae* ist oberseits grauer, Kopfplatte und Kehle sind bei ihr schwarz. Relativ häufig in Wäldern und der Macchia, vor allem im Bergland. Ähnelt in der Lebensweise der Kohlmeise, schließt sich im Winter zu locker zusammenhaltenden Gruppen zusammen, bisweilen mit anderen Meisenarten. Stimme sehr variabel und teilweise ähnlich Kohlmeise. Gesang ein drei- bis fünfmal schnell wiederholter Pfiff, oft rauher und summender als bei der Kohlmeise, etwa "tschevü-tschevü-tschevü-tschevü", auch aus "dütevi-dütevi ..." oder "pitjüpp ..." aufgebaut. Andere Rufe etwas blaumeisenartig "tsi ti tjerrerrerrerr", "tsitjevi tjövi tjövi", "chiep", "tsichüp", hell schneidend "tziih tih tih". Zieht nicht.

Lapplandmeise

Parus cinctus - Siberian Tit L 13 cm

Eine großköpfige Meise mit lockerem Gefieder, langem Schwanz und schokoladenbrauner Kopfplatte. Der kennzeichnende Rostton der Flanken ist im abgetragenen Gefieder weniger auffällig. Ist immer wärmer und brauner getönt als nördliche Weidenmeisen, das schwarze Lätzchen reicht weiter auf die Brust und sieht am Rand ausgefranst aus, der Schnabel ist länger. Viele Rufe des umfangreichen Stimmrepertoires ähneln denen der Weidenmeise, z.B. ein rauhes "Tjeeh-tjeeh-tjeeh" (oft von einem kurzen "Tsi" oder "Tsitsi" eingeleitet) und ein kurzes "Psit". Ruft auch kreuzschnabelartig "tjütt tjütt", summend "tji-err" und aufgeregt deutlich "piv piv". Singt etwas heiser "tjip tjiep tjieo tjiep tjiep" oder mit einer kurzen Reihe von weich tschilpenden Silben, z.B. "ptsi-düj, ptsi-düj ..." oder "ptsiti-dui, ptsiti-dui ...". Brütet spärlich bis relativ häufig in nördlichen Wäldern, von tiefer Nadelwaldtaiga bis in die Fjällbirkenzone. Die Lapplandmeise ist ein Standvogel, der von Insekten, Spinnen und Samen lebt und im Sommerhalbjahr Nahrungsvorräte in Rindenspalten und Flechten anlegt. Besucht im Winter auch Futterstellen und ist Menschen gegenüber wenig scheu. Zeigt im Herbst nur eine schwache Neigung zu Wanderungen.

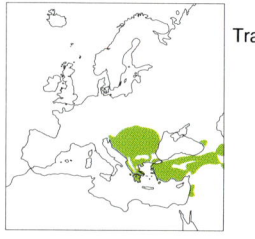

Trauermeise

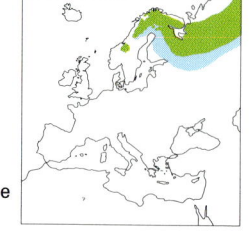

Lapplandmeise

Trauermeise — Türkei (*anatoliae*), Balkan

Lapplandmeise Winter, Sommer

Weidenmeise Skandinavien

Sumpfmeise
Parus palustris - Marsh Tit L 11,5 cm - BJ

Sumpf- und Weidenmeise sind sich im Gefieder sehr ähnlich und am einfachsten an der Stimme zu unterscheiden. Der kleinköpfigeren Sumpfmeise fehlt das helle Flügelfeld der Weidenmeise (ist im frischen Gefieder aber manchmal angedeutet), das schwarze Lätzchen ist kleiner und scharf abgegrenzt, die schwarze Kopfplatte glänzt (ist bei Jungvögeln aber matter) und reicht nicht so weit in den Nacken, die weißen Wangen sind nicht so weit auf die Halsseiten ausgedehnt und im hinteren Bereich mehr verwaschen braungrau, der Schwanz ist gerade abgeschnitten. Ruft explosiv niesend "pitschü", wiederholt keck pfeifend "tschiü-tschiü-tschiü" und schnell schnarrend "psitsche-che-che-che-che-che", auch unspezifisch "tsit". Der Gesang besteht aus einer Serie gleicher, wiederholter Töne, z.B. "tjipp-tjipp-tjipp-tjipp" oder "pitji-pitji ...". Die Sumpfmeise hält sich in Laub- oder Mischwäldern, oft bei Flüssen und an Seeufern, in Parks und Gärten auf und lebt von Insekten und Pflanzensamen. Sehr standorttreu.

Weidenmeise
Parus montanus - Willow Tit L 11,5 cm - BJ

Die Weidenmeise unterscheidet sich von der ähnlich gefärbten Sumpfmeise durch einen größer wirkenden Kopf und kräftigeren Hals, das von den hellen Armschwingenrändern gebildete Flügelfeld, die matt schwarze, nicht glänzende und weiter in den Nacken reichende Kopfplatte, einen größeren schwarzen Kinnfleck und das reinere und weiter auf die Halsseiten reichende Weiß. Der Schwanz ist stärker gerundet und zeigt auf den Außenkanten mehr Weiß. Skandinavische Vögel der Unterart *borealis* sind insgesamt heller als Sumpfmeisen, kontinentale Unterarten (u.a. *rhenanus*, *salicarius*) sind auf dem Mantel brauner und unterseits mehr schmutzig beige, britische Weidenmeisen (*kleinschmidti*) sind noch brauner und haben rostbeige Flanken. Die Übergänge sind fließend, so daß z.B. lappländische Vögel heller sind als südschwedische. Der typische ruf ist nasal, gedehnt und rauh, etwa "dääh dääh dääh dääh" oder "zi-zi dää dää". Kontaktruf piepsend "ti-ti" oder "sti-ti". Der Gesang ist regional verschieden, typisch ist ein abfallendes, waldlaubsängerartig flötendes "Siü-siü-siü-siü siü", auch "tsi-tsi tsi tsi", selten summend "zi-ze-zerrrl". Bei der Nominatform in den Alpen bleiben die Töne meist auf einer Höhe. In Skandinavien ist die Weidenmeise im Unterschied zur Sumpfmeise meistens an Nadel- oder Mischwald gebunden, lebt aber auch im Fjällbirkenwald, in Mitteleuropa und England bevorzugt sie Weichholzauen und sumpfige Laubwaldbestände an Gewässern, bewohnt aber auch die Bergwälder. Schlägt sich ihre Nisthöhle in morschen Baumstümpfen oft selbst, lebt von Insekten, Samen und Beeren. Stationär, Wanderungen nach Süden kommen aber vor, besonders aus den nördlichen Brutgebieten.

Haubenmeise
Parus cristatus - Crested Tit L 11,5 cm - BJ

Durch das typische Kopfmuster mit der deutlichen Haube und die einfarbige, fahl graubraune Oberseite unverkennbar, verrät ihre Anwesenheit aber oft erst durch die charakteristische Stimme. Der Ruf ist ein rollendes oder klingelndes "Gürrrl", "Prülülüll" oder "Prülülüli't". Sein klingelnder, gurrender Charakter findet sich auch im zwischen zwei Tonlagen pendelnden Gesang wieder, etwa "tsi'i'i -prülülüll-tsi'i'i-prülülüll .." oder "zi-zi gürrrl". Bewohnt Nadel- und Mischwälder, die sie kaum einmal verläßt.

Sumpfmeise

Weidenmeise

Haubenmeise

Blaumeise
Parus caeruleus - Blue Tit   L 11,5 cm - BJW
Kleiner und heller als die Kohlmeise, mit blauem, weiß eingerahmtem Scheitel. Bei Jungvögeln sind die weißen Kopfpartien gelblich, der Scheitel schmutzig grünlichblau. Im abgetragenen Gefieder unterseits oft sehr fahl gelblich. Die nordafrikanische Unterart *ultramarinus* hat einen blaugrauen Rücken und einen dunkelblauen Scheitel. Singt lieblich, silberhell und anhaltend klingelnd "psitsi-sirrrrrrr". Weitere Laute klingen schneidend, etwas schnippisch "tjerr err err err", springend und silbern "tji-di-di-di" oder "ptsi-tsi-di-di-di", "pizitzä" und fein "psii". Brütet häufig in Wäldern, Parks und Gärten in Baumhöhlen und Nistkästen. Wird im Herbst und Winter häufig im Schilf angetroffen, wo sie sich von im Schilfrohr überwinternden Insektenlarven und Puppen ernährt. Frißt vor allem Insekten und in einem geringeren Umfang als die Kohlmeise Samen und Beeren. Standvogel, aus den nördlichen und östlichen Teilen des Brutgebietes ziehen aber viele im September/Oktober nach Süden, und in manchen Jahren kann man größere Zugbewegungen beobachten.

Kohlmeise
Parus major - Great Tit   L 14 cm - BJW
Einer unserer häufigsten Wald- und Gartenvögel. Beim oft weniger intensiv gefärbten Weibchen ist das Längsband auf der Brust und besonders dem Bauch schmaler und nicht so tief schwarz. Jungvögel haben einen schieferschwarzen Scheitel, kleineren Kehllatz und gelbliche, unten nicht schwarz begrenzte Kopfseiten. Das Stimmrepertoire ist so umfangreich und variabel, daß einzelne Rufe immer wieder zu Bestimmungsproblemen führen, obwohl sie oft einen arttypischen Klang haben und kräftiger als bei anderen Meisen sind. Häufige Rufe klingen wie "pink" (ähnlich Buchfink), oft verdoppelt, munter "ze wide-wit", "pink tschä-tjä-tjä", "zi-däh" oder "zizizi". Der Gesang ist meist eine rauh pfeifende Reihe zwei- bis dreimal wiederholter Motive, etwa "zi-zi däh, zi-zi däh" oder "tui-ti". Singt auch an sonnigen Wintertagen. Brütet in allen Waldtypen und Gärten, nur nicht in reinen Nadelwäldern. Die Nahrung besteht zu einem Großteil aus ölreichen Samen und Früchten, während der Brutzeit aber hauptsächlich aus Insekten, Larven und anderen Kleintieren. Überwiegend Standvogel, wie bei der Blaumeise in manchen Jahren aber große Wanderungen besonders nordöstlicher Populationen.

Tannenmeise
Parus ater - Coal Tit   L 11,5 cm - BJW
Kleiner und relativ großköpfiger als die Kohlmeise, mit grauem Rücken, schmutzig beiger Unterseite und kennzeichnendem weißem Nackenfleck. Bewegt sich schnell und rastlos in Baumspitzen und zwischen den äußeren Zweigen. Ruft während der Nahrungssuche nichtssagend "psit", manchmal "psittsitsi", ähnlich Goldhähnchen "si si si", ferner typisch klar und sehr wehmütig flötend "tii-e" und hell "pyt". Warnt blaumeisenartig "tsi si si si si". Die verschiedenen Gesangsvariationen können an die Kohlmeise erinnern, sind aber weicher und einfacher zusammengesetzt, wobei ein "Wii-ze wii-ze wii-ze" charakteristisch ist. Bewohnt vor allem Nadelwälder, oft zusammen mit Wintergoldhähnchen; auf den Britischen Inseln auch in Laubwäldern und Gärten. Ist teilweise von Fichtensamen abhängig und kann bei Nahrungsmangel im Herbst invasionsartige Wanderungen unternehmen. Die Jungen werden hauptsächlich mit Insekten gefüttert.

Blaumeise   Kohlmeise   Tannenmeise

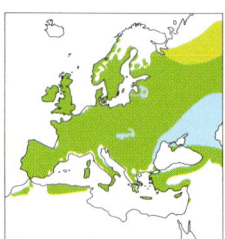

Lasurmeise
Parus cyanus - Azure Tit   L 13 cm

Erinnert durch den starken Blauton auf Mantel, Flügeln und Schwanz etwas an Blaumeise, ist aber auffallend langschwänzig mit flauschigem Gefieder, weißem Scheitel, breiter weißer Flügelbinde, weißen Spitzen der Armschwingen und viel Weiß im Schwanz. Gesamte Unterseite weiß, auch Kinn und Kehle (diese bei Blaumeise dunkel), mittelasiatische Unterart *flavipectus* mit gelbem Brustfleck. Stimme sehr vielfältig, ruft u.a. "tsirr" und "tsi-tsi-dze-dze". Brütet etwa von Moskau ab ostwärts in Laub- und Mischwäldern Asiens, oft in Gewässernähe, hält sich im Winter gern im Schilf auf. Westlich davon extrem seltene Ausnahmeerscheinung (zieht nicht), mehrfach z.B. in Finnland festgestellt. Hybridisiert auch gelegentlich mit der Blaumeise, doch betreffen Meldungen aus Mittel- und Westeuropa fast immer sehr blasse Blaumeisen.

Schwanzmeise
Aegithalos caudatus - Long-tailed Tit   L 12-14 cm - BJW

Wirkt wie ein buschiges Wollknäuel mit angehängtem langem Schwanz. Die nordöstliche Unterart *caudatus* hat einen völlig weißen Kopf, die kontinentalen (z.B. *europaeus*, auf den Britischen Inseln *rosaceus*) haben einen breiten, dunklen Scheitelseitenstreif bis in den Nacken. Zwischenformen kommen vor, die Grenze geht durch das südliche Dänemark. Jungvögel haben einen den hellen Augenring hervorhebenden dunklen Schatten auf den Kopfseiten (schmaler bei *caudatus*). Die südspanische Unterart *ibericus* ist allgemein dunkler und auf den Wangen stärker gestreift, die kleinasiatische *tephronotus* hat einen grauen Mantel und Rücken, einen schwarzen Kinnfleck und einen etwas kürzeren Schwanz. In gemischten Meisenschwärmen erkennt man Schwanzmeisen sofort durch ihr kurz und trocken surrendes "Tserr", gemischt mit schmatzendem "Teck". Im Herbst und Winter bleiben die Vögel familienweise in kleinen, eng zusammenhaltenden Gruppen zusammen. Wenn sie bei ihren Streifzügen offenes Gelände überqueren müssen, versammeln sie sich unter ständigen, durchdringenden, dreisilbigen Rufen wie "tsi-tsi-tsi", um dann eifrig lockend nacheinander in einer Reihe den Standort zu wechseln. Der Gesang ist ein blaumeisenartiger, feiner Triller. Bewohnt Laub- und Mischwälder mit viel Gebüsch, gern in feuchtem Gelände, auch in Parks und Gärten. Lebt vor allem von kleinen Insekten und Spinnen. Baut im Gegensatz zu den echten Meisen ein großes, kunstvolles, mit Flechten bekleidetes, kugelförmiges Nest mit seitlichem Eingang.

Lasurmeise

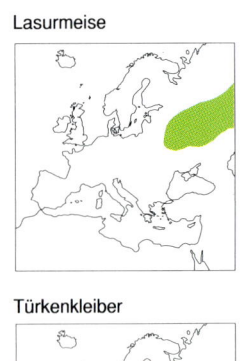

Schwanzmeise

Korsenkleiber

Kabylenkleiber

Türkenkleiber

Felsenkleiber

Klippenkleiber

Korsenkleiber
Sitta whiteheadi - Corsican Nuthatch L 12 cm
Brütet nur auf Korsika, etwa 2000 Paare, besonders in Kiefernwäldern (*Pinus laricio*) in 800-1200 m Höhe. Einzige dort vorkommende Kleiberart, verläßt die Insel nicht. Lebensweise wie Türkenkleiber, schlägt sich die Nisthöhle selbst. Gesang ein schnelles "Tütütütütü", im Tempo variabel und an verlangsamte Schiedsrichterpfeife erinnernd. Daneben an Kleiber, Türkenkleiber und warnenden Star erinnernde Rufe. *Karte S. 468*

Kabylenkleiber
Sitta ledanti - Algerian Nuthatch L 12,5 cm
Kommt nur in zwei Bergwäldern Nordost-Algeriens vor, wo er erst 1975 entdeckt wurde. Ähnelt einem Korsenkleiber, ist etwas größer und langschnäbeliger, beim Männchen sind nur Stirn und Scheitel schwarz (nicht aber Nacken), Weibchen grau. *Karte S. 468*

Türkenkleiber
Sitta krueperi - Krüper's Nuthatch L 12 cm
Ein kleiner, rastloser Kleiber, der sich oft in Kiefernkronen aufhält und Zapfen bearbeitet, sich aber auch in Büschen oder auf dem Erdboden bewegt. Augenstreif auffallend schmal, schwarzes Käppchen beim Weibchen kleiner. Ein rostroter Brustfleck, bei der Balz und zum Drohen gespreizt, ist kennzeichnend. Fällt meist durch seine Stimme auf, kleiberartig "vite-vite-vite-vite-vite" (wie balzende Uferschnepfe), charakteristisch nasal und einem Signalhorn ähnelnd "üe-üe-üe-üe", tief "ksch", wie ein kleiner Kleiber variabel "kjep", mehr vokal "küä" oder "küit" wie ein nasaler Fitisruf und buntspechtartig "köpp". Relativ häufig besonders in Kiefernwäldern von Meereshöhe bis zur Baumgrenze. *Karte S. 468*

Felsenkleiber
Sitta neumayer - Rock Nuthatch L 15 cm
Sieht wie ein großer, bleicher Kleiber aus, aber Beine und Schnabel länger, keine weißen Schwanzflecke. Hüpft lebhaft zwischen Felsen, fällt aber durch die Stimme auf. Der variable Gesang ist klar und durchdringend, beginnt etwas explosiv mit einem sich beschleunigenden waldlaubsängerartigen Triller, geht in eine dem Auftakt der Fitisstrophe ähnliche Sequenz über, setzt sich mit einem rollenden Triller fort, der mit einer baumpieperartigen Tonfolge ausklingt. Auch die übrigen Rufe lautstark, z.B. "kiüv ... kiüv ...", hart "pit pit pit", zischend "pchää". Lebt an Felsen und Ruinen, auch an buschbestandenen Hängen mit kahlen Felsen bis in 2000 m Höhe. *Karte S. 468*

Klippenkleiber
Sitta tephronota - Great Rock Nuthatch L 20 cm
Größer und großköpfiger als Felsenkleiber, mit kräftigerem, längerem Schnabel. Augenstreif zieht sich weiter auf Halsseiten und ist dort auffallend breiter. Rufe tiefer und langsamer als beim Felsenkleiber. Lebensweise wie dieser, bevorzugt höhere Berglagen. *Karte S. 468*

Korsenkleiber

Türkenkleiber

Felsenkleiber

Kleiber
Sitta europaea - Nuthatch L 14 cm - BJ

Klettert munter an Baumstämmen und Ästen, auch mit dem Kopf nach unten. Bei der mitteleuropäischen Unterart *caesia* gesamte Unterseite überwiegend hell rostfarben (hintere Flanken beim Männchen scharf abgegrenzt kastanienbraun, was schon bei Jungvögeln die Geschlechtsbestimmung ermöglicht), bei *europaea* im Nordosten nur Flanken und Unterschwanzdecken rostfarben (bei Männchen mit scharfem, bei Weibchen diffusem Kontrast zum weißen Bauch). Sibirische Unterart *asiatica* hat kürzeren Schnabel und Schwanz, weißere Unter- und dunkler graue Oberseite sowie weißen Überaugenstreif (selten bei *europaea*). Singt durchdringend "püü püü püü ..." und klar "vivivivivi ...", ruft klar "twit", nasal und tonlos "güt", scharf "sitt sitt sitt". Häufig in offenen Laub- oder Laubmischwäldern, in Gehölzen und Parks. Lebt von Spinnen, Insekten, Nüssen und Samen, besucht im Winter Futterhäuser. Brütet in Baumhöhlen, deren Öffnung er mit Lehm auf seine "Taillenweite" verkleinert. Standvogel, östliche Populationen weichen manchmal invasionsartig nach Westen aus.

Gartenbaumläufer
Certhia brachydactyla - Short-toed Treecreeper L 12,5 cm - BJ

Die beiden Baumläufer ähneln einander sehr und sind am besten anhand der Stimme zu unterscheiden. Im Vergleich zum Waldbaumläufer zeigt der Gartenbaumläufer außerdem folgende oft schwer erkennbare Merkmale: Schnabel etwas länger und stärker gebogen, Kralle der Hinterzehe kürzer, Oberseite grauer und dunkler braun, eher gestreift wirkend (statt heller rostbraun und eher geschuppt), Unterseite schmutzig bis gräulich weiß (statt rein weiß), Flanken dunkler, mehr verwaschen braungrau, Stirn nicht oder schwach hell gefleckt (statt mit weißlichen Schaftflecken), Überaugenstreif oft verwaschen und nicht bis zum Schnabel reichend (statt durchgehend klar weiß), Bürzel brauner (statt rostbraun zum Rücken kontrastierend), Schaft der mittleren Steuerfedern kaum (statt deutlich) heller als Fahnen. Ferner Unterschiede am Flügel: längste Alula mit (statt meist ohne) hellem Außensaum, beige Bindenflecke außer Handschwingen unten deutlich (statt kaum oder nicht) zugespitzt, beige Flügelbinde verläuft recht gleichmäßig (statt mit deutlicher Stufe zwischen sechster und siebenter Handschwinge von außen), wenig (statt deutlicher) Kontrast zwischen Außen- und Innenfahne der längsten Schirmfeder, Abstand der Spitzen von sechster bis achter Handschwinge zueinander etwa gleich (statt zwischen sechster und siebenter größer). Weitere Einzelheiten s. Waldbaumläufer.

Waldbaumläufer
Certhia familiaris - Treecreeper L 12,5 cm - BJ

Neben den beim Gartenbaumläufer beschriebenen feinen Unterschieden in Färbung und Struktur am besten an der Stimme von diesem zu unterscheiden. Gesang hoch und dünn, etwa drei Sekunden lang, an Blaumeise erinnernd "zi-zi zisirri zrisirirr" (statt eine Sekunde "tüt-tüt-titeroi-sri"). Ruft hoch "srii" (statt voller "tüt" oder "ti" wie der Gartenbaumläufer, der auch "sri" rufen kann). Baumläufer sind lebhafte, kleine Vögel, die an Baumstämmen ruckartig und spiralförmig emporklettern, um in Rindenspalten nach Insekten zu suchen und dann flatternd zum Fuß des nächsten Baumes zu fliegen und fortzufahren. Nest oft hinter abstehender Baumrinde. Bewohnen großstämmige Wälder, Gartenbaumläufer auch Gärten, Waldbaumläufer bevorzugt Nadelbäume. Überwiegend Standvögel.

Kleiber Gartenbaumläufer Waldbaumläufer

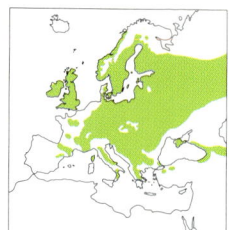

Mauerläufer

Tichodroma muraria - Wallcreeper L 16 cm - BJ

Unverkennbar. Kehle beider Geschlechter im Schlichtkleid hell, im Prachtkleid beim Männchen schwarz, beim Weibchen oft schwarz gefleckt. Klettert an Steinen und Felswänden umher, um mit dem langen, abwärts gebogenen Schnabel Insekten aus Spalten zu holen, zuckt dabei ständig mit den Flügeln und läßt die roten Felder und weißen Flecke leuchten. Ruft fein piepend und dünn pfeifend z.B. "tüi" oder "tuüiht". Gesang variabel, besteht aus wiederholten hellen, gepreßten Pfiffen, z.B. "ti tiü triih...", die in Stärke und Geschwindigkeit zunehmen. Kommt lokal und selten an Felshängen und in Schluchten, oft in Wassernähe und meist oberhalb der Baumgrenze vor. Weicht im Winter in niedrigere Lagen aus, dann auch an Kirchtürmen oder in Steinbrüchen, aber sehr selten weit außerhalb des Verbreitungsgebietes. In den Alpen recht spärlich.

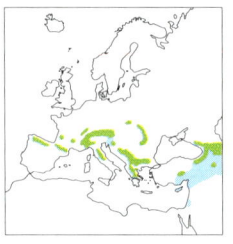

Akaziendrossling
Turdoides fulvus - Fulvous Babbler L 25 cm
Drosselgroß, aber mit elsterähnlich langem Schwanz, warm sandbeige mit Rostton auf den Flanken. Meist in kleinen Gruppen, die nacheinander, durch Gleitstrecken auf steifen Flügeln unterbrochen, von einem Busch zum anderen flattern. Oft nicht scheu, aber zurückgezogen und dann plötzlich erscheinend. Gesang eine Folge von sechs langgezogenen, etwas klagenden und zum Ende abfallenden Pfeiftönen. Von abfliegenden Trupps sind ein kurzer, etwas mechanischer Triller und ein kurzes "Pip" zu hören. Bewohnt Wüsten und sandiges Gelände in Nordafrika von Marokko bis Libyen.

Graudrossling
Turdoides squamiceps - Arabian Babbler L 26 cm
Sandfarben, mit grau getöntem Kopf. Meist in kleinen, neugierigen und verspielten Familienverbänden. Sehr stimmfreudig, meist weich peitschend "piu" oder "pi-tjük", oft in langer, langsamer werdender Folge. Einziger Drossling der Küsten der Arabischen Halbinsel bis Südisrael, bevorzugt halbwüstenartiges Gelände mit Akazien und Büschen.

Graubülbül   **Senegaltschagra**

Jerichonektarvogel
Nectarinia osea - Palestine Sunbird   L 11 cm

Ein kleiner, energischer Vogel, der Nektar und Insekten aus Blüten holt und vom Südlibanon bis zu den Küsten der Arabischen Halbinsel an blütentragenden Pflanzen, in Oasen und Parks vorkommt. Männchen schwärzlich mit Purpurschimmer, aber im Schlichtkleid von Juli bis November (Februar) mit Ausnahme einzelner schwarzer Federn ähnlich Weibchen. Stimme vielfältig, singt schnell und hoch "tjuvi-tji-tji-tji-tji", "tweit-tweit-tweit", oft mit Triller endend, ruft u.a. "dju-vi" und dünn "sti". Im Niltal und an der südarabischen Küste lebt auch der **Erznektarvogel** *Anthreptes (platurus) metallicus*, Männchen oberseits grünlich, Brust dunkel, Bauch gelb, mittlere Steuerfedern stark verlängert; Weibchen durch kürzeren Schnabel und verwaschen gelbliche Unterseite vom Jerichonektarvogel unterschieden.   *Abb. S. 475*

Graubülbül
Pycnonotus barbatus - Common Bulbul   L 19 cm

Ein amselgroßer, braungrauer, recht zurückgezogen lebender Vogel, der sich meist durch seine laute, aufdringliche Stimme verrät. Stößt explosiv eine Reihe brodelnder Laute aus, "pchük ück ück pchük ück ück...ück...ück", ähnlich einer aufgeschreckten Amsel. Häufig in bewirtschaftetem Gelände, Oasen, Plantagen und Gärten Nordafrikas, lebt von Beeren und Früchten, füttert die Jungvögel aber mit Insekten.

Gelbsteißbülbül
Pycnonotus xanthopygos - Yellow-vented Bulbul   L 19 cm

Wie Graubülbül, aber mit weißem Lidring und gelbem Steiß. Häufig und sehr vertraut, auch in Ortschaften. Ruft oft "bül-bül-bül-bül". Lebensweise wie Graubülbül.

Senegaltschagra
Tchagra senegala - Black-crowned Tchagra   L 22 cm

Ein seltsamer, mit den Würgern verwandter Vogel, relativ spärlich in buschbestandenem Gelände Nordwest-Afrikas verbreitet. Ist zwar wenig scheu, hält sich aber am liebsten zurückgezogen wie eine Drossel hüpfend auf dem Boden oder niedrig in Büschen auf. Im bogenförmigen, an Raubwürger erinnernden Flug dicht über dem Boden fällt die kennzeichnende weiße Schwanzspitze auf. Meistens schweigsam, ruft aber manchmal rauh knarrend "schrrrr". Besonders morgens und abends vorgetragener Gesang dagegen pirolartig laut und melodisch flötend, eine Folge von etwa zehn zum Ende abfallenden Tönen. Steigt zum Singflug stumm hoch auf, kreist flatternd und gleitend und läßt sich singend auf ausgebreiteten Flügeln zu Boden sinken.

Graubülbül   Gelbsteißbülbül   Senegaltschagra

Isabellwürger
Lanius isabellinus - Isabelline Shrike L 18 cm - A

Erinnert an blassen Neuntöter, hat aber längeren, auffallend rostbraunen Schwanz (und Bürzel), ist heller und insgesamt mehr sandfarben. Altvögel mit ganz graubeiger Oberseite, schwarzer Maske (bei Weibchen braun) und rostfarbenem Schwanz. Im Herbst des ersten Kalenderjahres von gleichaltem Neuntöter an Schwanzfärbung, mehr graubeigem Gesamteindruck, oberseits schwächerem Schuppenmuster, breiteren hellen Rändern auf Großen Armdecken, schwächerer Flankenwellung und manchmal beigem Fleck auf den Handschwingenbasen unterschieden. Mittelasiatische Ausnahmeerscheinung.

Neuntöter
Lanius collurio - Red-backed Shrike L 17 cm - BZ

Das Männchen ist mit seiner Kombination von rotbraunem Rücken und schwarzer Banditenmaske unverkennbar. Weibchen sind etwas variabel gefärbt und können selten fast männchenhafte Züge tragen, haben aber quergewellte Unterseite und brauneren Schwanz mit weniger Weiß. Jungvögel sind oberseits warm braun gefärbt und schuppig gemustert, unterseits dicht quergewellt. Gesang variabel und reich an Nachahmungen, manchmal fast wie beim Sumpfrohrsänger sprudelnd, ebenso häufig aber zurückhaltend plaudernd. Ruft etwas explosiv und gepreßt "väv", beunruhigt in der Nähe des Nestes härter, steinschmätzerartig "schack-schack-schack". Brütet in der offenen Kulturlandschaft, am häufigsten in Wiesen- und Brachland mit einzelnen Büschen oder Dornenhecken, auch auf Waldlichtungen. Ernährt sich vor allem von größeren Insekten wie Libellen, Käfern, Hummeln usw., nimmt aber auch Nagetiere und kleine Vögel. Bei gutem Nahrungsangebot wird der Überschuß als Reserve für Tage mit schlechtem Wetter auf Dornen oder Zweigspitzen aufgespießt. Kommt im Mai zurück, zieht ins tropische Afrika, Altvögel bereits im August, Jungvögel Ende August-September (Oktober).

Schwarzstirnwürger
Lanius minor - Lesser Grey Shrike L 20 cm - bA

Wirkt wie ein kleiner Raubwürger, hat aber einen kürzeren Schwanz und proportional längere Flügel (in allen Kleidern an der Handschwingenprojektion von 125-150 % vom Raubwürger unterscheidbar, bei dem sie nur etwa 70 % der Schirmfederlänge beträgt). Breiter Flügelstreif auf den Handschwingen (nicht auf Armschwingen ausgedehnt wie bei nördlichen Raubwürgern). Neben der schwarzen Stirn sind die aufrechte Haltung, der Kontrast zwischen weißer Kehle und rosa gefärbter Brust, das Fehlen eines weißen Überaugenstreifs sowie nur schwach weiß gefärbte Schultern unterscheidende Kennzeichen. Im Jugendkleid noch keine dunkle Stirn, Oberseite fein geschuppt. Im ab Herbst langsam angelegten ersten Winterkleid ähnlich Altvögeln, aber noch immer ohne schwarze Stirn. Möglicherweise bekommt auch das Weibchen im Schlichtkleid eine helle Stirn. Der Gesang ist plaudernd und abwechslungsreich, mit häufig etwas drosselartigen Pfiffen, Trillern und Nachahmungen. Läßt, z.B. im Streit mit Artgenossen, ein gepreßtes "Kschvää" hören. In Südost-Europa häufig in offener Landschaft mit Wäldchen und verbuschtem Gelände. Während des Zuges im August/September bzw. Mai ein Charaktervogel im östlichen Mittelmeerraum, sitzt dann oft auf Telefonleitungen über Feldern und Wiesen. Lebt hauptsächlich von Insekten, bevorzugt von Heuschrecken und Käfern, aber auch von Eidechsen, kleinen Fröschen und anderen Kleintieren. Brütet nur noch ausnahmsweise in Süddeutschland. *Abb. S. 481*

Neuntöter   Schwarzstirnwürger   Raubwürger

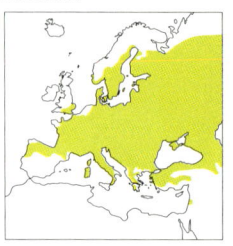 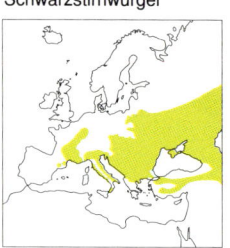 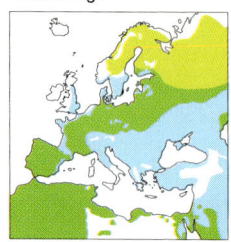

Isabellwürger
phoenicuroides
1er W

Neuntöter
1er W

Neuntöter

Raubwürger
Lanius excubitor - Great Grey Shrike L 24 cm - BZW

Ein auffälliger, grau, schwarz und weiß gefärbter langschwänziger Vogel, der offen auf einer Buschspitze, einem Baum oder einem Leitungsdraht sitzt. Vom kleineren südeuropäischen Schwarzstirnwürger (S. 478) durch längeren Schwanz, kürzere, rundere Flügel, mehr waagerechte Haltung, fehlende schwarze Stirn, weißen Überaugenstreif und weiße Schulterfedern unterschieden. Der weiße Flügelstreif variiert zwischen einem kleinen Fleck auf der Handschwingenbasis und (bei nördlichen Populationen) einem kräftigen Band über den ganzen Flügel. Beim wellenförmigen Flug wechseln schnelle Schlagserien mit Gleitphasen bei vollständig angelegten Flügeln ab. In verschiedenen Unterarten weit verbreitet, in Europa hauptsächlich die Nominatform, auf der Iberischen Halbinsel und an der französischen Mittelmeerküste *meridionalis* mit dunklerer Oberseite, graurosa Unterseite und weniger Weiß auf Schultern und Überaugenstreif. In Nordafrika ist *algeriensis* oberseits dunkel schiefergrau mit grauer Unterseite ohne rosa Ton und ohne Überaugenstreif, geht in der Sahara langsam in *elegans* über, die heller ist und auf Schultern und Flügeln mehr Weiß hat. Sie wird von der Sinai-Halbinsel entlang des Roten Meeres und in Arabien durch *aucheri* ersetzt, die oberseits dunkler ist, weniger Weiß auf den Flügeln hat und deren schwarze Maske in einem schmalen Band über den Schnabel reicht. Gesang einfacher als bei anderen Würgern, meist mit mausartig schrillen, vibrierenden Trillern und knirschenden Lauten plaudernd, gemischt mit rauhem "Väck". Typisch ist ein monoton mit langen Pausen wiederholter Doppellaut, in Marokko oft ein kurzes, metallisches "Schryck" oder nasales "Shihk-shihk". Andere Rufe hell klingelnd "schrrie", gedehnt und nasal "ääh". Ernährt sich von Insekten, Nagetieren und Kleinvögeln bis Drosselgröße. Aufgespießte Singvögel zeugen im Winter von seiner Anwesenheit. Brütet in offener Landschaft, in Deutschland abnehmend. Im Winter (dann auch nördliche Gäste) einziger Würger in Europa. *Karte S. 478*

Raubwürger

Schwarzstirn-

Raubwürger

juv.

♂   1er W

Schwarzstirnwürger

meridionalis

algeriensis   **Raubwürger**

badius juv.   Rotkopfwürger juv.   Maskenwürger juv.

Rotkopfwürger
Lanius senator - Woodchat Shrike   L 19 cm - BZ
So groß wie ein Neuntöter, durch roten Scheitel und Nacken und Weiß auf Schultern und
Bürzel gekennzeichnet. Wirkt durch schwarze und weiße Musterung besonders im Flug
sehr bunt. Weibchen etwas matter als Männchen gefärbt und mit mehr weißen Federn an
Zügel und Stirn. Im Jugendkleid vom juvenilen Neuntöter durch hellere, rahmweiße
Zeichnung auf Schultern, Armdecken, Bürzel und Handschwingenbasen und dicker
wirkenden Kopf unterschieden. Die auf den Inseln des westlichen Mittelmeeres brütende
Unterart *badius* hat in allen Kleidern auf den Handschwingen kein oder nur wenig Weiß,
auf den Schultern weniger Weiß und einen gröberen Schnabel (Jungvögel ganz ähnlich
jungen Neuntötern, aber doch mit helleren Schultern und kontrastloserem Kopf). Gesang
sehr variabel, mit hellen Pfiffen, Trillern und Nachahmungen, wiederholten Motiven,
einem Bluthänfling nicht unähnlich. Häufigster Ruf ein variiertes, schnarrendes, meist
trocken und etwas rauh klapperndes "Schrrrrret", manchmal eher wie "kschäää". Warnt
wie Neuntöter. Kommt in offenen Wäldern, Gärten, Plantagen und Macchia vor. Ist im
westlichen Mittelmeergebiet der häufigste und auf den meisten Mittelmeerinseln der
einzige Würger. Lebt überwiegend von größeren Insekten. Zieht im August/September,
kommt im März/April zurück. In Deutschland nur im Süden sehr seltener und abnehmen-
der Brutvogel, im Norden Ausnahmeerscheinung.

Maskenwürger
Lanius nubicus - Masked Shrike   L 18 cm
Altvögel unverkennbar und im Flug sehr bunt. Jungvogel ähnelt juvenilem Rotkopfwürger, ist aber etwas kleiner, langschwänziger, schlankschnäbeliger und grau statt braun
gefärbt. Legt langsam das erste Winterkleid an, dann ähnlich Weibchen, aber mit heller
grauem Mantel und ohne Ockertönung der Flanken. Stirn im reinen Jugendkleid grau mit
dunkler Quermaserung, doch erscheinen die weißen Federn so schnell, daß Jungvögel im
Herbst meist schon an der weißen Stirn bestimmt werden können. Flug verhältnismäßig
lahm und schwankend. Gesang erinnert an Olivenspötter oder Teichrohrsänger, ein
anhaltendes Mahlen auf groben und herausgestoßenen, manchmal knirschenden Tönen.
Häufigster Ruf (meist beim Auffliegen) vokalos schnarrend "krrrr" ähnlich Rotkopfwürger, auch etwas vibrierend "schrriik". Lokal relativ häufig in offener oder halboffener
Landschaft. Lebt versteckter als andere Würger, sitzt vorzugsweise tief in einem Baum
oder Busch, aber auch exponiert z.B. auf Telefonleitungen. Lebt von Insekten. Trifft im
April/Mai ein und zieht von August-Anfang September.

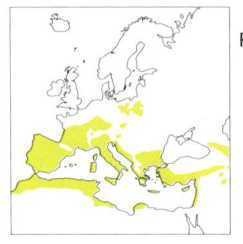

Rotkopfwürger

Maskenwürger

Rotkopfwürger

Maskenwürger

Star
Sturnus vulgaris - Starling   L 21 cm - BJZ

Der Star kann in Nordeuropa mit kaum einem anderen Vogel verwechselt werden. Die langschwänzigere Amsel hüpft auf dem Rasen, der kurzschwänzige Star trippelt. Männchen unterscheiden sich vom Weibchen im Frühjahr durch spärlichere helle Fleckung, stärkeren violetten und grünen Gefiederglanz, bläuliche statt rosaweißliche Unterschnabelbasis und einfarbig dunkelbraune Iris, die beim Weibchen durch einen weißlichen Ring geziert ist. Die einfarbig graubraunen Jungvögel sind durch ihre Gestalt und Bewegungsweise gekennzeichnet. Ab Ende Mai sammeln sich die Jungvögel der ersten Brut zu großen Schwärmen. Gesang abwechslungsreich, mit Nachahmungen, knirschendem Gezwitscher, knackenden Lauten und gedehnten, hellen Pfiffen. Ruft schwirrend "tjürr" und "staahr". Ist mit seinem langen, spitzen Schnabel ein Spezialist bei der Nahrungssuche auf Rasenflächen und Tangbänken: Um Würmer oder Insekten zu entdecken, steckt er den Schnabel in den Boden, öffnet ihn und begutachtet den Spalt mit seinen nach vorne gerichteten Augen. Lebt auch von Beeren, Früchten und Samen. Brütet in Baumhöhlen, Nistkästen oder Gebäudenischen. Übernachtet in gewaltigen Trupps im Schilf oder in Bäumen. Zieht im September/Oktober, zurück ab März, überwintert aber in wachsender Anzahl in Deutschland.

Einfarbstar
Sturnus unicolor - Spotless Starling   L 21 cm

Ersetzt den Star südlich der Pyrenäen, besiedelt derzeit Südwest-Frankreich. Wirkt "öliger" als der Star, ist im Prachtkleid ungefleckt, schimmert eher lila oder blau und hat keinen grünen Ton auf dem Mantel. Im Schlichtkleid mit kleinen grauweißen Flecken (um die Jahreswende oft abgenutzt), sieht aus der Entfernung leicht grau aus. Im Winterhalbjahr in Spanien oft zusammen mit Staren, die dann wegen ihrer größeren weißlichen Flecken heller wirken. Singt ähnlich Star, aber einfacher und kann offenbar nicht mehrere Laute gleichzeitig hervorbringen. Brütet gern kolonieartig, Lebensweise sonst wie Star.

Rosenstar
Sturnus roseus - Rose-coloured Starling   L 21 cm - A

Im Prachtkleid unverkennbar (nur mit teilalbinotischen Staren zu verwechseln, deren helle Partien aber weiß bis beige sind und die keinen Schopf haben). Weibchen mit kürzeren Nackenfedern, schwächerem Glanz und weniger Schwarz an der Schnabelbasis. Jungvögel unterscheiden sich von gelegentlich vorkommenden sehr hellen juvenilen Staren durch hellen, kürzeren, stärker abwärts gebogenen Schnabel, hellere, derbere Beine, hellen Zügel, breite weißliche Ränder der Schirmfedern, Großen und Mittleren Armdecken und auffallend hellen Bürzel. Erstes Winterkleid ab Spätsommer/Herbst mit graubraunem Mantel und hellerem Bürzel, beigerosa Unterseite, dunkelbraunem Kopf und ebensolchen Flügeln mit helleren Federrändern. Rosa Färbung im Schlichtkleid durch graubraune Federränder schmutzig wirkend. Ruft im Flug laut und klar "ki-ki-ki-ki", starenartig "schrrr" und im Streit knatternd "tjick-ick-ick-ick...". Ausgeprägter Schwarmvogel, brütet in Kolonien in Felsspalten oder an Gebäuden in Südost-Europa (selten) und Mittelasien in offener Landschaft mit vielen Heuschrecken. Brutzyklus nur etwa einen Monat lang (Juni/Juli), zieht im Juli/August hauptsächlich nach Nordindien. Heimzug durch Kleinasien vor allem im Mai. In manchen Jahren in Südost-Europa etwas häufiger, einzelne fliegen ausnahmsweise bis Mitteleuropa, besonders Jungvögel im Herbst.

Star   Einfarbstar   Rosenstar

Pirol
Oriolus oriolus - Golden Oriole L 24 cm - BZ
Ein schlanker, drosselgroßer Vogel mit spechtartigem Wellenflug. Hält sich meist in Baumkronen versteckt, wo das gelbe Federkleid des Männchens im sonnendurchfluteten Laubwerk kaum auffällt. Männchen im zweiten Kalenderjahr grünlich wie Weibchen, aber Brust und Bauch etwas gelber und Schwanzzeichnung kontrastreicher. Scheu und meist durch die Stimme auffallend. Männchen pfeift wehmütig, aber schnell und klar flötend "dü-de-lio" ("Vogel Bülow"). Beide Geschlechter krächzen eichelhäherähnlich "chrää". Ernährt sich von Insekten, Früchten und Beeren. Brütet in älteren Laubwäldern, großen Parks und Wäldchen in der Kulturlandschaft, trifft ab Mitte Mai ein.

Tristramstar
Onychognathus tristramii - Tristram's Grackle L 25 cm
Ein amselgroßer Vogel mit rostroten Handschwingen. Männchen glänzend schwarz mit rötlichem Auge, Weibchen und Jungvögel matter getönt, Kopf, Hals und Brust schwarzbraun mit dunkler Strichelung. Sehr stimmfreudig, meist in kleinen Gruppen, die an Funkpeilung im Radio erinnernd "wiiowiowit" und "vuu-ii-uu" pfeifen, das in Felsschluchten oft ein Echo findet. Bewohnt Felswüsten und bewachsene Wadis in Jordanien, Südisrael, der südlichen Sinai-Halbinsel und an der West- und Südküste Arabiens.

Unglückshäher
Perisoreus infaustus - Siberian Jay   L 28 cm
Ein unverwechselbarer Charaktervogel der dichten, flechtenreichen Taiga des Nordens. Die Jungvögel sind bereits im Juni flügge, so daß man oft auf Familienverbände stößt. Sie sind Menschen gegenüber neugierig, kommen einer nach dem anderen in tiefen Bögen angeglitten, um sich ganz nah niederzulassen und oft ebenso schnell wieder zu verschwinden. Meist sind sie schweigsam, doch viele "unbekannte" Rufe in der Taiga stammen nicht selten vom Unglückshäher, so u.a. ein bussardartiges Miauen und ein eichelhäherartiges Geschrei. Äußert auch Imitationen und andere Rufe, die aber im Charakter alle weich und leise sind. Lebt von Insekten und diversen Kleintieren, Eiern und Jungen von Kleinvögeln, Beeren und Samen, die (wie bei Meisen) im Herbst oft in Rindenspalten oder herabhängenden Flechten versteckt werden. Ausgeprägter Standvogel.

Pirol

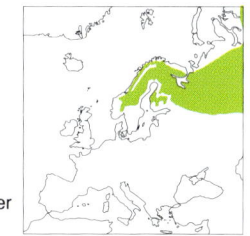
Unglückshäher

Eichelhäher
Garrulus glandarius - Jay   L 34 cm - BJW
Ein bekannter Krähenvogel, der auffallend bunt ist und im Flug durch die weißen Felder auf Bürzel und Armschwingen und das blaue Muster auf den Flügeldecken gekennzeichnet ist. Ist zwar in Wäldern häufig, lebt aber oft sehr zurückgezogen und wird besonders im Herbst gesehen, wenn er im Pendelverkehr zwischen seinem "Heimatwald" und den Eichenwäldern der Umgebung hin und her fliegt, um sich mit Eicheln für den Winter zu versorgen. Im Streckenflug werden die runden Flügel flatternd bewegt, und die Flugbahn ist etwas unstetig. Kürzere Flugstrecken bewältigt er in weichem, tiefem Wellenflug. Variiert geographisch etwas im Farbton, und nordafrikanische und östliche Unterarten sind auf dem Scheitel stärker gestreift oder ganz schwarz. Oft zu hören, der bekannteste Ruf ist ein laut und heiser rätschendes "Chräh", ferner wie Mäusebussard miauend "piäh" und blubbernde Laute. Brütet in den verschiedensten Waldformen, auch in Parks, und frißt neben Insekten und Baumfrüchten auch Eier und Junge von Singvögeln. Besucht Futterstellen, wird aber selten weit von einem Wald entfernt gesehen. Besonders nordöstliche Populationen unternehmen in manchen Jahren jedoch umfassende Wanderungen und werden im Herbst in kleinen, lockeren Zugtrupps gesehen.

Tannenhäher
Nucifraga caryocatactes - Nutcracker   L 32 cm - BJW
Das dunkelbraune, weiß gefleckte Gefieder sieht aus der Entfernung grau mit schwarzen Flügeln und braunem Scheitel aus. Flugsilhouette ähnlich Eichelhäher, aber Schwanz (dunkel mit Kontrast zum Weiß von Spitze und Steiß) kürzer und Flug stetiger, etwas vorderlastiger wirkend. Häufigste Rufe ein wiederholtes, hölzernes "Rrraa", heller und lauter als bei der Aaskrähe, und ein auch als Warnruf eingesetztes, leise gurrendes oder surrendes "Arrrrr". Der Tannenhäher ist ein Nadelwaldvogel, der in Skandinavien dichten Fichtenwald mit angrenzenden Haselbeständen bevorzugt, in Mitteleuropa Nadelwald im Bergland. Zur Brutzeit sehr heimlich, sitzt allerdings gern auf einer Fichtenspitze. Die sibirische Unterart *macrorhynchos* (Schnabel länger und schlanker, mehr Weiß auf äußeren Steuerfedern) lebt von Zirbelkiefersamen und kann bei Nahrungsmangel invasionsartige Wanderungen nach Westen unternehmen. Auch skandinavische Vögel weichen gelegentlich nach Süden aus. Sonst Standvogel, der von Nüssen, Koniferensamen, Insekten und Kleintieren lebt.

Elster
Pica pica - Magpie   L 44-48 cm - BJ
Häufig, unverwechselbar und allgemein bekannt. Kommt in sehr unterschiedlichen Lebensräumen vor, oft in der Nähe des Menschen. Männchen durchschnittlich etwas größer und langschwänziger als Weibchen. Die nordwest-afrikanische Unterart *mauretanica* ist deutlich kleiner, hat einen blauen, federlosen Hautfleck hinter dem Auge, einen schwarzen Rücken und einen einfarbig grün glänzenden Schwanz. Ist Menschen gegenüber wachsam und warnt bei Greifvögeln, Katzen und anderen Feinden intensiv schakkernd. Außer heiserem Krächzen manchmal ein leiser, faselnder Gesang aus feinen wimmernden und zwitschernden Lauten. Paare gehen eine lebenslange Bindung ein. Das große, kugelförmige Zweignest mit seitlichem Eingang wird jedes Jahr neu errichtet oder rundum erneuert. Im Winter oft große Gruppen am gemeinsamen Schlafplatz. Frißt fast alles. Überwiegend Standvogel.

Eichelhäher	Tannenhäher	Elster

Blauelster
Cyanopica cyana - Azure-winged Magpie L 35 cm
Unverkennbar gefärbt. Tritt oft in lauten, scheuen Gruppen auf, die im "Gänsemarsch" vorsichtig von Baum zu Baum gleiten. Ruft meist gedehnt, heiser trillernd oder schreiend "kschrrrie", manchmal trocken klappernd, bisweilen von einem kurzen "Küit" gefolgt, beunruhigt rauher "krrree". Eine südost-asiatische Art, auf der Iberischen Halbinsel (wohl vor langer Zeit von Seefahrern eingeschleppt) lokal relativ häufig, vor allem in Pinienwäldern.

Alpendohle
Pyrrhocorax graculus - Alpine Chough L 38 cm - BJ
Dohlengroß mit kleinem Kopf und gelbem Schnabel. Kommt ausschließlich im Hochgebirge mit Steilhängen bis in über 4000 m Höhe vor, oft in Trupps und sehr zutraulich an Berggasthöfen. Akrobatischer Segelflieger, Trupps treiben oft wie Herbstlaub in den Aufwinden an Bergspitzen und Abstürzen. Unterscheidet sich von der auch in große Höhe vordringenden Dohle durch stärker gefingerte Flügel und schwarze Unterflügeldecken, die sich von den helleren Schwungfedern abheben (Dohle hat gleichmäßig schwarzgraue Unterflügel). Vgl. auch Alpenkrähe. Stimme ähnlich Alpenkrähe, doch klingt die Alpendohle meist höher und spitzer, z.B. schnell rollend "pr'r'r'r'r" oder "prrrrrü" (Trillerpfeife), schärfer "pyrrl", manchmal mit tieferen Vokalen, sehr scharf winselnd und pfeifend "tzieeh" (wobei der Vokal manchmal fast verschwindet) oder "pziepp". Lebt hauptsächlich von Insekten, anderen Kleintieren und Abfällen.

Alpenkrähe
Pyrrhocorax pyrrhocorax - Chough L 40 cm - A
Unterscheidet sich von der Alpendohle durch längeren, roten Schnabel (bei Jungvögeln kürzer und beigeorange), im Flug durch sechs (statt fünf) tief gefingerte Handschwingen, kürzeren, breiteren, eher gerade abgeschnittenen Schwanz und geraden (statt geschwungenen) Flügelhinterrand. Lebensweise wie Alpendohle, aber meist scheuer. Stimme mit runderen und klareren Vokalen, eher dohlenähnlich, z.B. schnell rollend "schrrr" oder "kchraü", über "krau" zu dohlenartigem "Kjak" übergehend, auch heller, melodischer "kiau" oder "tsia" und scharf "pcheü". In Südeuropa lokal häufig in Felsgebirgen, aber auch in niedriger gelegenen Gebieten, in Westeuropa lokal an Meeresklippen.

Blauelster   Alpendohle   Alpenkrähe

 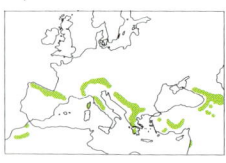 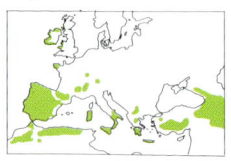

Dohle — Kontinent *spermologus* — Nordost-Europa — 1er W/S — Elsterdohle

Dohle
Corvus monedula - Jackdaw   L 33 cm - BJW

Unterscheidet sich von anderen schwarzen Krähenvögeln durch geringere Größe, schnellere Bewegungen, grauen Nacken und helle Iris. Segelt gerne, besonders abends, wenn Gruppen am Gemeinschaftsschlafplatz unter Ausnutzung von Luftströmungen akrobatische Flugspiele vollführen. Ruft klangvoll, oft etwas scharf und metallisch "kja" und "tjack". Paare gehen lebenslange Bindungen ein und halten oft selbst bei der Nahrungssuche zusammen. Brütet oft kolonieweise in Schornsteinen und an hohen Gebäuden, auch in Wäldern und Alleen mit Baumhöhlen. Nahrungssuche meist auf Feldern und Wiesen, in Mitteleuropa überwinternde osteuropäische Vögel oft mit Saatkrähen vergesellschaftet. Nordöstliche Unterarten (*monedula, soemmeringii*) mit hellerem Nacken oder weißlichem Halsseitenfleck. Die mittel- und ostasiatische **Elsterdohle** *Corvus dauuricus* ist weißlich und schwarz gemustert, hat immer eine dunkle Iris und wurde zweimal in Skandinavien beobachtet (wohl aus Gefangenschaft).

Kolkrabe
Corvus corax - Raven   L 65 cm - BJ

Unser größter Singvogel, deutlich größer als Saat- und Aaskrähe. Wird oft im Flug gesehen, wobei der keilförmige Schwanz, die kräftige Kopf- und Schnabelpartie und die schmalen Flügelspitzen die Silhouette kennzeichnen. Segelt gerne mit ausgestreckten Flügeln und kann dann für einen Greifvogel gehalten werden. Weit tragende Rufe, meist tief und metallisch, etwas schnarrend "krroap, krroap", mehr saatkrähenartig "krrahk" und bei der Balz hohl "klong". Warnt hartnäckig "arrk-arrk-arrk". Kommt vor allem im Bergland vor, aber auch in einsamen Wäldern des Flachlandes. Meidet meist menschliche Siedlungen, ist oft scheu und wachsam. Lebt von Aas, Abfall und Kleintieren. Standvogel.

Wüstenrabe
Corvus ruficollis - Brown-necked Raven   L 50 cm

In Aussehen und Lebensweise dem Kolkraben ähnlich, aber etwas kleiner, mit braun schimmerndem Nacken (schwer erkennbar) und den Schwanz oft etwas überragenden mittleren Steuerfedern. Stimme trockener und weniger klangvoll. Ersetzt den Kolkraben in Wüsten und Halbwüsten Nordafrikas und auf der Arabischen Halbinsel.

Borstenrabe
Corvus rhipidurus - Fan-tailed Raven   L 47 cm

Kleiner als Kolkrabe, im Flug sofort an kurzem Schwanz und breiten Flügeln kenntlich. Bewohnt Halbwüsten von Meereshöhe bis in über 3000 m Höhe, auch bei Siedlungen.

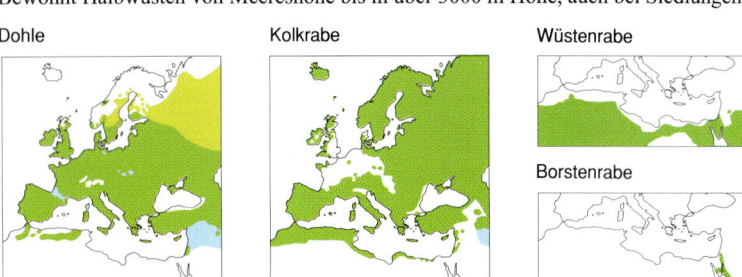

Dohle — Kolkrabe — Wüstenrabe — Borstenrabe

Dohle

Kolkrabe

Kolkrabe   Wüstenrabe   Borstenrabe

Aaskrähe
Corvus corone - Carrion Crow   L 47 cm - BJZW

Von der Aaskrähe gibt es in Europa zwei deutlich unterschiedene Unterarten, die durch graues Körpergefieder unverwechselbare "Nebelkrähe" *C. c. cornix* (in Südost-Europa *sardonius* mit Braunstich im Grau) und die ganz schwarze "Rabenkrähe" *C. c. corone*. Im Grenzgebiet, z.B. entlang der Elbe, gibt es Zwischenformen. "Rabenkrähen" können manchmal schwer von jungen Saatkrähen (s. dort) zu unterscheiden sein, haben aber keine "Hosen" und einen höheren, gleichmäßig breiten und erst an der Spitze des Firsts abwärts gebogenen Schnabel. Ruf in verschiedenen Variationen heiser krächzend "krah". Zwar gesellig, aber kein so ausgeprägter Schwarmvogel wie Saatkrähe. Brütet meist einzeln in Gehölzen der offenen Kulturlandschaft, frißt fast alles und paßt sich günstigen Nahrungsangeboten schnell an. Besonders nordöstliche Populationen ziehen. In Arabien westwärts bis Ägypten brütet neuerdings die südasiatische **Glanzkrähe** *Corvus splendens*, etwas kleiner als "Rabenkrähe", langschnäbeliger, Hals und Brust grau, Stimme höher, fast lachmöwenähnlich "chwäärr".

Saatkrähe
Corvus frugilegus - Rook   L 47 cm - BJZW

Hat einen wiegenden Gang und üppige "Hosen" an den Beinen, einen spitz zulaufenden Scheitel und einen langen, am Grund unbefiederten Schnabel. Jungvögel ohne nackten Schnabelgrund ähnlich "Rabenkrähe", aber Schnabel länger, schlanker, gleichmäßig (statt erst an der Firstspitze) abwärts gebogen, Schnabelwinkel hell (statt dunkel), Schneidekanten dort etwas nach oben gebogen (statt gerade), Borsten auf dem Oberschnabel bucklig hervorstehend (statt anliegend), Stirn ansteigend und Scheitel spitz, daher insgesamt birnenförmiges Kopfprofil (statt flach mit mehr keilförmigem Profil). Die Flügel sind (ebenso wie ihr gesamtes Federkleid und der Körperbau) etwas "schlapp" in der Konstruktion, Alula und Handdecken hängen z.B. oft etwas herab. Im Flug im Vergleich zur "Rabenkrähe" schmalere Flügel mit längerem Handflügel, etwas längerer, stärker gerundeter Schwanz, elastischere Flügelschläge und häufigeres Segeln. Ruft nasaler, heiserer und gleichmäßiger als Aaskrähe. Bevorzugt offenes, bewirtschaftetes Gelände, ernährt sich mehr vegetarisch und brütet in oft großen Kolonien in Zweignestern auf Bäumen. Gewaltige Schwärme meist östlicher Herkunft überwintern von Oktober bis April in Mitteleuropa.

"Rabenkrähe"   "Nebelkrähe"   Saatkrähe

 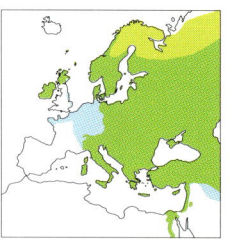 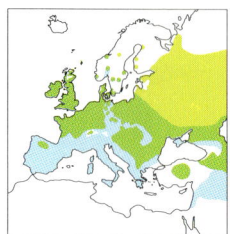

Brutplätze von Haus- und Feldsperling

Feldsperling juv.

Feldsperling
Passer montanus - Tree Sparrow L 14 cm - BJ
Der Feldsperling ist durch seine rotbraune Kopfplatte, einen schwarzen Wangenfleck und ein weißliches Nackenband leicht vom Haussperling zu unterscheiden. Die Geschlechter sind gleich gefärbt. Jungvögel haben ein graues, zu den Seiten in Rostbraun übergehendes Scheitelzentrum, keinen oder nur einen angedeuteten Wangenfleck und erinnern an Hybriden aus Haus- und Feldsperling. Brütet wie der Haussperling auch in Dörfern und Städten, ist aber ein weniger ausgeprägter Stadtvogel und kommt mehr in der offenen Landschaft vor, wo er in Nistkästen oder Baumhöhlen am Waldrand brütet. Ist lebhafter als der Haussperling, folgt Finken und Ammern auf Äcker und Felder. Flugruf schnell und klangvoll "täck täck täck ...". Ruft außerdem nasal "tjuvitt" und rattert haussperlingsartig "trett" oder "trettrett". Hauptsächlich Standvogel, nördliche Populationen ziehen aber. Erscheint im Winter regelmäßig südlich seines Brutgebietes.

Haussperling
Passer domesticus - House Sparrow L 15 cm - BJ
In seinem Vorkommen stark an den Menschen gebunden. Männchen mit schwarzem Latz, bleigrauem Scheitel und leberbraunem Band vom Auge bis in den Nacken sehr bunt gefärbt, Weibchen unscheinbar graubeige, aber sehr fein gezeichnet. Während der Mauser im August bis Oktober bekommen die Männchen ein mehr braunbeiges Kleid, bei dem der schwarze Latz und das Grau und Braun des Kopfes von beigen Federrändern teilweise verdeckt werden. Diese nutzen sich langsam ab, so daß die Vögel im Frühsommer am klarsten gefärbt sind. Die italienische Unterart *italiae* ("Italiensperling") nähert sich im Aussehen dem Weidensperling. Ruft ratternd "tscherrr" und monoton "tschilp" oder "tjirp", im Flug auch kürzer "tvit". Die Nahrung besteht hauptsächlich aus Samen und Insekten. Brütet in Höhlen, meist unter Dachpfannen, kann sein Nest aber auch frei in einem Baum oder Busch anlegen. Es ist dann kunstvoll gebaut, groß, überdacht und mit einem Seiteneingang versehen. Solche freiliegenden Nester sind in Südeuropa recht häufig.

Feldsperling

Haussperling

Feldsperling

♀

♂

Haussperling

♂

Weißstorchnest mit brütenden Weidensperlingen als "Untermieter"

Weidensperling
Passer hispaniolensis - Spanish Sparrow   L 15 cm

Oberflächlich betrachtet dem Haussperling ähnlich. Die Männchen sind im Frühjahr/Sommer aber recht leicht an ihrem kastanienbraunen Scheitel und der kräftigen schwarzen Zeichnung auf Mantel, Brust und Flanken zu erkennen. Im frischen Gefieder verbergen helle Federränder viel von der charakteristischen Färbung. Weibchen sind oft nicht von Haussperlingsweibchen zu unterscheiden, sind aber auf der Unterseite oft gestrichelt, haben einen weißeren Bauch und einen etwas kräftigeren Schnabel. Wo beide Arten nebeneinander vorkommen, lebt der Weidensperling vor allem auf dem Land und wird in Ortschaften vom Haussperling ersetzt. Hybriden kommen vor. Brütet in oft großer Zahl kolonieweise in Gärten und Plantagen. Baut freistehende, runde Grasnester mit seitlichem Eingang, auch in Gebäudenischen und Storchennestern. Rufe haussperlingsartig. Zieht teilweise, versammelt sich zur Übernachtung wie der Star in großen Konzentrationen, z.B. in Wäldchen oder Schilfgebieten, lokal zu Hunderttausenden. Nahrung wie Haussperling; verursacht in Anpflanzungen lokal großen Schaden. Kommt in Spanien trotz des englischen Namens nur am Fluß Guadiana in der Estremadura vor.

Steinsperling
Petronia petronia - Rock Sparrow   L 14,5 cm - A

Ähnelt einem weiblichen Haussperling, ist aber gedrungener, hat einen breiten, hellen Überaugenstreif, begrenzt durch dunklen Scheitelseitenstreif, eine helle Scheitelmitte und eine deutlich gestreifte Brust. Wirkt im wellenförmigen Flug großköpfig und kurzschwänzig. Dabei fallen, besonders während der Landung, die hellen Flecke an der Schwanzspitze auf. Der gelbe Kehlfleck ist kaum einmal sichtbar, außer bei der Demonstration dem Partner gegenüber oder wenn das Männchen gedehnt und zischend "vi-viep" oder "viep" lockt. Hat sehr viele Rufe, die meisten sind haussperlingsartig, im Flug z.B. nasal "üäp" oder "uüi", unterdrückt und etwas ratternd "schrrye" oder "kriep", auch ein arttypisches, metallisches "Zvih-vy". Kommt im Bergland bis in eine Höhe von mindestens 2500 m vor, meistens in niedrigerem Gelände und auch an kleineren, erodierten Hängen, Ruinen und in Dörfern, im Winter auch in Anbaugebieten im Flachland, oft zusammen mit dem Haussperling. Hat früher auch in Mitteleuropa gebrütet.

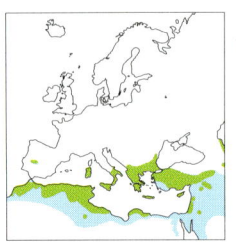

Weidensperling

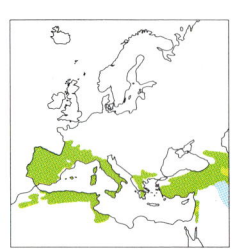

Steinsperling

Moabsperling
Passer moabiticus - Dead Sea Sparrow L 12 cm
Ein sehr kleiner Sperling. Männchen sehr bunt mit schwarzem Kehllatz und hell eingerahmtem schwarzem Augenstreif, im Prachtkleid mit orangegelbem Fleck auf den Halsseiten. Das Gefieder des Weibchens ähnelt sehr dem des Haussperlingweibchens, manchmal mit blaß rostgelblichem Ton auf Kehlseiten und Überaugenstreif. Rufe haussperlingsartig, aber heller und angenehmer, u.a. hell "trrip". Singt eine monoton wiederholte Strophe, z.B. "tser víp" oder "tser víp evíp". Scheuer als Haussperling. Brütet im Mittleren Osten meist in Kolonien in Tamarisken und anderem Gebüsch in Wassernähe. Hat in den achtziger Jahren auf Zypern gebrütet.

Wüstensperling
Passer simplex - Desert Sparrow L 13 cm
Ein ausgeprägter Wüstenvogel. Beide Geschlechter sehr hell, beim blaß grauen Männchen schwarze Färbung von Maske, Kehllatz und Schnabel auffallend, Flügel im Flug kontrastreich weiß und schwarz. Weibchen und Jungvögel recht einheitlich hell sandbeige mit hellem Schnabel, Flügelzeichnung weniger kontrastreich. Gesang ein langgezogener, an Grünling erinnernder Triller, außerdem tschilpende Laute ähnlich Haussperling. Kommt ziemlich lokal und teilweise nomadisch in Sandwüsten Nordafrikas bei Oasen, Anbaugebieten oder anderer Busch- oder Baumvegetation vor.

Fahlsperling
Petronia brachydactyla - Pale Rock Sparrow L 14 cm
Etwas kleiner als der Steinsperling, mit kürzerem Schwanz und längeren Flügeln. Unauffällig sandig graubraun, auf dem Körper ohne die Strichzeichnung des Steinsperlings. Die Flügel sind dunkler braun und tragen zwei hellere Flügelbinden und schmutzig weiße Ränder der Armschwingen. Schwanzfärbung wie Steinsperling. Hat außerdem einen schmalen, weißlichen Überaugenstreif, eine weiße Kehle, einen diffusen Kinnstreif und einen kräftigeren hellen Schnabel mit runderem First als beim Steinsperling. Der Gesang ist ein monoton surrendes und etwas insektenartiges "tzz tzz tzz-tzeeeeeeei", der Flugruf ähnelt dem eines entfernten Bienenfressers. Lebt in halbwüstenartigem Bergland oder in steinigen Gebieten mit Büschen, im Winter auch im Flachland und in Anbaugebieten. Kommt spät im Brutgebiet an, oft erst Anfang Mai.

Gelbkehlsperling
Petronia xanthocollis - Yellow-throated Sparrow L 13 cm
Finkenartig, mit längerem Schwanz und geraderem Schnabelfirst als beim Fahlsperling, insgesamt dunkler und ohne Weiß an der Schwanzspitze. Schnabel beim Männchen im Prachtkleid schwarz, im Winter und beim Weibchen hornfarben. Weibchen ohne Gelb auf der Brust, eine deutliche schmutzig weiße Flügelbinde entlang der Mittleren Decken ist typisch. Gesang tschilpend, aber wie auch die Rufe melodischer und weicher als beim Haussperling. Kommt in trockenem Gelände mit einzelnen Bäumen, Palmenhainen und in Dörfern vor, brütet in Baumhöhlen.

Moabsperling

Fahlsperling

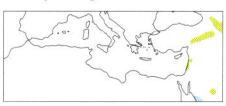

Wüstensperling

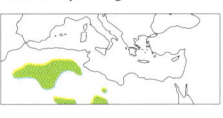

Gelbkehlsperling

Moabsperling
Wüstensperling
Fahlsperling
Gelbkehlsperling

Schneefinken

Schneefink
Montifringilla nivalis - Snow Finch   L 18 cm - BJ
Eine ausgeprägt alpine Art, der Schneeammer zwar ähnlich, aber mit ganz anderem Verbreitungsgebiet und einfarbig grauem Kopf. Im Flug durch die weiße Flügelzeichnung sehr auffallend. Im Winter mit gelbem Schnabel, hellerem Kopf, Mantel und Rücken und ohne schwarzes Kinn. Die in der Türkei und dem Kaukasus vorkommende Unterart *alpicola* hat einen helleren Mantel und einen dem Ton des Rückens entsprechenden bräunlichen Scheitel. Sehr gesellig, große Schwärme erinnern mit ihrem tanzenden Flug an Schneeflocken. Ruft beim Auffliegen scharf und nasal "pschieü" oder kurz "pschie", klingt variiert auch wie "kähk" oder "kihk", bei Beunruhigung "pchrrrt". Singt von Felswarte oder im Gleitflug mit ammerähnlichem Ton eine stotternde Folge verschiedener Motive. Lokal häufig an steinigen und felsigen alpinen Hängen und Plateaus oberhalb der Baumgrenze, meist über 2000 m Höhe, im Winter in tieferen Lagen. Tritt oft wenig scheu bei Sennhütten und Dörfern auf. Frißt Insekten und verschiedene Samen.

Tigerfink
Amandava amandava - Red Avadavat   L 9 cm
Indische Art, lokal häufig in Ostspanien und Portugal, wo sich entflogene Käfigvögel stark vermehrt haben. Klein, spindelförmig, Männchen im Prachtkleid karminrot mit weißen Perlflecken auf Unterseite und Flügeln, Weibchen und Männchen im Schlichtkleid oberseits graubraun, unterseits graubeige, immer mit rotem Schnabel und Bürzel. Singt anhaltend und hell angenehm zwitschernd, ruft im Flug hoch zirpend. Bewohnt hohes Gras, oft in Wassernähe. Kann mit dem langschwänzigeren **Senegalamarant** *Lagonosticta senegala* aus der Sahelzone verwechselt werden (brütet nordwärts bis Südalgerien, in Marokko nachgewiesen): Männchen karminrot, Flügel braun, nur weiße Brustflecken, beide Geschlechter mit hellem Augenring und blauer Basis des roten Schnabels.

Wellenastrild
Estrilda astrild - Common Waxbill   L 10 cm
Afrikanische Art, bei Obidos in Portugal ausgesetzt. Schwarmvogel in Schilfstreifen an Feldern. Schwärzliche Wellenzeichnung, Schnabel, Maske und Bauchfleck rot.

Indischer Silberschnabel
Euodice malabarica - Indian Silverbill   L 11 cm

Schneefink

Brütet von Indien westwärts bis an den Persischen Golf, neuerdings am Golf von Akaba (wohl ausgesetzt). Klein, langgestreckt, mit spitzem, schwärzlichem Schwanz und weißem Bürzel. Schnabel hell blaugrau, Basis hoch, First leicht gewölbt. Geschlechter gleich gefärbt. Gesang kurz trillernd, sonst hoch zirpende Laute, im Flug "tschet-tschet-tschet". Der ähnliche **Afrikanische Silberschnabel** *Euodice cantans* breitet sich nordwärts aus und brütet in Südägypten und Südarabien. Unterscheidet sich durch schwarzen Bürzel und feine Wellenzeichnung auf Armdecken und Schirmfedern. Beide leben in verbuschtem Grasland und in Oasen.

SK

♂ PK

Schneefink

♂

♂ SK/ ♀
Tigerfink

Wellenastrild ♂

Indischer Silberschnabel

Buchfink
Fringilla coelebs - Chaffinch L 15,5 cm - BJZW
Das Männchen ist leicht zu erkennen, das braungrüne Weibchen sieht dagegen eher unscheinbar aus. Weiß auf Flügelbug, Flügelbinde und äußeren Steuerfedern ist für beide Geschlechter kennzeichnend. Zeichnung des Männchens im frischen Gefieder im Herbst teilweise von bräunlichen Federrändern verdeckt, die sich zum Spätwinter hin abnutzen. Männchen im zweiten Kalenderjahr tragen die braungrauen "Winterbänder" im Nacken noch weit bis ins Frühjahr. Nordafrikanische Unterarten mit moosgrünem Mantel, blaugrauen Kopfseiten und hellrosa Brust, auf den Atlantischen Inseln verschiedene Unterarten mit grünlichem bis blauem Mantel und hellrosa bis beigerosa Brust. Der Gesang ist ein sich beschleunigendes Schmettern mit abschließendem Triller, regional etwas variierend. Ruft klangvoll "fink", im Flug weicher "jüpp", warnt monoton wiederholt "hüitt" und ruft auch rollend und etwas metallisch "schrrüt". Sehr häufig in Wäldern, Parks und Gärten. Skandinavische Vögel ziehen in Schwärmen, oft zusammen mit Bergfinken, Ende September-Oktober nach Mittel- und Westeuropa, zurück im März/April. In Deutschland überwintern vorwiegend Männchen. Nur in den Nadelwäldern von Gran Canaria und Teneriffa brütet der **Teydefink** *Fringilla teydea*, in der Gestalt wie ein Buchfink, das Männchen aber rundum blaugrau, das Weibchen düster grauoliv.

Bergfink
Fringilla montifringilla - Brambling L 15,5 cm - bW
Unterscheidet sich vom Buchfink in allen Kleidern durch rostbeige bis orange Farbe auf Brust, Flügelbug und Flügelbinde, im Flug sofort durch weißen Bürzel. Männchen im Schlichtkleid ähnlich Weibchen, hat aber klarere Farben und einen leuchtend gelblichen, an der Spitze dunklen Schnabel. Durch Abnutzung der hellen Federränder wird der Kopf des Männchens im Spätwinter langsam dunkler und schließlich glänzend schwarz. Flugruf "jüpp" wie Buchfink, aber auch arteigen, eintönig nasal und metallisch quäkend "Äähp". Gesang ein grünlingartiges, langgezogenes Quäken. Am Brutplatz weitere, z.T. verwirrende Rufe, beunruhigt sehr dünn, aber regelmäßig tickend "stitt", warnend rauh "äehp". Mit dem Gesang ruft das Männchen rollend "shrrü", wie ein ausgeflogenes Drosseljunges, und hat eine seltene Gesangsvariante mit einem klappernden Triller, "chechechecheche". Wird während des Zuges in Schwärmen auf Äckern und in Wäldern angetroffen. Im Winter stellen Bucheckern eine wichtige Nahrungsquelle dar. Zieht von Ende September-Oktober, zurück im April-Mitte Mai. Ausnahmsweise brüten Einzelpaare in Deutschland. In manchen Jahren in Deutschland ein sehr häufiger, in anderen ein eher spärlicher Wintergast. Besucht in Trupps Futterhäuser.

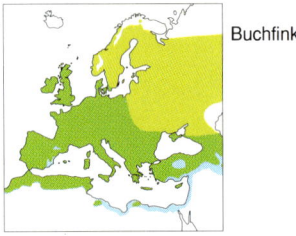

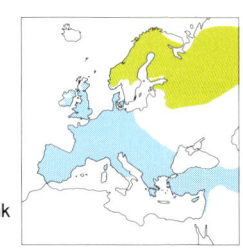

Buchfink

Bergfink

Kernbeißer

Coccothraustes coccothraustes - Hawfinch L 18 cm - BJW

Ein unverkennbarer, sehr großer, kompakter und großköpfiger Finkenvogel. Der gewaltige Schnabel ist im Frühjahr/Sommer bleigrau, im Winter hellbeige. Das Weibchen ist schwächer gefärbt und hat Grau auf den Armschwingen und Außenfahnen der Handschwingen. Jungvögel mit beiger, quer gefleckter Brust und schwächerer Gesichtszeichnung. Trotz des charakteristischen Aussehens im Sommer leicht zu übersehen, da er dann scheu und zurückgezogen lebt und sich oft nur durch die Stimme, explosiv "zick" oder zischend "srri", zu erkennen gibt. Meist sieht man ihn dann nur im wellenförmigen Flug in Baumspitzenhöhe einer Waldlichtung zustreben oder plötzlich vom Waldboden auffliegen. Dann ist die weiße Zeichnung auf Flügeln und Schwanzspitze neben der kompakten Gestalt das wichtigste Kennzeichen (Abb. S. 512). Unscheinbarer Gesang eine leise Serie hoher, unsauberer Töne. Kommt relativ spärlich in Laub- und Mischwäldern, auch in Parks und Gärten vor. Mit seinem kräftigen Schnabel kann er Kerne von Steinobst knacken, z.B. von Kirschen, doch bilden Samen von Buchen, Ahorn und Ulmen, Knospen und Insekten die Hauptnahrung. Im Winter oft in Gruppen, die auch Futterhäuser in Gärten besuchen und Sonnenblumensamen fressen. Viele nordöstliche Kernbeißer ziehen im Oktober/November nach Mitteleuropa.

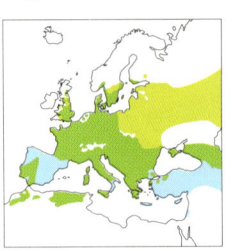

Kanarengirlitz
Serinus canaria - Canary L 13 cm
Kommt nur auf Madeira, den Azoren und westlichen Kanaren vor und ist die Stammform des häufig gehaltenen Kanarienvogels. Größer und langschwänziger als Girlitz, mit grauerem Mantel und gestricheltem, grüngelbem Bürzel. Stimme wie Kanarienvogel. Häufig in Gärten, Plantagen und an Waldrändern.

Zederngirlitz
Serinus syriacus - Syrian Serin L 12 cm
Im Vergleich zum Girlitz langgestreckter, deutlich langschwänziger und mit mehr an Zitronengirlitz erinnernder Färbung. Grauer Kopf, Männchen auf Stirn, Kinn und Augenpartie gelb, Weibchen schwächer gezeichnet und nur auf der Stirn gelb. Flügel im frischen Gefieder einfarbig gelbgrün, Schwanz mit gelben Außenkanten. Brust gräulich, Bauch schwach gelblich oder gelbgrün, schwache Strichelung lediglich auf Mantel und hinterem Flankenbereich (vgl. Girlitz). Ruft im Flug schwach, aber kennzeichnend "ter-lett" oder "terrl", ohne den klingelnden Charakter des Girlitzes. Gesang ein kleines Gezwitscher, im Tempo etwas bluthänflingsartig mit kurz rollendem Triller. Brütet im Bergland mit Zedern und Wacholdersträuchern, auch in Gärten und Plantagen, geht im Winter auch im mehr baumloses, halbwüstenartiges Gebirge südlich bis zur Sinai-Halbinsel. Die Winterpopulation in Nordjordanien stammt wahrscheinlich aus einem bislang unbekannten Brutgebiet.

Zitronengirlitz
Serinus citrinella - Citril Finch L 12 cm - BJ

Ein kleiner Finkenvogel mit ungestreiftem oder nur schwach gestreiftem Mantel, grauem Nacken, auf Bürzel und Unterseite ungestreift grüngelb, Flügelbinden gelbgrün. Zeigt im Flug auf Flügeln und Schwanz nicht die hellen Felder von Grünling und Erlenzeisig. Im Jugendkleid unscheinbar graubraun mit dunkler Streifung und ohne gelbe oder grüne Tönung, die alle anderen europäischen *Serinus*-Arten im Jugendkleid zeigen. Jüngere Weibchen haben auf Brust oder Gesicht kein oder nur wenig Gelbgrün und sehen einfarbig olivgrau aus. Die auf Korsika und Sardinien häufig brütende Unterart *corsicana* hat einen brauneren Mantel. Ruft im Flug hell und heiser "tjiht", manchmal schnell wiederholt und dann etwas bluthänflingsartig hüpfend, z.B. "tjitt itt itt". Lockruf etwas erlenzeisigartig "tiie". Der Gesang besteht aus relativ kurzen Strophen mit Zügen sowohl des Girlitz- wie auch des Stieglitzgesanges. Kommt spärlich in hochgelegenen Nadelwäldern und auf Bergwiesen in den Alpen und in Südwest-Europa vor, auf Sardinien und Korsika auch in offenerem Gelände, meist in kleinen Trupps. Nahrung vor allem Samen von Nadelbäumen und verschiedenen Kräutern. Steigt im Winter in tiefere Lagen, ist aber außerhalb des Brutgebietes eine Ausnahmeerscheinung.

Girlitz
Serinus serinus - Serin L 11 cm - BZ

Tritt oft paarweise oder in kleinen Gruppen auf, das Männchen ist dann leicht an seiner kanarienvogelgelben Zeichnung zu erkennen. Im Auffliegen sind der gelbe Bürzel, der ungezeichnete Schwanz und das Fehlen einer leuchtenden Flügelzeichnung gute Kennzeichen (Abb. S. 510). Die geringe Größe und der winzige Schnabel fallen ebenfalls auf. Der Girlitz ist oft schwer zu sehen, hat aber eine sehr einprägsame Stimme. Im Flug hört man oft ein klirrendes "Tirrillillit" oder "Zr'r'rilitt" ("Girrl-itz"), aber auch ein weniger leicht zu identifizierendes, grünlingsartiges "Djü". Der Gesang ist ein sehr typisches, anhaltendes und hastiges Knirschen oder Klirren wie von Glassplittern. Singt von einer hohen, offenen Warte oder im Flug mit rudernden Flügelschlägen, wie der Grünling. Kommt in Parks, Gärten und in Kulturlandschaften mit verstreuten Wäldchen und Alleen, am liebsten mit einzelnen Nadelbäumen vor. In Südeuropa noch viel häufiger als bei uns. Frißt Samen von Bäumen, Gräsern und Kräuter. Überwintert nur selten in Deutschland, kommt im April zurück und zieht im Oktober nach Südwesten.

Rotstirngirlitz
Serinus pusillus - Red-fronted Serin L 11 cm

Im Gefieder recht variabel, Altvögel ähneln am ehesten Birkenzeisigen, haben aber ein verrußt wirkendes Vorderteil mit leuchtend roter Stirn. Weibchen sind nur etwas kontrastärmer gezeichnet. Hat im Jugendkleid einen beigebraunen Kopf und sieht Berghänflingen der im Kaukasus und den angrenzenden Teilen der Türkei brütenden Unterart *brevirostris* recht ähnlich, die schwarze Flecken auf den Brustseiten haben. Kopf und Brust während der Mauser ins Alterskleid schwärzlich gefleckt. Außerhalb der Brutzeit in kleinen Trupps, die am Boden und an Kräutern nach Samen suchen. Ruft hastig und fein klingelnd "titihihihihi", im Flug schneller "drrllt". Gesang sehr bluthänflingsartig mit oft wiederkehrendem, quakendem "Kweeh". Kommt innerhalb seines Brutgebiets von der Türkei bis Mittelasien häufig in hohen Berglagen bis in 4000 m Höhe vor.

Zitronengirlitz Girlitz Rotstirngirlitz

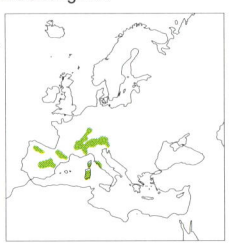

Zitronengirlitz

corsicana ♂

♂

♀

Girlitz

♂

♀

Rotstirngirlitz

juv./1er W

Erlenzeisig
Carduelis spinus - Siskin   L 12 cm - BJZW
Das Männchen ist an seinem kontrastreich gelben, grünen und schwarzen Gefieder leicht zu bestimmen. Weibchen sind mehr düster grau, haben aber immer zumindest etwas Grün und Gelb im Gefieder, was sie von Birkenzeisigen unterscheidet. In der Brutzeit stark an Nadelwälder gebunden, lebt dann überwiegend von Samen, die mit dem spitzen und recht langen Schnabel zwischen den halboffenen Zapfenschuppen hervorgeholt werden. Singt von einer Fichtenspitze oder im ekstatischen, schmetterlingsartigen Flug über dem Wald eine rollende, zwischen verschiedenen Tonlagen wechselnde Strophe. Sie kann an Gelbspötter erinnern, ist aber schneller, knirschender, mit schnarrenden Elementen, zudem werden die Phrasen oft mit einem gedehnten, krächzenden "Krriee" abgeschlossen. Sucht im Winterhalbjahr offenere Landschaften, Parks und Gärten auf, wo Erlen- und Birkensamen die Hauptnahrung bilden. Der Wechsel zwischen den Bäumen verläuft in einer schaukelnden, unruhigen Bahn, und von dicht versammelten Zeisigschwärmen hört man mürrische Rufe und ein lautes "Tsilü". Die Häufigkeit hängt vom Nahrungsangebot ab, in manchen Jahren erscheinen von Oktober bis April große Trupps aus dem Nordosten in Mitteleuropa.

Grünling
Carduelis chloris - Greenfinch   L 15 cm - BJZW
Unser größter gelbgrüner Fink, ausgerüstet mit einem kräftigen Schnabel und einem "muskulösen" Körperbau. Im Herbst ist die Grundfarbe recht dumpf und wenig aufsehenerregend, meist fällt nur die gelbe Flügelzeichnung auf, das Gelb im Schwanz erst beim auffliegenden Vogel. Ab März sind die Vögel nach Abnutzung der dunklen Federränder dann leuchtend gelbgrün, Weibchen etwas bräunlicher. Bei den brauneren Jungvögeln sind Unterseite und Mantel schwach gestreift. Flugruf schnell hüpfend "djürürrüpp", Lockruf weich "dvuit". Zur Brutzeit ruft das Männchen von einem hochgelegenen Singplatz aus langgezogen quäkend "dschväsch" und äußert zwitschernde und rollende Reihen. In voller Stärke kann der Gesang sehr volltönend und abwechslungsreich sein, an Kanarienvogel erinnern und Imitationen enthalten. Er wird auch im Singflug mit langsamen, rudernden Flügelschlägen vorgetragen. Kommt häufig in offenerem Gelände, von Gärten bis zu Gehölzen in der Kulturlandschaft vor. Lebt von unterschiedlichen Samen und besucht im Winter gerne Futterhäuser. Überwiegend Standvogel, doch nordöstliche Populationen erscheinen von Oktober bis April in Westeuropa.

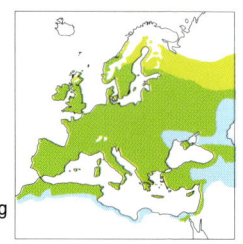

Stieglitz

Gimpel ♀

Kernbeißer ♂

Stieglitz
Carduelis carduelis - Goldfinch L 14 cm - BZW

Stimme und Aussehen machen den Stieglitz unverkennbar. Oft wird man auf ankommende Vögel durch ihr typisches weiches, aber etwas durchdringendes "Stigelitt" oder einsilbiges "Stick" aufmerksam. Jungvögeln fehlt noch bis in den Oktober hinein das rote Gesicht, sie unterscheiden sich aber von anderen Finkenvögeln durch den völlig schwarzen Schwanz und den schon vorhandenen typischen gelben Flügelstreif der Altvögel. Der Gesang des Männchens, ein typisches Finkengezwitscher, ist am leichtesten an den eingefügten arttypischen Lockrufen zu erkennen. Mit seinen relativ kurzen Beinen und seinem langen, spitzen Schnabel ist der Stieglitz ein Spezialist für tieffliegende Distel- und Klettensamen, so daß man im Herbst und Winter auf Brachflächen oft große Trupps sieht. Die Jungen werden jedoch mit Insekten gefüttert. Im Frühjahr und Sommer bewohnen sie die offene Kulturlandschaft mit Wäldchen, Waldgebieten und Gärten. Im Herbst und zeitigen Frühjahr sieht man in Deutschland auch durchziehende Gruppen nordöstlicher Stieglitze.

Gimpel
Pyrrhula pyrrhula - Bullfinch L 16 cm - BJW

Ein allgemein bekannter und leicht zu bestimmender Vogel. Jungvögel sind wie Weibchen gefärbt, haben aber eine beige Flügelbinde und noch keine schwarze Kopfplatte. Weißer Bürzel im Flug kennzeichnend. Die skandinavische Nominatform ist etwas größer und lebhafter gefärbt als europäische Unterarten (*europaea, coccinea*, auf den Britischen Inseln *pileata*). Bei der Unterart *murina* der Azoreninsel Sao Miguel (mit braungrauem Bürzel) und sibirischen Gimpeln (*cineracea*) hat auch das Männchen eine braungraue statt rote Unterseite. Der Gesang ist ein sehr leises, zwitscherndes Plaudern mit knirschenden Tönen und eingefügten weichen Flötentönen. Der Ruf ist sehr typisch, ein etwas wehmütiges und weich pfeifendes "Djüh", der Kontaktruf in Gruppen mehr finkenartig "tjet, tjet...tjet". Nördliche Gimpel rufen etwas tiefer. Brütet in Wäldern (in Skandinavien überwiegend in Fichtenwäldern), Parks und Gärten, ist aber zur Brutzeit sehr heimlich und oft nur zu hören. Mit dem ersten starken Kälteeinbruch oder wenn die Schneedecke im Wald zu hoch geworden ist, findet er sich an Futterhäusern ein. Im Winter und Frühjahr sucht er gerne Gärten und Obstplantagen auf, um Knospen zu fressen, nimmt die Nahrung bevorzugt direkt von Zweigen und Stengeln. Überwiegend Standvogel, der etwas umherstreift, nordöstliche Populationen ziehen aber.

Stieglitz

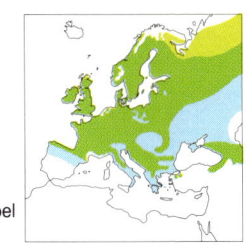

Gimpel

Stieglitz

Gimpel

Berghänfling ♂ Winter

Birkenzeisig Winter

cabaret ♀ Winter

Birkenzeisig
Carduelis flammea - Redpoll   L 12-13 cm - BZW

Ein kleiner, grau und braun getönter Finkenvogel mit etwas flauschigem Gefieder und niedlichem, etwas schlitzäugigem Gesichtsausdruck. Hat einen kurzen, spitzen und strohgelben Schnabel, einen kleinen schwarzen Kinnfleck und einen roten Stirn- und Scheitelfleck. Im Gefieder variabel, manchmal fehlt im ersten Winterkleid der rote Stirnfleck. Männchen oft mit einem schönen rosa Ton auf Brust und Flanken, Stirn und Brust im Prachtkleid karminrot. In Nordeuropa brütet die Unterart *flammea*, die im Winter meist ein auffallend helles Gefieder mit einem Graustich hat. Die west- und mitteleuropäische Unterart *cabaret* ist mehr braunbeige getönt, besonders deutlich auf dem Mantel und im Frühjahr/Sommer auf den Brustseiten, die oft markant zur weißen Brust kontrastieren. *Cabaret* hat sich inzwischen nordwärts bis zur schwedischen Westküste ausgebreitet. Auf Grönland ist *rostrata* etwas größer und kräftiger gestreift, mehr beigebraun getönt und hat einen kräftigeren Schnabel mit angedeutet konvexem First (bei den anderen Unterarten gerade). Flugruf ständig wiederholt "djäck-djäck-djäck", lockt weich steigend "djüii". Singt im Flug oder von einer Warte mit in unterschiedlichem Tempo und mit verschiedenen Vokalen wiederholten Lockrufen mit eingefügtem, rollendem "Ty ry ry ry..." und hell schwirrenden Trillern. Brütet in Wäldern und Fjälls Skandinaviens, in Mitteleuropa ursprünglich in den Gebirgen, inzwischen in fast ganz Deutschland besonders in Gärten und auf Friedhöfen. Frißt Samen von Birken und Stauden. Streift im Winterhalbjahr in Trupps umher, teilweise nördlicher Herkunft.

Polarbirkenzeisig
Carduelis hornemanni - Arctic Redpoll   L 13 cm - A

Dem Birkenzeisig sehr ähnlich und wahrscheinlich nur seine nördlichste Form. Altvögel haben normalerweise ungestreift weißen Bürzel, ungestreifte Unterschwanzdecken, schwache oder fehlende Flankenstrichelung und ein insgesamt weißeres, gleichsam "mehlbestäubtes" Gefieder. Jüngere Vögel (bis zu einem Jahr) mit mehr braunbeiger Tönung, gestrichelten Flanken und schwach gestreiftem oder gepunktetem Bürzel Birkenzeisigen ähnlicher. Generell mit mehr Weiß auf der Stirn als Birkenzeisig. Auch die Nominatform des Birkenzeisigs kann die erwähnten Merkmale zeigen. Brütet in der Tundra, aber auch im Fjällbirkenwald. Die Rufe gleichen denen des Birkenzeisigs, der Flugruf klingt langsamer, lockt "djiüü". Fliegt im Winter selten bis Südskandinavien, ausnahmsweise nach Mitteleuropa.

Birkenzeisig

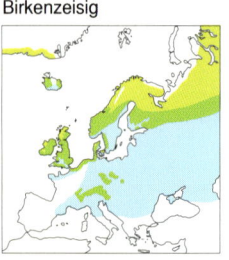

Polarbirkenzeisig

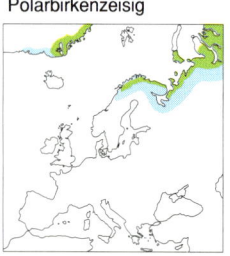

Berghänfling
Carduelis flavirostris - Twite   L 14 cm - W

Im Sommer erlebt man den Berghänfling als dunklen, an den Boden gebundenen Finkenvogel. Im Winter ist er dem Bluthänfling ähnlich, auf Kopf und Brust aber unterschiedlich intensiv currygelb und hat einen hell gelblichen Schnabel. Die helle Flügelbinde ist häufig das kontrastreichste Abzeichen. Im Auffliegen zeigt das Männchen einen rosa getönten Bürzel. Unterart *brevirostris* von der Osttürkei bis Mittelasien mit schwarzbrauner Brustfleckung. Flugruf bluthänflingsartig "tschütt tschülülütt", lockt artkennzeichnend nasal und rauh "tjeütt" oder "veiht", auch von fliegenden Trupps zu hören. Auf dem Boden bewegen sich Trupps ruckartig wie Mäuse und rufen kurz "tji". Der Gesang ist holperig, zwitschernd, teilweise aus Variationen des Lockrufs bestehend und einem plaudernden Sittich nicht unähnlich. Brütet relativ häufig auf küstennahen, offenen, dem Wind ausgesetzten Heiden, spärlicher auf höheren Fjällheiden. Außerhalb der Brutzeit in Trupps auf Strandwiesen und Brachflächen, in Deutschland von Oktober bis April vor allem im Küstenbereich, regelmäßig und in manchen Jahren in großer Zahl auch tief im Binnenland. *Abb. S. 512*

Bluthänfling
Carduelis cannabina - Linnet   L 14 cm - BZW

Das Männchen im Prachtkleid ist an roter Stirn und Brust leicht zu erkennen. Im Schlichtkleid sind sich die Geschlechter verblüffend ähnlich, das Männchen hat jedoch einen intensiver rosabeigen Ton auf der Brust. Die deckenden beigen Federränder nutzen sich zum Frühjahr ab und lassen das Karminrot hervortreten (im zweiten Kalenderjahr oft weniger leuchtend). Im Flug sind brauner Mantel und helles Handschwingenfeld auffallend. Jugendkleid hellbeige und auffallend dunkel gestreift. Der Flugruf, an den Grünling erinnernd, klingt etwas nasal und ungleichmäßig springend "tett-tett-ter-rett" oder "knett-ätt". In voller Stärke ist der Gesang sehr wohltönend mit zusammengewobenen zwitschernden, rollenden und flötenden Tönen. Ist bei uns häufig und hauptsächlich an offenes Gelände mit Büschen gebunden, z.B. Weideland, Feldhecken, Fichtenschonungen und Gärten. Deutsche Brutvögel ziehen teilweise nach Westen, nordöstliche überwintern hier.

Karmingimpel
Carpodacus erythrinus - Scarlet Rosefinch   L 14 cm - BZ

Adulte Männchen haben an Kopf, Brust und Bürzel eine charakteristische rote, in der Ausdehnung etwas variable Färbung. Weibchen und Männchen im zweiten Kalenderjahr sind oberseits dumpf olivbraun, aber am bulligen Schnabel und dem Fehlen einer stark kontrastierenden Farbzeichnung auf Flügeln und Schwanz zu erkennen, zeigen allerdings zwei schmale rostbeige Flügelbinden. Im Jugendkleid wie Weibchen, aber oberseits intensiver olivbraun und mit deutlicheren rostbeigen Flügelbinden und Schirmfederspitzen; zieht im Jugendkleid. Ruft weich "djüi", an Grünling erinnernd, aber mit besonderem, rauhem Ton. Gesang sehr charakteristisch, klar und fast pirolartig flötend, meist dreigeteilt, z.B. "vidje-vidje-vjü" oder "ste-vidje-vjü", einige Männchen zwitschern zwischen den Strophen. Bewohnt offenes, buschreiches Gelände, gerne in Weidicht und an Gewässern. Breitet sich momentan nach Westen aus und brütet schon in vielen Gegenden Deutschlands. Kommt erst spät im Mai, zieht im August/September nach Südosten.

Berghänfling

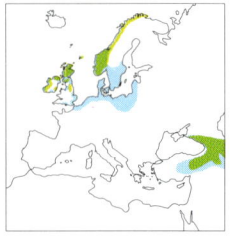

Bluthänfling

Karmingimpel

Berggimpel *Carpodacus rubicilla* - Great Rosefinch L 20 cm
Mittelasiatische Art mit isolierter Population im Kaukasus oberhalb der Baumgrenze, im Winter in tieferen Lagen. Beim Männchen ganze Unterseite dunkelrosa mit weißen Punkten. Ruft an Gimpel erinnernd weich "pjyü-in, pjyü-in".

Einödgimpel *Carpodacus synoicus* - Sinai Rosefinch L 13 cm
Kleiner als Karmingimpel, Männchen schön rosa mit seidenweißem Überzug auf Scheitel und Ohrdecken. Weibchen unauffällig hellbeige, kann mit Wüstengimpel verwechselt werden, hat aber längeren Schwanz und dunkleren Schnabel. Ruft viel und variabel, etwas knirschend "tchiip", "tcheüp" oder gedehnter "psiih". Spärlich und lokal in Wüstengebirgen der Sinai-Halbinsel, Jordaniens und Südisraels. Im Winter in Trupps an trockenen Stauden.

Weißflügelgimpel *Rhodospiza obsoleta* - Desert Finch L 15 cm
Fast so groß wie Grünling, unverkennbar mit einfarbig graubeigem Körper, schwarzem Schnabel, schwarzen Zügeln und schön hellrosa und schwarz gefärbten Flügeln mit weißen Federrändern. Weibchen ohne schwarze Zügel, Schnabel im Jugend- und oft ersten Winterkleid hell. Ruft etwas feldlerchenähnlich "trrlüt" oder "trryk", im Flug auch etwas berghänflingsartig "veücht". Brütet in offenen, trockenen, baum- oder buschbestandenen Gebieten, besucht im Winter auch Felder.

Rotflügelgimpel *Rhodospiza sanguinea* - Crimson-winged Finch L 15 cm
Kräftig gebaut, groß wie Grünling mit rosa Flügelfeld, das im Flug leuchtet (bei Weibchen schwächer). Vom Weißflügelgimpel leicht durch braunen und dunkel gestreiften Rücken, dunkleren Scheitel und immer hellen Schnabel zu unterscheiden. Kommt spärlich in trockenen Gebirgsregionen vor, normalerweise oberhalb von 2000 m, im Winter in tieferen Lagen, oft bei Gärten oder Anpflanzungen. Flugruf weich flötend "dü-lit, dü-lit" im Tonfall der Heidelerche.

Wüstengimpel *Bucanetes githagineus* - Trumpeter Finch L 12,5 cm - A
Ein kleiner, kompakt wirkender Vogel steiniger Wüsten und Halbwüsten. Männchen im Winter grauer mit beigem Schnabel. Macht häufig durch den eigenartigen Ruf und Gesang auf sich aufmerksam: ein langgezogener, nasaler, gerader, metallisch surrender Ton, nicht sehr laut und schwer lokalisierbar, etwa wie eine Kindertrompete. Hat sich in der letzten Zeit in den stark erodierten und halbwüstenartigen Gebieten im südöstlichen Spanien angesiedelt. In Ostanatolien wurde neuerdings mehrfach der **Mongolengimpel** *Bucanetes mongolicus* festgestellt, der dort wahrscheinlich brütet. Männchen unterscheidet sich vom Wüstengimpel durch braungelben Schnabel, rosa Überaugenstreif, weißliches Flügelfeld, weiße und rosa Flügelbinde, geraderen Unterschnabel und rosa Brust- und Flankentönung. Weibchen blasser. Ruft "dschu-wud".

Weißflügelgimpel

Rotflügelgimpel

Wüstengimpel

Hakengimpel

Hakengimpel
Pinicola enucleator - Pine Grosbeak L 20 cm - A

Ein eigentümlicher, großer und rundlicher Finkenvogel. Männchen mit einem besonderen, hell karminroten, Weibchen mit gelbbraunem oder moosgrünem Ton, beide Geschlechter mit grau "wattiertem" Hinterkörper. Im wellenförmigen Flug langschwänzig und schwer. Oft wenig scheu, hüpft auf dem Boden oder klettert in Bäumen. Ruf ein flötendes, sich windendes "Tjülivy" oder nur "Püi". Gesang aus drei bis vier schnelleren Flötenwindungen zusammengesetzt "tjüli tjüli chrrüi tjüi". Brütet spärlich in der nördlichen Taiga, oft in mit einigen Laubbäumen durchsetzten, moosigen und dichten Kiefernwäldern mit blau- und preiselbeerreicher Bodenvegetation. Im Winter in Gruppen, die in manchen Jahren etwas nach Süden ausweichen. Lebt von Knospen und Beeren, im Sommer auch von Insekten.

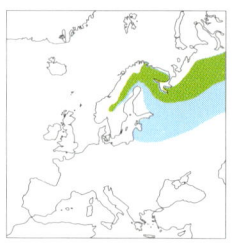

Fichtenkreuzschnabel
Loxia curvirostra - Common Crossbill   L 17 cm - BZW

Ein großer und kräftiger Finkenvogel mit großem Kopf und überkreuzten Schnabelspitzen. Im Flug sind der beim Männchen rote und beim Weibchen grüngelbe Bürzel auffallend. Jungvögel braun und graubeige gestreift mit doppelten schmalen (manchmal breiteren), hell beigen Flügelbinden, die zur Verwechslung mit dem Bindenkreuzschnabel führen können. Männchen im zweiten Kalenderjahr oft grüngelb bis orange gefärbt. Einzelne Vögel tragen breite, weißliche Flügelbinden. Der typische Kontakt- und Flugruf klingt metallisch "kip-kip" oder "glipp glipp". Gesang etwas grünlingsähnlich, unregelmäßig und hastig, mit Gezwitscher, scharfen Tönen und eingefügten Lockrufen. Warnt tief "tjück-tjück". In seinem Vorkommen von Fichtensamen abhängig. Unternimmt in manchen Jahren invasionsartige Wanderungen. Die Brutsaison hängt von der Reifung der Zapfen ab und liegt deshalb häufig im Februar-März. Versammelt sich bereits im Spätfrühling zu Schwärmen und streift auf der Suche nach Nahrung weit umher.

Schottischer Kreuzschnabel
Loxia scotica - Scottish Crossbill   L 17,5 cm

Hat etwas kräftigeren Schnabel als Fichtenkreuzschnabel, von dem er meist nicht zu unterscheiden und wohl nur eine Unterart ist. Lebt ausschließlich in schottischen Kiefernwäldern. Einziger nicht wandernder Kreuzschnabel.

Kiefernkreuzschnabel
Loxia pytyopsittacus - Parrot Crossbill   L 18 cm - A

Färbung wie Fichtenkreuzschnabel, hat aber einen sehr viel größeren, mehr rechteckigen Kopf, kräftigeren Nacken und einen dickeren, gleichmäßig hohen Schnabel. Die Unterschnabelspitze ragt bei Seitenansicht nicht über den Oberschnabel hinaus. Brütet relativ spärlich und in von Jahr zu Jahr wechselnder Anzahl in Nadelwäldern Nordeuropas. Lebt im Gegensatz zum Fichtenkreuzschnabel hauptsächlich von Kiefernsamen. Der Flugruf ist ein wiederholtes, metallisches "Küpp" oder "Kopp", durchschnittlich tiefer als beim Fichtenkreuzschnabel, doch variabel und mit großem Überschneidungsbereich. Der Gesang, meist im Winter zu hören, hat einen plaudernden Charakter mit eingeflochtenem "Pchi-pschürr" und etwas rauh rollenden, grünlingsartigen Trillern. Warnt hart und rauh "tjerk-tjerk". Wandert in geringerem Maße als Fichtenkreuzschnabel und erscheint nur ausnahmsweise in Mitteleuropa. Oft wenig scheu, wird manchmal auf Waldwegen sitzend beobachtet, wo er heruntergefallene Kiefernsamen und kleine Steinchen aufliest.

Bindenkreuzschnabel
Loxia leucoptera - Two-barred Crossbill   L 16 cm - (b)A

Kleiner als Fichtenkreuzschnabel, mit kleinerem Schnabel, zwei kennzeichnenden weißen Flügelbinden und weißen Schirmfederspitzen, Männchen zudem kühler karminrot. Im Jugendkleid und zweiten Kalenderjahr mit schmaleren Flügelbinden und manchmal abgenutzten hellen Schirmfederrändern. Im Flug schlanker und langschwänziger. Drei Flugrufe, ähnlich Fichtenkreuzschnabel, aber weicher "plitt plitt", ähnlich Birkenzeisig "tjett tjett tjett" und typisch nasal "ääääp" (Kindertrompete). Frißt hauptsächlich Lärchenzapfen. Hauptverbreitungsgebiet in der sibirischen Taiga. Erreicht in Invasionsjahren Skandinavien und brütet dann dort, fliegt aber nur ausnahmsweise bis Mitteleuropa.

Fichtenkreuzschnabel

Kiefernkreuzschnabel

Bindenkreuzschnabel

Fichtenkreuzschnabel juv. Bindenkreuzschnabel juv.

Fichtenkreuzschnabel

Kiefernkreuzschnabel

Kiefernkreuzschnabel

Bindenkreuzschnabel

Grauammer
Emberiza calandra - Corn Bunting L 18 cm - BJZ
Zeichnet sich durch ihre Größe, das lerchenähnlich graubraune Gefieder, fehlendes Weiß im Schwanz und den kräftigen Schnabel aus (Abb. auch S. 533). Bewohnt offenes Kulturland und Brachflächen, wo sie gerne auf Buschspitzen oder Stromleitungen sitzt. Der Gesang ist eine anfänglich schnell tickende, dann klingelnde und klirrende Reihe, "tick-tick-tick trilililirililily". Männchen fliegt mit schnellen, flachen Flügelschlägen und hängenden Beinen vom und zum Singplatz, auch im Flug singend. Kontaktruf tief, aber sehr hart "tick", Lockruf weich rollend "dchrrüt", beunruhigt auch etwas knirschend "zieh...tzeck". Außerhalb der Brutzeit in Gruppen, manchmal mit Goldammern vergesellschaftet. In Deutschland als Brutvogel stark abnehmend, im Winter selten.

Weidenammer
Emberiza aureola - Yellow-breasted Bunting L 15 cm - A
Männchen unverkennbar, durch braunes Brustband und weißen Flügelbug von Kappenammer unterscheidbar. Weibchen mit auffallend kontrastreich gezeichnetem Kopf, gestreiftem Mantel und Bürzel, ungestreift gelbem Bauch und weißen Flügelbinden. Männchen im ersten Sommer sehr variabel und manchmal wie Weibchen gefärbt. Jungvögel sind während des Wegzugs unterseits strohgelb mit breitem, rahmfarbenem Überaugenstreif, deutlichen Flügelbinden und dunkel gestricheltem Bürzel (Abb. S. 532). Weibchen und Vögel im ersten Winter zeigen auf dem Mantel zwei charakteristische helle Längsstreifen ("Hosenträger"). Mauser wahrscheinlich erst im Winterquartier. Gesang ruhig, mit variablen Silben, im Klang ähnlich Ortolan, aber mit rohrammerähnlichen, etwas "aufstoßenden" Tönen, meist drei oder vier Abschnitte, z.B. "tse tüy-tüy, tsiü-tsiü, zieü", oder "tsiü-tsiü-tsiü, vye-vye, tsia-tsia, tripp-tripp". Ruft kurz und scharf "tsick" oder "tsi". Bewohnt üppige, oft sumpfige Wiesen und trockenere Moore mit Bäumen. Brütet von Ostsibirien westwärts bis Südfinnland, in Mitteleuropa Ausnahmeerscheinung. Zieht im August nach Indien und Südost-Asien, kommt Anfang Juni zurück.

Maskenammer
Emberiza spodocephala - Black-faced Bunting L 14 cm - A
Seltene asiatische Ausnahmeerscheinung im Herbst. Beim Männchen Kopf und Brust grau, Zügel schwarz, Bauch schwefelgelb mit schwacher Flankenstrichelung; Kopf im ersten Winter oft gestreift. Weibchen unscheinbar braun und gestreift, Bürzel grau, Brust schwach gestrichelt, Schnabel auffallend rosa und schwarz, relativ lang und mit geradem First. Ruft scharf "tzitt". *Abb. S. 533*

Fichtenammer
Emberiza leucocephalos - Pine Bunting L 16,5 cm - A
Ersetzt die Goldammer östlich des Ural und gleicht ihr in Gestalt, Verhalten, Stimme und Grundmuster des Gefieders, zeigt aber kein Gelb. Männchen leicht an weißer und brauner Kopfzeichnung zu erkennen. Weibchen ähnlich weiblicher Goldammer im ersten Winter (der deutliche Gelbtöne fehlen können), aber insgesamt heller und grauer mit rostfarbenen, weniger gestrichelten Brustseiten im Kontrast zu schärfer schwärzlich gestricheltem Kinnstreif und oberer Brust. In Westsibirien Hybriden mit Goldammer. In Europa Ausnahmeerscheinung. *Abb. S. 533*

Grauammer Weidenammer

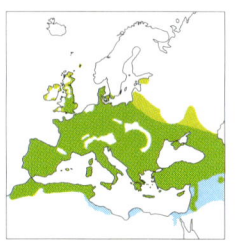

Fichtenammer

Goldammer
Emberiza citrinella - Yellowhammer L 16,5 cm - BJZW
Eine große, langgestreckte und langschwänzige Ammer mit gelbem Kopf und rostbraunem Bürzel. Im frischen Herbstgefieder ist das Gelb durch graugrüne Federspitzen reduziert. Weibchen oft bleich gelb oder manchmal beigegelb gefärbt und mit stärker gestreifter Brust. Im ersten Winter zeigen Weibchen kein Gelb und sind überwiegend graubeige und olivbraun. Sucht die Nahrung auf dem Erdboden hüpfend, oft in geduckter und gestreckter Haltung. Gesang kennzeichnend, eingeleitet mit einigen schnellen, oft insektenartig hohen Elementen, gefolgt von einem langgezogenen, wehmütigen Schlußton, "tzi-tzi-tzi-tzi-tzi-tzi tzüüh". Ruft aufgescheucht trocken "tsick", manchmal von einem rollenden "Pryllylly..." gefolgt. Lockt etwas rauh "dzüh", kurz oder etwas langgezogen, engagierter mit einem Doppellaut, "tschit-schrüt", wobei sie oft mit dem Schwanz knickst. Kommt häufig in offener Landschaft mit Hecken, Wäldchen und Büschen vor. Lebt von verschiedenen Samen, zur Brutzeit viel von Insekten. Überwiegend Standvogel, sucht im Winter Höfe und Ortschaften auf. Nördliche Populationen ziehen Ende September-Oktober.

Zaunammer
Emberiza cirlus - Cirl Bunting L 16,5 cm - BJZ
Das Männchen ist mit seiner schwarzen Kehle und dem gestreiften Kopf nicht zu verkennen. Das Weibchen ähnelt einer Goldammer, hat aber eine deutlichere Kopfstreifung, eine schwächer gelblichbeige bis gelbe Unterseite mit feinerer Strichelung, vor allem aber einen oliv- bis braungrau (statt rostbraun) getönten Bürzel (die Oberschwanzdecken können allerdings einen rostbraunen Ton haben). Gesang langgezogen, ähnlich Klappergrasmücke hölzern klappernd "zi tetetetetet". Ruft etwas gedehnt "zih", im Flug sehr scharf "zitt", "zittitt" oder dreisilbig "zitt itt itt", manchmal fast vokallos. Erinnert in den Gewohnheiten an die Goldammer, ist aber stärker an baumbestandenes Gelände, Alleen, Waldränder und Weinberge gebunden. Im Herbst und Winter auch auf offenen Feldern. Ersetzt die Goldammer in weiten Teilen der Mittelmeerländer. In Deutschland nur eine kleine Population in Rheinland-Pfalz, sonst Ausnahmeerscheinung.

Ortolan
Emberiza hortulana - Ortolan Bunting L 16,5 cm - BZ
Vielleicht am ehesten mit einer Goldammer zu verwechseln, ist aber am olivgrauen Kopf mit deutlichem schwefelgelbem Augenring und schwefelgelbem Bartstreif zu erkennen. Schnabel braunrosa, bei der Goldammer blaugrau. Hat einen gelbrosa oder pfirsichfarbenen Bauch, beim Männchen mit deutlichem Kontrast zur grauen Brust. Im Herbst des ersten Kalenderjahres mit stärker gestreifter Brust, Augenring und Schnabelfarbe sind aber kennzeichnend. Der Gesang hat eine schön klingende, etwas kohlmeisenartige erste Hälfte und eine abfallende, wehmütigere zweite, z.B. "tsie-tsie-tsie-tsie, trüh-trüh-trüh", aber mit vielen regionalen Dialekten. Lockruf kurz "tjip", von ziehenden Vögeln regelmäßig wiederholt "sie", oft gefolgt von einem kurzen "Plütt", auch gimpelartig "tjeü". Kommt in offenem, landwirtschaftlich genutztem Gelände mit einzelnen Bäumen vor, gern auf Sandboden, oft in der Nähe von Feuchtgebieten, im Süden auch in trockenem Bergland. In Deutschland sehr lokal verbreitet. Zieht im August/September ins tropische Afrika, kommt Ende April/Anfang Mai zurück.

Goldammer Zaunammer Ortolan

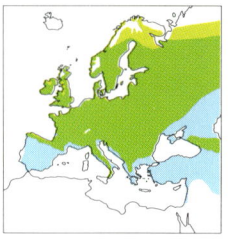

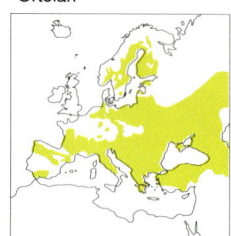

Goldammer

Zaunammer

Ortolan

Zippammer
Emberiza cia - Rock Bunting L 16 cm - BJZ

Das Männchen hat einen einheitlich rostbraun getönten Körper und einen grauen, markant schwarz gestreiften Kopf, das Weibchen zeigt dieselbe Zeichnung in mehr oder weniger abgeschwächter Form. Kehle immer ungestrichelt, Bürzel ungestreift kastanienbraun, Schwanzaußenkanten weiß (Abb. S. 530) und Schnabel grau, woran auch Jungvögel (mit rötlicher Unterseite) erkennbar sind. Gesang relativ lang, schnell und hell klingelnd, erinnert an Heckenbraunelle oder Waldbaumläufer, z.B. "zitt zitteritt zitt zitt zitteritt zitt". Häufigste Rufe scharf "tsi" oder "zie", kurz "typ", im Auffliegen variiert "tjälött", "tjitt vitt" oder etwas vibrierend "tji di di", auch rollend "sierrr". Relativ häufig in Bergen Südeuropas, gern an steinigen Hängen mit Büschen. Stand- und teilweise Zugvogel, im Winter in tieferen Lagen. Kleine Populationen in Süddeutschland.

Grauortolan
Emberiza caesia - Cretzschmar's Bunting L 15,5 cm - A

Ähnelt dem Ortolan, mit dem er in Griechenland und der Türkei verwechselt werden kann, ist aber kleiner, mehr rostfarben, hat einen blaugrauen (statt olivgrauen) Kopf mit rostfarbener (statt gelblichweißer) Kehle und ebensolchem Bartstreif. Das Weibchen ist weniger klar gefärbt, hat einen gestreiften Scheitel und Bruststrichel. Jungvögel im Herbst dem Ortolan sehr ähnlich, aber vor allem auf Mantel und Bürzel mehr rostfarben, niemals oliv getönt und mit weißlichen, leicht rostfarbenen Unterflügeln (statt gelblichweißen; im Freiland kaum zu sehen). Der variable Gesang ist ortolanartig, oft aber kürzer und rauher, wirkt manchmal abgeschnitten, z.B. "tsi tsi tsi tsüüh". Äußert verschiedene Rufe, z.B. etwas rauh, manchmal knirschend "zieh" oder "tjitt", kombiniert mit "tjüv" oder einem nasalen, fast dem Haussperling entsprechenden "Djeü". Relativ häufig an steinigen und trockenen Hängen mit Gebüsch, oft bei Gärten und kleinen Pflanzungen. Zieht bereits im August, kehrt im April zurück.

Steinortolan
Emberiza buchanani - Grey-necked Bunting L 16 cm

Wie ein bleicher und weniger gemusterter Grauortolan. Mantel und Schulterfedern kaum gestreift und zu den rotbraunen äußeren Schulterfedern kontrastierend. Augenring, Kehle und Bartstreif weißlich. Brustmitte rostfarben, an den Seiten grau, übrige Unterseite heller braunrosa und am Steiß beigerosa, oft durch helle Federränder meliert. Geschlechter einander ähnlich, Männchen oft intensiver gefärbt. Singt wie Ortolan, z.B. "sti-sti-styeste-stye". Lebt von der östlichsten Türkei ostwärts an kargen, steinigen Hängen und Plateaus, meist oberhalb 2000 m. Zieht nach Südosten, zurück Ende April.

Hausammer
Emberiza striolata - House Bunting L 14 cm

Rotbraun mit grauem Kopf, der kaum (Unterart *saharae* in Nordafrika) bis kräftig (*striolata* in Arabien) dunkel gestreift ist, daher einer Zippammer ähnlich. Unterscheidet sich durch geringere Größe, grauen Ober- und rostgelben Unterschnabel (statt einfarbig grau), weniger Schwarz auf Mantel und Flügeldecken und rostfarbene (statt weißliche) Schwanzkanten. Gesang buchfinkenähnlich, aber weicher und höher, ruft dünn "tschick" und nasal "tsui". In Nordafrika auch in Dörfern, im Mittleren Osten in Felswüsten.

Zippammer Grauortolan Steinortolan

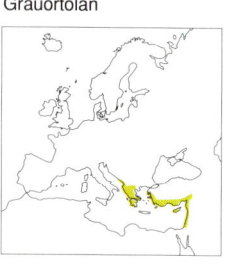

Hausammer

Kappenammer ♀ Türkenammer ♂ Zippammer ♂

Kappenammer
Emberiza melanocephala - Black-headed Bunting L 17 cm - A
Eine große Ammer. Männchen fallen durch ihre leuchtenden Farben und den Gesang auf. Das Weibchen ist unterseits hellgelb oder gelbgrau, hat meist eine olivgraue Kapuze und im Sommer manchmal einen grauschwarzen Scheitel und rostbraune Zentren der Mantel- und Bürzelfedern. Manche Weibchen (besonders im zweiten Kalenderjahr) sind blaß graubeige, haben aber immer einen gelben Steiß, einen hellen Augenring und sind nur schwach gestreift. Schwanzkanten nicht weiß. Gesang abwechslungsreich, aber charakteristisch, meist eingeleitet von kurzen, rauhen Silben und abgeschlossen mit einigen vollen Tönen mit blechernem Klang, z.B. "tzi zia zia zia zerly zerly zerly" oder "pzt pzt pzt pzt pzt pzt chirri chirri chirrli chürrlü chürrlü". Ruft frisch "pijüv" oder "tjilp", im Flug meist dunkel tropfend "pchlü" oder "plütt", manchen tiefen Flugrufen des Stieglitz ähnlich. Charaktervogel in offenem, buschigem Gelände Südost-Europas. Zieht bereits im August in Richtung Südost, zurück Ende April/Anfang Mai. Nordwestlich des Brutgebietes Ausnahmeerscheinung, meist im Frühsommer.

Braunkopfammer
Emberiza bruniceps - Red-headed Bunting L 17 cm - A
Lebensweise und Stimme wie Kappenammer, ersetzt diese vom Kaspischen Meer bis Mittelasien (als Unterart?). Beim Männchen Gesicht und Brust intensiv rotbraun, Bauch und Bürzel gelb, Mantel gelbgrün und dunkel gestreift. Weibchen und Jungvögel ähnlich Kappenammer, adulte Weibchen manchmal am statt rostbraunen eher olivgrauen Ton auf Mantel und Bürzel bestimmbar. Brütet in offener Kulturlandschaft und Steppen, überwintert in Indien, erscheint ausnahmsweise meist im Frühsommer in Europa.

Türkenammer
Emberiza cineracea - Cinereous Bunting L 16,5 cm
Das Männchen ist sehr hell und wirkt auffliegend bleich mit deutlicher weißer Schwanzzeichnung. Das Weibchen ist dunkler und dumpfer gefärbt, oft olivgrau mit grüngelbem Ton besonders auf der Kehle, braungrauem Bürzel und hellem Augenring. Im Herbst des ersten Kalenderjahres und Weibchen im zweiten Kalenderjahr wärmer braun, aber durch grauen (nicht hell beigerosa) Schnabel von Ortolan und Grauortolan unterschieden. Gesang eine einfache, hell klingelnde Strophe, meist aus fünf bis sechs kurzen, in zwei bis drei Abschnitte gegliederten Silben, z.B. "drip drip drip drip drüe drüeh". Ruft metallisch "kjipp" oder "tjüh". Selten und lokal, gern auf felsübersäten Grashängen.

Braunkopfammer Kappenammer Türkenammer

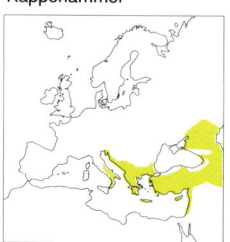

Waldammer
Emberiza rustica - Rustic Bunting L 15 cm - A

So groß wie Rohrammer, wirkt aber durch den kontrastreich gezeichneten Kopf und relativ kräftigen Schnabel etwas "rustikal". Hat auf Brust und Flanken grob abgesetzte leberbraune bis rostrote Flecke. Im Schlichtkleid (Abb. S. 540) sehen sich die Geschlechter ähnlich und sind leichter mit der Rohrammer zu verwechseln. Unterscheiden sich von dieser durch längeren Schnabel mit geradem First, hellen Fleck am hinteren Ohrdeckenrand, spitzeres Kopfprofil mit geraderer Stirn und rotbraune Zeichnung auf Brust und Flanken (bei Rohr- und Pallasammer schwärzlich). Gesang hell und klar, aber etwas wehmütig, mit verschiedenen weichen Silben, klingt oft wie eine kurz angebundene Heckenbraunelle, z.B. "stüli vüli vüli vülti". Ruft hart, singdrosselähnlich "tzitt" oder "tsick", beunruhigt am Nest weich, gedehnt, beutelmeisenartig "tsiee". Die Waldammer brütet relativ häufig in feuchten Nadel- und Mischwäldern Nordeuropas, meistens an licht baumbestandenen Moorrändern. Zieht von August-September nach Südosten, zurück im Mai. In Mitteleuropa Ausnahmeerscheinung im Herbst.

Zwergammer
Emberiza pusilla - Little Bunting L 13 cm - A

Wird oft mit weiblichen und jungen Rohrammern verwechselt, ist aber etwas kleiner und hat einen relativ längeren Schnabel mit geradem First. Im Prachtkleid auf Wange, Scheitel und Kinn meist lebhaft rostbraun mit leuchtendem, gelbweißem Augenring. Im Winter einer Rohrammer ähnlicher, hat aber einfarbig rostbraune Ohrdecken mit hellem Fleck am Hinterrand und ohne schmutzige Zügelmarkierung, umgeben von einer schwarzen Borte, die am Hinterrand des deutlichen weißen Augenrings als Augenstreif ansetzt und unterhalb des Auges auf den Wangen endet (bei der Rohrammer aber als schwärzlicher Wangenstreif bis zur Schnabelbasis verlängert ist). Ein rostbrauner Scheitelstreif ist scharf abgegrenzt (bei Rohrammer unscharf, falls vorhanden), die kleinen Armdecken sind kalt graubraun (statt rostbraun), die Unterseite ist fein (statt verwaschen) gestrichelt, und die Beine sind meist heller braun (s. Abb. S. 537, 540). Gesang weniger zusammenhängend als bei Waldammer, etwas tickend und daher der Rohrammer nahestehend, auch an einen Abschnitt aus dem Gesang des Baumpiepers erinnernd. Oft lassen sich drei bis vier Abschnitte unterscheiden, z.B. "tititiiti-tjüptjüp-stürriep" oder "pie pie-stüri stüri-tülytchi". Ruft metallisch spitz "tsick" oder "tick". Brütet in sumpfigen, lichten Birken- und Fichtenwäldern und Weidendickichten in Wassernähe in Nordeuropa, zieht im September/Oktober nach Südosten, kommt im Mai zurück und erscheint nur ausnahmsweise in Mitteleuropa.

Gelbbrauenammer
Emberiza chrysophrys - Yellow-browed Bunting L 14 cm

Sehr seltene sibirische Ausnahmeerscheinung. So groß wie Waldammer, mit großem, konischem Schnabel und typischem Kopfmuster. Männchen mit schwarzem Kopf, weißem Scheitelstreif und kurz vor dem Auge ansetzendem breitem, gelbem Überaugenstreif. Im frischen Gefieder und beim Weibchen Ohrdecken braun, Überaugenstreif am Schnabel ansetzend erst gelblich, hinten weißlich. Kinnstreif schwarz gestrichelt, weißer Fleck am hinteren Ohrdeckenrand. Unterseite ohne gelbe oder rostrote Töne, aber deutlich dunkel gestreift. Ruft scharf "tzitt", wie Waldammer. *Abb. S. 533*

Waldammer

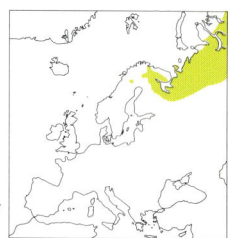
Zwergammer

Pallasammer
Emberiza pallasi - Pallas's Reed Bunting L 13 cm
Brütet im äußersten Nordosten Europas und in Ostsibirien, westlich davon erst zweimal auf den Shetlandinseln nachgewiesen. Deutlich kleiner und etwas langschwänziger als die ähnliche Rohrammer. Schnabel mehr konisch, mit geraderem First und hellem Unterschnabel. Gefieder insgesamt heller, weniger rotbraun und mit deutlich hellerem Bürzel. Männchen im Prachtkleid fast nur schwarzweiß gefärbt, doppelte Flügelbinde und Bürzel weiß. Im Schlichtkleid und bei Weibchen zwei deutliche beige Flügelbinden (statt alle Flügeldecken mit rotbraunen Rändern). Bürzel heller, mehr grau- oder beigeweiß, bei Altvögeln oft ungestreift. Überaugenstreif hinter dem Auge weniger deutlich, oft klar abgesetzter dunkler Fleck am unteren Ohrdeckenrand. Brust bei Jungvögeln schwärzlich, bei Weibchen und im ersten Winter hell rostbraun gestrichelt. Die Randdecken am Flügelbug sind grau oder braungrau statt wie bei der Rohrammer rotbraun, aber schwer zu erkennen. Die genauso kleine Zwergammer ist immer am deutlichen Augenring, den rostbraunen Ohrdecken und dem deutlicheren hellen Überaugenstreif zu unterscheiden. Stimme ganz anders als Rohrammer, mehr wie Haussperling hell "tschi-ülp".

Rohrammer
Emberiza schoeniclus - Reed Bunting L 15,5 cm - BJZ
Männchen im Prachtkleid durch schwarzen Kopf und Brustlatz, weißen Halsring und "Bart" unverkennbar. Weibchen variabel, meist mit breitem, schwarzbraunem Kinnstreif, dunkelbrauner Wange und grauem Ton auf den Halsseiten. Alter und Geschlecht im Winterhalbjahr schwer zu bestimmen. Typisch sind deutlich beiger Überaugen- und Bartstreif, braune bis graubraune Wange, deren dunkle Umrahmung am unteren Rand als Wangenstreif bis zur Schnabelbasis reicht (vgl. Zwergammer) und das Fehlen eines kontrastreich abgesetzten weißen Flecks auf den hinteren Ohrdecken (vgl. Waldammer). Schnabel wirkt kürzer und kräftiger als bei Zwerg- und Waldammer, First schwach gewölbt. Schultern und Flügel oft mit kräftig rotbraunem Ton, Kleine Armdecken einfarbig rotbraun, Bürzel und Oberschwanzdecken mit grauer Grundfärbung, Federspitzen aber oft rostfarben. Brütet häufig in den meisten Feuchtgebieten mit Schilf oder

anderer Vegetation, verrät ihre Anwesenheit durch den fein saugenden Ruf "tsiüü". Sitzt oft auf einer Pflanzenspitze, knickst mit dem Schwanz und taucht bei Gefahr ins Schilf ab. Gesang variabel, aber immer monoton, langsam und stotternd mit häufig schwirrender Schlußsilbe, z.B. "tsrip tsrip tsrip-tzirrä". Ruft während des Zuges tief, rauh und nasal "chüp", dann und im Winter oft in kleinen Gruppen, manchmal weitab vom Wasser und oft auf dem Boden. Zieht von September-Anfang November, zurück ab März, in geringer Zahl überwinternd.

Spornammer
Calcarius lapponicus - Lapland Bunting L 16 cm - W

Eine große, etwas schwerfälligere Ammer. Männchen im Prachtkleid leicht bestimmbar, auch Weibchen dann an scharfer, dunkler Kopfzeichnung, fuchsrotem Nacken und beigegelbem Schnabel mit dunkler Spitze gut zu erkennen. Im Herbst sind die dunkle Zeichnung und der rote Nacken des Männchens weitgehend unter hellen Federrändern verborgen. Im ersten Winterkleid auf dem gesamten Kopf mit einem braungelben Ton, vor allem Weibchen. Die beim Männchen besonders auffallenden braunroten Großen Armdecken, von breiten, weißlichen Flügelbinden umrahmt, sind im Herbst ein gutes Kennzeichen. Flügel und Handschwingenprojektion sind, wie die Kralle der Hinterzehe, bedeutend länger als bei anderen braunen Ammern. Beine schwarz, Schnabel im ersten Winter oft noch bräunlich. Im Fjäll sitzen die Männchen oft auf Buschspitzen oder Steinen, wo sie leicht zu entdecken sind. Während des Winterhalbjahres halten sich Spornammern bevorzugt am Boden auf, wo sie in geduckter Haltung auf Strandwiesen und Stoppelfeldern laufen. Der häufigste Flugruf ist ein trocken rollendes "Prrrrt", dem meist ein nasales "Tjüh" vorangeht. Ruft am Brutplatz außerdem in langsamer, regelmäßiger Folge weich "djüi", dem nach zwei Sekunden Pause ein "Triü" folgt. Der Gesang klingt frisch und hell, ähnelt dem der Schneeammer und der Ohrenlerche, meist sind die Silben aber "schwieriger", z.B. "prritühttrilillillitjirrütjürrü". Singt von niedriger Warte oder im Flug. Brütet häufig im skandinavischen Fjäll, am zahlreichsten an der Baumgrenze in Gegenden mit niedriger Buschvegetation, gern bei Mooren und Weidicht an Wasserflächen, oft in kleinen Kolonien. Zieht im September/Oktober, erscheint dann an der deutschen Küste, überwintert dort in geringer Zahl und fliegt im April zurück, erscheint aber nur ausnahmsweise im Binnenland.

Schneeammer
Plectrophenax nivalis - Snow Bunting L 16-17 cm - W

Leicht an der weißen Flügelzeichnung zu erkennen. Das Kleid variiert jedoch beträchtlich, und Weibchen im ersten und zweiten Kalenderjahr sind auf den Armschwingen und Kleinen Armdecken nur schwach grauweiß. Im Schlichtkleid mit breiten, ockerbeigen Federrändern (Abb. S. 541). Das Prachtkleid entsteht hauptsächlich durch Abnutzung und Abstoßung der hellen Federränder, wodurch die schwarzen oder weißen Federzentren freigelegt werden. Vögel im nur bis August getragenen Jugendkleid machen einen dumpf grauen Eindruck, der mausgraue Kopf und der deutliche beige Augenring lassen an einen Ortolan denken. Der Gesang ist dem der Spornammer sehr ähnlich, variiert allerdings erheblich und ist meistens einfacher, z.B. wie "tetjüty-tili", oder ein wiederholter, bimmelnder Ton "tily-tily-tily-tetvi". Singt von einem Stein oder im abwärts führenden Flug. Der Lockruf ist mit dem der Spornammer manchmal fast identisch, das darauf folgende Rollen klingt angenehm wie beim Sichelstrandläufer "prillillillü". Ruft auch hell "tiü" und raspelnd "trrry". Ein Vogel hoher Berge, der in steinigem Gelände hoch oben in der Flechtenregion brütet, am Eismeer aber auch Seite an Seite mit der Spornammer bis auf Meereshöhe hinab. Trifft im März/April am Brutplatz ein, erscheint ab Oktober als Wintergast an der deutschen Küste, vereinzelt auch tief im Binnenland. Die Schneeammer bevorzugt dann offene Flächen, Dünen und Strandwiesen, wo sie oft wenig scheu in Trupps nach Samen sucht.

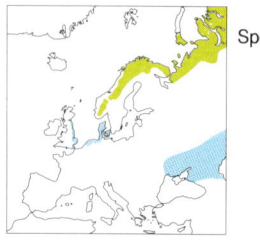
Spornammer

Schneeammer

Schneeammer

Vireos und Waldsänger

Auf dieser und der folgenden Doppelseite werden einige extrem selten aus Nordamerika in Europa auftretende Sperlingsvögel vorgestellt. Die meisten Nachweise stammen aus Großbritannien (Scilly-Inseln) und Irland, einige auch von Island und der europäischen Westküste. Meist treten sie nach starken Westwinden ab Ende September und im Oktober auf, oft auch als "Blinde Passagiere" an Bord von Schiffen und sicher gelegentlich auch aus Gefangenschaft. Häufig sind es Vögel im ersten Kalenderjahr. Über ein Dutzend weitere Arten wurde beobachtet. Hier werden nur solche Arten behandelt, die mindestens dreimal in Europa angetroffen worden sind. Die Anzahl der bislang bekanntgewordenen Feststellungen ist jeweils angegeben.

Rotaugenvireo *Vireo olivaceus* - Red-eyed Vireo   L 14 cm - A
So groß wie eine Kohlmeise, hüpft in waagerechter Haltung im Laubwerk umher. Kopfmuster charakteristisch, Iris bei Altvögeln rot, im ersten Kalenderjahr braun. Ruft etwas dissonant und wimmernd "chör". Die britischen Nachweise konzentrieren sich auf den Zeitraum zwischen dem 21.September und dem 19.Oktober. 69 Nachweise.

Kletterwaldsänger *Mniotilta varia* - Black-and-white Warbler   L 14 cm
Erinnert bei der Nahrungssuche an einen Baumläufer. Männchen weniger gelblich getönt, mit deutlicheren schwarzen Brust- und Flankenstreifen, im Prachtkleid Kehle und Ohrdecken schwarz. Ruft scharf "pit" und dünn, baumläuferartig "siih". 13 Nachweise.

Meisenwaldsänger *Parula americana* - Northern Parula   L 11,5 cm
So groß wie Zilpzalp. Weibchen ohne rote Brustflecke, oberseits grünlicher. Klettert meisenartig im Geäst. Ruft scharf "tjipp". 20 Nachweise.

Kronwaldsänger *Dendroica coronata* - Yellow-rumped Warbler   L 14 cm
Langschwänzig, gelber Bürzel, große weiße Ovale auf den äußeren Steuerfedern, gelber Fleck auf der Brustseite. Ruft scharf und metallisch "tjeck". 24 Nachweise, davon 7 aus Island.

Streifenwaldsänger *Dendroica striata* - Blackpoll Warbler   L 13 cm
Im ersten Kalenderjahr unscheinbar, gestreift, mit zwei weißen Flügelbinden und weißen Flecken auf den äußeren Steuerfedern. Ruft laut schmatzend, ferner dünn "siit" und scharf "ztrix", an Goldammer erinnernd. Fast ausschließlich Oktoberfunde. 34 Nachweise.

Schnäpperwaldsänger *Setophaga ruticilla* - American Redstart   L 13 cm
Ziemlich klein, aber langschwänzig. Fängt Insekten in der Luft. Adultes Männchen schwarz mit roten Flecken auf Brustseiten, Flügeln und Schwanz. Weibchen und Männchen im ersten Kalenderjahr oberseits braungrün, gelblicher Flügelstreif unterschiedlich breit. Ruft hoch und explosiv "tzipp". 11 Nachweise.

Pieperwaldsänger *Seiurus aurocapillus* - Ovenbird   L 15 cm
Bewegt sich im Schutz der Vegetation ruckartig auf dem Boden wie ein runder, kurzschwänziger Baumpieper. Augenring auffällig. Ruft glucksend "tjück". 5 Nachweise.

Drosselwaldsänger *Seiurus noveboracensis* - Northern Waterthrush   L 14,5 cm
Oft an Wasserflächen, wippt mit dem Hinterkörper und knickst wie Wasseramsel. Ruft durchdringend scharf "tjipp" oder "tjyck". 8 Nachweise.

Weidengelbkehlchen *Geothlypis trichas* - Common Yellowthroat   L 13 cm
Klein, kurzflügelig, stellt oft den Schwanz auf, bewegt sich meist niedrig im Gestrüpp oder in der Sumpfvegetation. Männchen mit schwarzer Maske (im ersten Winter weitgehend verdeckt). Ruft hart "tjeck". 4 Nachweise.

Nordamerikanische Tangaren, Ammern und Stärlinge

Scharlachtangare *Piranga olivacea* - Scarlet Tanager L 18 cm
Großschnäbelig, etwas finkenartig, hält sich in Bäumen und höheren Büschen auf. Männchen im Prachtkleid scharlachrot mit schwarzen Flügeln, im Schlichtkleid gelbgrün mit kontrastierenden dunklen Flügeln, Weibchen mit grünbraunen Flügeln und insgesamt matterer Färbung. Männchen im ersten Winter wie Weibchen, aber mit einigen schwarzen Armdecken. Ruft "tjipp-pürr", Endsilbe trocken rasselnd. 9 Nachweise, vor allem im Oktober.

Weißkehlammer *Zonotrichia albicollis* - White-throated Sparrow L 17 cm
Goldammergroß, mit kräftigerem Schnabel. Kehle weiß, Scheitel mit schwärzlichen Längsstreifen auf weißem, bei manchen Individuen und im ersten Kalenderjahr beigem Grund. Ruft laut "tjink" und hell lispelnd "tsiihp". 31 Nachweise, die meisten aus dem Frühjahr und Frühsommer.

Junko *Junco hyemalis* - Dark-eyed Junco L 16 cm
Unverkennbar, im Flug mit leuchtend weißen äußeren Steuerfedern. Ruft kurz und scharf "tzitt", im Auffliegen auch "tzitt-itt-itt". 20 Nachweise, alle im Winter und Frühjahr.

Rosenbrust-Kernknacker
Pheucticus ludovicianus - Rose-breasted Grosbeak L 20 cm
Etwas größer als Kernbeißer. Männchen im Prachtkleid schwarzweiß mit rosa Brust. Im Herbst des ersten Kalenderjahres braun und beige, dunkel gestreift und mit typischer, breit gestreifter Kopfzeichnung, dazu mit auffälligen weißen Flecken auf Flügeln (bei Männchen groß) und Schwanz. Flugruf sehr hoch, etwas metallisch "ink". 32 Nachweise mit einem deutlichen Schwerpunkt im Oktober.

Indigofink *Passerina cyanea* - Indigo Bunting L 14 cm - (A)
So groß wie Bluthänfling, mit recht kräftigem Schnabel. Männchen indigoblau, Färbung im Schlichtkleid durch zimtbraune Federränder weitgehend verdeckt. Männchen im Frühjahr des zweiten Kalenderjahres oft unvollständig ausgefärbt und mit bräunlichen Schwungfedern. Weibchen ähnlich weiblichem Karmingimpel, aber ohne deutliche Strichelung, wärmer braun und mit bläulichen Kleinen Armdecken. Ruft scharf "tsick". 16 Nachweise.

Bobolink *Dolichonyx oryzivorus* - Bobolink L 18 cm
Grauammergroß mit auffallend spitzen Steuerfedern. Im Schlichtkleid strohgelb mit beige und dunkel gestreiftem Mantel, dunklem Scheitelseiten- und gelblichem Überaugen- und Scheitelstreif. Männchen im Prachtkleid überwiegend schwarz, Schultern und Bürzel weiß, Nacken gelblichbeige. Flugruf klangvoll "pink". Hält sich in hohem Gras, in Maisfeldern und Schilf auf. 18 Nachweise, vor allem im September/Oktober.

Baltimoretrupial *Icterus galbula* - Northern Oriole L 22 cm
So groß wie ein Star und mit langem Schwanz. Männchen im Prachtkleid leuchtend orange und schwarz mit weißen Flügelbinden. Im Schlichtkleid weniger grell gezeichnet, aber oft intensiv braunorange getönt. Weibchen im Schlichtkleid matter gefärbt, hat aber eine ungestreifte, gelbe bis gelblichbeige Unterseite und deutliche helle Flügelbinden. Ruft etwas nasal "väht" und hart ratternd "tschärrrr". 22 Nachweise, vor allem Mitte September-Oktober.

Weiterführende Literatur

Aus dem reichen Angebot an ornithologischer Fachliteratur wird hier eine Auswahl an deutschsprachigen und internationalen Bestimmungsbüchern, Handbüchern und Fotobänden vorgestellt, die weiterführende Kenntnisse über den derzeitigen Stand der Vogelbestimmung vermitteln, spezielle Artengruppen vertieft behandeln, die Vogelwelt einer bestimmten Region darstellen oder wichtige Nachschlagewerke zur Biologie des Vogels sind.

Bannerman, D.A., & W.M. Bannermann (1971): Handbook of the Birds of Cyprus and Migrants of the Middle East. Edinburgh.

Bardarson, H.R. (1986): Birds of Iceland. Reykjavik.

Bergmann, H.-H. (1987): Die Biologie des Vogels. Wiesbaden..

Bergmann, H.-H., & H.-W. Helb (1982): Stimmen der Vögel Europas. München.

Bezzel, E. (1985): Kompendium der Vögel Mitteleuropas. Band 1 Nonpasseriformes (Band 2 in Vorb.). Wiesbaden.

Bezzel, E., & R. Prinzinger (1990): Ornithologie. Stuttgart.

British Trust for Ornithology (1980): The Atlas of Breeding Birds of Britain and Ireland. 3. Aufl. Staffordshire.

British Trust for Ornithology and Irish Wildbird Conservancy (1986): The Atlas of Wintering Birds in Britain and Ireland. Staffordshire.

Bruun, B., H. Delin & L. Svensson (1991): Der Kosmos-Vogelführer. 9. neu bearbeitete Aufl. Stuttgart.

Chandler, R.J. (1989): North Atlantic Shorebirds. London.

Cramp, S., & K.E.L. Simmons (1977-1988): Handbook of the Birds of Europe, the Middle East and North Africa. (bisher 5 Bände, Band 6 in Vorb.) Oxford.

Delin, H., & L. Svensson (1989): Der Kosmos-Vogelatlas. Stuttgart.

Dymond, J.N., P.A. Fraser & S.J.M. Gantlett (1989): Rare Birds in Britain and Ireland. Staffordshire.

Etchécopar, R.D., & F. Hüe (1964): Les Oiseaux du Nord de l'Afrique. Paris.

Farrand, J. (Hrsg., 1983): The Audubon Society Master Guide to Birding. 3 Bände. New York .

Ferguson-Lees, J. & I. Willis (1987): Vögel Mitteleuropas. München.

Fjeldså, J. (1977): Guide to the Young of European Precocial Birds. Tisvildeleje.

Flint, V.E., R.L. Boehme, Y.V. Kostin & A.A. Kuznetsov (1984): A Field Guide to Birds of the USSR. Princeton.

Forsman, D. (1984): Rovfågelsguiden. Helsinki.

Génsbøl, B. (1986): Greifvögel. München.

Glutz von Blotzheim, U.N., & K.M. Bauer (1966-1991): Handbuch der Vögel Mitteleuropas. (bisher 12 Bände erschienen, 2 weitere in Vorb.). Wiesbaden.

Grant, P.J. (1986): Gulls, a Guide to Identification. 2. Aufl. Calton.

Harris, A., L. Tucker & K. Vinicombe (1991): Vogelbestimmung für Fortgeschrittene. Stuttgart.

Harrison, C. (1982): An Atlas of the Birds of the Western Palaearctic. London.

Harrison, P. (1985): Seabirds, an identification guide. 2. Aufl. London.

Harrison, P. (1987): Seabirds of the World. A Photographic Guide. London.

Hayman, P., J. Marchant & A.J. Prater (1987): Shorebirds - An identification guide to the waders of the world. London.

Hollom, P.A.D., R.F. Porter, S. Christensen & I. Willis (1988): Birds of the Middle East and North Africa. Calton.

Hüe, F., & R.D. Etchécopar (1970): Les Oiseaux du Proche et du Moyen Orient de la Méditerannée aux contreforts de l'Himalaya. Paris.

Jonsson, L. (1976-1980): Fåglar i naturen. 5 Bände. Stockholm.

King, B.F., E.C. Dickinson & M.W. Woodcock (1975): A Field Guide to the Birds of South-East Asia. London.

Lewington, I., P. Alström & P. Colston (1991): A Field Guide to the Rare Birds of Britain and Europe. London.

Madge, S., & H. Burn (1989): Wassergeflügel. Ein Bestimmungsbuch der Schwäne, Gänse und Enten der Welt. Hamburg, Berlin.

National Geographic Society (Hrsg., 1983): Field Guide to the Birds of North America. Washington.

Paz, U. (1987): The Birds of Israel. London.

Porter, R.F., I. Willis, S. Christensen & B.P. Nielsen (1981): Flight Identification of European Raptors. 3. Aufl. Calton.

Sonobe, K., & J. Washburn Robinson (Hrsg., 1982): A Field Guide to the Birds of Japan. Tokio.

Stresemann, E., & V. Stresemann (1966): Die Mauser der Vögel. J. Ornithol. 107, Sonderheft.

Svensson, L. (1984): Identification Guide to European Passerines. 3. Aufl. (4. Aufl. in Vorb.). Stockholm.

Sveriges Ornitologiska Förening (1990): Sveriges fåglar. Stockholm.

Vaurie, C. (1959): The Birds of the Palaearctic Fauna. 2 Bände. London.

Voous, K.H. (1962): Die Vogelwelt Europas und ihre Verbreitung. Hamburg, Berlin.

Voous, K.H. (1977): List of Recent Holarctic Bird Species. Ibis Supplementband. London.

Yeatman-Berthelot, D. (1991): Atlas des Oiseaux de France en Hiver. Paris.

Zeitschriften

Wer ein weitergehendes Interesse an der Beobachtung und Bestimmung von Vögeln hat, wird neben zusätzlichen Büchern auch regelmäßig eine Fachzeitschrift lesen. Hier werden besonders schwierige Bestimmungsprobleme ausführlicher behandelt und mit Fotos und Zeichnungen illustriert, als dies in einem allgemeinen Buch möglich ist. Außerdem finden sich dort Arbeiten über neueste Erkenntnisse der Bestimmungstechnik, praktische Beobachtungshinweise und aktuelle Informationen über das Auftreten von Vögeln. Die wichtigsten Zeitschriften für Vogelbeobachter in Europa und ihre Anschriften sind:

Limicola - Zeitschrift für Feldornithologie (deutsch) C. Barthel, Thieplatz 6 A, D-W-3410 Northeim 12

Birding World
(englisch) S.J.M. Gantlett, Ticker's, High Street, Cley-next-the-Sea, Holt, Norfolk NR25 7RZ, England

British Birds
(englisch) E. Sharrock, Fountains, Park Lane, Blunham, Bedford MK44 3NJ, England.

Dutch Birding
(niederländisch und englisch) Postbus 75611, NL-1070 AP Amsterdam, Niederlande

Vår Fågelvärld
(schwedisch) Anders Wirdheim, Genvägen 4, S-30240 Halmstad, Schweden

Neben zahlreichen regionalen oder auf Teilaspekte spezialisierten Publikationen sind im deutschsprachigen Raum die folgenden Zeitschriften der wissenschaftlichen Ornithologie gewidmet. Teilweise handelt es sich um Verbandszeitschriften der genannten Vereinigungen.

Journal für Ornithologie (Anschrift s. Deutsche Ornithologen-Gesellschaft)

Die Vogelwelt (Duncker & Humblot, Postfach 410329, D-W-1000 Berlin 41)

Egretta (Anschrift s. Österreichische Gesellschaft für Vogelkunde)

Der Ornithologische Beobachter (Anschrift s. Ala)

Vogelstimmen-Aufnahmen

Die Kenntnis der Rufe und Gesänge ist bei der Vogelbestimmung eine große Hilfe. Im Laufe der Jahre erwirbt man sie fast automatisch und wird immer häufiger Vogelarten allein nach dem Gehör bestimmen, noch bevor man sie sieht. Die vielfältigen Vogelstimmen in Worten zu beschreiben, ist ein nur schwer lösbares Problem. Schallplatten und Tonkassetten sind nicht nur für den Beginner nützlich, und aus dem reichhaltigen Angebot seien hier die wichtigsten Zusammenstellungen aufgeführt.
Nie darf man allerdings eine Tonbandaufnahme dazu benutzen, einen Vogel während der Brutzeit duch Vorspielen seines eigenen Gesanges anzulocken. Ein solches Vortäuschen eines vermeintlichen Rivalen ist eine (auch nach dem Naturschutzgesetz unzulässige) Störung des Brutgeschehens.

Chappuis, C. (1987): Migrateurs et Hivernants. (2 Kassetten). Grand Couronne.

Mild, K. (1987): Soviet Bird Songs. (2 Kassetten mit Begleitheft). Stockholm.

Mild, K. (1990): Bird Songs of Israel and the Middle East. (2 Kassetten mit Begleitheft). Stockholm.

Palmér, S., & J. Boswall (1970-1973): A Field Guide to the Bird Songs of Britain and Europe. (15 Schallplatten oder 16 Kassetten).

Pott, E., & J.C. Roché (1989): Vogelstimmen an Strand und Küste. (2 Kassetten). Stuttgart.

Roché, J.C., & T. Mebs (1989): Die Stimmen der Greifvögel und Eulen Europas. (2 Kassetten). Stuttgart.

Roché, J.C. (1989): Die Stimmen der Vögel Mitteleuropas. (2 Kassetten). Stuttgart.

Roché, J.C. (1986): Die Vogelstimmen Europas. (3 Kassetten). Stuttgart.

Svensson, L. (1984): Soviet Birds. (Kassette). Stockholm.

Schubert, M.: Stimmen der Vögel. (Plattenserie). Berlin.

Veprintsev, B.N. (1982-1987): Birds of the Soviet Union. A Sound Guide. (7 Schallplatten). Moskau.

Wichtige Anschriften

Hier folgen die Anschriften der überregionalen Vereinigungen von Ornithologen oder Vogelschützern. Für Vogelbeobachter gibt es keine spezielle Gesellschaft.
Beim Fund eines beringten Vogels sollte man den Ring mit den genauen Daten an eine der genannten Vogelwarten senden.
Beobachtungen seltener Vögel (alle in diesem Buch mit der Statusangabe "A" versehenen Arten in Deutschland) sollten mit genauer Beschreibung an den "Seltenheitenausschuß" gemeldet werden, bei dem auch besondere Meldebögen angefordert werden können. Sie sind nur bei zweifelsfreier Dokumentation auch von wissenschaftlichem Wert und werden in Jahresübersichten in der Zeitschrift "Limicola" veröffentlicht. In der Schweiz sind entsprechende Meldungen an die Vogelwarte Sempach, in Österreich an die Gesellschaft für Vogelkunde zu richten.

Deutsche Ornithologen-Gesellschaft (DO-G), c/o Wolfgang Stauber, Postfach 106013, D-W-7000 Stuttgart 10

Naturschutzbund Deutschland (DBV), Am Michaelshof 8-10, D-W-5300 Bonn 2

Dachverband Deutscher Avifaunisten (DDA), Hortensienstr. 25, D-W-1000 Berlin 45

Österreichische Gesellschaft für Vogelkunde, Burgring 7, A-1010 Wien, Österreich

Ala, Schweizerische Gesellschaft für Vogelkunde und Vogelschutz, Krähenbergstr. 53, CH-2543 Lengnau, Schweiz

Schweizer Vogelschutz (SVS), Postfach, CH-8036 Zürich, Schweiz

Vogelwarte Radolfzell, Max-Planck-Institut für Verhaltensphysiologie, D-W-7760 Radolfzell 16

Institut für Vogelforschung "Vogelwarte Helgoland", An der Vogelwarte 21, D-W-2940 Wilhelmshaven

Vogelwarte Hiddensee, D-O-2346 Kloster/Hiddensee

Schweizerische Vogelwarte, CH-6204 Sempach, Schweiz

Dokumentationsstelle für seltene Vogelbeobachtungen, Deutscher Seltenheitenausschuß, Thieplatz 6 A, D-W-3410 Northeim 12

Für die Verbreitungskarten verwendete Literatur

Die Verbreitungskarten wurden auf der Grundlage der nachfolgenden Veröffentlichungen erstellt. Für die Mitteilung unpublizierter Ergänzungen sei Klaus Malling Olsen, George I. Handrinos und Iztok Geister herzlich gedankt.

Anonymus (1978-1990): European News. In: British Birds.

Bentz, P.-G. & B. Génsbøl (1988): Norsk fuglehandbok. Oslo.

Bloch, D., & S. Sörensen (1984): Yvirlit yvir Foroya' fuglar. Torshavn.

Cramp, S. (Hrsg., 1977-1988): Handbook of the Birds of Europe, the Middle East and North Africa. Band 1-5. Oxford.

Dybbro, T. (1976): De dansk ynglefugles udbredelse. Kopenhagen.

Ferrer, X., A. Martinez i Vilalta & J. Muntaner (1986): Historia natural dels Paisos Catalans. 12 Ocells. Barcelona.

Flint, P.R., & P.F. Stewart (1983): The Birds of Cyprus. London.

Flint, V.E., R.L. Boehme, Y.V. Kostin & A.A. Kuznetsov (1984): A Field Guide to Birds of the USSR. Princeton.

Geister, I. (1989): Slovenskij prispevek evropskemu ornitoloskemu atlasu za obduje 1979-1988. Ljubljana.

Goodman, S.M., & P.L. Meininger (1989): The Birds of Egypt. Oxford.

Green, A.A. (1984): The Avifauna of the Al Jawf region, Northwest Saudi Arabia. Sandgrouse 6: 48-58.

Harrison, C. (1982): An Atlas of the Birds od the Western Palaearctic. London.

Harrison, P. (1989): Världens havsfåglar. Stockholm.

Hollom, P.A.D., R.F. Porter, S. Christensen & I. Willis (1988): Birds of the Middle East and North Africa. Calton.

Hyytiä, K. E. Kellomäki & J. Koistinen (1983): Suomen lintuatlas. Helsinki.

Ilicev, V.D., & V.E. Flint (1985-1989): Handbuch der Vögel der Sowjetunion. Band 1 und 4. Wittenberg.

Jennings, M.C. (1981): The Birds of Saudi Arabia: a Checklist. Cambridge.

Klafs, G., & J. Stübs (1987): Die Vogelwelt Mecklenburgs. Jena.

Koskimies, P. (1989): Distribution and Numbers of Finnish Breeding Birds. Helsinki.

Lack, P. (1986): The Atlas of Wintering Birds in Britain and Ireland. Calton.

Mikkola, H. (1983): Owls of Europe. Calton.

Nikene, J. (1989): Latvian breeding bird atlas 1980-1984. Riga.

Paz, U. (1987): The Birds of Israel. London.

Rutschke, E. (1982): Die Vogelwelt Brandenburgs. Jena.

Schifferli, A., P. Géroudet & R. Winkler (1980): Verbreitungsatlas der Brutvögel der Schweiz. Sempach.

Sharrock, J.T.R. (1976): The Atlas of Breeding Birds in Britain and Ireland. Calton.

SOF (Hrsg., 1990): Sveriges fålgar. 2. Aufl. Stockholm.

SOVON (Hrsg., 1987): Atlas van de Nederlandse Vogels. Arnhem.

Stastny, K., A. Randik & K. Hidec (1987): Atlas hnizdniho rozsireni ptaku v CSSR 1973/77. Prag.

Telleria, J.L. (1988): Invernada de Aves an la Peninsula Iberica. Madrid.

Thomsen, P., & P. Jacobsen (1979): The Birds of Tunisia. Kopenhagen.

Tomialojc, L. (1990): Ptaki Polski. Warschau.

Wallace, D.I.M. (1983): The Breeding Birds of the Azraq Oasis and its Desert Surround, Jordan, in the mid-1960s. Sandgrouse 5: 1-18.

Register der deutschen Vogelnamen

Aaskrähe 494
Adlerbussard 140
Afrikanischer Silberschnabel 502
Akaziendrossling 475
Akaziengrasmücke 442
Alpenbraunelle 380
Alpendohle 490
Alpenkrähe 490
Alpenschneehuhn 168
Alpensegler 332
Alpenstrandläufer 218
"Amerikanische Krickente" 96
Amerikanischer Goldregenpfeifer 206
Amsel 416
Arabisches Wüstenhuhn 176
Armeniermöwe 274
Atlasgrasmücke 436
Atlasspecht 342
Auerhuhn 172
Austernfischer 194
Aztekenmöwe 268

Bachstelze 372
Bairdstrandläufer 228
Baltimoretrupial 544
Bartgeier 124
Bartkauz 320
Bartlaubsänger 450
Bartmeise 460
Baßtölpel 52
Baumfalke 156
Baumpieper 368
Bechsteindrossel 414
Bekassine 252
Bergbraunelle 382
Bergente 102
Bergfink 504
Berggimpel 518
Berghänfling 516
Bergkalanderlerche 356
Berglaubsänger 448
Bergpieper 366
Bergstrandläufer 224
Beutelmeise 460
Bienenfresser 336
Bindenkreuzschnabel 521
Bindenseeadler 144
Bindenstrandläufer 228
Bindentaucher 40
Birkenzeisig 514
Birkhuhn 172
Bläßgans 80
Bläßhuhn 186
Blaßspötter 432
Blauelster 490

Blauflügelente 96
Blaukehlchen 388
Blaumeise 466
Blaumerle 408
Blauracke 338
Blauschwanz 388
Blauwangenspint 336
Bluthänfling 516
Blutspecht 344
Bobolink 544
Bolles Lorbeertaube 304
Bonapartemöwe 268
Borstenrabe 492
Brachpieper 372
Brandgans 86
Brandseeschwalbe 282
Braunkehl-Uferschwalbe 362
Braunkehlchen 394
Braunkopfammer 530
Braunliest 334
Braunschnäpper 458
Brautente 96
Brillenente 114
Brillengrasmücke 438
Bruchwasserläufer 242
Buchfink 504
Büffelkopfente 114
Bulwersturmvogel 44
Buntfuß-Sturmschwalbe 50
Buntspecht 346
Buschrohrsänger 428
Buschspötter 430

Carolinasumpfhuhn 184
Chileflamingo 75
Chukarhuhn 176
Cistensänger 424

Diademrotschwanz 392
Diamantfasan 181
Dickschnabel-Rohrsänger 430
Dickschnabellumme 294
Dohle 492
Doppelschnepfe 252
Doppelspornfrankolin 178
Dorngrasmücke 440
Dornspötter 432
Dreizehenmöwe 266
Dreizehenspecht 348
Drosselrohrsänger 426
Drosseluferläufer 248
Drosselwaldsänger 542
Dunkelente 96
Dunkellaubsänger 450
Dunkler Sturmtaucher 46
Dunkler Wasserläufer 240

Dünnschnabel-Brachvogel 234
Dünnschnabelmöwe 262
Dupontlerche 352

Eichelhäher 488
Eiderente 108
Eilseeschwalbe 290
Einfarbstar 484
Einödgimpel 518
Einödlerche 360
Einsamer Wasserläufer 244
Einsiedlerdrossel 410
Eisente 110
Eismöwe 274
Eissturmvogel 44
Eistaucher 34
Eisvogel 334
Eleonorenfalke 158
Elfenbeinmöwe 270
Elster 488
Elsterdohle 492
Erddrossel 414
Erlenzeisig 510
Erznektarvogel 476

Fahlbürzel-Steinschmätzer 406
Fahlkauz 318
Fahlsegler 332
Fahlsperling 500
Falkenraubmöwe 257
Fasan 182
Feldlerche 350
Feldrohrsänger 430
Feldschwirl 420
Feldsperling 496
Felsenhuhn 178
Felsenkleiber
Felsenschwalbe 362
Felsensteinschmätzer 402
Felsentaube 304
Fichtenammer 524
Fichtenkreuzschnabel 521
Fischadler 155
Fischmöwe 272
Fitis 450
Flußregenpfeifer 200
Flußseeschwalbe 284
Flußuferläufer 244
Forsterseeschwalbe 290

Gänsegeier 126
Gänsesäger 118
Gartenbaumläufer 472
Gartengrasmücke 440
Gartenrotschwanz 390
Gebirgsstelze 374

Gelbbauch-Saftlecker 344
Gelbbrauen-Laubsänger 454
Gelbbrauenammer 534
Gelbkehlsperling 500
Gelbschnabel-Sturmtaucher 46
Gelbschnabelkuckuck 311
Gelbschnabeltaucher 36
Gelbspötter 434
Gelbsteißbülbül 476
Gerfalke 164
Gimpel 512
Girlitz 508
Glanzkrähe 494
Gleitaar 121
Gluckente 96
Goldammer 526
Goldfasan 181
Goldhähnchen-Laubsänger 454
Goldregenpfeifer 208
Grasläufer 230
Grauammer 524
Graubrust-Strandläufer 230
Graubülbül 476
Graubürzel-Singhabicht 136
Graudrossling 475
Graufischer 334
Graugans 80
Grauortolan 528
Graureiher 68
Grauschnäpper 458
Grauspecht 342
Grauwangendrossel 410
Großer Brachvogel 234
Großer Gelbschenkel 248
Großer Schlammläufer 248
Großer Sturmtaucher 46
Großtrappe 190
Grünlaubsänger 452
Grünling 510
Grünschenkel 242
Grünspecht 342
Gryllteiste 296
Gürtelfischer 334

Habicht 134
Habichtsadler 152
Habichtskauz 320
Häherkuckuck 310
Hakengimpel 520
Halbringschnäpper 456
Halsbandfrankolin 176
Halsbandschnäpper 456
Halsbandsittich 311
Haselhuhn 174
Haubenlerche 352
Haubenmeise 464
Haubentaucher 40
Hausammer 528

Hausrotschwanz 390
Haussegler 331
Haussperling 496
Heckenbraunelle 380
Heckensänger 386
Heidelerche 350
Heringsmöwe 276
Höckerschwan 76
Hohltaube 302
Hopfkuckuck 308

Indigofink 544
Indischer Silberschnabel 502
Isabellsteinschmätzer 398
Isabellwürger 478

Jerichonektarvogel 476
Jungfernkranich 190
Junko 544

Kabylenkleiber 470
Kaffernsegler 331
Kaiseradler 148
Kalanderlerche 356
Kammbläßhuhn 188
Kampfläufer 232
Kanadagans 82
Kanarengirlitz 507
Kanarenpieper 368
Kanarenschmätzer 394
Kapohreule 312
Kappenammer 530
Kappensteinschmätzer 404
Kaptäubchen 306
Kapverdensturmvogel 44
Karmingimpel 516
Kaspisches Königshuhn 175
Kaukasusbirkhuhn 175
Kaukasuskönigshuhn 175
Keilschwanz-Regenpfeifer 206
Kernbeißer 506
Kiebitz 212
Kiebitzregenpfeifer 208
Kiefernkreuzschnabel 521
Klappergrasmücke 440
Kleiber 472
Kleine Bergente 104
Kleine Feldlerche 350
Kleiner Gelbschenkel 248
Kleiner Schlammläufer 248
Kleiner Sturmtaucher 48
Kleines Sumpfhuhn 184
Kleinspecht 348
Kletterwaldsänger 542
Klippenkleiber 470
Knackerlerche 360
Knäkente 94
Knutt 216
Kohlmeise 466

Kolbenente 100
Kolkrabe 492
Königsseeschwalbe 290
Korallenmöwe 272
Kormoran 54
Kornweihe 128
Korsenkleiber 470
Krabbentaucher 296
Kragenente 110
Kragentrappe 192
Krähenscharbe 54
Kranich 190
Krauskopfpelikan 58
Krickente 94
Kronenflughuhn 299
Kronwaldsänger 542
Kuckuck 308
Kuhreiher 64
Kurzfangsperber 136
Kurzschnabelgans 78
Kurzzehenlerche 354
Küstenreiher 64
Küstenseeschwalbe 284

Lachmöwe 264
Lachseeschwalbe 282
Langschnabelpieper 370
Langzehen-Strandläufer 226
Lannerfalke 162
Lapplandmeise 462
Lasurmeise 468
Laufhühnchen 188
Löffelente 92
Löffler 72
Lorbeertaube 304

Madeirasturmvogel 44
Madeirawellenläufer 50
Malabarfasänchen 502
Mandarinente 96
Mangrovereiher 60
Mantelmöwe 276
Mariskensänger 424
Marmelente 98
Maskenammer 524
Maskengrasmücke 444
Maskenwürger 482
Mauerläufer 474
Mauersegler 332
Mäusebussard 138
Meerstrandläufer 220
Mehlschwalbe 364
Meisenwaldsänger 542
Merlin 160
"Middendorfflaubsänger" 452
Misteldrossel 418
Mittelmeer-Steinschmätzer 400
Mittelmeer-Sturmtaucher 48

Mittelsäger 118
Mittelspecht 344
Moabsperling 500
Mohrenlerche 359
Mönchsgeier 126
Mönchsgrasmücke 442
Mongolengimpel 518
Mongolenregenpfeifer 202
Moorente 100
Moorschneehuhn 168
Mornellregenpfeifer 204

Nachtfalke 330
Nachtigall 384
Nachtreiher 62
Naumanndrossel 414
"Nebelkrähe" 494
Neuntöter 478
Nilgans 86
Nonnensteinschmätzer 402
Nordamerikanische Pfeifente 88
Nordamerikanische Rohrdommel 60
Nubischer Ziegenmelker 330

Odinshühnchen 254
Ohrengeier 126
Ohrenlerche 358
Ohrentaucher 42
Olivenspötter 432
Orientturteltaube 306
Orpheusgrasmücke 444
Orpheusspötter 434
Ortolan 526

Pallasammer 536
Palmtaube 306
Papageitaucher 296
Pazifischer Goldregenpfeifer 206
Pazifischer Wasserpieper 366
Persisches Wüstenhuhn 176
Petschorapieper 370
Pfeifente 88
Pfuhlschnepfe 236
Pharaonenziegenmelker 330
Pieperwaldsänger 542
Pirol 486
Plüschkopfente 108
Polarbirkenzeisig 514
Polarmöwe 274
Prachteiderente 106
Prachtfregattvogel 52
Prachttaucher 32
Prärieläufer 230
Präriemöwe 268
Provencegrasmücke 436
Purpurhuhn 188
Purpurreiher 68

"Rabenkrähe" 494
Rallenreiher 64
Raubseeschwalbe 286
Raubwürger 480
Rauchschwalbe 364
Rauhfußbussard 140
Rauhfußkauz 322
Rebhuhn 180
Regenbrachvogel 234
Reiherente 102
Rennvogel 198
Riesenrotschwanz 392
Ringdrossel 415
Ringelgans 84
Ringeltaube 302
Ringschnabelente 104
Ringschnabelmöwe 268
Rohrammer 536
Rohrdommel l60
Rohrschwirl 420
Rohrweihe 133
Rosaflamingo 75
Rosapelikan 58
Rosenbrust-Kernknacker 544
Rosenmöwe 270
Rosenseeschwalbe 284
Rosenstar 484
Rostbürzel-Steinschmätzer 406
Rostgans 86
Rotaugenvireo 542
Rotdrossel 418
Rötelfalke 158
Rötelpelikan 58
Rötelschwalbe 364
Rotflügel-Brachschwalbe 198
Rotflügelgimpel 518
Rotfußfalke 156
Rothals-Ziegenmelker 328
Rothalsgans 82
Rothalstaucher 40
Rothuhn 178
Rotkehl-Strandläufer 224
Rotkehlchen 384
Rotkehlpieper 368
Rotkopfwürger 482
Rotlappenkiebitz 210
Rotmilan 122
Rotschenkel 240
Rotstirngirlitz 508
Rubinkehlchen 386
Rüppellseeschwalbe 290
Rußseeschwalbe 290

Saatgans 78
Saatkrähe 494
Säbelschnäbler 196
Saharaohrenlerche 359
Saharasteinschmätzer 406

Samtente 112
Samtkopf-Grasmücke 444
Sanderling 214
Sandflughuhn 300
Sandlerche 360
Sandregenpfeifer 200
Sandstrandläufer 224
Sardengrasmücke 436
Savannenadler 148
Schafstelze 374
Scharlachtangare 544
Scheckente 106
Schelladler 150
Schellente 116
Schieferdrossel 414
Schieferfalke 158
Schilfrohrsänger 426
Schlagschwirl 420
Schlangenadler 154
Schleiereule 312
Schmarotzerraubmöwe 257
Schmuckseeschwalbe 290
Schmutzgeier 124
Schnäpperwaldsänger 542
Schnatterente 90
Schnee-Eule 316
Schneeammer 538
Schneefink 502
Schneegans 82
Schneekranich 190
Schottischer Kreuzschnabel 521
"Schottisches Moorschneehuhn" 170
Schreiadler 150
Schuppengrasmücke 446
Schwalbenmöwe 270
Schwanzmeise 468
Schwarzbrauenalbatros 52
Schwarzflügel-Brachschwalbe 198
Schwarzhalstaucher 42
Schwarzkehlbraunelle 382
Schwarzkehlchen 394
Schwarzkopf-Ruderente 98
Schwarzkopfmöwe 262
Schwarzmilan 122
Schwarzrücken Steinschmätzer 404
Schwarzschnabel-Sturmtaucher 48
Schwarzschnabelkuckuck 311
Schwarzschwanz 392
Schwarzspecht 341
Schwarzstirnwürger 478
Schwarzstorch 70
Seeadler 144
Seeregenpfeifer 200
Seggenrohrsänger 426

Seidenreiher 66
Seidensänger 424
Seidenschwanz 378
Senegalamarant 502
Senegaltschagra 476
Sichelente 96
Sichelstrandläufer 216
Sichler 72
Silberhalstaube 304
Silbermöwe 274
Silberreiher 66
Singdrossel 418
Singschwan 76
Skua 256
Smaragdspint 336
Sommergoldhähnchen 454
Spatelente 115
Spatelraubmöwe 256
Sperber 134
Sperbereule 317
Sperbergrasmücke 442
Sperlingskauz 322
Spießbekassine 250
Spießente 92
Spießflughuhn 300
Spitzschwanz-Strandläufer 230
Spornammer 538
Spornkiebitz 212
Spornpieper 370
Sprosser 384
Stachelschwanzsegler 331
Star 484
Steinadler 146
Steinbraunelle 382
Steinhuhn 176
Steinkauz 324
Steinlerche 360
Steinortolan 528
Steinrötel 408
Steinschmätzer 396
Steinschwalbe 362
Steinsperling 498
Steinwälzer 214
Stelzenläufer 196
Stentorrohrsänger 430
Steppenadler 148
Steppenflughuhn 300
Steppenkiebitz 210
Steppenpieper 370
Steppenweihe 128
Sterntaucher 32
Stieglitz 512
Stockente 90
Strandpieper 366
Streifengans 82
Streifenohreule 324
Streifenprinie 422
Streifenschwirl 422
Streifenwaldsänger 542

Strichelschwirl 422
Stummellerche 354
Sturmmöwe 266
Sturmschwalbe 50
Sumpfläufer 218
Sumpfmeise 464
Sumpfohreule 312
Sumpfrohrsänger 428

Tafelente 100
Tamariskengrasmücke 446
Tannenhäher 488
Tannenmeise 466
Teichhuhn 186
Teichrohrsänger 428
Teichwasserläufer 246
Temminckstrandläufer 222
Terekwasserläufer 246
Teydefink 504
Theklalerche 352
Thorshühnchen 254
Tienschan-Laubsänger 454
Tigerfink 502
Tordalk 294
Trauerente 112
Trauermeise 462
Trauerschnäpper 456
Trauerseeschwalbe 292
Trauersteinschmätzer 402
Triel 194
Tristramstar 486
Tropfenflughuhn 299
Trottellumme 294
Tüpfelsumpfhuhn 184
Türkenammer 530
Türkenkleiber 470
Türkentaube 304
Turmfalke 156
Turteltaube 306

Uferschnepfe 236
Uferschwalbe 362
Uhu 314
Unglückshäher 487

Wacholderdrossel 416
"Wacholderlaubsänger" 452
Wachtel 182
Wachtelkönig 182
Waldammer 534
Waldbaumläufer 472
Walddrossel 410
Waldkauz 318
Waldlaubsänger 449
Waldohreule 314
Waldpieper 370
Waldrapp 72
Waldschnepfe 250
Waldwasserläufer 244
Wanderalbatros 52

Wanderdrossel 410
Wanderfalke 160
Wanderlaubsänger 452
Wasseramsel 378
Wasserralle 186
Weidenammer 524
Weidengelbkehlchen 542
Weidenmeise 464
Weidensperling 498
Weißbart-Grasmücke 438
Weißbart-Seeschwalbe 292
Weißbauchtölpel 52
Weißbrauendrossel 414
Weißbürzel-Strandläufer 228
Weißflügel-Seeschwalbe 292
Weißflügelgimpel 518
Weißflügellerche 359
Weißkehlammer 544
Weißkehlsänger 386
Weißkopf-Ruderente 98
Weißkopfmöwe 274
Weißrückenspecht 346
Weißschwanzkiebitz 210
Weißstorch 70
Weißwangengans 84
Wellenastrild 502
Wellenflughuhn 299
Wellenläufer 50
Wendehals 340
Wermutregenpfeifer 202
Wespenbussard 138
Wiedehopf 338
Wiesenpieper 368
Wiesenstrandläufer 226
Wiesenweihe 128
Wilsondrossel 410
Wilsonwassertreter 254
Wintergoldhähnchen 454
Würgfalke 162
Wüstenfalke 160
Wüstengimpel 518
Wüstengrasmücke 438
Wüstenläuferlerche 360
Wüstenprinie 422
Wüstenrabe 492
Wüstenregenpfeifer 202
Wüstensperling 500
Wüstensteinschmätzer 400

Zaunammer 526
Zaunkönig 380
Zederngirlitz 507
Ziegenmelker 328
Zilpzalp 450
Zippammer 528
Zitronengirlitz 508
Zitronenstelze 377
Zügelseeschwalbe 290
Zwergadler 152
Zwergammer 534

Zwergdommel 62
Zwergdrossel 410
Zwergflamingo 75
Zwerggans 80
Zwergmöwe 264
Zwergohreule 324
Zwergsäger 116
Zwergscharbe 56
Zwergschnäpper 458
Zwergschneegans 82
Zwergschnepfe 252
Zwergschwan 76
Zwergseeschwalbe 286
Zwergstrandläufer 222
Zwergsumpfhuhn 184
Zwergtaucher 42
Zwergtrappe 192
Zypernsteinschmätzer 404

Register der wissenschaftlichen Vogelnamen

Accipiter brevipes 136
  gentilis 134
  nisus 134
Acrocephalus aedon 430
  agricola 430
  arundinaceus 426
  dumetorum 428
  melanopogon 424
  paludicola 426
  palustris 428
  schoenobaenus 426
  scirpaceus 428
  stentoreus 430
Actitis hypoleucos 244
  macularia 248
Aegithalos caudatus 468
Aegolius funereus 322
Aegypius monachus 126
Aix galericulata 96
  sponsa 96
Alaemon alaudipes 360
Alauda arvensis 350
  gulgula 350
Alca torda 294
Alcedo atthis 334
Alectoris barbara 178
  chukar 176
  graeca 176
  rufa 178
Alle alle 296

Alopochen aegyptiacus 86
Amandava amandava 502
Ammomanes cincturus 360
  deserti 360
Ammoperdix griseogularis 176
  heyi 176
Anas acuta 92
  americana 88
  clypeata 92
  crecca 94
  crecca carolinensis 96
  discors 96
  falcata 96
  ormosa 96
  penelope 88
  platyrhynchos 90
  querquedula 94
  rubripes 96
  strepera 90
Anser albifrons 80
  anser 80
  brachyrhynchus 78
  caerulescens 82
  erythropus 80
  fabalis 78
  indicus 82
  rossii 82
Anthreptes metallicus 476
Anthropoides virgo 190

Anthus berthelotii 368
  campestris 372
  cervinus 368
  godlewskii 370
  gustavi 370
  hodgsoni 370
  petrosus 366
  pratensis 368
  richardi 370
  rubescens 366
  similis 370
  spinoletta 366
  trivialis 368
Apus affinis 331
  apus 332
  caffer 331
  melba 332
  pallidus 332
Aquila chrysaetos 146
  clanga 150
  heliaca 148
  nipalensis 148
  pomarina 150
  rapax 148
Ardea cinerea 68
  purpurea 68
  ralloides 64
Arenaria interpres 214
Asio capensis 312
  flammeus 312

Asio otus 314
Athene noctua 324
Aythya affinis 104
　collaris 104
　ferina 100
　fuligula 102
　marila 102
　nyroca 100

Bartramia longicauda 230
Bombycilla garrulus 378
Bonasa bonasia 174
Botaurus lentiginosus 60
　stellaris 60
Branta bernicla 84
　canadensis 82
　leucopsis 84
　ruficollis 82
Bubo bubo 314
Bubulcus ibis 64
Bucanetes githagineus 518
　mongolicus 518
Bucephala albeola 114
　clangula 116
　islandica 115
Bulweria bulwerii 44
Burhinus oedicnemus 194
Buteo buteo 138
　lagopus 140
　rufinus 140
Butorides striatus 60

Calandrella brachydactyla 354
　rufescens 354
Calcarius lapponicus 538
Calidris acuminata 230
　alba 214
　alpina 218
　bairdii 228
　canutus 216
　ferruginea 216
　fuscicollis 228
　maritima 220
　mauri 224
　melanotos 230
　minuta 222
　minutilla 226
　pusilla 224
　ruficollis 224
　subminuta 226
　temminckii 222
Calonectris diomedea 46
Caprimulgus aegyptius 330
　europaeus 328
　nubicus 330
　ruficollis 328
Carduelis cannabina 516
　carduelis 512
　chloris 510

　flammea 514
　flavirostris 516
　hornemanni 514
　spinus 510
Carpodacus erythrinus 516
　rubicilla 518
　synoicus 518
Catharus fuscescens 410
　guttatus 410
　minimus 410
　ustulatus 410
Cepphus grylle 296
Cercomela melanura 392
Cercotrichas galactotes 386
Certhia brachydactyla 472
　familiaris 472
Ceryle alcyon 334
　rudis 334
Cettia cetti 424
Charadrius alexandrinus 200
　asiaticus 202
　dubius 200
　hiaticula 200
　leschenaultii 202
　mongolus 202
　morinellus 204
　vociferus 206
Chersophilus duponti 352
Chettusia gregaria 210
　leucura 210
Chlamydotis undulata 192
Chlidonias hybridus 292
　leucopterus 292
　niger 292
Chordeiles minor 330
Chrysolophus amherstiae 181
　pictus 181
Ciconia ciconia 70
　nigra 70
Cinclus cinclus 378
Circaetus gallicus 154
Circus aeruginosus 133
　cyaneus 128
　macrourus 128
　pygargus 128
Cisticola juncidis 424
Clamator glandarius 310
Clangula hyemalis 110
Coccothraustes coccothraustes 506
Coccyzus americanus 311
　erythrophthalmus 311
Columba bollii 304
　junoniae 304
　livia 304
　oenas 302
　palumbus 302
　trocaz 304
Coracias garrulus 338

Corvus corax 492
　corone 494
　corone cornix 494
　corone corone 494
　dauuricus 492
　frugilegus 494
　monedula 492
　rhipidurus 492
　ruficollis 492
　splendens 494
Coturnix coturnix 182
Crex crex 182
Cuculus canorus 308
　saturatus 308
Cursorius cursor 198
Cyanopica cyana 490
Cygnus columbianus 76
　cygnus 76
　olor 76

Delichon urbica 364
Dendrocopos leucotos 346
　major 346
　medius 344
　minor 348
　syriacus 344
Dendroica coronata 542
　striata 542
Diomedea exulans 52
　melanophris 52
Dolichonyx oryzivorus 544
Dryocopus martius 341

Egretta alba 66
　garzetta 66
　gularis 64
Elanus caeruleus 121
Emberiza aureola 524
　bruniceps 530
　buchanani 528
　caesia 528
　chrysophrys 534
　cia 528
　cineracea 530
　cirlus 526
　citrinella 526
　hortulana 526
　leucocephalos 524
　melanocephala 530
　pallasi 536
　pusilla 534
　rustica 534
　schoeniclus 536
　spodocephala 524
　striolata 528
Eremalauda dunni 360
Eremophila alpestris 358
　bilopha 359
Erithacus rubecula 384
Estrilda astrild 502

Euodice cantans 502
  malabarica 502

Falco biarmicus 162
  cherrug 162
  columbarius 160
  concolor 158
  eleonorae 158
  naumanni 158
  peregrinus 160
  peregrinus pelegrinoides 160
  rusticolus 164
  subbuteo 156
  tinnunculus 156
  vespertinus 156
Ficedula albicollis 456
  hypoleuca 456
  parva 458
  semitorquata 456
Francolinus bicalcaratus 178
  francolinus 176
Fratercula arctica 296
Fregata magnificens 52
Fringilla coelebs 504
  montifringilla 504
  teydea 504
Fulica atra 186
  cristata 188
Fulmarus glacialis 44

Galerida cristata 352
  theklae 352
Gallinago gallinago 252
  media 252
  stenura 250
Gallinula chloropus 186
Garrulus glandarius 488
Gavia adamsii 36
  arctica 32
  immer 34
  stellata 32
Gelochelidon nilotica 282
Geothlypis trichas 542
Geronticus eremita 72
Glareola nordmanni 198
  pratincola 198
Glaucidium passerinum 322
Grus grus 190
  leucogeranus 190
Gypaetus barbatus 124
Gyps fulvus 126

Haematopus ostralegus 194
Halcyon smyrnensis 334
Haliaeetus albicilla 144
  leucoryphus 144
Hieraaetus fasciatus 152
  pennatus 152
Himantopus himantopus 196

Hippolais caligata 430
  icterina 434
  languida 432
  olivetorum 432
  pallida 432
  polyglotta 434
Hirundapus caudacutus 331
Hirundo daurica 364
  rustica 364
Histrionicus histrionicus 110
Hoplopterus indicus 210
  spinosus 212
Hydrobates pelagicus 50
Hylocichla mustelina 410

Icterus galbula 544
Irania gutturalis 386
Ixobrychus minutus 62

Junco hyemalis 544
Jynx torquilla 340

Lagonosticta senegala 502
Lagopus lagopus 168
  mutus scoticus 170
  mutus 168
Lanius collurio 478
  excubitor 480
  isabellinus 478
  minor 478
  nubicus 482
  senator 482
Larus argentatus 274
  armenicus 274
  atricilla 268
  audouinii 272
  cachinnans 274
  canus 266
  delawarensis 268
  fuscus 276
  genei 262
  glaucoides 274
  hyperboreus 274
  ichthyaetus 272
  marinus 276
  melanocephalus 262
  minutus 264
  philadelphia 268
  pipixcan 268
  ridibundus 264
  sabini 270
Limicola falcinellus 218
Limnodromus griseus 248
  scolopaceus 248
Limosa lapponica 236
  limosa 236
Locustella certhiola 422
  fluviatilis 420
  lanceolata 422
  luscinioides 420

  naevia 420
Loxia curvirostra 521
  leucoptera 521
  pytyopsittacus 521
  scotica 521
Lullula arborea 350
Luscinia calliope 386
  luscinia 384
  megarhynchos 384
  svecica 388
Lymnocryptes minimus 252

Marmaronetta angustirostris 98
Melanitta fusca 112
  nigra 112
  perspicillata 114
Melanocorypha bimaculata 356
  calandra 356
  leucoptera 359
  yeltoniensis 359
Melierax metabates 136
Mergus albellus 116
  merganser 118
  serrator 118
Merops apiaster 336
  orientalis 336
  persicus 336
Micropalama himantopus 228
Miliaria calandra 524
Milvus migrans 122
  milvus 122
Mniotilta varia 542
Monticola saxatilis 408
  solitarius 408
Montifringilla nivalis 502
Motacilla alba 372
  cinerea 374
  citreola 377
  flava 374
Muscicapa dauurica 458
  striata 458

Nectarinia osea 476
Neophron percnopterus 124
Netta rufina 100
Nucifraga caryocatactes 488
Numenius arquata 234
  phaeopus 234
  tenuirostris 234
Nyctea scandiaca 316
Nycticorax nycticorax 62

Oceanites oceanicus 50
Oceanodroma castro 50
  leucorhoa 50
Oena capensis 306
Oenanthe cypriaca 404

Oenanthe deserti 400
 finschii 402
 hispanica 400
 isabellina 398
 leucopyga 406
 leucura 402
 lugens 404
 moesta 406
 monacha 404
 oenanthe 396
 pleschanka 402
 xanthoprymna 406
Onychognathus tristramii 486
Oriolus oriolus 486
Otis tarda 190
Otus brucei 324
 scops 324
Oxyura jamaicensis 98
 leucocephala 98

Pagophila eburnea 270
Pandion haliaetus 155
Panurus biarmicus 460
Parula americana 542
Parus ater 466
 caeruleus 466
 cinctus 462
 cristatus 464
 cyanus 468
 lugubris 462
 major 466
 montanus 464
 palustris 464
Passer domesticus 496
 hispaniolensis 498
 moabiticus 500
 montanus 496
 simplex 500
Passerina cyanea 544
Pelecanus crispus 58
 onocrotalus 58
 rufescens 58
Perdix perdix 180
Perisoreus infaustus 487
Pernis apivorus 138
Petronia brachydactyla 500
 petronia 498
 xanthocollis 500
Phalacrocorax aristotelis 54
 carbo 54
 pygmeus 56
Phalaropus fulicarius 254
 lobatus 254
 tricolor 254
Phasianus colchicus 182
Pheucticus ludovicianus 544
Philomachus pugnax 232
Phoenicopterus chilensis 75
 minor 75
 ruber 75
Phoenicurus erythrogaster 392
 moussieri 392
 ochruros 390
 phoenicurus 390
Phylloscopus bonelli 448
 borealis 452
 collybita 450
 fuscatus 450
 humei 454
 inornatus 454
 trochiloides nitidus 452
 trochiloides plumbeitarsus 452
 proregulus 454
 schwarzi 450
 sibilatrix 449
 trochiloides 452
 trochilus 450
Pica pica 488
Picoides tridactylus 348
Picus canus 342
 vaillantii 342
 viridis 342
Pinicola enucleator 520
Piranga olivacea 544
Platalea leucorodia 72
Plectrophenax nivalis 538
Plegadis falcinellus 72
Pluvialis apricaria 208
 dominica 206
 fulva 206
 squatarola 208
Podiceps auritus 42
 cristatus 40
 grisegena 40
 nigricollis 42
Podilymbus podiceps 40
Polysticta stelleri 106
Porphyrio porphyrio 188
Porzana carolina 184
 parva 184
 porzana 184
 pusilla 184
Prinia gracilis 422
Prunella atrogularis 382
 collaris 380
 modularis 380
 montanella 382
 ocularis 382
Psittacula krameri 311
Pterocles alchata 300
 coronatus 299
 lichtensteinii 299
 orientalis 300
 senegallus 299
Pterodroma (mollis) feae 44
 madeira 44
Ptyonoprogne fuligula 362
 rupestris 362
Puffinus assimilis 48
 gravis 46
 griseus 46
 puffinus 48
 yelkouan 48
Pycnonotus barbatus 476
 xanthopygos 476
Pyrrhocorax graculus 490
 pyrrhocorax 490
Pyrrhula pyrrhula 512

Rallus aquaticus 186
Ramphocoris clotbey 360
Recurvirostra avosetta 196
Regulus ignicapillus 454
 regulus 454
Remiz pendulinus 460
Rhodopechys sanguinea 518
Rhodospiza obsoleta 518
Rhodostethia rosea 270
Riparia paludicola 362
 riparia 362
Rissa tridactyla 266
Saxicola dacotiae 394
 rubetra 394
 torquata 394
Scolopax rusticola 250
Scotocerca inquieta 422
Seiurus aurocapillus 542
 noveboracensis 542
Serinus canaria 507
 citrinella 508
 pusillus 508
 serinus 508
 syriacus 507
Setophaga ruticilla 542
Sitta europaea 472
 krueperi 470
 ledanti 470
 neumayer 470
 tephronota 470
 whiteheadi 470
Somateria fischeri 108
 mollissima 108
 spectabilis 106
Sphyrapicus varius 344
Stercorarius longicaudus 257
 parasiticus 257
 pomarinus 256
 skua 256
Sterna albifrons 286
 anaethetus 290
 bengalensis 290
 bergii 290
 caspia 286
 dougallii 284
 elegans 290
 forsteri 290
 fuscata 290

Sterna hirundo 284
　maxima 290
　paradisaea 284
　sandvicensis 282
Streptopelia decaocto 304
　orientalis 306
　senegalensis 306
　turtur 306
Strix aluco 318
　butleri 318
　nebulosa 320
　uralensis 320
Sturnus roseus 484
　unicolor 484
　vulgaris 484
Sula bassana 52
　leucogaster 52
Surnia ulula 317
Sylvia atricapilla 442
　borin 440
　cantillans 438
　communis 440
　conspicillata 438
　curruca 440
　deserticola 436
　hortensis 444
　leucomelaena 442
　melanocephala 444
　melanothorax 446
　mystacea 446
　nana 438
　nisoria 442
　rueppelli 444
　sarda 436
　undata 436
Syrrhaptes paradoxus 300

Tachybaptus ruficollis 42
Tadorna ferruginea 86
　tadorna 86
Tarsiger cyanurus 388
Tchagra senegala 476
Tetrao mlokosiewiczi 175
　tetrix 172
　urogallus 172
Tetraogallus caspius 175
　caucasicus 175
Tetrax tetrax 192
Tichodroma muraria 474
Torgos tracheliotus 126
Tringa erythropus 240
　flavipes 248
　glareola 242
　melanoleuca 248
　nebularia 242
　ochropus 244
　solitaria 244
　stagnatilis 246
　totanus 240
Troglodytes troglodytes 380

Tryngites subruficollis 230
Turdoides fulvus 475
　squamiceps 475
Turdus iliacus 418
　merula 416
　migratorius 410
　naumanni 414
　obscurus 414
　philomelos 418
　pilaris 416
　ruficollis 414
　torquatus 415
　viscivorus 418
Turnix sylvatica 188
Tyto alba 312

Upupa epops 338
Uria aalge 294
　lomvia 294

Vanellus vanellus 212
Vireo olivaceus 542

Xenus cinereus 246

Zonotrichia albicollis 544
Zoothera dauma 414
　sibirica 414

Abkürzungen

Ausführliche Erläuterungen der in diesem Buch benutzten Abkürzungen finden sich in der Einleitung.

Alters- und Kleiderbezeichnungen

pull.	pullus; Küken, Vogel im Dunenkleid
juv.	juvenil; Vogel im Jugendkleid
immat.	immatur; nicht mehr juveniler, noch nicht adulter Vogel
ad.	adult; Altvogel im voll ausgefärbten Jahreskleid
PK	Prachtkleid; meist zur Balz oder Brut getragenes Kleid der Altvögel
SK	Schlichtkleid; oft matter gefärbtes Kleid der Altvögel
1er W	erstes Winterkleid; auf das Jugendkleid folgendes Gefieder unausgefärbter Vögel
1er S	erstes Sommerkleid (oder erster Sommer); auf das erste Winterkleid folgendes Gefieder unausgefärbter Vögel im Sommer des zweiten Kalenderjahres
2er W	zweites Winterkleid; auf das erste Sommerkleid folgendes, meist im Herbst des zweiten Kalenderjahres durch Vollmauser angelegtes Gefieder unausgefärbter Vögel
2er S	zweites Sommerkleid im Sommerhalbjahr des dritten Kalenderjahres
1es KJ	erstes Kalenderjahr; Vogel in seinem ersten Kalenderjahr, also vom Erreichen der Flugfähigkeit bis zum 31.12. desselben Jahres
2es KJ	zweites Kalenderjahr; Vogel im auf sein Geburtsjahr folgenden Kalenderjahr

Statusangaben

B	Brutvogel, brütet alljährlich in Deutschland (teilweise aber lokal oder selten; vgl. jeweiligen Text)
b	hat ausnahmsweise in Deutschland gebrütet
J	Brutvogel, bei dem zumindest ein Teil der Population ganzjährig in Deutschland bleibt
Z	Zugvogel oder Durchzügler
W	Wintergast, bei dem Angehörige meist nördlicher oder östlicher Populationen den Winter in Deutschland verbringen
G	Gastvogel, der nicht in Deutschland brütet oder regulär durchzieht, aber dennoch regelmäßig in geringer Zahl erscheint
A	Ausnahmeerscheinung, die sehr selten in Deutschland beobachtet wird (teilweise erst einmal)
( )	Bei Arten, deren Auftreten in Deutschland sicher, wahrscheinlich oder möglicherweise auf ausgesetzte oder der Gefangenschaft entwichene Vögel zurückgeht, wurde die Statusangabe in Klammern gesetzt

Weitere Abkürzungen

♀	Weibchen
♂	Männchen
Abb.	Abbildung
Ind.	Individuum, Individuen

Vögel bestimmen

288 S., 1309 Farbfotos, 172 Zeichn., 465 Verbreitungsktn.; ISBN 3-440-05998-7

381 S., 1400 Farbfotos; ISBN 3-440-06302-X

224 S., über 900 Abb., ISBN 3-440-06226-0

319 S., 2338 Abb., ISBN 3-440-06042-X

Bei Franckh-Kosmos finden Vogelfreunde nicht nur ausgezeichnete Ornithologie-Bücher, sondern auch Vogelstimmen-Cassetten mit Tonaufnahmen in allerhöchster Qualität. Einen Naturprospekt mit unserem gesamten Ornithologie-Programm schicken wir Ihnen gerne zu.

Franckh-Kosmos, Postfach 10 60 11,
7000 Stuttgart 10, Telefon 07 11/21 91-0

Franckh-Kosmos · Stuttgart